주희의 문화 이데올로기

이학사

나루를 묻다 01

주희의
문화 이데올로기

동아시아 사상 '전통'의 형성

지은이 / 이용주
펴낸이 / 강동권
펴낸곳 / (주)이학사

1판 1쇄 발행 / 2003년 2월 27일

등록 / 1996년 2월 2일 (등록번호 제 03-948호)
주소 / 서울시 종로구 안국동 17-1 우110-240
전화 / 720-4572 · 팩스/ 720-4573

값 / 17,000원

ⓒ 이용주, 2003. Printed in Seoul, Korea.
ISBN 89-87350-52-5 03150
     89-87350-51-7(세트)

나루를 묻다
01

동아시아 사상 '전통'의 형성

주희의 문화 이데올로기

이용주 지음

이학사

주자 초상.

문화는 계급으로 분할된 역사적 사회 안에서 지식, 나아가 경험적 표상의 일반적 영역이다. 환원하면, 문화란 지적 노동의 분할을 향하여, 지적 노동으로서 독립적으로 존재하는 일반화의 힘이다. 〔……〕 문화는 자기의 독립성을 손에 넣음으로서 제국주의적 운동을 개시하는 동시에 그 운동의 문화적 독립성은 쇠퇴한다. 문화의 상대적 자율성과 그러한 자율성에 대한 이데올로기적 환상을 만들어내는 역사는 문화의 역사로서 표현된다. 따라서 문화적 정복의 역사는 도두 문화의 불충분함을 폭로하는 역사로서, 즉 문화적 자기말살에 대한 발걸음으로서 이해될 수 있다. 문화는 상실한 통일성의 탐색의 장이지만, 통일성의 탐색에서 분리된 영역으로서 문화는 스스로를 부정하는 것을 거부할 수 없다.

—기 드보르, 『스펙터클 사회』 중에서

차례

주희의 문화 이데올로기

동아시아 사상 '전통'의 형성

| 머리말 | 9 |

제1장 주희 문화론의 시각: 문화 이데올로기로서의 주희의 도통론
1. 송대 유학의 과제	27
2. 신유학과 연관된 명칭들	30
3. 도학의 문화적 배경	37
4. 도학전과 도통론의 형성	40
5. 한유와 신유학 정통주의	48
6. 북송 초기의 도통론	51
7. 주희의 사서학과 도통론	57

제2장 주희의 학문관과 문화 정체성: 독서와 수양, 신유학의 공부론
1. 주희와 학문의 의미	69
2. 고전의 발견	78
3. 독서와 학문의 기초로서의 '小學'	80
4. 진정한 학문의 관문으로서의 『대학』	85
5. 박학과 학문적 체계의 수립	91
6. 독서의 바탕으로서의 수양	98
7. 지식과 사색의 종합	102
8. 수양의 양면성, 지식 공부와 마음공부	106

제3장 이단 종교 비판과 유교 정체성: 도교와 주희 사상의 교차점
1. '道' : 신유학의 궁극적 관심	113
2. 주희의 도교 이해	116
3. 유교와 도교의 궁극 관심	129
4. 理와 氣의 관계에 대한 주희의 입장	137
5. 유교적 수양과 도교적 수양	144

제4장 신유학 내부의 정체성 갈등: 주희의 의리론과 공리주의 비판
1. 주자학 중심의 역사 해석 — 157
2. 진량의 현실주의 — 160
3. 의리와 공리의 통일 — 164
4. 진량의 도학 비판 — 170
5. 진량의 도통론 비판 — 176
6. 주희의 의리론과 역사 이해 — 183
7. 공리주의에 대한 주희의 비판 — 190

제5장 남송의 국가예제와 祀典: 국가제사 규정과 주희의 예론
1. 송대 국가제사[祀典]의 특징 — 199
2. 도학과 禮의 민중화 — 203
3. 송대 국가제사의 체계 — 208
4. 주희의 입장 — 212

제6장 유교문화와 민중종교: 주희의 귀신론과 '음사' 비판
1. 주희 귀신론의 배경 — 215
2. 음양으로서의 鬼神 — 223
3. 신령으로서의 鬼神 — 228
4. 제사의 대상으로서의 鬼神 — 236
5. 주희의 정통의식과 민중 신앙 비판 — 243

맺는말 — 247
주석 — 259
참고 문헌 — 343
부록: 본문 한자 읽기 — 357
찾아보기 — 359

머리말

1

朱熹(1130~1200, 朱子)가 살았던 12세기는 중국 역사에서 가장 의미 있는 변혁기의 하나였다. 그 변혁기의 사상적 과제는 유교적 가치를 중국 문화의 중심으로 회복하는 방법적 논리를 확보하는 것이었다. 주희의 사상은 그 전체에 있어서 그 시대의 사상적 요청에 대한 응답이었다.

본서의 과제는 중국 문화와 유교적 가치의 회복에 대한 주희의 관점을 해명하는 것이다. 주희는 유교적 가치가 중국 문화의 주류가 되어야 한다는 신념을 가지고 있었다. 그리고 그 신념을 실현하기 위해서, 새로운 시대의 요구에 들어맞는 새로운 관점으로 유교를 재해석하는 것을 자신의 사상적 과제로 삼고 있었다. 그 결과 형성된 주희의 문화론은 새로운 유교적 가치를 창조하고자 하는 주희 본인의 치열한 사상적 격투의 결과물이었다.

주희는 유교의 창조적 재해석이 성공하기 위해서는 유교적 가치를 전면적으로 재평가하는 작업이 무엇보다도 우선되어야 한다는 확고한 입장을 가지고 있었다. 유교의 정체성을 확립한 다음, 중국 문화 일반에 대한 총체적인 재해석이 뒤따를 때 비로소 진정한 의미에서의 유교의 창조적 해석이 가능하다고 판단한 것이다.

본서는 유교적 가치의 출발점으로서 유교적 정체성에 대한 주희의 관점, 유교 정체성의 확립에 걸림돌이 되는 타종교들에 대한 주희의 입장을 살펴보고, 그러한 주희의 사상이 자리하는 시대적·문화적 배경을 이해하려고 한다. 이 작업을 통해 필자가 지향하는 것은 시대적 요구와의 연관 속에서 주희의 사상적 면모를 종합적으로 밝히는 일이다.

12세기 중국 사상의 현장에서 유교의 재해석이라는 과제를 수행하고자 하는 사상 운동의 원동력은 유교적 정체성 수립을 위한 강렬한 의지였다. 흔히 '道統論'이라고 불리는 그 원동력은 유교적 진리〔道〕를 계승하는 문화적 사명감을 가지고 있었던 일군의 사상가들이, 자기들의 사상적 순수성을 드러내기 위해 견지했던 입장이자 철학이었다. 그들은 자기들의 사상이 중국 문화의 진리를 가장 순수한 형태로 계승하고 있으며, 새로운 시대의 요청에 응답할 수 있는 정통적 진리를 회복할 수 있다는 자부심을 지니고 있었다.

한편 '道統' 개념은 적지 않은 독단성을 내포하는 편협한 개념이기도 하였다. 하지만 그런 한계에도 불구하고 '道統' 개념은 신유교 운동의 주체들이 자신들의 문화적 입장과 자부심을 강조하는 유교 정체성 수립의 의지를 담고 있는 것이었다는 점에서, 신유학의 과제를 이해하는 데에 가장 관건이 되는 개념이라는 사실을 부인할 수 없다. 나아가 필자는 그 도통의 관점이 주희의 사상 전모를 이해하는 결정적 계기가 될 수 있다고 생각한다.

여기서 필자는 주희의 사상이 국가의 체제 이념으로 승격되어 중국 문화의 절대적 진리로 확정된 이후의 양상을 '正統'이라고 지칭하는 것과는 약간은 다른 의미에서 '문화 정체성'이라는 개념을 사용한다는 점을 미리 밝히고 싶다. 원·명 이후의 '주자학'은 체제 이념으로서 '정통' 혹은 소위 'state orthodoxy'라고 부를 수 있다. 그러나 주희의 사상은 그런 국가 체제 이념과는 거리가 있는 단순한 지역적 사상으로 존재했으며, 그 학파의 창도자로서 주희는 재야 학자, 지역 사회의 사상적 지도자로 일생을 보냈다. 하지만 주희는 유교 문화의 재해석자로서 확고한 신념을 지니고 있었고, 따라서 자신의 사상이 중국 문화의 '정통'으로서 평가받아야 한다는 자부심을 가지고 있었다.

정통을 지향하는 그의 의식은 '道統論'을 근간으로 삼고 있었다. 필자는 고대적 성인의 '도'를 정통적으로 계승[道統]한다는 주희의 자부심을 '문화 정체성'이라고 명명한다. 체제 이념으로서의 '정통'이 거의 항상 국가권력과 결부된 명칭이라고 본다면, 주희의 '문화 정체성'은 적어도 주희가 생존하던 당시에는 결코 정치적 의미가 담긴 '정통'이 되지 못한 상태였다. 본서의 목표는 체제 이념으로서 주자학의 성격을 분석하는 것이 아니라, 주희의 문화 정체성의 해명을 통해, 그의 사상적 지향과 의도를 이해하는 데 있다.

송대에 발생한 새로운 유학 운동의 한 경향을 대표하는 '도학'파 사상가들은 유교의 문화적 정체성을 수립하고자 하는 과제에 강하게 집착하였다. 그들은 중국 문화가 심각한 위기에 처해 있다는 공통된 이해를 가지고 있었고, 그 위기를 타개하는 방안은 그 당시 이미 쇠퇴 일로에 처해 있는 중국 정신을 회복하는 것이라고 생각하였다. 그들은 중국 문화를 위기에 빠뜨린 사상적·이념적 문제점을 명확하게 인식하고 그것을 제거하는 일이 무엇보다도 시급한 과제라고 생각한다. '도학'의 계승자이며 완성자인 주희는, 고전유학에서 성립된 유교적 진리[道]를 주체적으로 계승하고 그것의 정체성을 확립하기 위해서 그 '진리'의 바탕 위에서 유교적 가치를 위협하는 모든 사상적·종교적 '異端'을 제거해야 하는 문화적 소임을 자각하였다. 주희가 지향하는 유교적 가치의 회복과 재해석은 '이단'의 비판과 제거라는 사상적 목표와 표리 관계를 가지고 있었다. 그러한 목표가 설정된 후, 주희의 모든 사상적 노력은 '이단'이라는 표적을 향해 집중될 수밖에 없었다.

주희의 문화론은 '이단'에 대한 비판을 축으로 전개되는 구조를 가지고 있었다. 이단의 문제점을 지적하고 비판하여 그것이 중국 문화 안에서 더 이상 유의미한 가치의 근원으로 작용하지 못한다는 사실을 드러내는 것, 유교적 가치를 발굴하여 새 시대를 이끌어가는 가치의 중심으로 되돌려놓는 것, 이 두 가지 과제는 사실 동일한 문제의 양면이었다. 주희의 문화론은 바로 그 두 가지 문제를 해결하기 위한 방법적 논리를 구상하고 구체적인 실천 방안을 다듬어 가는 과정에서 형성된 그의 방대한 사상 체계의 중심에 자리 잡고 있다.

2

宋(10세기 중반~13세기 후반)은 중국 사상 및 종교의 역사에서 대단히 중요한 시기였다. 특히 신유학의 성립이라는 면에서 그 시대는 중국사 연구자들에게 가장 매력적인 시대의 하나로 받아들여지고 있다. 유교뿐 아니라 불교와 도교 역시 이 시기에 중대한 사상적·의례적 재조직을 통해 새로운 시대로 접어드는 계기를 획득하였다. 그런 점에서 송대의 종교적·사상적 의의는 아무리 강조되어도 지나치지 않다.

이 시기의 강남 지역(浙江, 江西, 福建)은 道教의 변혁을 주도한 특수한 종교 공간으로서 다양한 도교적 교파 운동이 활발하게 전개되었던 지역이었다. 주희의 사상은 강남 지역의 도교 및 불교, 나아가 유교 내부의 다양한 사상 운동들 한가운데에 위치하며, 그들과 깊은 관련을 맺으며 형성 발전되었다는 사실을 우리는 주목할 필요가 있다.

필자는 주희의 사상을 유교적이거나 비유교적인 다양한 사상 운동들과의 연관 속에서 이해하기를 원한다. 주희의 관점에서 소위 異端이라고 불리던 그 사상 운동들은 사실 주희의 사상적 지향과 의도를 더 분명히 드러내는 거울과 같은 작용을 한다. 종교 및 사상의 형성, 발전 과정에서 소위 정통과 이단 사이에 존재했던 상호 갈등과 모방의 접점을 자세히 들여다보는 것은 추상적·논리적·지적 분석과는 다른 방식으로 사상에 접근하는 가능성을 열어준다. 그리고 그러한 방법은 朱熹의 사상에 대한 불교 및 도교의 영향을 과대평가하는 영향론적 접근법이 범하기 쉬운 단순화를 피하는 길이기도 하다.

영향론을 일방적으로 강조하는 입장은 신유교 나아가 주희의 사상적 독자성을 부정하고 그것이 유교적 편견과 허구에 기반하고 있다고 평가한다. 그러한 관점에서 볼 때는, 신유교의 성립에서 유교적 체계의 독자성이 과소평가되고, 불교나 도교 등 신유학의 성립에 영향을 준 비유교적 사상의 독자성과 완결성이 강조된다. 나아가 신유교 내부의 정통성을 약화시키는 전략으로 그러한 영향론이 이용되기도 한다. 그러나 외부의 영향을 강조하는 입장은 하나의 사상이 형성되는 과정을 이해하는 기초 단계에서는 의미가 있는 것이지만, 그 사상의 내용과 창조적 의의를 이해하고자 하는 본질적인 물음에 대한 해답으로서는 그 의의가 약화될 수밖에 없다. 하나의 사상 체계를 시대적 환경 속에서 총체적으로 이해하기 위해서는, 단순히 그것이 어떤 영향을 받았는가를 해명하는 것만으로는 부족하다. 그것이 어떠한 의도를 가지고 다른 사상과 대면하였는지 영향을 준 다른 사상 체계를 재해석하고 수용하는 창조적 전략은 무엇이었는지를 이해할 때 비로소 우리는 하나의 사상을 전면적으로 이해할 수 있게 된다. 다시 말해 그 사상 체계에 담긴 '내면적 지향'을 이해하는 것이 필요하다.

주희 사상의 '내면적 지향'을 이해하기 위해서 가장 먼저 선행되어야 하는 작업은 주희의 학문 태도 내지는 그의 학문 방법론을 검토하는 일이다. 본서의 1장은 유교의 정체성 회복을 추구한 주희의 유교적 문화 정체성이 형성되어간 과정에 초점을 맞추고 있다.

주희의 학문과 사상 전부를 관통하는 유교적 문화 정체성 의식 혹은 '道統論'은 중국의 위기를 극복하고자 하는 문화적 전략으로서 제시된 것이었다. 주희는 도통론적 관점에서 異端的 사상 전체를 비판하는 한편, 그러한 이단 사상을 극복하기 위한 유교적 방법론을 모색하는 작업을 추진하였다. 필자는 주희의 방법론이 유교 정체성의 근원에 자리잡고 있는 '성스러운'(신비하다는 뜻이 아니라, 가치의 중심이라는 의미에서) 문서인 유교 경전의 탐구(독서)를 통한 '유교적 인격의 모색' 내지는 '유교적 구원의 모색'이라는 입장에서 설명될 수 있다고 생각한다. 주희의 방법론은 성인의 도를 실현하고자 하는 유교의 궁극적 관심을 근거로 삼으면서 유교적 수양론, 유교의 이상적 인간을 형성하기 위한 이론과 실천의 체계를 모색하는 과정에서 다듬어진 것이었다. 주희의 방법론과 수양론은 자신의 신념과 사상이 중국 문화를 올바르게 계승하고 있다는 주희 스스로의 강한 문화 정체성 의식에 기반을 두고 있다. 그 의식은 나아가 공자에서 완성되어 뚜렷한 방향성을 확립한 중국 문화의 정체성이 진나라와 한나라를 거치면서 훼손되고 그 이후 중국 문화는 암흑시대로 접어들었다는 그의 역사 이해와 표리를 이루고 있었다.

　이러한 관점은 주희의 역사관을 이해하는 단서이기도 하다. 공자를 비롯한 고대의 성인들이 완성하여 물려준 성스러운 가르침이 파괴된 후에 중국인의 문화적·정신적 공백을 채우고 들어온 것은 도교와 불교였다고 그는 강조한다. 주희는 超世間的 지향을 가진 불교와 도교는 현실에 뿌리내린 진리를 가르치는 유교와 양립할 수 없다고 생각한다. 주희의 유교 정체성 의식이 온전한 체계를 가진 역사 인식으로 발전하고, 더 나아가 현실을 개조하는 이론으로 발전하기 위해서는, 이단 종교와 사상에 대한 명확한 이해와 비판이 선행되어야 했다. 여기서 주희의 정체성 의식은 도통론의 형식을 지닌 이단 비판론으로 전개된다. 유교 정체성 의식과 이단 비판론은 주희가 수립한 거대한 사상 체계를 뒷받침하는 방법론의 중심에 자리 잡고 있다.

　주희의 '도통론'은 가치의 관점에서 문화의 옳고 그름을 평가하는 문화적 정체성 의식의 발현이었다. '도통론'은 문화의 가치와 질을 평가하는 문화 비판, 즉 문화 이데올로기였다. 그 이론 속에서 모든 문화의 의의는 유교적 궁극 이념인 '도'의 실현 여부에 의해 판단된다. 주희는 유교적 정체성의 가치적 근원인 道를 회복하고자 하는 유학의 새로운 체계를 '道學'이라고 규정한다. 주희에 있어 최대의 학문적 관심은 유교적 '道'를 현실에 구체화시키는 방안을 구상하는 것이었다. 주희를 비롯한 '도학' 사상가들은 그 道를 우주적 원리이자 법칙인 '理'라고 부르기도 하였다. 이것은 '도' 혹은 '이'를 인간을 포함한 천지만물의 근본 원리이며 생명과 가치의 근원으로 보려는 그들의 의지를 반영한다. 그들이 표방하는 유교적 '도'는 '理' 또는 '天理'라는 명칭으로 더욱 폭넓게 정착되어 엄격한 법칙성이 더욱 강조되었다는 사실은 널리 알려져 있다.

3

방법론의 확립, 그리고 그것과 표리를 이루는 異端批判이라는 과제를 수행하기 위해 주희는 수양론의 수립이라는 방향을 향해 나아가야 했다. 유교 수양론은 올바른 유교적 인간을 만들기 위한 인간학, 교육학, 윤리학을 포괄하는 총체적 인격 형성을 문제 삼는다. 수양론은 유교적 인격의 정체성 확립을 목표로 삼는다. 주희의 수양론은 성스러운 문헌으로서의 '경서'를 인격 형성의 준거로 삼는다는 점에서, 지식의 축적을 중시하는 일반적 학문과는 성격을 달리한다. 주희는 고전유교의 이념을 정립한 聖人이 남겨준 텍스트, 經典이 그 유교적 인격 형성의 움직일 수 없는 근거가 되어야 한다고 확신한다는 점에서 철저한 종교적 신념을 고수한다. 그러한 신념은 그의 정체성 의식과 뗄 수 없는 관계를 이루고 있었다. 주희에게 있어 학문, 나아가 유교적 인격의 형성은 올바른 진리의 텍스트인 경전을 떠나서 성립할 수 없는 것이다. 주희가 독서를 강조하는 이유는 바로 여기에 있다. 성인의 가르침이 담긴 텍스트, 즉 경서를 통해 진리의 전모가 이미 이 세상에 드러나고, 경서라는 표준이 정해진 이 시점에서, 경서를 무시한 학문의 영위라는 것은 불가능하다는 생각이 그의 신념의 한가운데

자리 잡고 있다.

그렇지만 주희는 독서만이 학문의 유일한 길이고 절대적인 방법이라고 말하지는 않는다. 성인의 가르침을 단지 지식의 획득이라는 측면에서만 중시하는 태도는 유교적 학문론, 수양론과 상당한 거리가 있다. 주희는 독서를 중시하면서도, 문자에만 매몰되어 현실의 개선에 대해 무관심한 書生을 비판한다. 그 이유는 성인의 진리, 즉 유교적 道를 단지 지식의 문제로 왜소하게 만드는 지식인의 학문적 폐단을 경계했기 때문이다. 독서를 통해 성인의 정신을 이해하는 것은 단지 그것을 지식으로 간직하기 위해서가 아니라, 그 정신을 현실 속에서 실천하고 완성하는 모범을 획득하기 위해서다. 성인의 진리는 단지 책 속의 지식으로 머물러서는 참된 진리가 될 수 없다. 진리는 현실 속에서 작용하며 현실을 변화시키는 것이어야 한다. 진리를 실천함으로서 이 사회 전체를 진리가 구현되는 장으로 만들어야 하는 책무가 독서인에게 부과되어 있다는 것이 주희가 제시하는 유교 공부론의 핵심이었다.

문자적 앎에만 머무르는 지식은 참된 진리로 인정받을 수 없다. 하지만 실천의 근거와 방향이 확립되어 있지 않는 한, 실천 자체는 맹목적이 될 수도 있다는 사실을 잊어서도 안 된다. 주희는 지식 그 자체가 곧바로 실천으로 연결되지 않을 수 있다는 사실을 인정한다. 따라서 올바른 지식을 얻기 위한 학문이 필요하지만, 그 학문을 실천하고자 하는 의지 역시 소중하다. 그때 학문은 실천을 위한 올바른 방향을 가늠하게 해주는 나침반과 같은 역할을 수행할 수 있다. 하지만 중국의 문화적·정치적 위기는 바로 학문이 상실된 데서 비롯되며, 그 학문의 위기는 근본 원리의 탐구를 간과하는 피상적인 현실적 공리주의에서 비롯된다고 주희는 생각했다. 진리의 실천이 중요하지만 그 실천은 궁극적으로는 올바른 학문의 근거 위에서 비로소 의미를 획득하는 것이다. 그리고 학문은 이치를 탐구하는 과정으로서의 의미를 지닌다고 주희는 믿고 있었다.

주희는 유교적 진리를 발견하고 그것을 실천하기 위해서는 유교적 진리에 근거한 문화적 정체성을 확립하는 것이 우선적인 과제라고 여겼다. 문화적 정체성이 확립된 다음 그것에 근거하여 유교적 도의 근원성을 확인하기 위해서는 경전에 대한 새로운 관점이 필요하다. 유교의 경서는 성인들[先王]의 진리[道]를 드러내 주는 도구이기 때문에 영원 불변하는 가치를 지닌다는 믿음 자체는 움직일 수 없다. 하지만 신유학의 주창자들은, 새로운 시각과 방법을 통해 경서를 재해석함으로써, 현실적 실천성을 담보하는 문헌으로서 경서의 참된 권위를 회복할 수 있다고 생각했다. 현실적 실천성과 유리된 명목상의 권위는 결국 허위로 자리매김 될 가능성을 가지고 있기 때문이다.

신유학은 경서를 해석하는 새로운 관점, 유교적 정체성의 수립이라는 관점에서 道를 탐구하는 방법론을 구상하고 제안했다는 점에서 '새롭다'고 말할 수 있다. 경서가 유교적 진리를 담고 있는 그릇이라면 경서를 탐구하는 '경학'의 목적은 경서 그 자체의 정신을 이해하고 체득하는 것이기 때문에, 경서의 문자를 피상적으로 해설하고 경서의 글자를 풀이하는데 몰두하는 訓詁나 註釋이 학문의 최종적 목적이 될 수 없다. 신유학적 경학은 훈고나 주석을 떠나 경서 자체의 정신을 회복하는 것에서 출발한다. 이러한 관점에서 경서의 정신을 문제 삼은 신유학의 義理的 경전 해석학은 스콜라주의적 훈고학 내지 注疏學을 비판한다.

주희가 지향했던 유교 정체성 회복이라는 문화적 요청은 경학의 방법적 전환과 불가분의 관계를 가지고 있다. 주희 이후의 유교는 주희가 설정한 방향을 기조로 삼으면서 전개되어 간다. 주희의 문화적 관점에 의한 경전의 해석이 왕조 통치를 정강화하는 이념으로서 중국 문화의 표준이 되었다. 그리고 그러한 정체성 의식에 입각한 종고 정책이 중국 문화의 방향을 결정하였다.

4

본서의 3장은 주희의 유교적 도학과 도교의 관계, 그리고 도교에 관한 주희의 입장을 살피는 것에 주력한다. 유교 정체성의 확립이라는 관심에서 가장 먼저 문제가 될 수 있는 이단적 종교·사상은 불교였지만, 여기서 필자는 다음과 같은 몇 가지 이유에서 도교에 초점을 맞추어 논의를 전개한다.

첫째, 유교적 문화 정체성의 확립을 지향하는 주희의 사상적 과제에 비추어볼 때 불교와 도교는 이단 종교·사상으로서 동일한 문제점을 가지고 있었다. 따라서 주희의 도교 비판은 불교 비판에서와 동일한 관점을 견지한다. 도교를 비판하는 논리는 불교에 대한 비판에도 그대로 적용되기 때문에, 그 어느 쪽을 살펴보아도 이단에 대한 주희의 방법적 논리를 이해하려는 목적을 달성하는 데에는 사실상 큰 차이가 없다. 주희는 불교와 도교의 초세간성이 중국적 가치 지향과 방향을 달리하는 것이라고 단정한다. 국가와 민족의 운명에 대한 책임감, 憂患意識이라고 불리는 사회적 책임감을 도외시하는 이단 종교의 초세간적 관심은 중국 지식인이라면 누구나 짊어져야 할 중국 문화의 가치 확립이라는 문제에서 멀어진 것이다. 주희의 신유학적 도학의 문제의식은 기본적으로 그러한 우환의식에서 비롯된다.

둘째, 단순한 이단 비판의 논리를 넘어서 주희 사상의 형성 과정에서 무엇보다 중요한 이념적 근거로 작용했던 '도' 개념에 담긴 미묘한 뉘앙스를 이해할 필요가 있다. 道는 본래 중국 사상가의 공동 언어였지만, 주희가 활동하던 시대에 있어 그것은 어느 정도는 도교의 전유물로 이해되고 있었다. 그리고 주희의 사상 형성 과정에서 도교(도가)의 종교적 신념 체계가 차지하는 중요성을 무시할 수 없음에도 불구하고, 기존의 연구에서는 그 문제가 소홀히 다루어졌기 때문에 그것을 보완할 필요가 있다. 그렇다고 주희의 사상에서 불교의 작용이 미미하다는 의미는 아니다. 필자는 주희를 포함하여 송대 도학사상 전체 안에서 불교가 차지하는 비중과 의미에 대한 방대한 연구가 필요하다고 확신한다.

주희는 당시의 지식인들이 사회적 책임감을 상실했다는 사실이 곧 문화적 위기의 표현이라고 생각했다. 주희는 중국 문화를 책임지고 담당해야 할 지식인과 유교적 소양을 지닌 관료들이 쓸데없는 글을 짓고 감상에 젖어들거나, 덧없는 공명심을 쫓아 출세를 위한 공부에 인생을 낭비하고 있다고 당시 지식인 사회의 현황을 지적한다. 그 결과 지식의 수립과 실천의 나침반이 되어야 할 진정한 학문이 무너지고, 학문의 실패가 초래한 정신적 공허와 무기력으로 인해 올바른 진리가 더 이상 진리로서 통용되지 않는 허무가 현실의 일상적 모습이 되었다. 그러한 정신적 파괴의 결과 정치마저도 무너지고 마침내 중국 문명은 이민족의 침략 앞에 무참하게 굴복하고 말았다. 이러한 현실에 대해 주희는 고전유교의 가치관을 회복하고, 성인의 학문을 부활시키는 것에서 위기 극복의 대안을 찾고자 했다.

그러나 유교 문화의 정체성 회복을 향한 주희의 열정을 역사의 필연적 방향으로 승인하는 것은 종교의 역사를 지나치게 단순화하는 태도일 것이다. 정체성 회복을 지향하는 정통의식은 이단 종교를 배제하는 권력의 논리와 맞아떨어질 때 비로소 역사를 지배하는 형식적, 현실적 힘을 확보할 수 있다. 역사 속에서 정통은 필연적으로 권력과의 밀회를 통해서만 자기의 가치를 현실화할 수 있었다. 중국 문화의 정체성과 순수성을 회복하고자 하는 주희의 학문적 열정은 그가 죽은 후 얼마 지나지 않아서 마침내 국가권력과 결부되었고, 마침내 정치적 정통으로 변질되어 막강한 권력을 확보하게 되었다. 그 이후 주희의 사상은 왕조 국가의 절대 권력을 정당화하는 정치 이념으로 이용되었다.

자기들의 관점을 중국 문화의 정통이라고 확신했던 도학 사상가들은 유교적 진리의 현재적 계승자로 자임하는 한편, 자기들의 진리 주장이나 문화 의식과 충돌하는 다른 계통의 사상적·종교적 지향을 '이단'이라는 이름으로 배제시키는 논리를 구사하였다. 이때 도학자들에 의해 '이단'이라는 이름으로 부정적으로 평가된 사상 및 종교는 불교나 도교에 한정되는 것은 아니었다. 흔히 '도학'파의 '이단' 비판은 불교와 도교에 대한 비판으로 한정적으로 이해되는 경향이 있다. 그러나 당시의 유교 내부에 여전히 강력한 하나의 가능성으로 존재하던 反道學的 경향과 뚜렷한 사상적 이념으로까지 발전하지 못했지만 여전히 중국인의 삶에 깊이 영향을 끼치고 있었던 민중의 종교적 신앙 실천까지도 비판의 대상으로서 '이단'의 범주에 넣어서 생각해야 한다.

4장과 5장은 당시 도학파의 관점에서 '이단'이라고 평가된 다양한 사상 종교에 관심을 가진다. 도교에 관한 논의는 3장에서 도통론의 형성과 관련시켜 다루기 때문에, 4장과 5장에서는 도학파의 이상주의와 독단성을 비판하는 유교 내부의 또 다른 경향과 민중종교를 바라보는 주희의 관점을 연구의 대상으로 삼고자 한다.

유교 내부에 존재하던 반도학적 경향은 주희의 평가를 그대로 받아들인다면 功利思想이라고 부를 수 있는 것이었다. 주희가 功利思想이라 부르는 그 사상적 입장은 주희와 동시대의 사상가였던 陳亮(1143~1194)을 중심인물로 삼는 浙江 지역의 사상 경향을 폭넓게 지칭한다. 본서는 이러한 유교 내부의 다양한 이단적 입장을 주희의 안목을 통해 살펴봄으로써, 당시의 문화적 위기를 사상적으로 동시에 실천적으로 극복하고자 하는 주희의 문화적 정체성 의식을 깊이 이해하는 데에 목적을 두고 있다.

하지만 필자는 '이단'을 비판하는 주희의 주장을 당연한 사실로서 무조건적으로 승인해서는 안 된다고 생각한다. 오히려 필자는 주희의 이단 비판이 상당한 정도의 의도적 곡해와 편견의 산물이라는 점을 인정한다. 필자는 그러한 곡해와 왜곡을 감행하는 주희의 의도, 즉 주희가 제시했던 주장의 내면적 의도를 살핌으로써 주희 사상의 실질을 더 분명하게 이해할 수 있다고 본다.

5

'도통'의 확립, 즉 유교적 정통의식의 주장과 그 주장을 뒷받침하는 이단에 대한 비판은 송대 신유학자들이 직면한 문화적 위기의식을 단적으로 표현하는 핵심적 문제였다. 주희는 북송 신유학의 여러 문제들을 계승하고 종합하여 강력한 유교적 정통의식을 정립하는 것이 자신의 사상적 임무라고 생각했다. 주희는 자기 사상의 선구자라고 인정했던 일군의 사상가들의 사상을 총체적으로 지칭하여 '道學'이라고 불렀다. '道學'이라는 명칭 그 자체는 주희가 창안한 것은 아니지만, '도학'의 체계는 주희에 와서 비로소 완전한 형태를 갖추었다. 그리고 그 체계는 원나라와 명나라를 거치면서 중국 유교 사상의 대표이자 왕조 체제의 이념적 근거로서, 정치적으로는 물론 사상적·문화적으로 절대적인 정통 이념의 지위를 차지하기에 이른다. 그러나 주희가 살았던 12~13세기의 시점에서 '도학'은 정통의 지위를 차지하지 못했다. 오히려 그것은 도학 바깥에 자리했던 사상가들로부터 야유나 비판을 받는 유교 내부의 하나의 사상적 경향에 불과했다. 당시 유교의 흐름 전체에서 볼 때에 주희의 도학은 유교의 여러 가능성 중의 하나인 지역적 학파에 지나지 않았던 것이다.

전통적인 견해는 유교의 역사를 고전유학과 신유학으로 크게 나누어 본다. 그 경우 신유학의 중심은 程伊川(1033~1107, 이름은 程頤)에서 시작되어 주희에 의해 계승되고 종합된 '도학'이라고 한다. 그런 입장에서는 신유학과 주자학은 거의 동일한 내포를 가진다고 말할 수 있을 것이다. 필자는 그런 관점 자체가 바로 주자학적 사유가 확립된 이후, 그 주자학적 사유의 영향 아래 형성된 것이라고 생각한다. 그러나 주희가 건립한 거대한 사상 체계가 왕조의 정치권력에 의해 국가의 정통적 이념으로 자리 잡기 이전의 시점에서의 주희 사상의 지향을 살피고자 하는 필자는, 주자학적 사유를 당연한 것으로 전제하고 그 관점에서 중국 사상을 이해하는 전통적 주자학 해석에 동의하지 않는다. 필자는 주희의 사상이 국가의 정치이념으로 권력과 결부된 원·명 이후의 관점, 즉 주자학의 '정통성'을 당연한 것으로 받아들이는 '도통사관'의 입장에 대해 유보적인 태도를 취해야 한다고 생각한다. 국가 이데올로기로서 정통성을 확보하기 이전의 시점에서 신유학의 정통성 주장, 특히 주희의 도통론은 문화적인 자기 우월성을 확보하기 위해 노력했던 다양한 유교적 혁신 운동들 중의 하나로서,

상대적인 가치를 가지고 있을 뿐이다.

　도학을 포함한 모든 종교적 정통은 자기 전통의 순수함을 회복하고자 하는 이상주의적 열정에 가득한 사상 운동이다. 그러나 그들이 주장하는 순수는 글자 그대로의 순수일 수는 없다. 정통을 향한 의지는 항상 그것을 둘러싼 이단의 저항과 갈등 속에서 성장한다. 이단이 존재하지 않으면 정통을 향한 지향 자체가 무의미하다. 순수를 지향하는 사상은 스스로를 진리의 담지자라고 주장하며, 또 다른 사상적 가능성을 '이단'이라는 이름으로 배척한다. '이단'의 역동성이 강하면 강할수록 이단을 배제하고자 하는 정통에의 의지는 확고해지며, 소위 정통과 이단 사이의 갈등도 격렬해진다. 그리고 정통을 주장하는 순수의 움직임은 비판의 몸짓을 과시하는 한편 이단과 교섭한다. 정통을 향한 열정을 가진 집단과 배척받는 이단은 서로 타자에 대한 비판의 목소리를 높이는 한편 타자를 모방한다.

　유교 중심주의에 입각하여 중국 문화를 재편성하고자 하는 시도는 송나라 성립 이후 꾸준히 진행되었다. 유교적 이념에 근거하여 문화 전체를 재편성하고자 하는 프로젝트는 유교적 이념을 사회화시키는 정치적, 교육적 노력들과 불가분의 관계를 가지면서 추진되었다. 그것의 결과는 유교 이상주의에 의한 禮秩序의 정립이라는 형태로 구체화되었다. 송나라 시대의 유교 이상주의는 당나라 이전에 일상화되어 있던 문벌 중심적인 귀족 제도를 청산하고, 일반 사대부와 서민이 주체가 되는 민중 지향적 禮制의 틀을 구상하는 과정에서 나타난 것이다. 송대에 현저해진 민중 지향적 경향은 제도적으로는 새로이 國家禮典을 정비하고 서민과 사대부[士庶人]의 家庭儀禮를 정리한다는 두 가지 방향을 가진 禮學의 작업으로 현실화되었다. 그 결과 만들어진 禮書에서 기존의 전통적 등급 제도 그 자체는 여전히 유지되고 있긴 하지만, 중국 인구의 절대 다수를 점하는 庶人과 士人에 대한 배려가 사실상 이전의 시대와는 비교할 수 없을 정도로 폭넓게 나타난다. 이러한 시대 배경을 염두에 두고 필자는 본서의 5장에서, 정통의식에 입각하여 禮秩序 전반에 대해 진지한 사색을 경주했던 주희의 입장, 특히 민중의 종교적 신앙 실천에 대한 그의 생각을 이해하는 데에 초점을 맞추었다.

유교의 종교성을 강조할 때 우리는 유교를 禮敎라고 부를 수 있을 것이다. 禮는 일상의 삶을 규율하는 유교 세계 내부의 행위 양식이다. 동시에 유교는 인간의 일상적 삶의 장이 초일상의 세계와 밀접한 관계를 맺고 있다는 신앙을 전제로 삼고 있는 문화 체계이기 때문에, 초일상의 세계에 대해서도 신중한 관심을 기울인다. 유교의 예는 일상적인 생활 세계와 초월적인 신령의 세계가 연속돼어 있다는 신앙을 고도로 복잡하고 세련된 행위 양식으로 체계화한 것이다. 일상을 살아가는 인간은 禮를 통해 초월적인 신령 세계에 대해 어떻게 반응해야 하고 행동해야 하는가에 대한 적절한 지침을 얻을 수 있었다. 유교에 있어 禮는 분명 일상의 삶과 초일상의 세계를 이어주는 세계 해석의 원리였다. 禮는 추상적인 개념의 형태로가 아니라, 인간의 몸짓이라는 형태로 세계를 해석한다. 禮에 규정된 행위의 규범과 질서에 의해, 세계는 비로소 의미를 획득하고 인간의 사회는 안정과 영속성을 보장받는다. 그리고 그 세계를 사는 인간은 禮의 실천을 통해 지속적으로 삶의 의미를 회복하는 재충전의 기회를 얻는다.

禮敎의 관점에서 볼 때 주자학은 고대의 이상시대에 성인이 만들어 놓았던 예 체계와 예 정신을 회복함으로써 일상의 의미 회복을 기도하는 사상적 혁신 운동이었다. 지금까지 학계에서 해왔던 것처럼 그러한 혁신 운동을 철학적·사변적 차원에 한정시켜 이해하는 것에는 한계가 있다. 道學 운동은 철학적 사변의 차원에서뿐만 아니라, 禮秩序의 회복을 통해 사회 질서 전반을 재편성할 것을 목표로 삼았던 총체적인 사회·문화의 개혁 운동이었다. 그리고 그 禮秩序의 회복은 유교적 종교 이념의 기반을 이루었던 초월적인 신령 세계에 대한 종교 의례를 회복하는 것을 포함한다. 주희의 관심이 일상적 삶의 의미 회복을 지향하는 것이라고 해서 유교가 초월적 세계에 무관심했다고 말하는 것은 옳지 않다.

'제사'는 일상의 삶과 초월적인 신령 세계를 연결시키는 종교 의례였다.

크게는 국가의 제사에서 작게는 일반인의 조상 제사에 이르기까지, 제사는 신성한 존재에 대한 신앙과 표리를 이루며 종교로서 유교가 사회 속에서 기능할 수 있게 보장하는 유교의 가장 중요한 의례였다. 따라서 제사 내지 제사의 대상으로서의 귀신에 대해 말하는 것은 초일상의 영역에 대해서까지 유교적 관심과 앎의 범위를 확장시키는 일이며, 그 확장이 가능하기 위해서는 일상에 대한 깊은 이해가 전제되어야 한다는 것이, 일상의 의미 회복을 시도하는 주희의 근본 입장이었다.

주희는 학문의 성장에 대해 말하는 자리에서 小學에서 제시하는 일상적 실천의 공부로부터 大學의 원리적 이해에 이르는 경로를 제시한다. 주희가 구상하는 禮는 일상의 생활의례를 바탕으로 가정, 사회, 국가의 차원으로 단위를 확대해간다. 적절한 사회적 행위 양식의 체득뿐 아니라 행위의 원리에 대한 이해가 뒤따를 때에 예는 완성된다. 유교적 앎의 성장에 대한 주희의 생각은 사실 주희의 귀신론과 제사론에도 그대로 관철되고 있다고 필자는 판단한다.

국가적 차원의 제사를 규정하는 법적·종교적 근거는 「祀典」이라 불리는 제사 문헌에 규정되어 있었다. 주희가 지향하는 예의 완성, 예에 적합한 제사의 실행은 현실적으로는 국가적 차원에서 규정된 사전의 원리를 준수하고 그것을 실천하는 것이었다고 말해도 과언이 아닐 것이다. 유교 지식인의 책무는 지방관으로서 혹은 향촌의 정신적 지도자로서 국가의 제사를 관장하고 민중의 종교적 삶을 지도하여 국가적 예의 이념을 실천하는 것이었기 때문이다. 국가의 禮治秩序 속의 종교 의례, 즉 祀典이 요구하는 제사의 기준을 충족시키지 못하는 민중의 宗敎儀式인 '淫祀'가 지배하는 민중의 세계를 피부로 체험한 주희는 이러한 민중의 종교적 삶을 이해할 필요가 있었을 것이고, 어떤 방식으로든 제사에 관한 유교적 원리를 회복할 필요를 느꼈을 것이다. 이런 맥락에서 주희의 도통의식은 도교 및 불교에 대항하는 고도의 사상적 투쟁을 통해서만이 아니라, 민중의 삶과 일체가 되어 있지만 예의 기준에서는 벗어나는 종교적 실천, 즉 '음사'에 대한 비판을 통해서도 드러난다. 이렇게 볼 때, 주희의 이단 비판은 이론적 관점에서 도교와 불교를 비판하는 차원을 넘어서 있다. 즉 그의 이단 비판은 민중의 일상적 종교 행태를 실제적으로 지배했던, 도교·불교·무속의 요소를 다 갖추고 있었던 복잡한 민중의 종교적 실천을 비판하기 위한 근거를 마련하고자 하는 의도까지 담고 있었던 것이다.

유교적 관점에서 淫祀 나지 邪敎라고 불리는 민중의 이단적 종교 行態를 비판하고, 올바른 禮秩序를 회복하는 것은 당시 유교 지식인들의 공통된 관심이었다. 그리고 신유학은 종교적인 측면에서는 민중의 잘못된 신앙과 실천을 바로잡고 유교적 이상에 따른 국가의 제사 체계를 확립하기 위한 유교의 개혁 운동이라고 이해할 수 있다. 이러한 역사적 맥락에서 필자는 북송 시대에 시작되고 주희에 이르러 절정에 달하는 신유학적 종교 담론을 살펴보고자 한다.

제1장

주희 문화론의 시각:
문화 이데올로기로서의 주희의 도통론

1. 송대 유학의 과제

　北宋(960~1127)에서 시작되는 새로운 사상・문화 운동으로서 新儒學은 중요한 몇 가지 사상적 과제를 안고 출발한 儒敎(儒學, 儒家)의 부흥 운동이었다. 북송의 사상 운동이 짊어진 핵심적 과제는 중국 민족의 문화적 정체성을 확립하고, 유교를 중국적 질서와 가치의 중심으로 회복하는 계기를 마련하는 데 있었다. 일반적으로 중국 문화의 정신이 유교에 담겨 있다고 할 때, 그 유교란 단순히 선진시대에 형성된 孔子・孟子의 고전유교를 의미하는 것은 아니다. 도히려 북송 시대에 강력한 중앙집권적 정치 체제의 성립과 더불어 등장한 사대부 지식인들의 사상 운동으로서의 새로운 유교 및 그것을 기반으로 하면서 완성된 新儒學이, 오늘날 동아시아 세계의 '전통'문화를 형성하는 유교의 실질적 내용을 이루고 있다. 그리고 주자학적으로 재해석된 그 새로운 유교가 元(1279~1368) 초기 이후에 정치적 지배 이데올로기로 정착되면서, 중국의 儒教史는 결정적인 전환기를 맞는다. 그 이후 주자학은 문화적 가치의 중심으로서 중국과 한국, 일본 심지어는 베트남에 이르기까지 정치 문화적인 지배력을 행사했다.

그런 의미에서 북송 사대부 지식인들에 의해 형성된 새로운 유교에 의해 중국의 정신사는 새로운 단계로 접어든다. 대체로 북송 이후에 형성된 새로운 유교를 '신유교Neo-Confucianism'라고 부르면서 고전유교와 그 성격을 구별하는 입장은 이미 학계의 통설로 자리 잡고 있다. 元과 明(1368~1644) 이후 국가의 지배 체제와 결합하여 강력한 지배 이데올로기로 발전한 유교의 흐름을 특히 '도학'이라 부르며, 북송 이후의 새로운 사상 운동의 내부에 존재했던 다양한 입장들과 구별하는 것도 어느 정도 학계의 공감을 얻어가고 있다.

지금까지 역사학계에서는 北宋과 南宋(1127~1279)은 사상사적으로 당연히 연속된 시대라고 이해하는 것이 일반적이었다. 그러나 구체적으로 사상사의 내부를 들여다보면, 북송과 남송은 그 연속성에도 불구하고 심각한 차이를 보인다는 사실에 오히려 주목해야 한다는 주장이 제기되고 있다. 위에서 언급한 대로 송 이후의 새로운 유교의 전개는 북송에서 그 기초가 다듬어진 유교의 발전을 토대로 가능했던 것이었다. 따라서 南宋의 유교를 北宋의 연속선상에서 파악하는 것이 자연스러운 일이기는 하지만, 南宋에 있어 유교의 발전이 북송의 '단순한' 연장선으로 이해되어서는 곤란하다는 것이다.[1)]

다시 말하자면 북송에 있어서 새로운 유학의 발전은 권력 엘리트의 정치적 · 사회적 개혁 운동과 표리를 이루는 사회성이 강한 외향적 사상 운동이었던 반면, 南宋의 유학은 정치적 엘리트들과의 직접적 관련 없이 순수한 사상적, 학문적 성향이 강했다는 사실이 그 두 시대의 사상적 성격 차이를 이해하는 데에 중요하다는 것이다. 특히 南宋의 다양한 사상가들이 보여주는 사유의 역동성은 오히려 그들이 중앙 정치에서 소외되었기 때문에 가능했다고 말할 수 있을 정도이다. 사실 南宋의 유교 사상가들은 정치권력의 외부에 존재했고, 바로 그런 특징으로 인해 보다 순수한 사상적 깊이를 확보하는 것이 가능했다는 점을 아울러 기억해야 할 것이다. 그렇다면 일반적으로 송대 이후의 새로운 유교의 특징으로 지적되는 '내면주의'는 결코 北宋과 南宋을 포괄하는 새로운 유학 전체의 일반적 특징이 아니라, 그것의 하나의 방향인 '心性論'의 측면에만 국한되는 것이라고 한정해서 말하는 것이 옳다. 남송의 신유학, 특히 陸象山(1139~1191, 이름은 陸九淵)과 朱熹에 의해 정점에 달한 도학파 유교의 '心性論'과 '修養論'을 지칭할 때에 '내면주의'라는 평가는 타당한 것이라고 말할 수 있을 것이다.

이런 관점에 설 때, 北宋과 南宋 두 시대의 유교 사상을 단순히 '신유학'의 전개와 발전이라는 단선적인 흐름으로 이해하는 전통적 입장은 사상이 전개되는 삶의 자리를 지나치게 단편적으로 파악한다. 그 입장에 따른다면, '신유학'은 단일한 경향을 가진 사상의 전개로 단순화될 위험이 있다. 하지만 북송 이후의 새로운 유학 전체가 일반적으로 문제 삼고 있는 공통 지향이 전혀 존재하지 않는다고 말하는 것은 옳지 않다. 다만 경계하는 것은, 신유학에 공통되는 지향을 너무도 자명한 것으로 받아들이면서 그 내용의 동질성을 쉽게 인정해버리고 마침내 그 내부의 역동성을 놓치고 마는 단순함인 것이다.

북송에 유교의 부흥을 기치로 내세우고 등장한 새로운 유학 운동[2]은 복합적인 사상·문화 운동이었다. 唐(618~907)에서 북송으로 전환하는 변혁기의 사상적 전환에 대해 언급할 때 반드시 거론되는 몇 가지 전환의 지표는 대개 다음의 세 가지이다.

첫째, 經學의 전환. 둘째, 古文運動과 결부된 유교적 가치의 이상화. 셋째, 유교를 중심으로 삼는 文化的 正統性의 주장. 이 세 가지가 바로 그 전환의 중요한 지표들이다. 이 세 가지 방향에서 전개된 사상적 전환이 모두 같은 중요성을 가지고 있다고 말할 수 있지만, 필자의 관심사에 비추어 볼 때,

세 번째 지표인 '文化的 正統性의 주장'은 특히 중요하다.

흔히 '道統論'이라고 불리는 신유학의 문화적 정체성 주장은 孟子를 사상적 배경으로 삼는 유교 정통주의의 회복을 지향하는 것이다. 그리고 그것은 《四書》가 《五經》을 능가하여 유교 경전으로서의 문화적 지위를 획득하는 계기와 연결되어 있기 때문에 곧바로 첫 번째 지표인 '經學의 전환'과 직결되는 문제이기도 하다. 그런 의미에서 위의 세 가지 방향은 셋이면서 하나인 관계를 이루고 있다. 특히 유교 정통주의의 사상적 근거로서 孟子의 부활 내지 재평가는 몇 가지 논제를 자연스럽게 북송 사상계의 중심으로 끌어들인다. 다시 말해 '道統論', '闢異端論', '心性論', '王覇論' 그리고 '華夷論'으로 정리될 수 있는 그 문제들은 맹자 사상의 중심 문제이기도 했다. 그 문제들은 북송 이후의 중국 사상사에서 다시 핵심적인 문제로 부각되었기 때문에, 북송 이후의 중국 사상사는 맹자가 제시한 문제를 새롭게 해석하는 과정에서 발전해왔다고 말해도 그다지 틀리지 않을 것이다.[3]

2. 신유학과 연관된 명칭들

풍우란의 '신유학'

북송 중엽에 형성되어 남송의 주희에 이르러 체계가 완성되는 새로운 유학(新儒教)은 대단히 복잡한 연원과 경향을 내포한 거대한 사상·종교 운동이었다. 그것을 형성하는 사상의 연원이 복잡하고 다양한 만큼 그 체계를 지칭하는 명칭 또한 단순하지 않다. 따라서 송대에 발생한 새로운 유교 운동의 흐름을 총체적으로 이해하기 위해서는 어떤 식으로든지 명칭의 혼란을 해소해야 할 필요를 느끼게 된다.[4]

북송에서 점진적으로 형성되고 남송에 들어와 주희에 의해 집대성된 유교의 학술 사상 체계를 소위 '新儒學'이라고 지칭하고, 그 체계 내부의 다양한 경향을 포괄하고자 시도한 최초의 연구자는 馮友蘭이었다. 馮友蘭은 인간의 마음의 본질[心性]을 이해하고자 하는 사상적 탐구를 중국 사상사의 정통적 흐름으로 규정하고, 그것에 '신유학'이라는 명칭을 최초로 부여하였다. 그는 중국 최초의 체계적인 통사적 사상사 저술인『中國哲學史』(1934)에서 '신유학'이라는 명칭을 사용함으로써, 당 중엽 이후에 전개된 유교를 지칭하는 새로운 개념을 만들어내었다. 그 후 그 개념이 영어로는 'Neo-Confucianism'이라고 번역되어 현재 서양 중국학계에서 통칭으로 자리를 잡았고, 그것이 다시 우리말로 번역되어 우리 학계에서도 널리 통용되고 있다는 것은 주지의 사실이다.[5)]

풍우란은 '신유학'의 내부에 '理學'과 '心學'이라는 두 계열의 사상이 존재한다고 보았으며, 그 두 계열 중에서 程伊川에서 朱熹로 이어지는 '이학' 계통이 중국 철학의 '정통'적 지위를 차지한다는 입장을 분명히 했다. 풍우란의 정통 논의는 분명 주자학파가 제시한 '도통론'의 연장선상에 서 있는 것이었다. 풍우란은 자신이 수립한 학문 체계를 '新理學'이라는 명칭으로 불렀을 뿐 아니라, 자기 사상의 핵심이 정이천과 주희를 잇는 '신유학', 특히 '이학'의 계승 발전이라는 자부심을 강하게 표출했다. 그러한 그의 입장은 일종의 현대적 '도통론'이라 부를 수 있는 것이었다.

나아가 그는 자신의 '신이학' 사상 체계의 일부분을 이루는 저서인『新原道』의 제9장에서 「道學」이라는 제목을 설정하여 정이천과 주희 계통의 사상을 정리하고 있다. 거기에서 그는 '도학'의 요점을 '고명함과 중용의 종합'이라고 주장하면서, '도학'과 '이학'을 동일한 개념으로 규정한다. 그리고 그 '도학'의 완성자가 다름 아닌 주희라고 평가했다.[6)] 나아가 陸象山 및 王陽明(1472~1528, 이름은 王守仁)이 제창한 '心學'은 禪佛敎的 경향을 강하게 띠는 사상 체계이기 때문에 '신유학'의 비주류라는 것이 풍우란이 견지했던 사상사 이해의 기본 입장이었다.

풍우란이 정립한 '신유학'이라는 명칭은 오늘날에 있어서도 중국의 사상을 이해하는 중요한 하나의 표준이다. 그러나 '신유학'이라는 명칭은 宋代에 등장한 유교의 새로운 경향을 전부 포괄한다는 의미에서, 중국 유학사를 宋 이전과 그 이후로 크게 둘로 나누어 파악할 때에는 유용한 개념이다. 하지만 그것은 宋代 이후 유학 내부에 존재하는 역동성을 포착하기에는 너무도 포괄적이고 막연한 개념이기 때문에 오히려 그 학문적 유용성이 반감될 수 있다.

그리고 그가 '신유학'의 내부에 존재하는 두 개의 흐름을 '이학'과 '심학'으로 나누어 보고 있는 것은, 유교 체계 전체 안에서는 제한된 영역에 불과한 理氣論 및 心性論에만 부분적으로 타당한 분류 방법이라는 점에서 한계가 있다. 그리고 '이학'과 '심학'을 명확한 대립 개념으로 볼 수 있는가 하는 것은 여전히 검토를 필요로 하는 문제로 남아 있다.[7] 그렇다면 '신유학'이라는 용어에 담긴 의미의 모호성을[8] 극복하기 위해 우리는 어떤 명칭을 사용할 수 있을 것인지 한번 생각해보자.

'송학'과 '이학'

'신이학' 외에 송대의 유학 전체를 염두에 둘 때 우리는 '宋學'이라는 명칭을 생각해볼 수 있다. 그것은 글자 그대로 송대에 형성된, 나아가 송대의 특성을 지니는 새로운 유학을 의미한다. 송대의 특징이 무엇인가 하는 것은 또 다른 커다란 문제이지만, 간단하게 말하자면 그 명칭은 유학의 체계 중에서도 경전의 해석학에 관련된 문제의식을 특별히 강조하는 것으로 이해할 수 있을 것이다. 그 점에서 그 명칭은 '漢學'과 대비되는 경학적 관점을 가리키는 명칭이다. 그러나 '송학'이라는 명칭 자체는 淸代 고증학자들이 경전 해석의 방법론으로서 '한학'과 '송학'을 대비시키는 경우 주로 사용된 것이었기 때문에, 경학의 범위를 벗어난 사상적 논리나 정통의식을 '송학'이라는 명칭으로 부르는 것은 그다지 적절하지 않다는 느낌이 든다.[9]

다음으로 고려해보아야 할 것은 요즈음 중국 학계에서 일반적으로 사용되는 '理學'이라는 명칭이다. 불교의 화엄학 역시 '이학'이라는 명칭으로 불리기 때문에 여기서 우리는 문제를 유학의 영역에 한정시켜 살펴보자.

宋代에 형성되고 明代와 淸代에 와서 널리 통용된 유교적 '이학' 개념은 나중에 살펴볼 '도학' 개념과 거의 실질을 같이하면서도, 포함하는 영역이 '도학'보다는 넓다. 따라서 풍우란이 송대의 '신유학' 중에서 정이천과 주희로 이어지는 계통을 단순히 '이학'이라고 부르고 그것을 다시 '도학'과 동일시할 때의 그 '이학'과는 약간 뉘앙스를 달리한다.

'理' 개념이 유학상의 중요 개념으로 고려되기 시작한 것은 송대 이후의 일이다. 특히 정이천과 주희는 도가적인 동시에 불교적인 '理'를 유교의 궁극 진리를 가리키는 개념으로 전환하여 신유학 내부의 '이학'을 집대성하였다. 앞에서 본 풍우란의 '理學' 개념은 바로 이러한 측면에 초점을 맞춘 것이다.

그러나 중국 학계에서 사용하는 '理學'이 지시하는 범위는 풍우란이 사용한 '이학'의 범위보다 훨씬 넓어질 수 있다. '理'를 사유의 중심 원리로 삼는다는 의미에서 사용되는 '이학'은 가장 넓게는 '理'를 유교적 사유의 중심 개념으로 보는 것을 반대하지 않는 한, 모든 사상가에게 적용될 수 있다. 극단적으로 말해서, 章學誠(1738~1801) 혹은 戴震(1723~1777)처럼 '理' 개념을 유교 체계의 궁극적 진리 개념으로 인정하기를 거부했던 사상가를 제외하고는, 송·명·청의 유학 사상가 거의 모두가 '理學'의 범위 안에 수용될 수 있을 것이다.

일반적으로 '理學'과 대립되는 경향을 가지고 있다고 알려져 있는 육상산이나 왕양명 계통의 '心學'조차도 사상의 실제 내용에 있어서는 '理'가 유교의 궁극적 진리라는 것을 부정하지 않기 때문에 당연히 '理學'의 범위 안으로 들어올 수 있다. 근대 중국 학계에서 쓰이는 '理學'이라는 용어는 이런 넓은 의미를 포괄할 수 있다. 이러한 '理學' 개념은 의미의 폭이 지나치게 넓을 뿐만 아니라 풍우란이 제시한 '이학' 개념과 혼동될 수 있는 여지가 많기 때문에, 사상사적인 용어로 적절하지 않은 감이 없지 않다.

그러나 만일 관용적으로 사용되는 '理學'의 개념 자체를 포기할 수 없다면, 번거롭긴 하지만, '이학' 개념을 사용할 때에는 그 개념을 세 단계로 나누어 이해하는 신중함이 요구된다고 생각한다. (1) 좁은 의미의 이학이 그 중의 하나이다. 이때 '이학' 개념은 정이천, 주희 계통의 '이학'이다. (2) 넓은 의미의 이학이 그 두 번째인데, 여기에는 육상산, 왕양명 계통의 '심학'과 정이천, 주희 계통의 '이학'이 모두 포함된다. (3) 가장 넓은 의미의 이학이 세 번째로서, '이학'과 '심학'은 물론, 기 철학 계통과 상수학, 왕안석의 신학, 소동파의 소학, 절강의 사공학 등 송대에 나타났던 일군의 새로운 유교 학파 전부를 포괄하는 개념으로 이해할 수 있다. 이렇게 볼 때, 넓은 의미의 이학은 풍우란이 사용하는 '신유학'과 같은 의미가 되고, 가장 넓은 의미의 이학은 송대에 발생한 유교의 새로운 운동 전체를 지칭하는 개념이 될 것이다. 그러나 최근 일반적으로 '신유학'이라고 말할 때에는 풍우란의 '신유학'보다는 가장 넓은 의미의 이학을 포괄적으로 지칭한다는 점을 기억해둘 필요가 있다.[10]

'도학' 개념과 의의

본서의 주제와 관련하여 중요한 또 하나의 명칭이 바로 '道學'이다. 송대 유학의 한 흐름을 지칭하는 명칭으로서 '도학' 개념이 언제부터 사용되었는지에 관한 학계의 진지한 탐색은 몇몇 선학들에 의해 진행되어왔다. 하지만 필자는 '도학'이라는 개념이 언제 누구에 의해 처음 사용되었는가를 밝히는 것은 불가능할 뿐만 아니라, 그다지 큰 의미를 가지지 못한다고 생각한다.

'도를 추구하는 학문이라는 의미로서의 '道學'이라는 용어는 유교의 전유물이 아니라 宋代 이전부터 도교 혹은 불교 등에서도 널리 쓰이는 개념이었다. 儒者를 비롯하여 道士 혹은 僧侶를 '道士' 내지 '道人'이라고 부르는 예는 얼마든지 찾을 수 있다. 따라서 그 개념이 언제 누구에게서 처음 나타나는가 하는 질문은 거의 의미가 없다는 것을 알 수 있다.

중요한 것은, 宋代 이후의 새로운 儒學運動 내부에서 자신들의 입장을 '道學'이라고 명명하여 강렬한 정통적 문화 의식을 자각적으로 보여주었던 일군의 사상가들이 존재했다는 사실이다. 그 경우 '道學' 개념의 사용에 대한 유교적 자각은 대체로 程伊川(1033~1107)에서 비롯된다고 볼 수 있다. 그러나 단순한 용어의 출현이 문제가 아니라, 유교적 정통의 회복을 지향하는 유교인들의 자각이 드러나는 시점이 더욱 의미가 있는 것이라고 본다면, 그 시기는 멀리는 당 중엽의 韓愈(763~824, 字는 退之)에서 시작하여, 宋 초기의 도통론의 계승자들 주변에 설정할 수 있다.

程伊川의 학문 계통을 특히 '道學'이라고 부른다는 것은 程伊川, 朱熹로 이어지는 문화적 정통성 주장의 맥락에서 그들의 입장을 그대로 승인하는 것을 의미한다. 나중에 다시 살펴보겠지만, 정이천과 주희 계통에서 발생한 '도학'의 자각과 그들이 제시한 '도통'의 계보는 당의 한유가 제시한 입장을 기본적으로 계승한 것이다. 하지만 자세하게 살펴보면 정이천, 주희의 '도통론'과 송대 초기에 한유의 도통의식을 계승했던 孫復(992~1057, 字는 明復, 號는 富春)이나 石介(1005~1045, 字는 守道, 號는 徂徠)의 '도통론' 사이에는 미묘한 차이가 존재한다. 그 차이는 소위 程朱理學(道學)의 독존성 내지 편협성의 결과로 나타나는 것이다. 程朱學 계통의 도통론을 비판하는 동시대 인물들이 거의 예외 없이 '도학'의 편협성을 비판하면서 자기들 나름의 문화적 계승론(도통론)을 제시했다는 사실은 주목할 가치가 있다. 나중에 다시 살펴보겠지만, 朱熹와 동시대의 중요한 사상적 인물들인 葉適(1150~1123), 陸象山, 陳亮 등은 거의 예외 없이 주희 도학의 독단성과 편협성을 비판한다.

여기서 우리에게 중요한 것은 어느 시점부터 '도학'이라는 명칭이 유교 사상가들의 자기 정체성을 드러내는 명칭으로 자리를 잡았는가 하는 문제이다. 그리고 '도학'이라는 명칭이 정이천 및 주희 계통의 '도통론'과 밀접한 관련을 맺고 사용되기 시작한 대강의 시점을 확정할 수 있다면, 그러한 명칭을 사용하여 스스로의 사상적 지향을 자리매김하고자 하는 사상가들의 의도는 무엇이었는지를 밝힐 필요가 있다.

'도학'이라는 명칭은 송대 이후 유교의 새로운 경향을 지칭하기 위해 사용된 여러 개념들 중에서 시기적으로 가장 먼저 사용되었던 것이 분명하다. 송대에 들어서면서 유학자들은 자각적으로든 그렇지 않든, 새로운 시대를 맞이한다는 시대 인식을 갖고 있었다. 그들은 그러한 시대 인식의 구체적 결과로서 제시된 자기들의 사상을 중국의 궁극적 진리인 '도'에 관한 사유라는 의미에서 '도학'이라고 부르기 시작했다. 그러나 그때의 '도학' 이라는 명칭은 유교(유학)를 가리키는 일반명사적 개념으로 사용되었을 가능성이 높다. 중국 문화의 정통일 뿐만 아니라 유교 중의 정통이라고 하는 보다 엄격한 정체성 의식을 드러내기 위해 '도학' 개념을 처음 의식적으로 사용한 사람은 程伊川이었다. 그리고 정이천에서 발단하는 '도학'의 자각을 계승한 인물이 바로 朱熹였다.

道는 중국적 사유의 핵심이며 궁극적 범주이다. 따라서 중국의 사상가는 거의 예외 없이 자기가 제시한 사상이 道의 참 의미에 다가가 있으며, 그들의 방법을 통해 道의 진실을 밝힐 수 있다고 주장한다. 그런 의미에서 중국의 모든 사상 운동은 道를 지향하는 것일 때에만 의미를 얻을 수 있다. 그러한 현상은 이미 先秦時代의 사상에서, 즉 諸子百家의 사상 운동에서 분명히 나타나고 있었다.[11]

자기의 사상을 '도학'이라고 이름 짓는 주희의 사유도 道를 추구하는 사상이라는 점에서는 예외가 아니다. 이 점에 있어서 중국 사상은 학파의 차이를 떠나 동일한 지향을 가진다. 그러나 그 道가 구체적으로 현실화되는 양상의 이해 혹은 道의 파악 방법에 대해서 각 학파는 심각한 차이를 드러낸다. 중국 종교 및 사상의 각 학파의 다양성을 이해하기 위해서는, 그들이 제시하는 외적인 주장의 형식을 넘어서 내면에 숨어있는 道의 구체적 의미를 역사적 문맥 속에서 구체적으로 탐색할 필요가 있다.

3. 도학의 문화적 배경

송대에 등장한 유교적 '도학'은 몇 가지 중요한 문화적·사상적 전제를 가지고 있다. 그러한 전제는 '도학'의 방향성을 결정짓는 것이며 그것의 내면적 특질을 규정하는 것이기도 하다. 그러나 송대의 유학자들이 자기들의 사상을 '도학'이라는 명칭으로 불렀을 때에 그것은 결코 중립적인 터도를 표명하는 것은 아니었다. '도학'이라는 명칭은 그 자체로 상당히 전투적이고 전략적인 의미를 담고 있었다. '이학'이라는 명칭이 비교적 객관적으로 그들의 사상의 새로운 내용을 말해주는 것이라면, '도학'은 비유교적 종교 내지 그들이 배제한다고 생각했던 비정통적 사상에 대한 강력한 대항 의식을 나타내고 있다. '理'가 비교적 객관적인 개념인 반면, '道'는 보다 주관적인 성격이 강한 개념이라는 사실 역시 그 명칭을 사용하는 사상가들의 문화적 지향과 무관하지 않다.

여기서 간단하게 '도학' 개념에 담겨 있는 전제를 크게 두 가지로 나누어 살펴보자.

첫째, 道學은 '경서'를 통해 성인의 '도'를 탐구하는 방법론을 정립하려는 경학으로서의 성격을 지니고 있다. 구체적으로 말하자면 '도학' 사상가들은 고전적 경학의 방법, 즉 訓詁學의 문자주의적 해석 방법을 통해서는 경서에 담긴 '도'의 참된 실체를 발견할 수 없다고 주장한다. 훈고학적 경학에 대한 반성은 송대 사상계 전체를 지배했다. 그 중에서도 '도학'은 경서의 문자학적 의미에 매달리지 않는 자유로운 해석을 통해 경서의 참 정신, 즉 진정한 '도'를 발견할 수 있는 방법론의 탐구와 직결되어 있었다. 물론 경서에 대한 새로운 방법적 태도가 '도학' 사상가들의 전유물은 아니었다. 그러나 '도학'을 自任하는 사상가들은 특히 강하게 그러한 의도를 전면에 내세웠다. 그들의 그러한 입장은 '道統論'과 일체가 되어 하나의 사상·종교 운동으로서 발전할 수 있었다. 그런 점에서 '道學'이란 '道統論'과 결부되어 있는 경서 해석의 새로운 방법과 태도라고 규정할 수도 있을 것이다.

둘째, 道學과 그것의 이념적 바탕이 되는 '도통론'은 이단 사상과 종교에 대한 비판[12]을 전제한다. 성인의 道를 가장 진실한 모습으로 계승하고 있다는 것을 자부하는 유가적 도통론자들은 자기들의 사상 이외의 모든 입장을 異端이라는 이름으로 배척한다. 그것은 결국 정통과 이단의 갈등으로 표출되고, 모든 종교가 그러하듯이, 정치 세력과 결합하여 생사를 건 투쟁으로 비화되기도 했다. 孟子에서 여실히 드러나는 것처럼, 고전유교에서부터 異端에 대한 대항 의식은 이미 뿌리를 내리고 있었다. 그리고 宋代에 있어 道學 사상가들이 비판했던 異端은 맹자가 비판했던 이단의 범주를 훨씬 넘어서, 도교와 불교는 물론이고 중국 사회에 만연한 민중의 신앙 등 비정통적 종교·사상 활동 전부를 포괄하는 것이었다. 도학적 '이단' 비판론의 근거를 제공했던 고전유학, 특히 맹자의 정통의식 및 송대 시점에서 이단으로 지목되는 도교와 불교에 대한 신유학 사상가들의 비판에 대해서는 더욱 자세한 분석이 필요하다.

도학의 두 가지 전제를 염두에 두면서, '도학'이라는 명칭과 관련하여 道學과 理學이 어떤 상관관계를 가지고 있는가 하는 문제에 대해 조금 더 살펴볼 필요가 있을 것이다. 위에서 살펴본 道學의 두 가지 기본 전제와 관련해서 본다면, 정이천과 주희 계통의 '이학'은 일단 '도학'의 전제를 충족시킨다고 볼 수 있다. 그리고 육상산을 대표로 삼는 소위 '심학' 역시 강한 도통의식을 가지고 있다는 점에서 '도학'의 범주에 넣어서 고려한다 해도 잘못은 없을 것이다. 한편 '심학'은 주희 계통의 '이학'에 비해서는 經書의 객관적 연구 그 자체에 그다지 높은 가치를 부여하지 않지만, 그것은 그들이 경서의 존재를 무시했기 때문이 아니다. 소위 心學의 관심은 현재적 지평에서 경서를 주체적으로 해석하는 것을 중시한다는 점에서 대단히 의미 있는 경학적 입장을 가지고 있었다고 볼 수 있다. 그렇게 본다면 '심학'의 경서 해석의 입장은 주희가 제시하는 경서 해석의 태도와 성격은 조금 다르지만, 그 두 입장을 완전히 대립적인 것으로 판단할 수는 없을 것이다. 따라서 심학 역시 '도학'의 또 하나의 전제를 충족시킨다고 볼 수 있다.

앞에서 본 것처럼 풍우란은 道學(理學)과 心學은 신유학의 서로 대립적인 두 계열을 대표하는 것이라고 보았기 때문에, 心學을 道學의 일부분으로 보는 관점에 동의하지 않을 것이다. 하지만 필자는 心學을 道學과 대립되는 사상이나 별개의 전통이 아니라 커다란 道學의 전체 흐름 속의 한 경향으로 이해해야 한다고 생각한다. 그리고 더 나아가 앞에서도 간단히 언급했던 것처럼, 이학과 심학을 대립적 사상으로 보는 관점에 대해서는 재검토가 요청된다고 하겠다. 실제로 '도학'의 완성자 朱熹는 陸象山의 사상을 비판하면서도, 그와의 갈등을 전혀 다른 이단적 입장과의 대립이 아니라 '도학' 내부의 태도와 방법론의 차이에서 비롯되는 갈등이라고 인식했다는 사실도 필자의 이러한 판단을 뒷받침하는 것이다.

그러나 '도학'이 정치적으로 국가의 정통 이데올로기로 확립되었다는 것을 선언하는 『宋史』 「道學傳」의 편자들은 육상산을 '도학'의 계보에서 제외시키고 만다. 정이천과 주희의 계통을 유교적 '도'의 정통적 계승으로 이해하는 「도학전」은 육상산의 사상을 정통 사상의 사정권 바깥에 위치시키면서, 그것을 禪學이라고 비판한 주희의 논지를 극단화시켜 계승하고 있는 것이다. 나중에도 살펴보겠지만, 송대의 사상가 스스로가 자신의 입장을 '도학'이라고 부른 예는 사실 정주학파의 사상가에 한정되지는 않는다. 특히 주희와 극단적으로 대립했고, 육상산보다 더 위험한 사상을 가지고 있다고 朱熹로부터 비판을 받았던 陳亮 역시 자신의 학문을 '도학'이라고 부르고 있다는 사실은 대단히 흥미롭다. 그리고 어쩌면 당연한 것이지만, 「도학전」은 육상산을 배제했던 것처럼 陳亮 또한 도학의 계보에서 제외시키고 만다. 따라서 결과적으로 「도학전」의 道學은 필자가 '좁은 의미의 이학'이라고 부른 정이천-주희 계통의 理學과 동일한 외연을 가진 명칭이 되고 만 것이다. 그리고 풍우란의 '이학=도학'의 주장은 이러한 「도학전」의 관점을 그대로 수용한 것임을 다시 확인할 수 있다.

결론적으로 「도학전」의 사상사 이해는 주희의 정통 주장을 그대로 祖述한 것이라고 말할 수 있다. 따라서 주희가 비판한 사람들의 사상은 '도'를 진지하게 사유하는 학문으로서의 자격을 박탈당하고 만다. 주희의 입장과 대비해 볼 때, 주희 못지않게 분명한 유교적 정통의식을 가지고 있었던 육상산과 진량 그리고 葉適(엽적 혹은 섭적)의 사상은 '도학'적 역사관의 입장에서는 유교적 道의 가치를 실현시키지 못한 사상이며, 그 결과 정통성을 획득할 수 없었던 것이다. 그러나 우리는 오히려 역사에서 배제된 그들의 사상과 논지를 통해서, 주희 사상의 실체를 보다 명확하게 이해하는 시야를 확보할 수 있을 것이다. 그리고 그들의 정통성 주장을 주희의 '도통론'과 비교해봄으로써, 결과를 진리로 설정하고 그 결과를 생산하는 데에 기여한 과정만이 의미 있는 것이라고 서술하는 소급적 역사주의의 태도를 해체하는 계기를 마련할 수 있을 것이다. 그러한 해체의 작업을 거치면서, 승리한 자만이 진리의 담지자라고 믿는 투쟁적 진보 사관 또는 권력 지향적 인생관을 다시금 반성하는 계기를 얻을 수 있을 것이라고 믿는다.

4. 도학전과 도통론의 형성

'도학'의 선언문이며 도통론적 문화사관의 결정판인 『송사』「도학전」은 승리자 중심의 역사 이해를 단적으로 드러낸다. 그렇긴 하지만 「도학전」은 '도학'의 형성 과정을 살피는 데 없어서는 안 될 귀중한 문헌이기에, 여기서는 「도학전」의 역사 서술을 '실마리'로 삼아 송대에 형성된 도학의 중요한 하나의 계기이자 내면적 지향을 뒷받침하는 '도통론'의 의미를 살피고자 한다.

「도학전」은 서문에서 '도학'의 형성 과정을 거시적인 道統史觀의 관점에서 명쾌하게 정리하고 있다. 「도학전」 서문을 중심으로 송대에 있어 도통론이 형성되는 역사적 과정을 정리해보자.

道學이라는 명칭은 옛날에는 없었다. 삼대[夏·殷·周]의 理想시대에 君主는 '道'를 도구로 삼아 정치와 교화를 실시했고, 대신들과 문무백관은 이 '도'를 전범으로 삼아 관직과 제도, 학교 등을 설치했다. 학교에서 스승은 이 '도'를 가르치고, 제자는 이 '도'를 배웠으며, 사방의 백성은 매일 이 '도'를 따라 생활하면서도 그것이 '도'인지조차 모르는 삶을 영위했다. 바로 그렇기 때문에 도리어 하늘과 땅 사이에 존재하는 인간과 사물은 하나의 예외도 없이 이 '도'의 혜택을 입으면서 스스로의 본성을 발휘할 수 있었던 것이다. 이러한 때에 '도학'이라는 명칭이 생길 까닭이 없었다.[13]

먼저 「도학전」은 도는 古聖王이 세상을 지배하는 도구로 삼은 治道의 道라고 유교적 도의 근원적 의미를 밝히면서 달문을 연다. 그 유교적 도는 자연의 이치[天道]인 동시에 인간의 도리[人道]이다. 유교의 이상시대로 지칭되는 三代는 古聖王이 펼치는 완전한 정치가 실현되는 시대였다. 그 시대에 사람들은 하늘의 이치와 인간의 도리가 하나로 조화되는 삶을 누릴 수 있었다. 이상시대의 삶은 곧 '도'의 실현 그 자체였기 때문에, 특별히 '도학'이라는 사상 체계가 별도로 존재할 이유가 없었다. 「도학전」의 저자는 도학적 도통론이 역사의 퇴화론과 밀접한 연관이 있음을 암시한다. 古聖王이 제시한 '도'가 이 세상에서 사라지고 그 '도'와 하나가 되는 이상적 삶이 파괴되었기 때문에 '도'의 회복과 계승을 주장하는 '도학'이 필요한 상황이 도래했다는 것이다.

文王·周公이 돌아가신 후에 공자가 등장했다. 그는 [제왕의] 덕을 갖추고 있었지만 [제왕의] 직위를 가지지 못했기 때문에 '도'가 이 세상에서 직접 펼쳐지게 만들 수 있는 권한을 갖지 못했다. 그래서 그는 이 세상에서 물러나 제자들과 함께 예악을 정비하고, 선왕의 법도[憲章]를 밝히며 『시』를 정리했다. 또 그는 『춘추』를 짓고 『역상』을 저술하고 墳典 등 고대의 문헌을 탐구하여, 三皇五帝 등 고대 성인들의 '도'가 영원무궁토록 밝혀질 수 있는 근거를 마련하였다. 따라서 '공자는 堯나 舜보다도 더 지혜롭다'는 말이 나올 수 있었던 것이다.[14]

황금시대였던 夏·殷·周의 삼대 말기, 古聖王 계보의 마지막에 해당하는 文王과 周公이 돌아가신 후에 이 세상에서 '도'가 사라질 위기가 도래했다. 孔子는 이 세상에서 사라져가는 '도'를 구하기 위해 저술을 통해 '도'의 존재를 인류가 확인할 수 있는 근거를 마련해주었다. 여기서 제시되는 공자의 모습은 전형적인 '도통사관'의 관점에서 바라본 신화화된 공자이다.[15] 공자의 저술 작업은 소위 經書라는 형태로 역사에 남겨졌으며, 공자의 작업은 고성왕의 위업에 뒤지지 않는 위대한 업적으로 평가될 수 있다는 것이다. 이런 관점에서 보면 도통론의 계보는 공자 이전과 공자 이후로 크게 이분될 수 있다. 그리고 도통론의 관점에서 더욱 무게중심이 놓이는 것은 공자 이후에 전개되는 '도'의 傳承史라는 사실은 의심의 여지가 없어 보인다. 공자 이후에 전개되는 '도'의 전승이 부각되기 위해서는 공자의 聖人性이 확립되어야 한다는 것이 물론 그 절대적 전제였음은 말할 필요도 없다. 하지만 '도' 전승의 초기 단계에 속하는 여기까지의 논술은 고전유가에서 확립된 공통 인식이었기 때문에, 도학에 특유한 道統論의 특징적 요소를 아직 발견할 수는 없다.

공자가 돌아가신 후에 [많은 제자들 중에서] 오직 曾子만이 그분의

공자 초상.
이런 관점에서 보면 도통론의 계보는 공자 이전과 공자 이후로 크게 이분될 수 있다. 그리고 도통론의 관점에서 더욱 무게중심이 놓이는 것은 공자 이후에 전개되는 '도'의 傳承史라는 사실은 의심의 여지가 없어 보인다.

가르침을 전수했다. 증자는 그 '도'를 子思에게 전했으며, 마침내 孟子에게 '도'가 전하여 졌으나 맹자가 돌아가신 후에는 그 전승이 끊어졌다.16)

道統論에 입각한 도학적 문화론의 적극적인 자기주장은 이 단문에서 시작된다. 고성왕의 '도'를 계승하여 그것을 저술의 형태로 전해준 공자만이 '도'를 완전히 체현한 인물이라는 사실은 의심의 여지가 없는 유교적 신앙의 핵심이다. 그러나 공자 이후에 누가 공자의 '도'를 계승했는가? 공자학단을 구성했던 삼천 제자, 특히 공자의 수제자 72인 중에서 과연 누가 공자의 참 정신을 계승한 '정통[道之正統]'인가? 공자 이후의 유교의 역사는 어떤 의미에서는 '정통' 주장의 역사라고 말할 수 있다. 우리가 현재 가지고 있는 『논어』 자체가 그러한 정통의식을 담고 있는 학파적 갈등의 산물이라는 점은 누차 지적되어온 바 있다. 공자보다 한두 세기 이후에 등장한 孟子와 荀子 역시 스스로 공자의 '도'를 정통적으로 계승했다는 정통의식을 강하게 표방하고 있었던 것은 상식에 속한다. 특히 맹자의 정통의식은 여기서 우리가 문제 삼고 있는 道學의 문화적 정통의식, 즉 '도통론'과 밀접한 상관관계가 있다.

『맹자』「盡心下」에서 맹자는 '堯 – 舜 – 禹 – 湯 – 文王 – 孔子'로 이어지는 道의 전승 계보를 제시하고 있다.17) 堯와 舜에서 시작하여 공자에 이르는 고성왕들의 계보는 맹자가 처음 정리된 형태로 제시한 것이다. 그 이후 그 계보는 유교의 정통적 계보로서 확고한 권위를 가진 것이 되었다. 여기

맹자 초상.
맹자의 정통의식은 여기서 우리가 문제 삼고 있는 道學의 문화적 정통의식, 즉 '도통론'과 밀접한 상관관계가 있다.

서 관심을 가져야 할 것은 이러한 성인의 계보를 제시하는 논자의 심리 상태이다. 맹자의 도통론(도의 정통적 계보론)은 오백 년마다 王者〔성인〕가 출현하여 '도'를 이 땅에 실현시킨다는 그의 역사 순환설과 연결되어 있다. 당시는 공자의 사후 일이백 년밖에 지나지 않은 시점이었지만, 공자에서 도의 전승 계보가 끊어졌다고 맹자는 한탄한다. 그러한 한탄의 배경에는 물론 맹자 자신의 자부심이 숨겨져 있다. 맹자 자신이 '도'의 계승자로서, 공자의 도를 미래에 전해줄 책임을 지니고 있다는 강한 자부심을 토로하고 있는 것이다.

맹자에 의해 제시된 도통 계승의 주장은 唐代의 韓愈를 거쳐 정이천 형제, 그리고 주희의 '도학'에 의해 거의 그대로 계승되었다. 오늘날 우리가 흔히 유교 전통을 곧바로 공자 및 맹자의 전통과 동일시하는 것도 사실을 알고 보면, 위에서 본 도학적 관점을 그대로 수용하고 있기 때문이기도 하다.

그러나 북송과 남송 시대에 실제로 맹자를 '도'의 정통적 계승자라고 보는 입장은 오늘날 우리가 믿는 것과 같은 그런 확고한 지지를 획득하지 못하고 있었다. 송대의 시점으로 눈을 돌려보면, 오히려 맹자의 확고한 위치는 '도학' 내부의 전유물로 인정될 수밖에 없다는 느낌을 가지게 된다. 바꾸어 말하자면, 맹자의 정통성을 인정하는 그룹이 다름 아닌 '도학'의 범주에 포함된다고 말할 수 있을 정도인 것이다.[18] 송대에 있어서 맹자의 지위를 둘러싼 논쟁의 전모를 이해하기 위해서는 또 다른 연구가 필요하지만, 여기서는 우선 『송사』 「도학전」의 관점이 주희에 의해 완성된 맹자관을 그대로 계승하고 있다는 점을 지적하는 데 그친다.

맹자는 유교 사상사에서 볼 때 소위 '자사 · 맹자학파〔思孟學派〕'라고 불리는 공자 이후의 유교 일파를 대표한다. 여기서 공자 이후에 전개된 유학의 여러 양상을 모두 살필 여유는 없다. 하지만 공자 이후에 그의 제자들에 의해 유학이 다양한 양상으로 전개되었다는 사실은, 도학적 도통론이 주장하는 '공자 – 증자 – 자사 – 맹자'로 이어지는 단순한 계보적 관점이 그대로 역사적 진실이 아닐 수 있다는 가능성을 짐작케하는 단서를 제공한다. 실제로 남송 시대의 葉適이 子思에서 孟子로 이어지는 고전유학의 도통 전승 계보를 문제 삼으며 주희 및 도학적 도통론에 이의를 제기했다는 사실을 기억할 필요가 있다.

도학적 도통론의 주안점은 공자 이후의 '도'의 전승 계보에 놓여 있다. 나중에 보게 되겠지만, 주희의 논적 陳亮은 증자가 공자의 학문과 사상을 계승했다고 보는 주희의 도통론을 비판한다.[19] 여기서 필자는 과연 누가 공자의 정신을 '올바르게' 계승했느냐는 사안을 밝히는 일에 관심을 가지고 있지 않다. 필자의 관심은 주희든 진량이든, 그들이 자신들의 삶과 사유의 중심점을 이루던 '당위'의 표준을 어디에서 찾고 있었던가 하는 점을 이해하는 것이다. 그들의 시대 인식과 그 인식을 지탱하는 실천적 행동 윤리의 근거는 그들의 역사 이해, 더 정확하게는 그들의 '도' 인식과 뗄 수 없는 연관성을 가지고 있기 때문에, 필자는 그들의 '도통론'에 관심을 가질 수밖에 없는 것이다. 이어서 「도학전」은 도의 전승이 단절된 漢代 이후의 역사를 서술한다.

> 양한 시대 이후에 유자들은 '大道'를 논의하기는 했지만 그 말단을 살필 뿐 그것의 본질을 깊이 이해하지 못했다. 그들은 '도'에 대해 말하기는 했지만 상세히 밝히지는 못했기에 異端의 어지러운 이론이 일어나고 마침내 '도'의 가르침이 파괴되고 마는 결과를 초래했다.[20]

도통론에 입각한 역사 이해에 따르면 맹자 이후는 중국 문화의 암흑시대로서 진정한 삶의 표준이 상실된 시대였다. 특히 주희는 맹자 이후 북송의 '도학' 선생들에 이르는 천 년의 역사는 중국 역사의 암흑시대였다고 주장한다. 송대에 있어서 '도학'을 비롯한 신유학의 발생 과정을 중국에 있어서 하나의 르네상스라고 말할 수 있다면, 그 중간기에 해당하는 漢과 唐의 시대는 서양의 계몽주의자들이 이해하는 것과 유사한 중세적 암흑의 시대였던 것이다.

漢代의 유자들은 "오백 년마다 반드시 성왕[王者]이 출현한다[五百年必有王者興]"(『맹자』「공손추하」)는 맹자의 道統傳承論을 인정하지 않았다. 본인이 공자를 계승한다는 강한 자부심을 가지고 있었던 유자들은 특히 맹자의 주장에 반대했다. 예를 들어 揚雄(기원전 53~기원후 18)은 맹자의 도통 계승론을 비판하면서, 성왕의 출현은 그런 도식에 의해 예정되어 있는 것이 아니라고 주장한다. 언제 성인이 출현할 것인지는 아무도 알 수가 없다는 것이다. 천 년에 한 사람의 성인이 출현할 수도 있고, 하나의 시대에 여러 성인이 출현할 수도 있다. 양웅은 맹자가 제시한 오백 년 도식을 거부함으로써 도의 전승에 관한 맹자의 포부와 사명감을 일축하고자 했던 것이다.[21]

양웅보다 약간 늦게 출현한 王充(27~101)의 입장 역시 한대에 있어서 맹자의 사상사적 위치를 이해하는 데 도움이 되는 재미있는 예이다. 王充은 『論衡』「刺孟」에서 맹자가 주장하는 "오백 년마다 반드시 성왕이 출현한다"는 역사관의 사실적 오류를 지적하면서, 그것은 "사실을 제대로 검증하지 않았기 때문에 나온 엉터리 주장[論不實事考驗, 信浮淫之語]"이라고 맹자를 공박한다. 신화적 존재로서의 고성왕의 사적을 역사적 사실로서 검증하려는 그들의 논의 자체에 근본적으로 문제가 있다는 것을 지적할 수 있지만, 여기서는 맹자의 '도' 계승론이 근거가 없다는 사실을 지적하는 왕충의 태도를 살피는 것에 만족할 수밖에 없다.

揚雄 및 王充이 맹자를 비판했다는 사실 자체가 도학적 도통론의 관점

양웅 초상.
揚雄(기원전 53~기원후 18)은 맹자의 도통 계승론을 비판하면서, 성왕의 출현은 그런 도식에 의해 예정되어 있는 것이 아니라고 주장한다.

에서는 '도'가 인멸된 암흑시대의 징표와 다름없다. 맹자의 뜻을 이해하지 못하는 시대는 곧 '도'가 사라진 시대이며 문화의 암흑기라고 도학자들은 평가할 것이기 때문이다. 그러한 문화적 암흑은 유교적 성인의 가르침인 '도' 자체가 무의미해졌기 때문에 초래된 것은 아니다. '도'는 어떤 시대 어떤 상황에서나 유효하고 불변하는 보편적 진리이다. 이 세상에서 '도'가 사라진 것은 '도'를 실천해야 하는 인간의 올바른 정신과 도덕적 감각이 파괴되었기 때문이다. 도덕적으로 타락한 세상의 틈새를 파고들어와 사람들의 정신을 갉아먹는 것이 다름 아닌 이민족의 종교인 불교라고 그들은 주장한다.

그러한 암흑시대에 韓愈가 등장했다. 한유는 맹자의 정신을 올바르게 이해했기 때문에 거의 천 년이나 사라진 도를 중국 땅에 회복할 수 있었다고 송대의 도통론자들은 주장한다. 그러나 정작 『송사』 「도학전」은 도통의 계보에서 한유에 대해 언급하지 않는다. 그 이유는 무엇인가?

일반적으로 한유는 송대의 도통론 나아가 신유학의 선구자로 알려져 있다. 하지만 '도학'의 공식적인 도통 계보에서 한유가 제외되어 있는 것은 그 나름대로의 분명한 이유가 있다. 물론 그들은 도통의 계승 역사에서 한유의 공적을 얼마간은 인정한다. 다만 한유는 맹자의 평가와 관련하여 중요성이 인정되고 있었을 뿐, '도통'의 계승자로서의 공식적인 지위는 부여받지 못했던 것이다. 그 점에서 도학파의 도통론은 북송의 일반적인 도통론과 커다란 차이가 있었다. 여기서 간단하게 한유의 도통론에 대해 살펴보고, 본격적인 '도학'이 등장하기 이전에 유행했던 송대 초기의 도통론에

왕충 상.
王充이 맹자를 비판했다는 사실 자체가 도학적 도통론의 관점에서는 '도'가 인멸된 암흑시대의 징표와 다름없다.

대해 살펴보자.

5. 한유와 신유학 정통주의

유교적 가치에 근거하여 중국 문화를 다시 수립해야 한다고 주장하는 유교 개혁 운동은 이미 당나라 중엽부터 사대부 지식인들의 지지를 받으면서 점차 확산되고 있었다. 魏晉 때부터 唐代 전반기에 걸쳐 지식인의 정신세계를 지배했던 불교와 도교의 문화적 흡인력에도 불구하고, 유교적 진리를 재해석하여 중국 문화의 중심으로 되돌려놓고자 하는 지적인 움직임은 당나라 중엽부터 점차 문화적 담론의 중심으로 떠오르고 있었던 것이다. 그러한 유교 재평가의 문화적 움직임에 있어서 중심적인 역할을 수행한 인물이 韓愈와 柳宗元(773~819, 字는 子厚)으로 대표되는 문장가들이었다. 특히 한유는 그의 古文運動과 함께 '도통론'으로 요약되는 유교적 정통의식을 선전하고 보급한 공적으로 말미암아 당말·송초 신유학의 선구자로서 높이 평가된다. 그의 업적은 유교의 진리를 재확인하고 그것을 정치·문화·사상의 모든 영역에 있어서 중심적 지위로 회복할 것을 역설한 것에서 찾을 수 있다. 한유는 그의 유명한 논설「原道」에서 고전유교의 중심 가치인 '仁'과 '義'를 재평가한다. 그 글에서 그는 중국적 질서의 최고 가치인 '道'에 유교적 의미 내용을 부여함으로써 중국 문화의 방향 전환을 시도했다.

> 내가 말하고자 하는 道와 德은 仁과 義를 합쳐서 말하는 것이며 그것이야말로 천하의 公的 입장(公言)이다. 그런 반면 노자가 말하는 道德은 仁義를 배제한 것이므로 한 개인의 사적인 입장(私言)을 주장한 것에 불과하다.[22]

여기서 한유는 유교의 이념적 최고 가치인 仁·義 그리고 道를 궁극적으로 동일한 것이라고 파악한다. 유교적 가치야말로 天下國家를 다스리는 보편적 진리라고 역설한 것이다. 그리고 그러한 관점으로 인해 그는 명실공히 유교 부흥의 선구자로서의 자리를 차지할 수 있었다. 한유는 '도'가 개인의 자의적 기호나 취미에 따라 선택적으로 수용될 수 있는 상대적 진리가 아니라, 천하 만민 누구에게나 예외 없이 적용되는 절대적 진리(公言)라고 해석했다. 더구나 그것의 내실은 유교의 仁·義이기 때문에 道를 도교의 전유물이라고 생각했던 당시의 지식인들의 기존 관념은 수정되어야 한다고 한유는 역설한다.[23] 이처럼 道가 유교적 仁義를 내용으로 삼는 것이라면 삶의 방향 역시 유교적 가치를 실현하는 것이 아니면 안 된다는 것이 「원도」의 결론이었다.

이러한 주장을 통해 한유는 비유교적 道, 불교나 도교의 道는 천하 만민의 삶을 지도하는 公的 가치가 아니라 사적인 취미의 차원에 머무를 뿐이라고 주장하는 유교적 정통의식을 고취하고자 했던 것이다. 「원도」의 주안점은 유교적 가치가 진리(道)라는 것을 확인하고, 그것의 역사적 유래를 고전 고대의 유가 사상의 맥락에서 재해석하는 데에 있었다. 그것이 바로 한유에 의해 재해석된 고전 유교의 '도통론' 부활의 논리였던 것이었다. 다시 한유는 말한다.

내가 '道'라고 말하는 것은 이전에 도교와 불교에서 말하던 道가 아니다. 堯는 이 '도'를 舜에게 전했고, 순은 그것을 禹에게 전했으며, 우

한유 초상.
한유는 중국적 질서의 최고 가치인 '道'에 유교적 의미 내용을 부여함으로써 중국 문화의 방향 전환을 시도했다.

는 다시 그것을 湯에게 전했다. 탕은 그것을 文王과 武王 그리고 周公에게 전했고, 文·武·周公은 그것을 孔子에게 전했으며 孔子는 그것을 다시 孟子에게 전했다. 孟子가 돌아가신 후에 다시 그 道를 전해 받은 사람은 없다.[24]

유교의 불교·도교 비판은 唐代에 들어와 처음으로 나타난 것은 아니다. 魏晉時代 이래로 끊임없이 유자들은 불교와 도교를 비판해왔다. 한유의 '도통론'은 이처럼 지속적으로 제기되었던 불교·도교에 대한 이단 비판의 담론을 계승하면서, 다른 한편으로 유교적 '도통'의 전승론을 제기한다. 한유의 도통론은 도교의 道와 불교의 法을 뛰어넘는 유교의 사상 전통을 제시한 점에서 역사적 의의가 인정된다.[25] 그러한 한유의 도통론은 중국 문화의 정통을 이루는 공자의 '도'가 위기에 처했다는 그의 문화 인식에서 나온 것이었다.

周의 문화[道]가 쇠미해지고 공자께서 돌아가신 후, 秦에 들어와서는 [중국 문화가] 전란에 휩싸였고, 漢에서는 黃老道敎의 사상이 번성했으며, 魏晉에서 隋에 이르는 동안에는 불교가 번창했다. 그리고 그 동안에 도덕과 인의를 말하는 자들은 揚朱의 학설을 쫒거나 墨子의 학설을 따르는 데에 급급했으며, 나중에는 도교에 몰입하거나 불교에 빠져들고 말았다.[26]

춘추시대 이후 유교의 가르침이 쇠퇴하고 도교와 불교의 가르침이 중국인의 정신을 사로잡고 말았다는 인식은 한유 이후 남송에 이르는 유교적 이단 비판론의 근본 논점이었다.[27] 한유가 제기한 불교 비판론의 논점은 바로 그러한 문화적 배타 의식, 즉 불교가 중국적 문화를 정립한 성인들의 가르침이 아니라 오랑캐의 가르침[夷狄之法]이라는 인식에서 비롯되는 것이다. 그러한 인식 위에 한유는 불교가 "반드시 군신의 관계를 멀리하고 부자의 정을 단절하며, 서로 봉양하는 가르침을 금지하면서 소위 '청정함과 적멸함을 추구'하는 비윤리적 종교라고 단정한다.

한유의 도통론은 불교 비판 나아가 이단 비판의 이론적 근거로서 주장된 것이었다. 유학의 새로운 방향을 이끌었던 도통론은 이단 배척론과 표리를 이루고 있었기 때문에, 북송 초기의 신유학 운동의 선구자들 역시 한유를 계승하여 도통론을 이단 비판의 무기로 이용했다.

6. 북송 초기의 도통론

손복의 도통론

앞 절에서 본 것처럼 유교 부흥 운동과 이단 비판은 소위 道統論을 중핵으로 삼는 통일적 구조를 가지고 있었다. 唐 중엽 이후의 도통론은 맹자의 이단 비판론〔闢異端論〕을 이념적 근거로 하여 전개된 이론이었다. 周予同이 '孟子昇格運動'[28]이라고 표현한 사상적 운동은 맹자의 유교사적 지위를 재평가하고자 하는 한유의 도통론에서 그 발단을 열었고, 孫復을 비롯한 북송 초기의 불교 비판론 및 도통론의 주장에 직접적 영향을 끼쳤다.[29] 손복은 그의 도통론 관점을 다음과 같이 표명한다.

> 공자께서 돌아가신 후 천여 년 동안, 세상을 어지럽히는 괴이한 사상을 물리치고〔攘邪怪之說〕어려운 길을 헤쳐 평탄하게 만들어 우리 성인께서 세운 '道'를 보호한 사람은 많이 나타났다. 그중에서도 맹자가 으뜸이 되고 그의 공이 가장 크다.〔……〕楊子雲〔楊雄〕은 다음과 같이 말했다. "옛날에 楊朱와 墨翟(묵적)이 道를 막아 버리자 맹자께서는 마치 성벽처럼 그들을 비판하고 물리쳤다." 韓退之〔韓愈〕역시 이렇게 말한다. "내가 생각하기에 맹자의 공적은 禹임금의 아래에 있지 않다." 그러나 맹자의 공적에 대한 양웅의 평가는 맹자에 대한 韓退之

의 평가의 깊이와 지극함을 따라가지 못한다. 왜 그런가? 홍수가 일어나 물이 넘치는 상황에서 위대한 禹가 나타나지 않았다면 천하의 백성은 물고기와 자라가 되고 말았을 것이지만, 楊朱와 墨翟이 횡행할 때 맹자가 나타나지 않았다면 천하의 사람들은 모두 금수와 같은 존재가 되고 말았을 것이기 때문이다. 〔……〕 따라서 나는 항상 다음과 같이 말해왔다. 聖門에 공을 세운 여러 유학자들 중에 맹자를 능가하는 인물은 없다. 맹자는 힘써 양주와 묵적이 초래한 화를 평정했으나, 후세 사람의 제사〔血食〕를 받지 못했으니 예법상의 결여됨이 대단히 크다. 『예기』의 「祭法」에 말하기를, "큰 재난을 막아낸 사람에게 제사를 지내고, 큰 환난을 방지한 사람에게 제사를 지낸다"고 했다. 그렇다면 맹자는 가히 큰 재난을 막아내고 큰 환난을 방지한 사람이라 할 수 있을 것이다. 게다가 鄒 땅은 맹자의 고향으로서 현재 내가 다스리는 땅이 되었으니, 내가 그의 묘를 찾아내어 새로 사당을 짓고 그를 제사 지내고 그의 공적을 드러냄이 마땅하다.[30]

仁宗 景祐 5년(1038)에 산동성 兗州(연주)에 건립된 맹자 사당을 출발점으로 북송의 '尊孟運動'은 실제적인 행동으로 옮겨진다. 위에 인용한 孫復의 「孟子廟記」는 당시 孟子祠堂 건립의 사정을 전해주는 거의 유일한 기록으로 가치가 있다. 한편 孫復은 「信道堂記」에서 유교적 道의 전승을 공자 이전과 이후로 나누고, 공자 이후의 도의 전승이 '孟軻(孟子) - 荀卿(荀子) - 揚雄 - 王通 - 韓愈'의 다섯 현인〔五賢〕을 통해 이어졌다고 평가한다. 나아가 자신이 숭상하는 가르침은 그들이 전한 道에 근거를 두고 있음을 강조한다.[31] 여기서 손복이 유교적 道의 계보에서 순자·양웅·왕통을 제시하고 있는 것은 남송 시대에 주희와 대립했던 陳亮의 사상적 계보[32]와 관련시켜보면 매우 흥미롭지만, 주자학적 도통론과는 하늘과 땅의 차이를 느끼게 하는 부분이다. 손복은 일단 '尊孟'의 입장을 전제로 삼으면서 이단 비판 및 불교 비판의 관점을 다음과 같이 표현한다.

儒者의 치욕은 전국시대에 이미 시작되었다. 먼저 楊朱와 墨翟이 나타나 혼란을 가져왔고, 나중에 申不害와 韓非가 나타나 유교의 가르침을 뒤섞어놓았다. 漢·魏 이후에는 그 치욕의 정도가 더욱 심해졌다. 불교와 도교의 무리가 중국 천하를 횡행했다. 특히 불교는 生死와 禍福을 초월한다고 주장하고 허무와 응보의 이론을 내세워 그 모습을 수만 가지로 바꾸면서 우리 백성들의 삶에 침투했다. 그리고 마침내 인의를 말살시키고 천하를 뒤덮었으며, 禮樂을 버리고 천하 사람들의 눈과 귀를 가려버렸던 것이다.[33]

손복은 이단의 사상이 번창함으로써 유교의 진리가 은폐되는 문화적 상황을 유학자의 치욕이라고 말한다. 三教가 정립하는 다종교 상황이 초래되었다는 사실 그 자체가 유학자로서는 부끄러운 일이라는 것이다. 그런 상황에서 그는 맹자가 나타나 양주와 묵적이 제시한 이단적 사상을 비판하고, 양웅이 나타나 법가의 사상을 물리쳤듯이, 위진 시대부터 북송에 걸쳐 유자들에게 굴욕을 가져다준 도교와 불교를 배척하여야 할 임무를 스스로에게 부과하고 있었다. 위의 문장에 이어 손복은 '도교와 불교가 성행하자 한문공(한유)이 그들을 배척했다[老佛盛而韓文公排之]'라고 말하고 있는데, 여기서 우리는 손복이 한유를 이단 비판론의 구체적인 모델로 삼았다는 것을 분명하게 볼 수 있다.

석개의 도통론

孫復에 이어 북송 초기에 불교 비판론을 제시한 石介는 연주 봉부(현재의 山東省 泰安) 사람이다.[34] 북송 신유학의 선구자로서 석개의 중요성 역시 그의 도통론과 이단 비판론에서 찾을 수 있다.[35] 한유 및 유종원을 거쳐 북송 초기의 유학자들은 도통론의 관점에 입각하여 유교적 '도'를 진리의 절대 기준으로 이해했다. 그러나 그들의 '도' 이해를 북송 중기 이후의 이학(도학) 사상가들의 '도' 이해와 비교한다면, 형이상학적 원리로서의 의미는 비교적 약하다고 볼 수 있다.

 景祐 4년(1037년)에 쓴 한 글에서 石介는 자신이 이해하는 유교적 道의 의미를 다음과 같이 간결하게 요약한다. 그것은 "성인들이 만든 진리로서, 위대한 중용〔大中〕의 길이며 지극히 올바른〔至正〕 길이다. 그것은 과거 현재 미래의 온 세상 사람들이 반드시 따라야 하는 변함없는 길〔道〕이기에 결코 부족함이 없다."36) 같은 글에서 석개는 文治와 儒術을 위주로 하는 宋의 정치 문화적 입장으로 인해, 유교적 성인의 '도'를 크게 떨칠 수 있게 되었고 유교적 질서가 제자리를 잡을 수 있게 되었다고 말한다. 동시에 석개는 孔子廟가 만들어진 의의를 '도통론'의 관점에서 두 가지로 정리한다. 즉 공자묘를 건립함으로서 '이단 배척'의 효과를 얻을 수 있으며, 공자를 聖師로서 존숭하고 받듦으로써 大道를 밝힐 수 있게 되었다는 것이다.

 '이단 배척'의 구체적 내용은 불교의 절〔寺廟〕을 파괴하여 이방의 가르침인 佛敎의 세력을 약화시키는 것과 淫祀로 표현되는 민중의 비유교적, 특히 도교적 신앙과 민간 신앙의 제사를 폐지하는 것이었다. 당시의 이단 비판론은 맹자의 闢異端論을 근거로 삼으면서, 구체적으로는 한유의 불교·도교 비판론을 계승한 것이었다. 石介는 거의 모든 글에서 유사한 관점을 표현한다. 특히 「怪說」, 「尊韓」, 「讀原道」는 북송 초기에 발생한 이단 비판론의 전형적인 내용을 담고 있다. 석개의 모든 사상적 관심은 유교적 '도'를 천명하고 그것을 가르치는 데에 있었다. 교육자로서 그리고 정치가로서 석개는 유교의 '도'가 지닌 윤리적·정치적 성격을 무엇보다도 강조한다. 앞의 인용문과 같은 맥락에서 석개는 다음과 같이 말한다.

> 공자의 道는 사람을 다스리는 진리〔道〕이다. 단 하루라도 그것이 없으면 반드시 혼란이 발생한다. 〔……〕 공자의 道는 군신의 관계, 부자의 관계, 부부의 관계, 붕우의 관계, 장유의 관계에 대한 것이다. 〔……〕 수만 년이 지나도록 변함 없이 통용되며 하루라도 떠날 수 없는 것이 공자의 道이다.37)

石介는 인간의 사회적 존재를 규정하는 만고불변의 진리로서 유교적 '도'는 '도통'이라는 유교의 정통적 문화 계승의 역사를 통해 오늘날에까지 전해지는 역사적 맥락을 가진 진리라고 주장한다. 石介는 韓愈와 孫復에 이어서 '도통'의 전승 계보를 다시 한번 확정한다. 이때 '도'의 전승은 공자를 중심으로 하여 공자 이전의 古聖王과 공자 이후의 賢人의 전승으로 이분화될 수 있다.

석개는 자신의 도통론을 가장 분명한 형태로 정리하고 있는 「尊韓」에서, 유교의 道는 공자에서 완성되었기 때문에 공자 이후에는 성인이 나타날 필요가 없었고 따라서 이천 년에 걸쳐 성인이 나타나지 않았다고 한다. 공자 이후에는 성인이 아니라 '도'를 보위할 현인만 존재하면 족하다. 석개가 말하는 현인은 도통의 계보를 잇는 사상가를 의미한다. 석개는 그러한 현인의 명단에 맹자를 비롯하여 순자, 양웅, 왕통, 한유 등 다섯 사람을 열거한다.[38] 공자 이후의 전승을 맹자에서 한유에 이르는 다섯 현인[五賢]으로 정리하고 있다는 점에서 그의 도통론은 孫復에게서 나온 것임을 알 수 있다.

석개가 제시한 도통론의 계보는 곧바로 이단 비판, 특히 불교 비판의 맥락에서 추출된 것이었다. 도통의 계보를 장식하는 현인의 존재는 공자에서 완성된 유교적 '도'의 호위자로서 역사적 의미를 가진다. 석개는 한유를 역사상 마지막으로 출현한 '도'의 수호자로 이해한다. 한유 이후에 유교적 진리는 다시 위기를 겪고 있다고 판단한다. 그러한 현실 판단 아래 石介는 불교 비판을 비롯한 이단 비판의 과업을 자신에게 부과된 문화적 임무로 자각하였다.

韓愈가 돌아가신 후 다시 수백 년이 지나면서 성인의 위대한 진리[大道]는 황폐의 극치에 다다르게 되었고 《六經》은 폐기된 지 오래되었다. 異端의 가르침은 올바른 도리를 벗어나 함부로 날뛰며 그 방자함이 극에 달해 아무것도 두려워하지 않는 지경에 이르렀다. 邪說은 그

가지가 마음대로 뻗어 아무도 수습할 수 없는 정도로 자랐다.[39]

성인의 도를 회복하는 것을 스스로의 문화적 사명으로 자임한 석개는 '異端邪說', 즉 불교와 도교를 배척하는 데에 일생의 노력을 기울였다. 그는 수많은 글에서 그러한 사명감을 드러내고 있는데,[40] 그의 대표작으로 꼽히는 「怪說」 3편을 비롯하여 「中國論」에서 그의 논점을 압축적으로 요약하고 있다. 그 글들에 따르면 불교와 도교라는 두 이단의 가르침을 배척하는 석개의 논점은 크게 다음의 두 가지로 정리해 볼 수 있다.

첫째는 그것은 중국의 본래적 가르침이 아니라 오랑캐〔夷狄〕의 땅에서 건너온 것이라는 華夷論的 관점에서의 비판이고, 둘째는 불교와 도교의 초현세적 관심이 사회의 상하 질서 및 윤리적 사회관계를 중시하는 유교적 가르침에 반하는 것이라고 하는 유교적 사회 질서의 관점에서의 비판이다.

먼저 석개는 불교 및 도교가 문화적으로 뒤떨어진 오랑캐〔夷狄〕의 가르침이라는 것을 지적한다. "부처와 노자는 오랑캐 땅의 사람이다.[41] 부처와 노자는 오랑캐의 가르침으로 중국의 진리를 혼란스럽게 만들었고, 오랑캐의 의복으로 중국의 의복을 혼란스럽게 만들었고, 오랑캐의 언어로 중국의 언어를 혼란스럽게 만들었다."[42] 이러한 석개의 주장은 「怪說 上」에서 "중국은 성인이 다스리는 곳이며, 四民이 거하는 곳이며, 의관이 갖추어진 곳이다." "중국은 도와 덕에 의해 다스려지는 곳이며, 예와 악이 시행되는 곳이며, 五常의 윤리가 펼쳐지는 곳이다"[43]라는 중국 문화에 대한 자부심과 절묘하게 짝을 이루고 있다.

그에 반해 오랑캐의 가르침으로서의 이단, 특히 불교는 삭발을 원칙으로 삼기 때문에 중국의 문화적 관습인 衣冠의 禮를 준수하지 않는다. 그리고 출가하여 세속을 떠나 살기 때문에 선비〔士〕도 아니고 농사꾼도 아니고, 수공업에 종사하지도 않고, 상인이 되지도 않음으로써 四民이 거하는 중국의 사회구조를 뒤흔들어놓는다는 점에서 사회적 화합에 걸림돌이 되기도 한다. 결론적으로 말해서 불교와 도교는 "군신의 도를 파멸시키고, 부자의 친밀함을 끊어버리고, 도덕을 방기하고, 禮樂을 어지럽히고, 五常을 파괴하고, 四民의 삶을 흔들어버리고, 중국의 衣冠을 훼손하고, 祖宗에 대한 祭祀를 폐기하여, 오랑캐 이방인의 귀신을 섬기게 만들기"⁴⁴⁾ 때문에 문화적 관점에서 당연히 배척해야 한다는 것이다.

이처럼 오랑캐〔戎狄〕의 가르침으로서의 불교는 그것이 이방에서 온 것이라는 자체 때문이 아니라 문화적으로 저열한 관습에 바탕을 두는 종교이기 때문에 중국적 질서를 어지럽히는 방해자로 인식될 수밖에 없고, 따라서 배척되어야 한다는 것이 석개를 비롯한 북송 초기 신유학자들의 근본 입장이었던 것이다.

7. 주희의 사서학과 도통론

주희의 도통론 계보

이어지는 단락에서부터 「도학전」의 저자는 본격적으로 宋代에 있어 도통의 계보를 서술한다. 「도학전」 저자의 입장은 한편으로는 한유의 도통론을 계승하면서도 정작 한유 본인을 도통의 계보에서 제외시키고 있다는 사실은 앞에서 이미 지적한 바가 있다. 「도학전」의 저자는 맹자 이후 송대 중엽에 이르기까지 道傳承의 계통〔道統〕이 단절되었다고 말한다. 앞에서 살펴 본 한유에서 북송 중엽에 이르는 도통론 논의가 전적으로 무시되고 있는 것이다. 「도학전」은 송대 이후의 도통 전승을 다음과 같이 정리한다.

천 년이 지난 후 송나라의 중엽에 이르러 春陵에서 周敦頤 선생이 나타나 오랫동안 전승이 끊긴 성현의 학문을 이었다. 선생은 「태극도설」과 「통서」를 지어 음양오행의 理는 하늘이 명령하고 인간에게 깃든다는 이치를 손바닥을 보듯이 분명하게 밝혔다. 또 張載 선생은 「서명」을 지었다. 선생은 하나의 理가 구체적인 현실에서는 다양한 모습으로 나타난다고 하는 '理一分殊'의 원리를 분명하게 밝힘으로써 '도'의 근본은 하늘에서 나온다는 이치를 의심의 여지없이 드러내었다. 仁宗 明道 초기에 程顥 및 程頤 두 선생이 태어났다. 그들은 성장하면서 주돈이에게 학문을 배웠고, 그 배운 바를 넓게 확충했다. 그리고 그들은 『대학』과 『중용』두 편을 높이 평가하여 『논어』 및 『맹자』와 더불어 세상에 널리 전파했다. 그 결과 위로는 제왕의 마음공부의 요체가 밝혀지고 아래로는 초학자가 덕으로 들어가는 문호가 완비되면서, 그 양자를 종합하는 커다란 학문의 체계가 완성되었다.[45]

「도학전」은 맹자 이후 천 수백 년의 단절 끝에 북송 중엽의 周敦頤(주돈이, 1017~1073, 字는 茂叔, 號는 濂溪)에 의해 비로소 도의 전승이 다시 시작된다고 말하고 있다. 주지하다시피 주돈이는 소위 북송 도학을 정립한 다섯 유학자의 한 사람으로서, 주희의 사상 형성에 지대한 영향을 끼친 선구자로 알려져 있다. 「도학전」은 다시 張載(장재, 1020~1077, 字는 子厚, 號는 橫渠)를 거론하며 북송에 있어 도통의 계승을 논하고 있다. 장재 역시 주자학적 '도학'의 선구자로 평가받는 인물이었다. 그러나 「도학전」이 주돈이와 장재를 '도통'의 계보 속에 등록시키기 전까지 그 두 사람은 실제 유교 사상사의 흐름 속에서 분명한 지위를 얻지 못하고 있었던 무명의 사상가였다는 사실에 주목할 필요가 있다.

'도학'의 역사에서 도통 계승자로서의 주돈이와 장재의 지위는 주희의

주돈이·장횡거 초상.(왼쪽부터)

재평가에 기인한다. '도학' 일파의 도통론은 단순히 한유의 입장을 계승한 북송 초기의 도통론을 그대로 반복하는 것은 아니었다. 좁은 의미의 理學, 즉 '道學' 일파의 도통관념은 程頤(伊川)에서 비롯된 것이다. 독자적 성격을 가진 자각적인 사상 운동을 가리키는 것으로 '도학' 개념을 처음 사용한 사람은 바로 程伊川이었다. 정이천은 새로운 유교 운동의 선구자로서 한유의 업적을 높이 평가했지만, 실제로 한유를 도통론 계보 안에 적절하게 위치 짓지 않았다. 마찬가지로 「도학전」에서 거론하는 周敦頤와 張橫渠조차도 정이천이 구상했던 道의 전승 계보 속에서 적절한 자리를 차지하지 못했다. 정이천은 주돈이와 장재의 존재를 무시한 채, 맹자 이후의 유교적 도의 단절을 극복하고 맹자를 계승한 인물이 자신의 형 程顥(정호, 1032~1085, 號는 明道)라고 주장했다.[46]

朱熹는 程伊川의 입장을 거의 祖述하는 차원에서, 그의 사상을 계승하여 발전시킨다는 강한 의식을 가지고 있었다. 그렇지만 朱熹는 程伊川이 거론하지 않은 周敦頤와 張橫渠를 도통의 계보 속에 넣어 "주돈이 - 장횡거 - 소강절[47] - 程明道 - 程伊川"으로 이어지는 북송 중엽 이후의 도통의 계보를 확정했다. 주희가 설정한 북송 '도학'의 도통 계보가 원대의 주자학파에 의해 「도학전」에서 계승되고, 오늘날 송대 유학의 정통적 계보로서 인정받고 있는 소위 북송시대의 다섯 사상가[北宋五子]의 계보로 확립되었다. 그렇다면 주희가 정이천의 의도를 넘어서서 특별히 주돈이를 도통의 계보를 잇는 중요 사상가로 거론한 의도는 무엇일까?

주희는 비교적 이른 시기부터 주돈이에 관심을 가지기 시작했다. 그것

소강절·정명도·정이천 초상. (왼쪽부터)

은 그의 학문적 知己인 張南軒이 주돈이에 대해 깊은 관심을 가졌던 사실과 맥을 같이하였다. 결론부터 말하자면, 朱熹는 주돈이의 사상이 유교의 형이상학적 도덕 존재론 건립에 대한 이론적 근거를 제공해줄 수 있다고 믿었기 때문에 주돈이의 학문을 중요하게 생각하였다. 어느 정도 단순화해서 말한다면, 우리는 주희의 학문 전체를 四書와 五經을 내용으로 삼는 경전 연구와 수양론, 그리고 태극설과 이기론을 내용으로 삼는 형이상학의 두 차원으로 나누어볼 수 있을 것이다. 그러나 정이천의 학문을 계승한 주희의 학문적 규모로 본다면, 정이천에서 이어지는 경학과 수양론만으로는 주희 본인이 달성하고자 했던 유교적 가치의 총체적 재해석을 위한 이론적 기반을 수립하는 데에 약간의 부족함을 느끼지 않을 수 없었다.

물론 정이천의 사상을 경학과 수양론에 한정된 것이라고 판단하는 것은 무리가 있을 수 있다. 정이천이 제기한 理 중심의 사유가 주희에게 계승되어 유교 존재론 및 형이상학의 수립에 공헌한 것을 무시할 수 없기 때문이다. 그러나 정이천의 가장 큰 공적은 사서학과 수양론을 통해 유교의 가치를 북송의 시점에서 회복한 것이라고 말할 수 있다. 그리고 정이천이 제기한 理 중심적 사유가 대단히 획기적인 것이긴 하지만, 유교 존재론 및 수양론의 우주론적 근거의 확보에는 여전히 미흡한 점이 있다고 말하지 않을 수 없다. 그렇다면 주희가 周敦頤를 程伊川과 연결시키면서, 주돈이를 자신의 사상 체계 속으로 끌어들이고, 그러한 전략을 통해 경전 해석의 형이상학적 내지는 우주론적 근거를 확보하려고 한 사상적 동기는 충분히 이해할 수 있을 것이다.

『朱子語類』에 실려 있는 주희와 그의 제자 사이에 있었던 대화는 이러한 우리의 추측을 뒷받침하는 중요한 내용을 담고 있다. 그 대화에서 주희의 제자 夔孫은 주돈이의 학문이 '上面工夫', 즉 형이상학적인 관심을 위주로 삼는 것이 아닌가〔周子是從上面先見得〕하는 의문을 제기한다. 여기에 대해 주희는 이렇게 대답한다.

주 선생은 타고난 자질이 워낙 뛰어나기 때문에 현실적인 '下學' 공부〔下面工夫〕에 있어서도 전혀 어려움이 없었다. 그러나 오늘날 배움을 얻고자 하는 자는 반드시 아래에서부터 이치를 탐구해〔從下學理會〕 들어가야 한다. 그렇지만 下學을 통해서 궁극적으로 높은 이치에 도달〔上達〕하지 못한다면, 그것은 도대체 학문이라고 말할 수 없는 것이 되고 만다. 그리고 반드시 가장 높은 원리를 깨우치기 위해 힘써야 하지만, 그후에는 오히려 다시 위에서 아래로 내려오는 공부를 해야 한다.[48)]

여기서 분명한 것은 주희가 周敦頤의 학문적 본령을 上達, 즉 형이상학적 원리에 대한 이해의 뛰어남에서 찾았다는 사실이다. 지식의 단계적 성장을 무엇보다도 중요하게 여기는 주희의 공부 방법론의 관점에서 판단할 때, 학문이란 반드시 평이하고 구체적인 현실의 이치 탐구에서 시작되어 점차 높은 진리의 탐구로 발전해가야 한다. 그러나 그것은 초학자의 공부 단계를 말하는 것이고, 진정한 학문이란 궁극적으로 심오한 이치〔原理〕에 대한 이해를 얻었을 때 완성되는 것이라고 주희는 생각했다. 따라서 上達工夫 자체가 나쁘거나 불필요한 것은 아니다. 높은 자질을 갖추지도 못한 상태에서 下學의 기초도 없이 높은 것만을 추구하는 일종의 학문적 허영심을 주희는 강력하게 비난하고, 배우는 자의 자세를 바로잡고자 했던 것이다. 하지만 朱熹는 周敦頤의 학문은 그의 높은 자질로 인해 곧바로 上達工夫에 들어갈 수 있는 자격이 있다고 판단했다. 이 대화를 통해 우리는 주돈이의 학문과 사상에서 유교 형이상학의 기초를 끌어낼 수 있을 것이라고 믿는 주희의 내적 소망을 읽어낼 수 있다.

위의 자료 이외에도 주돈이에 대한 주희의 관심을 살필 수 있는 자료는 우리에게 풍부하게 주어져 있다.[49)] 그만큼 주희는 주돈이를 중요하게 생각했던 것이다. 주희는 주돈이의 사상적 요체가 「太極圖」 하나에 응축되어 있다고 평가할 정도로, 주돈이의 사상에 대한 그의 관심은 「태극도」 하나에 대한 것으로 요약될 수 있다. 「通書」도 결국은 「태극도」에서 밝힌 그 도의 깊은 내용을 부연하고 발휘하기 위해 쓴 것에 불과하다고 주희는 평가한다.

나아가 주희는 程伊川과 程明道 두 사람이 '性命'에 관한 논의를 전개할 때에는 반드시 주돈이의 학문에 근거를 두고 있었다고 말한다.[50] 여기서 우리는 주희가 주돈이의 학문적 가치를 높이 평가하고 있을 뿐 아니라, 자신의 직접적 선구자로 지목되었던 정씨 형제의 유교 형이상학이 결국 주돈이에게서 나온 것임을 주장함으로써 도통의 계보적 연속성을 확립하기 위해 노력하고 있음을 알 수 있다. 이로써 "주희가 왜 주돈이를 중시했을까?" 하는 문제에 대한 답은 분명해진다.

도통론과 《사서》의 중요성

여기서 또 다른 하나의 문제에 대해 생각해보자. 性命學, 즉 '도학'의 중요한 한 영역이라 할 수 있는 유교의 형이상학적 인간학의 이론 구성에서 朱熹는 周敦頤와 程伊川의 계보적 연속성을 강조하지만, 그것이 과연 역사적 사실로서 확립될 수 있는가 하는 문제이다. 주희가 주장하는 것처럼 주돈이와 정씨 형제 사이에 학문적 전수 관계, 즉 도통의 계보가 성립한다고 보아도 될 것인가?

주희의 도통론에 대해 말할 때에 반드시 거론되는 「중용장구서」는 1189년 주희가 60세 때에 저술한 것으로서 그의 '도통론'을 완성하는 내용을 담은 글이라고 알려져 있다. 거기에서 주희는 古聖王이 창출한 '도'의 참뜻이 후세에 전해지지 아니할 것을 염려했기 때문에 子思가 『中庸』을 저술했다고 말한다. 그리고 주희는 그 '도'의 정신이 "인간의 일상적 마음은 항상 위태로움에 처해 있고 진실한 도의 마음은 미미하기 짝이 없다. 따라서 진실한 마음을 잃어버리지 않기 위해서는 오로지 한마음으로 중용을 잃지 않는 데에 힘써야 한다〔人心惟危, 道心惟微, 唯精唯一, 允執厥中〕"라는 『書經』의 「大禹謨」에 나오는 열여섯 글자에 표현되고 있다고 말하고, 그것이

성인이 가르쳐준 마음 다스리는 수양법의 핵심[聖人心法]이라고 주장한다. 결국 도학의 도통론은 이 열여섯 글자의 정신을 올바로 전하는가 아닌가 하는 기준에 의해 설정된다는 것이 주희의 뜻이었다. 주희는 그러한 가르침의 요체[聖人心法]가 전수되어온 계보를 크게 네 단계로 나누어 이해했다. 그것은 중국 문화의 역사적 발전 단계에 대한 주희의 시대구분 의식을 그대로 반영하는 것이기도 하다.

'도'의 전승에서 첫 번째 단계는 堯·舜·禹·湯·文·武·周公으로 이어지는 고성왕의 시대로서 유교의 관점에서 三代라고 불리는 이상시대였다. 두 번째 단계는 공자에 의한 고성왕의 계승과 그 이후로의 전승으로 이어지는 단계였다. 공자는 제왕으로서의 지위를 얻지 못했지만 '도'의 心法을 얻고 그것을 계승하여 그 이후의 새로운 시대를 열었기 때문에 성인으로서의 자격을 얻을 수 있었다고 주희는 평가한다. 그리고 성인의 '도'는 顔回와 曾參[曾子]을 통해 이어졌다. 그러나 불행히도 顔回는 요절했기 때문에 실제로 공자의 도를 후세에 전해준 공을 남긴 인물은 曾子였다. 여기서 주희는 曾子에서 子思로 이어지는 '도'의 계보에 대해 말한다. 주희는 子思의 저작인 『중용』이 고성왕의 心法을 재해석하여 그 정신을 온전히 담고 있다고 강조한다.[51] 주희는 『중용』이 《四書》 중에서 가장 수준 높은 형이상학적 진리를 담고 있는 문헌이라고 이해했다. 즉 주희는 도통의 전승을 『중용』 및 《사서》의 전승 계보와 연결시켜 이해했던 것이다.

이어서 孟軻[孟子]가 나타나 성인의 '도'를 잇는다. 도의 전승사에 있어서 맹자의 공적은 異端[52]의 공격에 대항하여 성인의 도를 보위한 것으로 압축될 수 있다. 그러나 맹자 이후 성인의 '도'는 혼미해지고 중국 문화는 암흑으로 접어들었다. 이 암흑시대는 도통의 역사에서 볼 때 세 번째 단계로서, 제자백가 및 도교를 비롯한 중국적 사유 내부의 이단과 불교라고 하는 강력한 외래의 이단 종교가 중국 문화를 지배하는 시대였다. 그리고 천수백 년에 걸친 문화적 암흑을 청산한 인물이 다름 아닌 程氏 형제였다. 그 이후 중국 역사는 새로운 시대, 즉 '도학'의 시대로 접어든다.

주희의 도통사관은 전혀 새로운 것이 아니었다. 주희는 단지 맹자와 한유의 입장을 수용하면서 정이천의 도통론을 그대로 계승하고 있다. 앞에서 살핀 것처럼, 주희가 주돈이를 평가하는 영역은 유교 형이상학이라는 비교적 한정된 영역에 한해서였다. 도통론의 주안점이 경전 연구, 특히 '사서학'을 중심으로 삼는 유교적 가치의 회복에 놓여 있음을 염두에 둔다면, 거기에서 주돈이의 입지는 축소되지 않을 수 없었다.

여기서 필자는 경학 이외의 영역이 '도학'의 체계에서 덜 중요하다고 말하는 것이 아니다. 도통론의 계보라는 측면에서 볼 때, 형이상학적 性命·太極·理氣論이 도통을 판별하는 중심적 위치에 있지 않았다는 사실을 말하는 것뿐이다. 이러한 해석은 도통의 계보를 논하는 주희의 핵심적인 논설들을 통해 뒷받침될 수 있다. 위에서 본「중용장구서」와「대학장구서」는 주자학의 완성과 도통론의 완성이라는 측면에서 대단히 중요한 글이다. 거기에서 주희는 주돈이에 대해 전혀 언급하지 않는다. 다시 말해 '사서학'의 체계와 무관한 주돈이는 도통의 계보를 논하는 곳에서 언급될 여지가 없었다는 뜻이기도 하다.

정이천은 《四書》가 유교적 사유의 중심에 자리잡는 데에 결정적으로 공헌했다. 정이천의 사상을 계승하는 주희 역시 《사서》를 도학의 근본 경전으로 삼아 그것에 중요한 권위를 부여했다. 도학의 중요한 문제들은 거의 《사서》의 해석이라는 형식을 통해 표현되고 정리되어 경전적 권위를 획득하기에 이른다. 그런 의미에서 정주 '도학'은 곧 '四書學'이라고 말해도 과언이 아니다. 실제로 주희의 도통론을 구성하는 이론적 언설은 《사서》와 관련된 문장에서 집중적으로 정리되어 있다는 사실 역시 도학의 성격과 무관하지 않다. 그리고 《사서》와 관련된 문장에서 주희는 반드시 정이천 형제를 도통의 회복자로 거론[53]하면서도, 주돈이를 거의 언급하지 않는다는 점도 눈여겨보아야 할 사항이다.「중용장구서」및「대학장구서」는 물론이고,「論語要義目錄序」(『朱熹集』권75),「語孟集義序」(같은 책, 1172년에 씀)에서도 주돈이의 존재는 드러나지 않는다.[54]

도통론에서 주돈이의 위상

道統 및 四書學의 계보와 관련하여 주희는 주돈이를 부차적으로 취급하고 있음에도 불구하고, 「도학전」의 저자는 주돈이와 장재를 도통의 계보 속에 편입시키고 있다. 그것 역시 말할 필요도 없이 주희의 입장이 반영된 결과였다. 주희는 「周子通書後記」에서 주돈이의 遺著에 대한 자신의 관심의 궤적을 표명하면서, 그 관심이 그가 자신의 스승 李侗을 만나 정이천의 학문을 배우기 시작했던 25세 이전(1155년)에 이미 시작된 것이라고 술회하고 있다.[55] 실제로 사상가로서의 주돈이의 등장은 주희의 발굴에 의한 것이라고 말할 수 있을 정도로 주돈이에 대한 주희의 관심은 높았다. 물론 李侗 역시 주돈이의 높은 인격과 학문의 깊이에 대해 알고 있었지만, 주돈이의 주저인 『통서』 전부를 실질적으로 접하게 된 것은 주희를 통해서였다고 한다.[56] 그후 주희는 주돈이의 遺著 편집과 해석에 많은 힘을 기울여 '도학'의 우주론적, 형이상학적 근거를 확정 지을 수 있었던 것이다.[57] 주희는 주돈이를 도통의 전승자로 언급하는 문장에서는 '반드시'라고 해도 좋을 정도로 주돈이가 그의 학문을 二程 형제에게 전했다는 점을 강조한다. 결국 四書學이라는 측면에서 주희는 주돈이를 부차적으로 취급했지만, 二程과의 사상적 연속성을 인정함으로써 주돈이를 도통의 계보 안에 넣으려고 하는 주희의 의도는 이정 형제의 학문적 계보, 특히 형이상학적 측면의 계보를 단단하게 다지기 위한 것이었다고 판단할 수 있을 것이다.

> 선생의 성은 周씨이고, 이름은 敦頤, 자는 茂叔이다. 젊은 시절부터 선생은 학문으로 인해 세상에 널리 알려졌으나, 정작 선생이 누구에게서 학문을 배웠는지를 알 길이 없다. 그리고 오직 河南의 二程 선생께서 일찍이 그에게 수학하여, 孔孟 이후 전해지지 않았던 '도'의 정통적 가르침을 얻었다. 이때부터 공맹의 올바른 학문을 우리가 배울 수 있게 된 것이다.[58]

1187년에 쓴 이 글에서 주희는 주돈이가 맹자의 도통을 계승했음을 밝힘과 동시에 그와 이정의 학문적 계승을 소위 도통론의 계보로 이해하고 있음을 분명히 천명한 후, 그 입장을 바꾸지 않고 나중의 글들에서도 반복적으로 표명한다.59)

二程 형제가 周敦頤에게 배웠다는 주희의 주장은 사실상 程伊川 본인의 말에서 비롯된다. 程伊川은 그의 형 程明道(程顥)를 위한 「行狀」에서 정명도가 주돈이에게 수학했다고 언급한다. 정이천은 그 글에서, 그의 형 정명도가 16세 때에 주돈이에게 수학하면서 유교적 도의 존재에 대한 자각을 얻었다고 말한다. 하지만 그 가르침이 진정한 도의 발견으로 연결되는 것은 아니었다고 유보적으로 평가한다.60) 그러나 주희는 학문의 내적 관계를 검토할 때, 주돈이와 이정 사이에 전수 관계가 존재한다고 약간은 독단적인 판단을 내렸던 것이다. 그러한 독단적 판단은 사실 주희의 학문적 의도를 이해하면 자연스럽게 수긍될 수 있는 정도의 것이다.

주돈이와 정씨 형제 사이의 학문적 전수 사실에 대한 의문은 일찍이 주희 당시부터 있었다.61) 하지만 그럼에도 불구하고 주희는 「주자태극통서후서」(1169)에서 주장한 자신의 입장을 고집했다. 「再定太極通書後序」(1179)와 「주자통서후기」(1187) 등 여러 글에서 주희는 이전의 주장을 다시 확인하여 "程氏의 글은 모두 「태극도」와 「통서」의 뜻을 조술한다"62)라고 쓰고 있다.

> 仁宗 明道 초기에 程顥 및 程頤 두 선생이 태어났다. 그들은 성장하면서 주돈이에게 학문을 배웠고, 그 배운 바를 넓게 확충했다. 그리고 그들은 『대학』과 『중용』을 높이 평가하여 『논어』 및 『맹자』와 더불어 세상에 널리 전파했다. 그 결과 위로는 제왕의 마음공부의 요체가 밝혀지고, 아래로는 초학자가 덕으로 들어가는 문호가 완비되어, 그 양자를 종합하는 커다란 학문의 체계가 완성되었다.63)

송나라가 남쪽으로 옮긴 후, 新安 출신의 주희 선생은 이정 선생의 학문을 올바르게 계승하고 그것을 보다 정밀하게 가다듬었다.(64)

「도학전」은 정씨 형제의 사상과 학술을 계승한 주희의 사상을 간략하게 정리하면서 성인의 도의 전승에 관한 거대한 도통사관의 관점을 마무리한다. '도학'의 역사에서 주희는 분명히 二程의 계승자였다. 그것은 주희 스스로의 인식이었을 뿐 아니라, 주희의 후계자들의 공통 인식이기도 했다.(65) 「도학전」은 이정의 도통 계승을 언급하는 곳에서 특히 四書學의 공적을 강조하고 있다. 그리고 그《사서》의 表彰이 유교적 학문론의 근거를 마련하는 데에 크나큰 공을 남긴 사실을 말한다. 현실의 실재성을 중시하고, 현실의 삶을 바로잡아 인간의 완성을 추구하는 '도학'의 실천주의가 정씨 형제가 구축한 四書學을 통해 구현되었다는 인식을 표명한 것이다. 「도학전」이 요약하는《사서》의 학문적 의의,(66) 즉 "위로는 제왕의 마음공부의 요체가 밝혀지고,(67) 아래로는 초학자가 덕으로 들어가는 문호가 완비되어, 그 양자를 종합하는 커다란 학문의 체계가 완성되었다"라는 평가는 주희의 학문론에서 더욱 빛을 발하는 원리였다.

주희는《사서》의 학문적 중요성을 말하는 곳에서 『대학』은 초학자의 문호이며 『중용』은 학문이 정밀해지는 완성의 도정이라고 정리했다. '도학'의 완성자로서 그리고 도통의 마지막 계승자로서 주희의 사상사적 의의는 근본적으로는 정이천에 의해 시작된 탐구를 이어받으면서 당시의 시대적 요청에 따라《사서》를 재해석하고 그 결과 유교적 문화의 정통성을 확립한 데서 찾을 수 있을 것이다.

앞에서 말했던 것처럼, 주희는 정이천의 학문이《사서》를 위주로 하는 것이면서도 그것에 머무르지 않고, 초월적이고 원리적인 형이상학적 세계 해석을 가능하게 하는 규도를 가진 것이라고 이해했다. 그리고 주희의 해석에 의하면 정이천 학문의 형이상학적 근거는 周敦頤에게서 나온 것이다. 주희는 현실의 역사적 삶과 우주적 도의 원리를 도괄하는 장대한 스케

일을 가진 학문적 체계를 수립하려고 했다. 주희가 주돈이와 정씨 형제의 학문적 전수를 굳이 연결시키려고 노력했던 이유를 우리는 바로 그 점에서 찾을 수 있을 것이다. 주희가 구상한 유교의 새로운 창조는, 현실의 이해와 그 현실의 근거로서의 원리의 이해, 이 양자가 종합되는 차원에서 완성되는 것이다. 주희가 마지막 죽음의 순간까지 「태극도」를 강의하고 『대학』 해석을 가다듬었다는 사실을 통해 우리는 그의 종합의 의지를 확인할 수 있다.

제2장

주희의 학문관과 문화 정체성: 독서와 수양, 신유학의 공부론

1. 주희와 학문의 의미

　南宋의 孝宗 황제가 즉위한 해인 1163년 癸未年, 34세를 맞이한 주희는 '도학'자로서의 분명한 자각을 가지고 새로운 황제에게 장편의 상주문을 올렸다. 상주문을 통해 주희는 도학적 관점에서의 國政의 방향을 논하면서 학문의 중요성을 역설한다. 주희의 도학자적 자각과 학문에 대한 입장을 살필 수 있는 중요한 문장인 그 상주문의 일부분을 인용해보자.

> 대학의 가르침[大學之道]은, 천자에서 서민에 이르기까지 修身을 근본으로 삼는다고 저는 들었습니다. 그리하여 가문[家]을 다스리는 일, 나라를 다스리는 일, 나아가 천하를 평화롭게 만드는 일 모두가 여기에서 비롯되지 않는 것이 없다고 합니다. 그러나 제 몸을 다스린

다[修身]고 하여 그것이 막연히 이루어지지는 않습니다. 마땅히 근본을 깊이 탐색하며 현실과 사물의 탐구[格物]를 통한 지식의 확충[致知]이 뒷받침되어야 가능한 일입니다. 그때 사물의 탐구[格物]란 다름이 아니라 이치를 궁구하는 것[窮理]을 말합니다. 무릇 하나의 사물[物]이 존재하면 거기에는 반드시 그 사물의 이치[理]가 따르는 것입니다. 그 이치라는 것은 아무런 형태가 없는 것이므로, 그것의 있고 없음을 알기가 어렵습니다. 그러나 사물은 형체를 가지고 있으므로 눈으로 쉽게 보아 알 수 있습니다. 그러한 까닭으로 사물에서부터 시작하여 그 이치를 탐구해간다면 이치는 저절로 한 치의 오차도 없이 마음에 분명하게 드러나게 될 것입니다. 그리고 이처럼 사물의 이치를 이해함에 있어 [또는 일을 처리함에 있어] 한 치의 착오도 없게 될 때 비로소 마음속에 지닌 뜻이 순수해[意誠]지고 마음이 곧아지며[心正] 몸을 올바르게 다스리는 것이 가능해집니다. 나아가 집안을 다스리는 일, 나라를 다스리는 일, 심지어 천하의 태평성대가 모두 이러한 원리를 응용함으로써 가능해집니다. 바로 이것이 대학의 가르침의 참뜻입니다.

옛 성인들은 비록 나면서 모든 것을 깨달은 분들이었지만, 그럼에도 불구하고 이러한 도리를 배우지[學] 아니한 분은 없었습니다. 요임금께서 순임금에게 전한 가르침은 "惟精惟一, 允執厥中"[1]이라는 말씀이었는데, 거기에 바로 그러한 도리가 담겨 있습니다. 그 이후 역대의 성인들은 그 가르침을 이어받아 천하를 다스릴 수 있었던 것입니다. 그리고 공자에 이르러서는, 그분이 제왕의 지위를 가지지 않았기 때문에 그 도리를 글[書]로 남겨 후세에 천하 국가를 다스리는 사람들에게 전해주었습니다. 그리고 그분의 제자들 또한 서로 그 가르침을 전하고 祖述하여 그 의미를 자못 밝혀주었기 때문에 그 내용이 비교적 상세해졌다고 할 수 있습니다.

그러나 秦漢 이래로 성인들이 전한 도리를 탐구하는 학문[學]이 끊어져버리고, 유자들은 글을 짓고 시를 암송하는 것에만 공력을 기울여, 그들이 남긴 것은 일상의 비루하고 깊이 없는 내용에 머물고 말았습니다. 한편으로 이러한 풍조에 만족하지 못한 사람들도 있었지만, 그들 또한 노자나 불교〔釋氏〕의 가르침에서 도리를 구해보고자 했던 것에 불과합니다. 따라서 참된 도리와 그들의 거짓 가르침이 서로 보는 바가 다르고, 본질적인 것과 지엽적인 것의 결과가 다름으로 해서, 진리의 가르침〔道術〕은 숨겨지고 어두워져 그렇게 장장 천 년이 흘렀습니다. 그 사이에 훌륭한 임금과 뛰어난 신하가 나타나 간혹은 도리를 드러내는 바가 없지는 않았으나, 그것도 한때뿐 끝내 三代의 전성시대를 회복한 경우는 한 번도 없었습니다. 생각하건대 그 이유는 바로 위에서 말한 도리를 깨닫지 못했기 때문입니다.[2]

이 글은 주희가 효종에게 올린 상주문의 전반 부분이다. 주희는 황제에게 올리는 이 글에서 학문에 관한 자신의 입장을 명확하게 제시하고 있다. 당시의 중화 세계는 분명 위기에 처해 있었고, 그 위기감을 피부로 느끼고 있던 중국 지식인들은 위기의 근원이 올바른 길을 제시해주지 못하는 당시 학문의 쇠퇴에 있다고 믿고 있었으며, 주희도 그러한 관점을 공유하고 있었다.

유교적 학문의 출발점

『송사』 권379의 「陳公輔列傳」에는 南宋 당시의 시대적 위기에 관한 비판적 지식인의 전형적인 관점을 살필 수 있는 문장이 한 편 실려 있다. 진공보는 北宋이 金나라의 침입을 받아 강남의 臨安으로 천도한 후 남송 조정에서 예부시랑을 지낸 인물로서, 중국의 위기가 학술의 쇠퇴와 인재의 부족, 그리고 당파적 투쟁에서 비롯되었다는 생각을 "마음의 올바른 수양은 학문에서 비롯되고, 나라를 다스림은 인재를 잘 쓰는 데서 시작되며, 조정의 환난은 붕당에서 비롯된다"[3]라는 말로 간결하게 표현한 바 있다.

제2장 주희의 학문관과 문화 정체성 71

아래에 그 全文을 인용하는 「왕안석의 학문을 논하는 상소〔論王安石學術疏〕」라는 진공보의 글은 학문의 위기가 중국(중화=송)의 위기로 직결된다는 인식을 王安石 비판을 통해 잘 드러내고 있다.

오늘날 중국의 재난〔禍〕은 사실은 공·경·대부 등 관료들에게 氣節과 忠義가 결여되었기 때문에 발생한 것이다. 천하 국가를 유지할 수 없게 된 이유는 그들이 평상시에 올바른 도리를 곧게 말하는 충성된 신하로서의 간언의 책무를 게을리 했을 뿐 아니라, 나라가 위급함에 처해서는 죽음으로써 올바른 것을 구하는 의기 또한 상실했기 때문이다. 그런 모든 환란이 발생한 원인은 재상을 지낸 왕안석의 학문〔學術〕이 올바름을 벗어나 있었기 때문이 아니겠는가? 왕안석을 비판하는 사람 중에는, 그의 정치적 능력〔政事〕을 비난할 수는 있지만 그의 학문은 여전히 취할 바가 있다고 하는 사람이 있다. 그러나 나는 왕안석의 올바르지 못한 학문이 그의 정치력의 실패보다 더욱 큰 해를 끼쳤다고 본다. 정치의 실패는 사람의 능력을 망쳐놓지만, 학문의 실패는 사람의 마음을 망쳐놓는 것이다. 왕안석의 삼경 연구 및 문자 연구는 성인의 가르침을 곡해하고, 나아가 성인의 大道를 파괴한 점이 한 둘이 아니다. 『春秋』는 명분의 올바름을 강조하고, 역사적 공과를 결정 판단하기 때문에 亂臣賊子는 그것을 두렵게 여긴다. 이에 왕안석은 학자들로 하여금 『춘추』를 연구하지 못하도록 금지했다. 『사기』, 『한서』는 국가의 안위·존망·성패·치란을 기록하여 성군·현상·충신·의사가 귀감으로 삼아온 책이지만 왕안석은 학자들이 『사기』와 『한서』를 읽지 못하도록 금지했다.
西漢 말기에 王莽이 나라를 찬탈하여 新을 세웠을 때 楊雄은 그에게 죽음으로써 항거하지 않았을 뿐 아니라, 오히려 그에게서 벼슬을 하고 「劇秦美新」이라는 글을 바쳐 아첨하기까지 했다. 왕안석은 이 일을 평가하여, "양웅의 행동은 공자가 말한 올바른 것도 없고 올바르지 아

니한 것도 없다〔無可無不可〕라는 뜻에 합치한다'라고 말하고 있다. 오대의 끝 무렵〔五季〕에 馮道는 재상으로서 네 왕조의 여덟 임금을 섬긴 인물이다. 왕안석은 또 그를 평가하여, "풍도는 오대에서 가장 훌륭하게 난을 피하고 몸을 보전한 인물이다"라고 말했다. 이런 점들을 볼 때, 공경대부들로 하여금 왕안석의 글을 배우도록 하는 일은 곧 그들로 하여금 氣節과 忠義를 갖지 말라고 시키는 것과 다름이 없다.[4]

유교 정치사상의 기본 원리에서 본다면 학문과 정치는 분리해서 생각할 수 없다.[5] 올바르지 못한 학문을 바탕으로 올바른 정치를 실현한다는 생각은 유교적 관점에서는 근본적으로 오류이다. '나라를 다스리고, 천하를 안정시키는〔治國平天下〕' 과업을 이루기 위한 유교인의 최종 목표는 '사물을 탐구하고, 지식을 확장시키는' 格物致知의 기초 공부에서 비롯된다는 것이 주자학의 기본 전제였다. 따라서 기본이 어긋난 공부가 훌륭한 결실을 맺기를 기대하는 것은 터무니없는 환상일 뿐이라고 주희는 경고한다. 이러한 유교적 학문·정치론은 일찍이 『대학』과 『맹자』에서 명확한 형태로 제시되었다. 그리고 이런 원리를 견지하는 태도의 연장선에서 주희는 도가와 불교의 논리를 비판했고, 진공보는 왕안석을 비판한 것이다. 물론 진공보가 주자학의 사상적 입장을 공유했다고 말할 수는 없다. 여기서는 다만, 남송 시대의 지식인들의 위기의식과 그들이 그 위기에 대한 대응으로서 올바른 학문의 수립에 대해 관심을 가지고 있었다는 사실을 말하기 위해 진공보를 인용한 것에 불과하다.

독서는 학문의 근본

이 장의 첫머리에 인용한 효종에게 올린 주희의 상주문은 진공보의 글과 함께 남송 시대의 비판적 지식인의 관점을 전형적으로 보여주는 것이다. 주희의 도통론적 관점에 의하면 秦漢 이후 宋에 이르는 천 년은 학문적 암흑시대였다. 주희는 공자에서 완성된 중국의 정통 학문이 진한 이후 결정적으로 암흑 상태로 접어들었다고 판단한다. 유교의 쇠퇴로 인한 중국인의 정신적 공백을 채워준 것은 超世間的 지향을 가진 道教와 佛教였다. 그나마 도교나 불교를 연구한 자들은 나은 편이었다. 정작 민족의 운명을 책임져야 할 지식인 관료들은 쓸모없는 글을 짓고 감상을 남발하는 데 몰두하고 있었다. 그것이 당시 지식인들이 생각했던 학문이었으며, 그것은 바로 그들의 정치적 무능력과 결부되어 있었다. 그 결과 마침내 중화의 문명은 이민족의 침략 앞에 허무하게 무너졌다. 이렇게 주희는 중국 문화의 역사적 위기를 진단한다.[6]

현실의 위기에 대한 주희의 대안은 부국강병의 현실주의로 나아가지는 않았다. 절강의 臨安(현재의 杭州)으로 수도를 옮겨온 이후, 지식인들은 학파적 차이를 떠나 북송 말에 왕안석이 펼친 부국강병을 지향하는 현실주의로 인해 중화 세계의 도덕적 가치는 결정적 타격을 입었다는 인식을 공유하고 있었다.[7] 특히 왕안석의 신법당에 반대하는 정치 노선을 가지고 있던 程伊川의 학문을 잇고 있는 주희의 관점도 여기서 크게 벗어나지는 않았다. 따라서 주희는 현실주의가 아니라 보다 근본적인 곳, 즉 학문에서 그 대안을 발견하고자 했다.

주희가 제시한 대안은 중국적 학문의 재확립을 통해 중국 문화를 근본적으로 교정하는 것이었다. 주희는 당시의 위기가 단순히 하나의 정권의 위기에 그치지 않고 총체적인 문화의 위기, 곧 중국적 정신과 가치의 위기와 직결되어 있다고 보았다. 그는 단순한 제도의 개혁을 통해서는 그런 총체적 문화의 위기를 근본적인 차원에서 극복할 수 없다고 보았다. 따라서 그는 지름길을 선택하지 않고 학문을 통한 길, 근원적인 개혁의 길을 선택한 것이다. 그 점에서 주희는 왕안석이 취한 방법이 문화적 위기를 해결하는 근본적 방책이 될 수 없다고 생각했다. 주희는 중국의 위기를 치료하는 근본 처방은 중화 정신을 부활시키고 중국 문화를 부흥시키는 데 있다고 확신했다. 그러한 신념을 가장 간결하고 분명하게 표현한 한 편의 글이 바로 위의 상주문이었다.

계미년(1163년)은 남송의 효종 황제가 즉위한 해로서, 주희는 이 해에 34세를 맞이했다. 이때 이미 道學者로서 학문적 포부와 목표를 확고하게 정립한 주희는 새로운 황제에 대한 정치적, 문화적 기대를 담아 자신의 사상을 집약한 중요한 글을 올렸던 것이다.[8] 그리고 이후 약 40년 동안 주희는 이 글에서 밝힌 생각을 바탕으로 중국 학문의 부활, 중국 정신의 부흥에 혼신의 노력을 기울였다. 오늘날 우리가 마주하는 엄청난 양에 달하는 그의 문집과 유교 경전에 대한 주석은 그러한 그의 노력의 결집이다.

그렇다면 주희에게 있어 '학문[學術]'이란 어떤 것이었을까? 이 문제에 답하기 위해 그의 문집에 실린 두 편의 편지글을 읽어보는 것이 도움이 된다.

> [공자의 제자] 子路의 말은 학문적 소양[學]이 없어도 정치를 할 수 있다는 뜻이 아닙니다. 다만 학문을 위해서는 반드시 독서를 해야 할 필요는 없다는 뜻일 뿐입니다. 오랜 옛날에 아직 문자가 발명되지 않았던 때에는, 학문을 하는 이들이 읽을 서책이 존재하지도 않았습니다. 그렇지만 중간 이상의 자질을 가진 자들은 독서를 통하지 않고도 인생의 도리를 스스로 터득할 수 있었습니다. 그러나 성현들이 나타난 후, 경서에 기록된 도의 내용이 자못 상세해졌습니다. 따라서 공자와 같은 성인일지라도 경서를 떠나서 학문하는 일은 불가능하게 되었습니다. 경서를 도외시하고서 오로지 政事의 방법만을 배운다는 것은 이미 그 근본에 어긋난 일입니다. 더구나 중간 정도의 재주밖에 지니지 못한 사람이 말입니다. 그러나 자로가 子羔에게 읍을 다스리는 邑宰의 책임을 맡긴 것은 그의 이해가 아직 부족한 데에 원인이 있습니다. 자로는 공자의 본뜻을 잘 이해하지 못하고 자기의 억측에 의존했던 것이므로, 공자께서는 子路를 꾸짖었던 것입니다.[9]

학문은 서책에만 의존해서는 안 되며 신변에 일어나는 일상사에서도 배움을 얻을 수 있다는 가르침은 잘 받았습니다. 원리로 말하자면 지당한 말씀입니다. 그러나 서책을 모두 버리고 또 講學을 통해 배우지도 않고, 사물의 이치를 탐구하려고도 하지 않는다면, 일상생활의 신변사에서 있어서도 사물의 본원을 이해하고 그 기미를 알 수 있는 기회를 놓치게 되지 않을까 두려울 뿐입니다. 이런 까닭에, 정치에 종사하기 위해 반드시 讀書를 통해 배워야 할 필요가 없다는 자로의 주장을 공자께서 꾸짖은 것입니다. 하지만 이렇게 말한다면 틀린 말은 아닐 것입니다. 백성을 다스리고 정사를 잘 처리한 연후에 남은 힘을 이용하여 성현의 말씀을 읽고 다시 생각하고 스스로 진보한 바를 자각할 수가 있다면, 학문의 길은 서책에만 있는 것이 아니라는 말의 참뜻을 이해했다고 말입니다.[10]

위 두 서간에서 주희는 동일한 주제, 즉 학문의 방법 내지 학문에 있어서 讀書와 정치적 實踐의 관계 문제를 중심으로 논하고 있다. 주희는 학문의 가장 중요한 道程으로서 독서에 큰 비중을 두는 철저한 독서론자였다. 書冊 혹은 경서가 존재하지 않았던 上古時代라면 모를까, 진리의 전모가 이미 성현들에 의해 이 세상에 드러나고 경서라는 진리의 표준이 정해진 이후에는, 경서를 읽고 이해하는 독서라는 방법을 통하지 않은 학문의 영위는 불가능하며, 그것의 실천으로서 정치적 행위라는 것 역시 불가능하다는 것이 주희의 주장이다.[11] "공자와 같은 성인일지라도 경서를 떠나서 학문하는 일은 불가능"[12]하기 때문이다.

그렇지만 주희는 讀書가 학문의 유일한 방법이고 절대적인 방법이라고 말하지는 않는다. 주희는 반복해서 독서가 학자의 일에서 가장 긴요한 것은 아니라고 말한다. "독서는 배우는 사람에게 있어 두 번째로 중요한 일이다."[13] "독서는 두 번째로 중요한 일이다."[14] "학문이란 자기 자신에게 이미 갖추어져 있는 절실한 문제를 잘 이해하는 것에서 시작해야 한다. 그때 독서는 벌써 학문에 있어 두 번째로 중요한 일일 뿐이다."[15] 이 마지막 구절은 심학의 대표자로서, 주희의 혹독한 비판을 받았던 육상산의 학문론과 대단히 유사하다. 주희가 독서를 이차적이라고 말하는 것은 독서 공부를 가볍게 보아서가 아니다. 주희는 단순한 지적 호기심을 만족시키기 위한 독서, 현실적 문제의식 없이 행해지는 공부를 위한 공부, 자기 계발을 위한 목적 없이 행해지는 시간 때우기식의 글 읽기 내지는 출세를 위한 글 읽기를 비판했던 것이다.

주희는 讀書뿐만 아니라 實踐이 학문의 중요한 하나의 길이라는 사실을 인정했다. 실천은 진리를 검증하는 과정으로서 학문의 또 다른 한 표준을 이루고 있기 때문이다. 구체적인 삶의 장에서, 나아가 經世濟民을 위한 정치적·사회적 실천을 통해 제대로 검증 받지 못하는 진리는 어떤 의미에서건 자격 미달 내지 함량 미달이라는 비난을 피하기 어려울 것이다. 하지만 주희는 실천의 모델 내지 근거가 확립되어 있지 않는 한, 실천 자체는 맹목적이 될 수도 있다는 사실을 잊어서도 안 된다고 생각했다.

주희의 말을 빌자면 독서를 통한 학문이란 실천 그 자체와는 분명히 다르며, 오히려 "사물의 본원을 이해하게 해주고 일의 기기에 맞아떨어지도록" 이끄는 나침반과 같은 것이다. 그렇다면 독서를 통해 진리의 표준을 이해하는 인식적 전제 조건 없이 행해지는 실천이란 지도나 나침반 없이 큰 바다를 항해하는 것에 비유할 수 있다. 時務의 중요성을 논하는 한 글에서 주희는, 사실의 원리에 대한 이해가 없이 현상의 문제 해결 방안을 제시하는 논의가 사실은 공허한 것일 수밖에 없다는 기본 생각을 표명한다. 당시 학자들은 "사건의 전말에 대해서는 많은 말을 하지만 근본 원리에 대해서는 거의 말하지 않는다"[16]라는 비판이 그것이다. 주희는 그러한 태도가 "덕을 수양하고 정치의 방안을 세우는 이론으로서는 아직 미비한 것〔修德立政之意有未備〕"이며 '迂闊'한 것이라고 비난한다. 그것이야말로 당시 중국 문화가 직면한 최대의 병[17]이라고 생각했다.

중국적 위기는 바로 학문과 문화의 위기이며, 그 학문의 위기는 근본 원리와 이치의 탐구를 간과한 현실주의에서 비롯된다고 주희는 판단했다.

이런 의미에서 주희에게 있어서의 실천은 궁극적으로는 올바른 학문의 근거 위에서 비로소 의미를 획득하는 것일 수밖에 없었다. 그리고 학문, 특히 독서를 통한 학문은 이치를 탐구하는 과정으로서의 중대한 의의를 가진다고 주희는 확신하고 있었다.

2. 고전의 발견

학문에 있어서 독서가 차지하는 중요성은 주희의 사상 체계 안에서는 그 가치를 아무리 강조해도 지나치지 않다. 주희는 진정한 독서인이었다. 그는 평생을 읽고 쓰고 사색하는 진정한 독서인의 삶을 살았다. 주희의 공부와 사색의 결과는 현재 우리에게 남겨진 엄청난 양에 달하는 저작에서 웅변적으로 제시된다. 무엇이 그를 거의 강박적이라 해도 좋을 정도로 무섭게 독서와 공부의 세계로 이끌었을까. 필자가 추측컨대 그를 이끈 힘은 단순한 개인적 취미나 학자적 결의를 훨씬 넘어서는, 예언자적 소명감 내지는 종교적 선민의식에 가까운 어떤 책임감이었을 것이다. 주희에게 독서는 학자의 단순한 직업적 행위가 아니라 엄숙한 성직자의 성직 수행이었고, 독서의 개인적 목표인 修己治人은 지식인의 단순한 지적 호기심에서 비롯된 餘技가 아니라 종교적 수행의 일종이었다고 말해도 결코 과언이 아닐 것이다.

사실 유교 지식인에게 있어 독서는 유교적 구원을 향한 치열한 求道行爲였다고 말할 수 있다. 종교 체계로서의 유교는 《四書》와 《五經》으로 이루어진 경서를 경전으로 삼고, 독서와 공부를 수행의 방법으로 삼으며 성인·군자를 목표로 삼는 온전한 구원론적 체계를 갖추고 있다. 그러한 기본틀에 덧붙여, 다양한 국가제사 및 조상 제사에서 발견되는 의례적 전통과 天人關係論을 근본으로 삼는 형이상학의 이론 그리고 修己와 治人의 실천으로서의 경세 이론에 이르는 완벽한 종교로서의 구조를 우리는 유교에서 발견한다. 필자는 여기서 유교가 그 구조적 완전함으로 인해 오늘날 직접적으로 우리의 생활과 세계를 지도할 수 있는 가치로서 의미가 있다고 주장하지는 않는다. 어느 시대이고 사상의 가치는, 그 가치를 발견하고 그 가치를 실천하는 자에게만 풍요로운 빛을 던지는 것이기 때문이다. 어찌 되었건 주희는 의심할 바 없이 유교라는 종교의 실천자로서 나아가 유교 부흥자로서의 소명을 완수하려는 종교적 인간으로 다가오는 것이다.

본 장의 처음에 인용한 주희의 상주문은 그의 유교 부흥자로서의 自任을 분명하게 보여준다. 주희는 스스로 유교의 부흥자임을 자처했고, 실제로 고전유교는 주희를 통해 중국 문화의 주체로 부활했다. 그런 뜻에서 우리는 주희의 신유학을 유교의 종교개혁 내지는 유교의 르네상스라고 부르기를 주저하지 않는다. 중국 문화의 르네상스로서 신유학에는 다양한 가능성이 있지만 그것에는 하나의 공통된 경향이 존재한다. '인간'과 '고전'의 발견이 그것이다. 주자 사상에 있어서도 이 두 측면 내지 요소는 가장 중요한 특징을 이룬다.

학계에서는 일반적으로 주자학 그리고 넓은 의미의 신유학을 '性理學'이라고 부른다. 고전유학과 대비되는 신유학 내지 주자학의 특징적인 면모가 우주의 원리와 인간의 본질 탐구, 즉 理氣의 문제와 心性의 문제를 탐구하는 사유의 체계라는 사실을 강조하는 명칭이다. 유교는 근본적으로 인간의 가치를 체계의 중심에 놓는 사유 체계라는 점에서, 고전유교와 신유교의 차이는 사실상 그다지 크지 않다. 그러나 상대적으로 고전유교에서는 인간의 본질이나 마음의 구조 등 인간의 인간다움의 이론적 근거를 찾으려는 문제의식이 비교적 약했다. 유교의 외부에서는 물론이고 내부에서도 유교의 그러한 양상이 유교의 취약점의 하나로 인식되고 있었음은 주지의 사실이다. 신유학 특히 주자학은 불교와 도교의 영향을 충분히 섭취하면서, 고전유교에서 비교적 소홀히 취급되고 있었던 인간에 관한 이론을 더욱 이론적인 체계로 이끌어낼 수 있었다. 이것이 주자학이 이룩한 하나의 중요한 성취이자, 르네상스적 요소의 한 측면이다.

르네상스의 다른 한 측면으로서의 고전의 발견은 經學 내지는 四書學이라는 형태로 주자학의 또 다른 중심을 이루고 있다. 心性學으로서 주희의 이론적 인간학은 그 핵심에 있어서 고전 경전의 재발견 내지는 재해석이라는 형식으로 나타난다. 그리고 그의 수많은 편지글, 대담을 기록한 語錄은 그 중요성에도 불구하고 어디까지나 보조 자료적 가치를 지니고 있을 뿐이다. 전근대 지식인의 학문적 기본 소양은 경전의 학습을 통해 얻어지는 것이다. 진리의 체계로서의 경서는 인간의 보편적 행위 규범을 제시한다. 초학자의 공부가 경서의 원리를 습득하기 위한 준비 단계라면, 학문을 이룬 대학자의 공부는 경서를 새로운 역사 정황에 적합한 형태로 재해석하여, 경서 읽기의 새로운 전범을 제시하는 데 있다. 그리고 그 새로운 모델의 제시로서의 경서의 재해석은 순수한 학문적 인식의 영역에만 머무르지 않는다. 경서의 해석과 재해석은 언제나 정치권력과 복합적으로 얽힌 이데올로기적 사유로서 현재화되는 것이었다. 경전의 해석은 결코 중립적인 순수 지적 작업에 그치는 것은 아니었다. 주희의 고전학 또는 경학을 이해하기 위해서는 당시의 이데올로기적 풍토를 이해할 필요가 있지만, 그 자세한 논의는 다른 글로 미룰 수밖에 없다. 어쨌든 고전의 발견자, 경서의 재해석자로서의 주희의 면모는 너무나 잘 알려진 것이면서도, 언뜻 그의 의도를 파악하기는 쉽지 않다. 그 이유는 아마도 지금까지 주자학의 연구가 그의 철학적 사유 세계, 흔히 理氣論과 心性論이라 불리는 형이상학적인 영역에 치중하고 있었기 때문일 것이다.

3. 독서와 학문의 기초로서의 '小學'

주희의 학문관 및 학문하는 태도를 논하려는 이 글의 범위를 고려할 때 주희의 경학 전반에 걸친 논의를 전개하는 것은 적절하지 않을 것이다. 여기서 우리의 관심은 학문의 방법으로서의 독서 특히 '무엇을 읽을 것인가, 즉 독서의 대상과 범위를 어떻게 확정하는가 하는 문제에 한정된다. 앞에서도 잠깐 언급한 바와 같이 유교에 있어 학문 내지 독서의 목표는 군자 나아가 성인이 되는 것이다. 군자의 의미 내용은 시대마다 변천해왔지만, 가장 고전적인 표현을 사용하자면 '內聖外王'[18]의 이상적 인격체를 완성하는 것이다. 그 목표를 달성하기 위한 방법은 독서를 통한 경서의 이해와 실천으로 집중된다.

주희는 독서를 말하면서 무엇을 읽지 않아야 하는가 하는 것을 직접적으로 말하지는 않는다. 주희가 이단을 배척하는 입장을 반복적으로 피력하는 것은 사실이지만, 그의 관념 속에서 소위 이단의 서적이 읽지 않아야 할 금서의 목록으로 자리 잡고 있었다고는 보여지지 않는다. 따라서 무엇을 읽어야 하는가 하는 문제는 무엇을 읽지 않아야 하는가 하는 문제의 반면으로 보아서는 곤란하다는 점을 먼저 지적해둔다.

주자의 독서론에서 '무엇을 읽어야 하는가?'라는 물음은 단순한 독서의 규범 문제로 등장하지는 않았다. 하지만 배우고 덕을 닦는〔入學修德〕 과정으로서 독서를 논함에 있어서 반드시 제기되는 지적, 학문적 성장 과정과 결부된 단계의 문제를 전혀 고려하지 않을 수는 없을 것이다. 주희의 독서론에서 '무엇을 읽을 것인가' 하는 물음은 현대적 의미의 커리큘럼과는 완전히 일치하지는 않으나, 그것과 유사한 지적 발전 과정을 보여주는 것이었기 때문에 중요하다. 그러한 과정에 대한 주희의 관심을 보여주는 문장은 많다. 그중 몇 가지를 살펴보도록 하자.

> 저〔주희〕는 스승과 친구들로부터 이렇게 들어왔습니다. 『대학』은 덕성을 함양하는 入德의 門戶이기 때문에 공부하는 사람〔學者〕으로서는 마땅히 무엇보다 먼저 배워 익혀야 합니다. 그후 공부하는 순서와 규모〔爲學次第規模〕를 이해하게 되면, 점차로 『논어』, 『맹자』, 『중용』을 읽어나갈 수 있게 됩니다. 먼저 義理의 근원과 사물의 본질 및 쓰임〔體用〕의 대략을 살핀 연후에 서서히 여러 경전〔經〕을 연구해가면

서 그 속에 담긴 뜻을 깊게 이해한다면, 대체로 공부의 성과를 얻을 수 있게 될 것입니다. 경전들은 대체로 담고 있는 條理가 일정하지 않고 내용 또한 넓고 깊기 때문에, 만일 먼저 『대학』・『논어』・『맹자』・『중용』을 읽지도 않고서 마음속에 무언가 밝은 것을 얻었다고 스스로 주장을 하더라도, 그것에만 의존하여 학문을 탐구하는 것은 쉽지 않을 것입니다.

공부를 시작하는 처음에는 더 많은 것을 알기 위해 공부의 순서를 무시하고 비약〔躐等〕을 하고자 하는 마음이 일고 심오하고 특이한 것을 좋아하여 쉽게 마음을 빼앗기는 것이 일반적이지만, 그러한 마음가짐을 경계해야 합니다. 그런 고상한 것들은 사실은 주변적인 것에 불과합니다. 단순히 귀로 들어가 입으로 내뱉는 한낱 이야기거리에 불과한 것이라면, 그런 것이 무슨 소용이 있겠습니까. 이미 배워 알게 된 바를 진지하게 간직하고 힘써 실천하는 데에 학문의 실제적 효용이 있는 것입니다. 장횡거 및 정이천 형제의 학설〔伊洛文字〕 또한 그 양이 적지 않기 때문에 그것을 전부 읽어내는 것은 어려운 일일지도 모릅니다. 따라서 제가 일전에 『近思錄』을 편찬하여 그 핵심을 가려놓았습니다만, 그 책이 선생들의 이론을 충분히 소화하고 있다고는 생각하지 않기 때문에, 반복해서 읽을 것은 없다고 봅니다.

『대학』과 『중용』은 이미 〔제가 편찬한 내용을〕 보내드린 바 있지만, 그 내용상의 오류를 대부분 개정했으므로 장차 다시 한 부를 필사하여 바치도록 하겠습니다. 그리고 저는 최근에 또 『소학』을 편찬하여, 옛사람들이 일상에서 부모와 윗사람을 섬기고〔事親事長〕, 집 안을 청소하고 사람을 맞이하는〔灑掃應對〕 방법을 모두 실어 공부하는 사람들에게 도움이 되도록 만들어 보았습니다. 그것이 책으로 만들어지는 대로 함께 보내어 가르침을 기다리고자 합니다.[19]

주희의 위 글은 학문의 순서에 대해 논하고 있다. 주희가 《사서》를 중시했다는 사실, 그리고 학문의 방법론으로서의 공부의 순서[次第]와 관련하여 《사서》의 중요성을 '의리의 근원이며 체용의 대략'이라는 점에서 찾았다는 사실은 본서의 제1장에서 자세하게 살펴본 대로이다.

주희에 따르면 가치의 근원을 이해하는 것이 공부의 출발점이다. 출발점이 어긋나면, 결론은 걷잡을 수 없는 곳으로 치닫기 마련이다. 그런 의미에서 『대학』이 독서와 학문의 근본이라면, 독서와 학문이라는 옷의 첫 단추는 가정교육에서 끼워져야 한다고 주희는 강조하고 있다. 가정에서 이루어지는 "일상의 말없는 교육[家庭平日不言之敎]"은 어떠한 공부보다도 중요하다. 주희의 독서론은 대학[太學]의 교육을 전제로 하여 진행되는 것이 사실이지만, 그 바탕에 '소학'의 공부에 대한 관심이 놓여 있음을 잊어서는 안 된다. 그런 교육적 의도에서 주희는 스스로 『소학』이라는 책을 편찬했다고 말한다. 『소학』이 반드시 독서의 공부를 그 내용으로 하는 것은 아니다. 인간됨의 근본으로서의 최소한의 실천은 가정 및 사회의 일상사에서 비롯되는 것이라고 할 때, 『소학』의 공부가 독서를 통한 고차원의 공부로 나아가는 기초의 기초라고 보는 것은 자연스럽다. 주희는 스스로 편찬한 소학의 의도를 『소학』의 서문인 「題小學」에서 다음과 같이 말한다.

> 옛날에 초급 학교[小學]에서는 청소하기[灑掃], 사람 대하기[應待], 나아가고 물러남의 예절[進退] 등 일상의 예절과 부모 공경[愛親], 어른 공경[敬長], 웃사, 친구 사귐[親友] 등 사람됨의 도리를 중심으로 가르쳤다. 그것은 모두 수신, 제가, 치국, 평천하의 근본이 된다. 그리고 그러한 예절과 도리를 어릴 적부터 몸에 익히게 함으로써, 지식의 성장과 인격의 완성을 도모하고, 규율을 무시하는 습관을 제거했다. 지금 옛 '소학'에서 가르치던 내용을 담은 서책을 볼 수는 없지만, 잡다한 형태로나마 적지 않은 내용이 전해져 내려오고 있다. 그러나 그 기록을 읽는 이들은 옛 것과 지금의 것 사이에 존재하는 차이만을 보고서 곧바로 오늘날은 그것을 행할 수 없다고 단정을 내릴 뿐, 양자

사이에 다름이 없는 내용이 존재한다는 사실에는 주의를 기울이지 않는다. 그러나 그것이 처음부터 실행할 수 없다고 단정할 바는 아니라고 본다. 그래서 이제 그 단편적 기록을 수집하여, 이 책『소학』을 편집하고 어린이들을 가르치는 강습의 교재로 제공하고자 한다. 그것이 풍속의 교화〔風化〕에 만 분의 일이라도 도움이 될 수 있으리라 생각한다.[20]

주희가『소학』을 편찬한 의도는 분명하다. '소학'의 기초 공부가 확립되지 않은 학문은 공허하기 때문이다. 학문은 단계적 순서를 밟아 발전하는 것이다. 주희는「호광중에게 답하는 편지」에서 그러한 그의 생각을 이렇게 정리하고 있다.

대개 옛사람들은 '소학'에서 '대학'으로 나아갔다. 일상생활에서의 灑掃應對의 일들을 충분히 배우고 그것을 굳게 지킬 수 있게 되어 몸과 마음의 수양이 충분히 갖추어진 연후에 비로소 '대학'의 단계로 진입한 것이다. 그리고 그 '소학'의 공부가 어느 정도 완성되고 난 후에 格物致知의 공부가 시작되었던 것이다.[21]

순수한 학문적 관심으로만 본다면,『소학』편찬은 주희와 같은 대학자가 할 일이 아니라고 볼 수도 있다. 주희의『가례』편찬에 대해서도 같은 말을 할 수 있을 것이다.[22] 그러한 기본 교육서 및 기본 禮書 편찬 의도는 본격적인 학문적 관심에서 비롯된 것이라기보다는 교육자 또는 경세가로서의 관심에서 비롯된 것이라고 생각해볼 수 있다. 앞에서도 말한 것처럼 주희는 단순히 학자적 관심에서 학문했던 것은 아니다. 현실적으로 內聖·外王의 유교적 이상이 일반 사대부의 목표가 될 수 없는 시대를 살았던 주희의 학자적 역할은 축소될 수밖에 없고, 따라서 정치가가 아닌 학자의 임무는 이차적일 수밖에 없었을 것이다.「제소학」의 말미에서 주희는 자신의 작업이 일상의 풍속 교화에 도움〔補於風化〕을 줄 수 있으리라는 바람을 표시하면서, 학자의 임무가 어디에 있는지를 간접적으로 말한다.

주희는 공부의 발전 과정에 깊은 관심을 표명하고 있었다. 주희는 학문이 하루아침의 깨달음으로 이루어지는 것이 아니라, 오랜 시간의 각고와 노력으로만 도달할 수 있는 기나긴 수행 과정이라고 보았다. "머리를 한 번 들었다 내릴 사이에 하루가 저물고, 세월의 흐름은 마치 흐르는 물줄기 같구나"[23)]라는 그의 시 구절이 말해주듯이, 시간의 흐름과 학문의 무게 앞에 인간의 삶이란 초라하기 그지없다. 그렇지만 아무리 초조해도 학문은 비약을 허락하지 않는다. 주희는 올바른 단계를 밟아 나아가는 길이 사실은 학문의 험난한 산길을 오르는 가장 빠른 지름길이라는 깨달음을 각고의 학문적 경험을 통해 체득하고 있었다. 그리고 그 깨달음은 주희의 삶 속에 뿌리 깊게 자리 잡고 있었던 것이다. 그 결과 주희는 학문에 있어 '비약〔躐等〕'을 꿈꾸는 젊은이를 경계한다. 그리고 그런 교육자적 관심을 실현하기 위해 주희는 실제적인 학교 교육을 실시하려고 노력했다. 白鹿洞書院으로 대표되는 그의 교육자적 관심은 『朱熹集』 속의 다양한 '學記'와 '書院記' 등에서 드러나고 있다.[24)]

4. 진정한 학문의 관문으로서의 『대학』

전통적인 교육 체계에서 본격적인 독서 공부는 대학〔太學〕 단계에서 시작된다. '소학'의 공부가 실천을 통해 일상적 행동 규범을 체득하는 데에 중점을 두고 있었다면, 대학은 事理의 깨침에 비중을 두었다. 주자의 학문관은 그 점에 있어 대단히 엄격하다. 학자는 經世家이며 동시에 敎育者이다. 유교 체계에서 敎化와 교육은 동전의 양면이다. 선왕이 후세에 남겨준 진리', 즉 先王之道의 본질을 탐구하는 학문의 성과는 그 진리〔道〕를 현실에 실현하고자 하는 경세가의 관심과 교육자의 관심으로 실천되어야 한다. 그리고 經世의 첫걸음이 敎育을 통한 인간성의 교화라고 한다면, 교육이야말로 학자의 가장 중요한 근본적인 임무 중의 하나일 수밖에 없다. 주희의 書院運動과 敎育活動이 이런 그의 생각을 실천하는 장이었음은 자명하지만, 그의 학술의 결정이라고 평가되는 四書學 역시 동일한 관심의 학문적 성취로서 이해되어야 한다.

유교는 경서, 특히 '삼경' 또는 《오경》을 그 경전적 근거로 삼는 체계를 갖고 있다. 그러나 《사서》가 하나의 덩어리로서 유교의 세계에 등장하여 《오경》을 능가하는 중요 경전의 지위를 차지하게 된 것은 주희 이후의 일이라는 사실을 기억해야 한다. 오늘날 우리는 유교의 경전을 이야기할 때, '사서오경'이라는 표현을 사용한다. 그러나 《사서》 중의 두 책인 『대학』과 『중용』은 본래 『예기』 49편 중의 두 편으로서 소위 '13경' 중의 한 篇目이었을 뿐, 지금과 같은 독립된 단행본으로 여겨지지 않았다. 그리고 주희가 그 두 편을 따로 떼어 『논어』·『맹자』와 함께 한 덩어리를 이루는 《사서》를 편집한 이래, 《오경》과 병칭되는 중요 경전으로 부각되기에 이른 것이다.[25] 연원적으로 살펴볼 때, 정이천과 주희 이전에 『대학』과 『중용』을 특별히 중시했던 인물로는 당 중엽의 韓愈와 李翱(772~841) 그리고 북송의 司馬光(1019~1086)을 꼽을 수 있다. 이 세 인물이 모두 성리학의 발전과 깊은 연관을 맺고 있음은 주지의 사실이다. 특히 사마광은 『中庸大學廣義』를 저술할 정도로 그 두 편을 모두 중시했다. 그렇다면 韓愈와 李翱 및 司馬光의 『중용』 및 『대학』에 대한 관심이 정이천 형제와 주희에게 직접 간접의 영향을 주었음을 쉽게 추측할 수 있다.

이고 초상.
韓愈와 **李翱** 및 **司馬光**의 『중용』 및 『대학』에 대한 관심이 정이천 형제와 주희에게 직접 간접의 영향을 주었음을 쉽게 추측할 수 있다.

《사서》를 하나의 묶음으로 중시하는 것은 반드시 송대의 정이천에서 시작된 일은 아니다. 淸代에 편찬된 『四庫全書總目提要』(이하에서는 『四庫提要』라고 한다)는 그 사실을 이미 지적하고 있다.[26] 그러나 程伊川에 의해 《사서》 연구가 본격적으로 학문적·사상적 깊이를 확보하게 되었고, 그 《四書》를 하나의 덩어리로 삼아 《사서》라는 명칭을 확립시킨 사람은 주희였다고 말하는 『四庫提要』의 지적은 분명히 옳다. 그리고 『사고제요』는 《四書》의 순서 문제에 대해 그다지 심각하게 생각하지 않지만, 사실 《四書》의 순서는 주희 공부론의 단계적 질서와 관련해서 대단히 중요한 것이다. 『사고제요』의 평자들은 이 점을 간과하고 있다. 이 문제를 좀 더 살펴보기 위해 『사고제요』의 술명에 주목해보자.

그러나 그 논의의 상세함을 볼 때, 〔《四書》의 연구는〕 二程에게서 시작되었다고 보아야 한다. 그러나 《四書》라는 명칭을 정착시킨 사람은 주자였다. 그리고 그 원래의 순서는 『대학』이 머리에 놓이고, 그 다음으로 『논어』, 『맹자』, 『중용』이 차례로 놓여 있었다. 그러나 책방에서 그것을 간행할 때에 『대학』과 『중용』은 그 페이지 수가 많지 않다고 하여 합쳐 한 권의 책으로 만들고, 『중용』을 『논어』 앞에 두었다. 明에 들어와 科擧의 命題에서는 저자의 시간적 선후를 기준으로 하여 『중용』이 『맹자』 앞에 놓이게 되었다. 그러나 그 순서에는 그다지 깊은 뜻이 담긴 것은 아니므로〔然非宏旨所關〕 반드시 옛 순서를 회복시킬 필요는 없을 것이다.[27]

사마광 초상.
사마광은 『中庸大學廣義』를 저술할 정도로 『대학』과 『중용』을 모두 중시했다.

『사고제요』의 評者는 주희의 《사서》 원본이 『대학』·『논어』·『맹자』·『중용』의 순서로 되어 있었음을 상기시키면서도, 당시 판본들이 그 순서를 무시해버린 사실을 크게 문제 삼고 있지 않은 듯이 보인다. 과연 그 순서의 문제는 그다지 중요한 것이 아닐까?

주희의 공부론과 관련시켜서 보면, 《사서》의 순서가 단순히 길이나 저작 연대에 따라 적당히 편집된 것이 아니라는 사실을 분명히 알 수 있다. 그렇다면 《사서》의 순서를 중시하는 주희의 의도는 무엇일까? 그것은 간단히 말해서 사상적 깊이의 문제, 그리고 학문적 단계와 관계된다고 정리할 수 있다. 교육적 차원에서 볼 때 어떤 책을 가장 먼저 읽혀야 하는가, 어떤 책을 먼저 읽어야 자연스러운 지적 성장이 가능할 것인가 하는 교육적 배려가 그 속에 담겨 있다는 사실을 잊어서는 안 될 것이다.

주희는 『대학』에 학문의 제일보로서 중요한 의미를 부여하고 있다. 따라서 주희가 『대학』을 《사서》의 첫머리에 놓은 것을 그 책의 길이가 짧다거나 저작의 연대가 빠르기 때문이라는 이유로 설명하는 것은 주희가 《四書》를 특별히 중시하는 의도를 파악하지 못했기 때문이다. 주희는 「經筵講義」에서 『대학』에 대해 다음과 같이 말한다.

> 본래 大學이란 말은 大人의 학문이란 뜻을 담고 있습니다. 옛날의 교육 제도를 살펴보면, 小子의 배움과 大人의 학문이 나뉘어 있었습니다. 小子의 배움이란 쇄소, 응대, 진퇴의 절도를 배우는 것과 詩, 書, 禮, 樂, 射, 御, 書, 數 등등 문장 및 방법을 배우는 것으로 구성되어 있었습니다. 大人의 학문은 궁리, 수신, 제가, 치국, 평천하의 道에 관한 것입니다. 『대학』에 쓰여 있는 것은 모두 이 大人의 학문과 관련된 것입니다. 그래서 『대학』이란 이름이 붙여진 것입니다.[28]

『대학』이라는 문서의 성격이나 고대적 모습에 대한 주희의 이해에 대해서는 여전히 논란의 여지가 있다. 하지만 주희는 『대학』에서 중국 문화의 정신적 기준을 발견하였기 때문에 그것이 유교적 사유의 근본을 제시하는 내용을 담고 있는 가장 중요한 문헌이라고 생각했다. 주희는 자신의 학문체계를 건립할 수 있는 기초로서 『대학』을 선택한 것이다. 「대학장구서」에서 주희는 "이치를 궁구하여 인간의 본성을 남김없이 이해하는 것[窮理盡性]과 자기를 다스리고 그 바탕 위에서 남을 보살피는 것[修己治人]", 그 두 가지가 그 책의 핵심이고 유교적 진리[道]의 바탕이라고 요약한다. 그러나 옛 성인이 완성했고 공자에 의해 전해진 올바른 정신은 맹자까지는 그 명맥을 이었으나, 맹자의 죽음과 함께 그 전승이 끊어졌고, 진리를 전하는 책은 남아 있으되 그것을 이해하는 자는 사라지고 말았다고 한다. 그 이후 지식인들은 "이단 종교가 가르치는 虛無寂滅의 사상에 빠져, 그 이론의 고매함은 『대학』을 훨씬 능가했지만, 아무런 실질이 없는 공허한 이야기[空談]만을 일삼게 되었다."(「대학장구서」) 이처럼 학문의 위기로 말미암은 정치 사회의 위기는 五代라는 정치적 혼란기를 정점으로 극한에 이르렀다. 송나라에 들어와 河南의 정씨 형제가 오랫동안 단절된 맹자의 학문을 부흥시키고 『대학』을 재발견하면서, 성인이 완성하고 현인이 전한[聖經賢傳] 진리를 이 세상에 다시 찬란하게 부활시켰다. 그리고 주희 자신은 정씨 형제를 사숙하여 그 가르침을 이어받았다. 이것은 바로 주희가 자기 사상의 입각점으로 삼았던 '道統論'의 요점이다.[29]

'도통론'은 중국의 문화적 위기를 극복하고자 하는 문화적 주체성(정체성) 확립의 논리로서 주장된 것이다. 학문의 파괴는 곧 중국 문화의 파괴의 근원이며, 그것은 단적으로 말해 '대학[太學]' 교육의 파괴 나아가 『대학』의 몰이해에서 비롯되는 것이라고 주희는 진단한다. 그런 이유에서 주희는 『대학』을 중국 정신의 요체로서 부각시키고 그 내용을 다듬고 보급하기에 온 힘을 쏟았던 것이다.

또 하나 『대학』이 독서의 첫 번째 단계가 되어야 하는 이유는, 그 책에 담긴 宗旨의 중요성 이외에도 그 책이 평이하건서도 계통적인 사고를 정리하고 있기 때문이기도 하다. 그런 의미에서 『대학』은 유교적 이념 세계로 처음 진입하는 초학자에게 가장 적합한 책이다. 주희가 『대학』을 읽는 방법으로 제시한 「讀大學法」 및 『朱子語類』의 문장을 읽어보자.

> 주자가 말했다. 『논어』·『맹자』는 구체적인 일에 대한 문답으로 이루어져 있기 때문에 그 요령을 파악하기가 힘들다. 그러나 『대학』은 증자가 공자의 생각을 정리하여 옛사람의 학문의 방법을 말한 것이고, 그것을 다시 문인들이 전하고 부연하여 그 의미를 분명하게 해놓았으므로 전후의 맥락이 분명하고 체계와 계통이 갖추어져 있다. 따라서 이 책을 충분히 익힌다면 옛사람들의 학문이 향하는 방향을 이해할 수 있다. 나아가 나중에 『논어』·『맹자』를 읽어도 오히려 쉽게 접근할 수 있을 것이다. 나중에 해야 할 공부가 아무리 많다고 해도 이미 대강의 틀[大體]은 확립되어 있기 때문이다.[30]

> 나는 [학문의 순서로서] 사람들이 먼저 『대학』을 읽어서 학문의 틀[규모]을 확립해야 한다고 본다. 다음에는 『논어』를 읽어 근본을 세워야 한다. 그 다음에는 『맹자』를 읽어 이미 수립된 근본을 발전시켜야 한다. 그 다음에는 『중용』을 읽어 옛사람들이 가르친 미묘한 영역에 대한 이해를 심화시켜야 한다. 『대학』 한 편은 학문의 전체 줄거리와 순서를 일목요연하게 한곳에 정리하고 있기 때문에 이해하기가 쉽다. 따라서 가장 먼저 읽는 것이 마땅하다. 『논어』는 그 내용이 충실하지만 언어가 산만하기 때문에 처음에 읽어서는 이해하기가 쉽지 않다. 『맹자』는 사람을 감격시키고 자극하는 곳이 있다. 『중용』 역시 읽기가 쉽지 않기 때문에 다른 세 책을 먼저 읽고 그후에 읽어야 한다.[31]

『대학』의 중요성 그리고 대학을 읽는 구체적인 방법에 관한 주희와 그 문인들의 대화는 『朱子語類』 권14에 풍부하게 실려 있다. 위에서 인용한 문장은 극히 일부분에 지나지 않지만 주희가 『대학』의 어떤 면을 중시했고, 왜 『대학』이 독서의 출발점이 되어야 한다고 믿었는가 하는 점을 살피기에는 충분하다고 본다.

주희는 학문에 있어 체계를 중시한다. 아무리 많은 책을 읽어 풍부한 지식을 가지고 있다 하더라도 요령 있는 체계가 결여된다면 그 지식은 학문으로서의 자격을 상실하고 만다. 더 나아가 진정한 학문은 지식과 체계만으로 완성되는 것은 아니다. "학문이 아무리 넓다고 해도, 요령을 갖춘 지식에 미치지 못한다. 지식이 아무리 요령을 갖추었다 해도, 실질 있는 실천에 미치지 못한다"[32]라고 주희는 역설한다. 학문의 궁극적 목표는 실천에 있다. 그러나 올바른 실천을 위해서도 요령이 결여된 박학은 공허하기가 쉽다. 『대학』의 충실한 공부는 학자의 지식에 어떤 분명한 체계를 부여할 수 있다. 그래서 주희는 『대학』을 '책꽂이'에 비유한다. 그렇다면 폭넓은 독서를 통해 얻은 지식은 책꽂이에 들어가야 할 참이다. 먼저 책을 정리할 수 있는 견고한 '책꽂이'를 준비한 다음에 책을 그 안에 잘 정리해야 필요한 상황에서 그 책의 정보들을 적절하게 잘 이용할 수 있다. 정리되지 않은 지식은 더 이상 지식이 아니다. 책꽂이가 준비 안 된 상태에서는 수많은 책을 수집해도 그 책들을 제대로 활용하기가 쉽지 않다. 틀이 갖추어지지 않은 채로 산만하게 수집한 지식은 그 정보량이 아무리 많아도 그것을 시의 적절한 실천적 지식으로 활용할 수 없다. 그런 점에서 주희의 책꽂이 비유는 오늘날의 지식 형성에도 적용될 만큼 보편적 생동감을 가진다.

5. 박학과 학문적 체계의 수립

학문에는 적절한 체계와 순서〔規模次第〕가 있어야 한다는 주희의 공부 방법론의 요점은, "학문은 『대학』에서 시작하여, 그 다음으로 『논어』·『맹자』 그리고 『중용』으로 발전한다. 『중용』의 공부가 정길해지면 그 학문의 규모가 커진다"33)라는 말에서 단적으로 나타난다. 그러나 학문이 『대학』에서 시작되는 단계적 순서를 밟아 발전해야 한다는 생각은 반드시 주희의 독창만은 아니다. 『대학장구』의 도입부에 해당하는 「대학장구서」에서 주희는 정이천의 말을 인용하여 이렇게 말하고 있다.

> 오늘날 우리가 옛사람들의 학문하는 순서[次第]를 이해할 수 있는 것은 오로지 이 篇이 있기 때문이다. 그리고 이어서 『논어』와 『맹자』의 순서로 공부한다면, 학문은 그 대체에서 벗어나지 않을 것이다. 『대학』은 공자께서 남기신 篇章으로서, 초학자가 덕으로 들어가는 문호이다[初學入德之門也].34)

주희가 확립한 '도학'은 공부론, 학문론 혹은 독서론의 관점에서 볼 때에는 『대학』의 재발견, 그리고 그 『대학』을 출발점으로 한 수양의 체계로서의 《사서》의 經典化로 귀결된다고 말할 수 있다. 주희 및 주희의 후학들에게 있어 『대학』 및 《사서》가 얼마나 중요한 문헌으로 인식되고 있었는가는 그의 文集 및 語錄에 나타나는 언급의 빈도나 양으로 보아서도 충분히 알 수 있다. 특히 『朱子語類』 안에서만 《사서》에 관한 문답은 권14에서 권64에 이르는 장장 51권의 분량에 달하며, 《七經》에 관한 문답(권65에서 권92까지의 총28권)의 약 2배에 이른다.35)

주희가 학문의 순서적, 내용적 출발점으로서 『대학』을 중시한 것은 사실이지만, 『대학』을 읽는 것으로서 학문이 완성되었다고 착각해서는 안 된다는 사실을 새삼 확인한다. 왜냐하면 『대학』 공부에 그치는 학문은 자칫 내용 없는 빈껍데기 형식의 정립에 그치고 말 것이라고 생각했기 때문이다. 주희의 재미있는 표현을 빌어 말하자면, 『대학』이 만두의 껍질이라면 『논어』와 『맹자』는 만두의 속을 채우는 고기와 야채에 해당된다.36) 『대학』을 통해 규모가 갖추어진 학문적 틀의 내용을 채우는 것이 『논어』와 『맹자』인 것이다. 또 다른 곳에서 그는 『논어』와 『맹자』의 중요성과 그 독법에 대해 다음과 같이 말한다.

> 『논어』·『맹자』를 읽는 데는 들인 노력이 적은 것에 비해 얻는 효과는 크다. 하지만 《六經》의 공부는 노력이 많이 필요해도 그 얻는 효과는 적다.37)

> 『논어』는 이해하기 쉬우나 『맹자』는 조금 더 이해하기 어려운 부분이 있다. 『논어』·『맹자』·『중용』·『대학』이 잘 익은 밥이라면, 그 이외의 다른 경전〔經〕을 읽는 것은 벼를 찧어 밥을 익히는 것에 비유할 수 있다.38)

> 『논어』·『맹자』는 2, 3년 공부를 통해 읽을 수 있다. 그때에 겸하여 『대학』 및 『서경』과 『시경』도 읽어야 한다. 소위 '興於詩'라는 것이다. 그리고 여러 경전〔經〕과 역사서〔史〕 또한 읽지 않을 수 없을 것이다.39)

『대학』·『논어』 및 『맹자』의 관계에 대한 주희의 비유는 대단히 적절하고 생동감이 있다. 주희가 경서 중에서도 『서경』 및 『시경』의 독서를 강조한 이유는 역사와 문학 등 문화적 소양을 확보하는 것이 유교적 진리〔道〕를 이해하기 위해서 반드시 필요하다고 생각했기 때문이다. 추상적인 철학적 사유에 함몰되어서는 오히려 그 철학의 심오한 세계를 결코 이해할 수 없다는 사실을 주희는 지적하고 싶었던 것이다. "詩를 모르는 사람과 이야기하는 것은 마치 벽을 마주하고 앉은 것과 같다"라고 말한 공자의 생각에 주희도 공감하고 있었던 것이라고 볼 수 있다. 이처럼 학문의 깊은 세계로 나아가기 위해 주희가 요구한 독서의 범위는 기본 원리를 담고 있는 《사서》를 비롯한 유교적 경전에 한정되지 않았다.

《사서》와 《오경》의 뜻은 깊고 넓기 때문에 유교적 학문의 최종 목표로서

經書의 공부는 한 글자 한 글자에 대한 투철한 이해와 사색으로 이루어져야 한다고 주희는 강조한다. 그런 의미에서도 단계를 밟아 나아가는 체계적 독서와 사색이 요청되고, 지적·학문적 비약[躐等]은 금물이다. 그렇지만 주희는 진정한 학문을 성취하기 위해서는 정밀함을 추구한다는 그럴듯한 명분에 매달려 우물 안 개구리식으로 좁은 식견에 사로잡히는 것을 또한 경계해야 한다고 강조한다. 다음의 발언은 그러한 주희의 학문적 태도를 잘 전달해준다.

> 天地萬物의 이치를 탐구하는 것은 모두 修己治人의 도구로 활용될 수 있다. 따라서 마땅히 그것을 공부해야 한다. 天下四方의 賢士들과 교류하고 天地四方의 사정을 살피며, 山川의 형세를 널리 둘러보고 고금의 흥망성쇠와 治亂의 흔적을 연구해야 한다.[40]

주희의 광대한 학문 세계는 이러한 그의 인식에 바탕을 두고서 쌓아올려진 것이었다. 천하의 사물이 어느 것 하나 '理'를 담고 있지 않는 것이 없다는 주희의 이기론적 사유의 기본 입장을 고려해본다면, 그의 폭넓은 관심은 당연히 정당화될 수 있다. 그러나 이러한 그의 주장은 일견 그의 "독서는 양의 많음을 요구하지 않는다"라는 입장과 모순되는 것처럼 보이는 것도 사실이다. 그러나 조금만 생각해보아도 그 모순은 해소될 수 있다. 주희가 경계하는 것은 광박함 그 자체가 아니라, 그것으로 인해 자칫 초래되기 쉬운 정밀함의 훼손이기 때문이다.

이 문제에 대해서 주희는 "공부하는 사람이 많은 서적을 읽는 것에 분주하다 보면, 자칫 근본상의 공부가 올바르게 다듬어지지 못할까 두려워한다"[41]라고 말한 바 있다. 아직 학문의 폭과 깊이가 확보되지 않은 상태에서 방만한 독서는 오히려 학문적으로 방해가 된다는 생각을 그는 표명했던 것이다. 하지만 학문적 기초와 바탕에 대한 함양이 충분히 이루어지고, 의리의 깊은 원리에 대한 철저한 탐구가 차곡차곡 쌓여질 때, 폭넓은 지식의 탐구는 학문 완성을 위한 진정한 덕목이 된다는 사실을 주희는 부정하지 않았다. 학문은 깊이와 넓이가 동시에 갖추어져야 완전해 진다. 넓이〔廣博〕를 위해 깊이〔致精〕를 포기하는 학문은 근본적으로 학문이라 이름할 수 없다. 그러나 깊이에 집착하여 넓이를 무시하는 것도 분명 바람직한 학문의 방향은 아닐 것이다. 주희는 당시 학술의 폐단이 깊이를 포기하는 것에서 발생한다고 판단했기 때문에, 학술 부흥의 방향이 우선은 깊이〔致精〕를 확보하는 데에서 찾아져야 한다고 생각했다. 따라서 그는 상대적으로 독서의 중요성을 강조하고 정밀함을 요구했던 것이다.

여기서 재미있는 것은 주희와 육상산의 대립이 흔히 '방만함〔支離〕'과 '소략함〔易簡〕'으로 요약된다는 점이다. 널리 알려진 것처럼 육상산은 주희식의 '理' 탐구를 위한 독서 및 지식을 중시하는 수양 공부 자체를 '방만〔支離〕'하다고 평가한다. 그러나 주희는 방만함 자체가 문제가 되는 것은 아니라고 생각했다. 문제는 지식의 핵심에 대한 要領을 얻고 있는가 아닌가이다. 주희는 요령의 存否, 바로 그 사실에 의해 학문의 수준을 평가했기 때문에 체계가 결여되어 要諦를 놓치는 지식의 나열을 방만〔支離〕하다고 비판했다.

주희와 육상산 두 사람은 방만함〔支離〕을 전혀 다른 의미로 사용하고 있는데, 그 이유는 '학문이란 무엇인가?'를 인식하는 방향이 근본적으로 달랐기 때문이다. 주희는 자기의 내면적 깨달음〔體得〕을 중요시하는 육상산의 공부 방식〔體認工夫〕 그 자체를 부정하지는 않는다. 다만 학력과 지력이 중간 정도에 머무르는 보통 사람의 공부 방법으로서는 내면적 반성을 위주로 삼는 공부가 부적절하다고 평가한 것이다. 배우지 않고도 도리를 깨우칠 수 있는 사람은 없다. 그리고 누구든지 배움을 통해 진리를 인식할 수 있고, 실천의 방향을 모색할 수 있다. 실천 자체도 배움의 결과 얻는 인식과 방향 확립의 결과 도달할 수 있는 공부의 한 양상이다. 이러한 입장은 주자학의 聖人論과 직결되는 중요한 문제였다. 앞에서도 본 것처럼, 주희는 聖人 孔子라고 할지라도 배움 없이 성인의 지위에 도달할 수 있었던 것은 아니라고 생각했다. 성인의 위대함은 타고난 자질에 의존하는 바가 없지는 않겠지만, 더 중요한 것은 배움을 통해 도리를 깨우쳐가는 일이다. 그래서 주희는 배움의 확대, 지식의 확대를 세계에 대한 이해의 넓이와 깊이를 확보하는 과정으로서 중시했던 것이다.

배우지 않고도 진리를 꿰뚫어 볼 수 있다면 얼마나 행복할 것인가.[42] 그러나 학문의 이상으로서 '넓음〔博〕'이 결코 포기하지 못할 덕목이라면, 이제는 '博學'과 '방만함〔支離〕'을 잘 분별하고, 실제적으로 학문을 해나감에 있어 그 분별을 적절히 활용하는 지혜가 필요하다. 주희는 그 지혜를 '폭넓은 지식과 정밀한 이해의 조화〔由博返約〕'에서 찾고 있다.

주희는 그의 학문적 知己인 張栻(1133~1180, 字는 敬夫, 號는 南軒)에게 보내는 편지에서, "박학하지 못하면 고루해지며 얻은 지식의 근거를 찾기 어렵고, 박학을 원하는 사람은 쉽게 雜駁의 폐단에 빠진다"[43]라고 강조한다. 주희는 단순히 방만하게 늘어놓기만 할 뿐 요령과 핵심이 결여된 쓸데없는 지식의 집적을 '雜駁'이라고 표현한 것이다. 박학하지 못하면 세계 인식이라는 넓은 지평을 잃어버리고 고루해지기 쉽고, 박학을 추구하다 보면 방만함과 잡스러움의 폐단에 빠지기 쉽다. 이것이야말로 학문하는 사람이 직면하는 최대의 딜레마가 아닐 수 없다. 주희는 '방만함과 잡스러움〔駁雜〕'을 비판하면서, 학문이 '폭넓음과 요령 있음〔博約(要)〕'의 적절한 조화 속에서 그 딜레마를 극복할 것을 강조한다.

주희는 《四書》의 주석을 수정하고 고쳐 쓰는 데 수십 년의 시간을 보냈다. 학문이 넓어짐에 따라 이해의 부족, 정밀함의 부족이 끊임없이 드러났

장식 초상.
주희는 그의 학문적 知己인 張栻에게 보내는 편지에서, "박학하지 못하면 고루해지며 얻은 지식의 근거를 찾기 어렵고, 박학을 원하는 사람은 쉽게 雜駁의 폐단에 빠진다"라고 강조한다.

기 때문이리라. 그러나 학문에 대한 분명한 목표 의식과 소명감이 결여되었더라면 학문에 대한 그러한 인내와 헌신이 가능하지 않았을 것이다. 학문을 함에 있어 학자가 지녀야 할 목표 의식과 소명감을 주희는 '하나에 집중함[專一]'이라는 말로 표현한다. 주희는 학문에 있어서 학자가 지녀야 할 절대적인 덕목으로서 '專一'을 꼽고 있다. 점진적이면서도 전일한 마음의 공부[心潛于一]를 강조하고 있는 것이다.

> 독서는 '專一'을 귀하게 여길 뿐 '博學'을 귀하게 여기지 않습니다. 오로지 하나로 집중함에 의해서만 올바른 의미를 이해할 수 있으며, 쓸모 있는 공부가 될 것입니다. 오직 박학만으로는 도리어 잡스럽고 혼란스럽고 천박하고 소략한[雜亂淺略] 폐단을 버리지 못하고 아무런 학문적 소득도 얻지 못하고 말 것입니다.[44]

여기서 우리는 주희의 방법론에 있어서 '박학'의 이중적 의미를 눈여겨 보아야 한다. 하나로 집중하는 '전일'이 결여된 공부는 천박하고 소략할 수[雜駁] 밖에 없다. 산만한 지식은 마치 벼리가 풀어져버린 그물과 같아서, 인생에 아무런 도움이 되지 않는다. 그러나 박학하지 못하고서는 무엇을 요령으로 붙잡아야 하는지에 대한 조감을 얻는 것 자체가 불가능할지도 모른다.

결국 주희에게 있어 어떻게 공부할 것인가 하는 문제는 '由博返約(넓이와 깊이의 조화)' 네 글자로 귀결될 수 있다. 아무리 읽어도 올곧은 정신 자세가 결여된다면 그것은 공연한 시간의 낭비가 될 것이다. 그렇지만 '무엇이 핵심이다' 하는 연역적인 결론을 가지고 학문을 할 수는 없다. 그래서 역시 폭넓은 지식은 귀중하다. 그 양자가 조화되는 학문을 하기 위해서 결국 어떤 인생관, 어떤 세계관을 가질 것인가에 대한 도덕적 판단이 근본적인 문제로 등장한다. 그리고 그것은 마침내 '어떻게 읽을 것인가' 하는 학문 방법론의 문제 나아가 마음공부, 즉 修養의 문제로 귀결될 수밖에 없다.

6. 독서의 바탕으로서의 수양

주희의 공부 방법론에서 또 하나 중요한 문제는 '경전을 읽는 독서인이 어떠한 마음가짐을 가져야 하는가'이다. 아무리 위대한 진리를 담고 있는 경전일지라도 그 내용을 읽고 받아들이는 사람의 사상과 태도에 문제가 있다면, 그 진리의 빛이 무색해질 것이기 때문이다. 따라서 어떻게 읽을 것인가와 관련하여, 독서는 단순히 지식의 발달 단계와 순서의 문제를 넘어서서 본격적인 마음공부의 문제, 수양론의 문제로 부각된다. 『朱熹集』 권74에 실린 「독서의 요령〔讀書之要〕」이라는 한 편의 글을 통해 주희 독서론 및 학문 방법론의 윤곽을 살펴보자.[45]

그 글은 "〔독서에 있어〕 힘을 쓴다〔用力〕고 할 때 과연 어떻게 해야 합니까?"라는 질문에 대한 주희의 대답으로 구성되어 있다. 주희는 "순서를 밟아 점차적으로 나아감〔循序而漸進〕, 깊이 읽고 자세히 생각함〔熟讀則精思〕, 이 둘이면 충분하다"[46]고 대답하면서, 자신의 공부 방법론의 요령을 전한다.

앞에서도 강조한 것처럼, 주희는 공부의 방법으로 순서를 밟아 단계적으로 발전해가는 것〔循序漸進〕을 첫째로 꼽고 있다. 독서의 단계적 발전 과정에 대한 주희의 깊은 배려는 사실 그의 점진적 인식론의 태도를 보여주는 것이다. 그리고 그러한 태도는 頓悟를 강조하는 禪佛敎의 인식론을 배척하고, 점진적 인식의 발전을 중요시하는 주희 자신의 인식론적 입장과 일치한다.

주희가 말하는 '循序'는 독서의 순서를 말하는 것으로서, 쉽고 단순한 문제에서 점차 어렵고 복잡한 문제로 나아가는 원리이다. 따라서 『논어』를 먼저 읽고 『맹자』를 나중에 읽는다든지, 한 책을 읽을 때에도 그 수미일관된 순서를 흐트러뜨리지 아니하고 읽어나가는 것, 또는 자기의 능력이 미치는 한도 안에서 과정을 정해놓고 한 글자·한 구절·한 문장의 의미를 철저히 해명하고, 그중 하나라도 완결되지 않은 상태에서 다음 단계로 넘어가지 않는 등의 방식이 그것이다. 하지만 여기서 주목해야 할 점은, 단계를 뛰어넘으려는 유혹을 이기는 훈련은 단순히 공부의 방법론 문제에 그치지 않는 마음공부〔修養〕의 문제이기도 하다는 사실이다. 주희는 이렇게 말한다.

> 한 글자를 볼 때에는 그 의미〔訓〕를 구하고, 한 문장을 볼 때에는 그 취지〔旨〕를 살펴야 한다. 앞의 문제를 해결하지 아니하고는 감히 그 뒤의 문제로 나아가지 아니한다. 또 이 문제에 통달하지 못하면 감히 저 문제에 마음을 두지 아니한다. 이처럼 순서에 따라 점진적으로 나아간다면, 학문의 뜻이 확립되고 이치에 밝아져서〔志定理明〕, 쉬운 것을 소홀히 여기며 단계를 무시하는 태도를 고칠 수 있을 것이다. 이것은 단순히 독서의 방법에 그치는 문제가 아니라, 마음을 다스리는 요체〔措心之要〕이기도 하기 때문에 학문을 시작하는 사람이 몰라서는 안 되는 바이다.[47]

독서의 순서는 인식의 발전 단계 및 마음을 다스리는 능력과 연결시켜 이해되어야 한다. 그것은 내용적으로는, 고명한 이치를 말하기 전에 먼저 비근한 일상의 일에 관심을 기울이는 것, 나아가 먼저 인간사〔人事〕를 배우고 연구한 다음 궁극적 원리〔天理〕에 이르는 '下學上達'의 수양론적 원리와 떼어놓고 생각할 수 없다. 『논어』「헌문」의 "하늘을 원망하지 않고 사람을 탓하지 않으며 하학으로써 상달을 이룬다"하는 공자의 말에 대해 주희는 "그것은 자기를 반성하여 스스로 몸을 닦되, 순서에 따라 점진적으로 나아감〔循序漸進〕을 말한다"라고 풀이하고 있다. 그리고 같은 곳에서 정자의 말을 인용하여 下學上達을 "세상 인간사에 대한 공부를 먼저 이루고 그 바탕 위에서 우주의 원리를 탐구하는 공부로 나아간다"[48]라고 풀이한다. 유교적 사유에서 지식의 습득과 인격의 수양이 분리되지 않는다는 것을 잘 보여주는 중요한 사례이다.

다시 '漸進'과 관련해서 우리가 눈여겨보아야 할 주희의 글은 「行宮便殿奏箚 2」이다. 이 글에서 주희는 학문의 궁극적 목적이 이치의 탐구〔窮理〕와 인격의 修養에 있다는 사실, 다시 말해 지식과 인격이 분리되어서는 안 된다는 점을 강조한 후, 그 목표 달성을 위해 독서가 중요하다는 것을 다음과 같이 말한다.

독서를 좋아하지 않는 자는 게으름을 피우며 공부의 지속성이 없기〔怠忽間斷〕 때문에 아무것도 이루지를 못하고 말 것입니다. 한편 그것을 좋아하는 자는 많은 욕심을 부리고 널리 배우고자 하지만〔貪多而務廣〕, 왕왕 학문의 단서를 열지 못한 상태에서 욕심은 이미 학문의 결말을 탐색하는 데에 가 있습니다. 또 여기 가까이 있는 문제 하나도 탐구하지 않은 상태에서 벌써 저기 있는 먼 문제로 마음이 움직이기 때문에, 하루 종일 수고를 하여도 휴식을 취하지 못하고 사유는 정밀하지 못한 데에 이르고 말 것입니다. 그리하여 항상 이것저것 분주히 찾지만, 결과적으로는 느긋하게 깊이 몰두하여 즐기는〔從容涵泳〕 학문의 기쁨을 얻지 못합니다. 이런 학문의 태도로서는 스스로 확신을 가진 공부가 불가능하고, 자기가 얻은 바에 오래 머물러도 싫증 남이 없는 공부가 이루어지지 않을 것입니다. 그것은 게으름과 지속성의 결여로 인해 아무것도 이루지 못하는 학문 태도와 결과적으로 아무런 차이가 없는 것입니다. '급히 서두르면 오히려 이르지 못한다'는 공자의 말씀이나, '급히 나아가는 자는 오히려 물러남이 빠르다'는 맹자의 말씀은 바로 이것을 두고 이른 것입니다. 이러한 가르침을 참조로 하여 뒤집어 생각해보면, 하나에 깊이 몰두하여 오랜 시간을 떠나지 않아야 비로소 자기가 읽은 책의 의미에 접근하여 책의 내용과 내 마음이 일치할 수 있을 것입니다. 그렇게 된 다음에 저절로 내 마음이 거기에 젖어들어 마음으로 도리를 깨달을 수 있습니다. 그리하여 책에서 배운 좋은 점을 깊이 새기고 나쁜 점은 깊이 삼갈 수 있을 것입니

다. 바로 이러한 이유르 순서에 따라 정밀함으로 나아감[循序致精]이 독서의 원칙이 되는 것입니다.[49]

주희는 독서에 있어서 두 가지 태도를 경계하고 비판한다. 특히 '게으름과 지속성 없음[怠忽間斷]'이 학문의 최대의 敵이라는 사실은 불을 보듯이 뻔하다. 따라서 배우는 자는 먼저 게으름과 즉흥적인 정신 태도를 극복하고 경계해야 한다. 그 다음으로 주희는 배우는 자가 가져서는 안 되는 두 번째의 병폐, '욕심을 부리고 지식을 넓히고자 하는[多貪而務廣]' 태도를 집중적으로 비판한다. 일견 바람직한 태도라고도 볼 수 있는 학문적 욕심을 주희는 비판하는 것이다. 욕심 그 자체가 문제라기보다는, 지나친 욕심으로 인해 정밀함의 상실이라는 폐단을 초래하기 쉽다는 것이 비판의 이유 중 하나이지만, 더 중요한 이유는 그런 정신 태도로 인해 인격적 각박함이 초래되기 때문이다.

학문은 기쁨을 얻는 길이다. 진리에 접근하고 도리에 밝아지는 깨달음이 가져다주는 느긋함 속에서 학문적 이해는 깊어져 자기와 세계를 더 잘 이해하게 된다. 그 결과 지식은 실천을 향한 진정한 앎으로 성숙될 수 있다. 주희는 학자가 경쟁적으로 지식을 넓히는 데에 치중하는 각박한 지식의 사냥꾼이 되어서는 안 된다는 것을 말하고 있는 것이다. 학문으로 인해 깨달음의 수준이 깊고 넓어져 건강한 인격의 성장을 기해야 한다는 것이 주희의 공부론을 뒷받침하는 근본 원칙이었다.

학문이 오히려 인격 수양의 방해물이 될 수 있다는 사실은 현대의 학문적 풍토에서는 어렵지 않게 보는 것이기 때문에, 우리는 주희의 공부론이 '느긋한 마음의 여유[從容涵泳]'를 중요하게 여기는 것을 읽으며 크게 공감하지 않을 수 없다. 주희는 인식의 점진적 성장을 중요시한다. 학문에 있어 순서와 점진의 궁극적 이익은 '涵泳'과 '精密'에 있다. 거대한 지식의 바다에서 자유로이 여유롭게 노니는 것을 의미하는 '涵泳'이 인격의 수양에 관한 것이라면, '정밀'은 이해의 확고함 내지 깊이의 문제이기 때문에 독서의 과정으로서 더욱 요구되는 방향이다. 주희는 "독서의 방법에 순서에 따름과 정밀함에 도달함보다 더 귀한 것은 없다. 그리고 정밀함에 이르는 근본은 다시 居敬과 持志에 있다. 이것은 바꿀 수 없는 도리이다"라고 말하면서, 지식 공부와 마음공부의 종합과 조화를 다시 한번 강조하고 있다.

7. 지식과 사색의 종합

다시 주희의 「독서지요」로 돌아가보자. '순서점진'에 이어 두 번째로 주희는 '반복해서 읽고 깊이 생각한다〔熟讀精思〕'는 문제에 대한 질문에 다음과 같이 대답한다. 이것은 이해의 깊이에 관한 문제이다.

> 대체로 책을 볼 때에는 먼저 반복해서 읽어〔熟讀〕 책의 말들이 마치 내 입에서 나온 것처럼 되어야 한다. 이어서 깊은 사색〔精思〕을 하여 그 책의 뜻하는 바가 마치 내 마음속에서 나온 것처럼 되어야 한다. 그런 다음에야 비로소 제대로 얻는 바가 있다고 말할 수 있다. 그리고 문장의 의미에 대해 의심스러운 바가 있거나 여러 학설이 나눠지는 곳에 대해서는 그중의 하나의 학설을 성급하게 취하지 말고, 마음을 비우고 깊은 사려〔虛心精慮〕로 그중의 한 학설을 취하여 그 의미를 따라가면서 그 흐름이 막히고 뚫리는 곳을 검증해보아야 한다.50)

독서의 방법론으로서의 熟讀과 精思는 학문의 양대 支柱이며, "배우기만 하고 생각하지 않으면 어긋나고, 생각만 하고 배우지 않으면 위태롭다〔學而不思則罔, 思而不學則殆〕"라고 말하는 공자의 학문론에서부터 강조되는 유교적 학문론의 요점이었다. 주희도 제자와의 문답에서 이 점을 반복해서 강조한다.

공자께서는 "배우기만 하고 생각하지 않으면 어긋나고, 생각만 하고 배우지 않으면 위태롭다"라고 말씀하셨다. 여기서 學이란 곧 독서를 의미한다. 읽고 난 후 생각하고, 생각하고 난 후 다시 읽는 것으로 돌아간다. 그러면 자연히 의미를 이해할 수 있다. 만일 읽고도 생각하지 않으면 그 의미를 이해하지 못하게 되고, 생각만 하고서 읽지를 않으면 의미를 헛부로 이해하여 끝내 위태롭고 불안해진다. 그것은 마치 외부 사람을 불러와 자기 집을 지키는 것과 흡사한데, 자기 집의 사람이 아니면 자기 집을 지키는 사환으로 쓸 수 없는 것이다. 만일 읽는 것이 익숙하여 깊어지고, 다시 그에 대한 사유가 정밀해지면 저절로 마음과 이치가 하나로 되어 영원히 잊지 못하게 될 것이다.[51]

독서는 지식을 확대시키고 사색은 이해를 정밀하게 만든다. 이 두 방향의 공부가 동시에 축적될 때 학문이 공고해진다는 것이 주희 공부론의 요지이다. 다시 주희는 "암기할 정도로 읽는 것[讀誦]은 사유[思量]에 도움이 된다"라고 말한다. 반복되는 독서를 강조하는 것은 결국은 충분한 독서와 이해를 통한 암기를 요구하는 것으로 이어진다. 주희가 "독서는 분량의 많음을 귀히 여기지 않는다. 다만 깊이 익힘을 귀하게 여길 뿐이다[讀書不貴多, 只貴熟爾]"[52]라고 말할 때, 그리고 "많은 분량의 독서를 탐내서는 안 된다. 다만 정밀함과 익숙함이 필요하다[讀書不可貪多, 且要精熟]"[53]라고 말할 때, 그는 널리 듣고 배우는 공부가 무의미하다거나 불필요하다고 말하는 것은 아니었다. 주희 스스로가 성취한 학문적 업적을 보거나, 그가 언급하는 서적의 범위를 보아도 그가 얼마나 多讀을 중시하는 博學家였는가 하는 것을 쉽게 볼 수 있다. 그러나 학문의 규고를 아직 충분히 갖추지 않은 초학자에게 다독의 폐해는 그 이익을 훨씬 능가할 수 있다는 것 역시 그가 강조하는 것이었다.

다시 「독서법 상」에서 주희는 司馬光이 어느 학자의 학문 방법에 대한 질문에 대해, 『荀子』 「권학편」의 "誦數而貫之, 思索而通之"라는 구절로 답했다는 사실을 지적한다. 이어서 주희는 '誦數'이란 독서가 충분히 반복되고 무르익어 암송하는 정도에 이른 것이라고 풀이한다. 그리고 '貫'이란 '通'이라고 풀이[訓]할 수도 있는 글자로서 '자연스럽게 몸에 익은 상태〔習貫如自然〕'를 가리키는 것이라고 덧붙여 설명하고 있다. 결국 독서란 중요한 핵심 서적을 충분히 반복 학습하여 기본적 이치를 완전히 꿰뚫은 연후에, 그 이치를 확인하고 보완하는 폭넓은 지식의 확장으로 나아가야 한다는 점을 말하는 것이다.

독서에 있어 반복의 효과는 주희가 '涵泳' 또는 '도리에 관통하여 마음과 도리가 합치한다〔貫通洽合于心〕'라고 부르는 학문적 성숙이며, 인격의 성장이다. 그리고 인격의 성장을 목표로 삼는 지식의 성장은 억지로 새로운 견해를 세우려는 我執과는 양립하기 어렵다. 그래서 주희는 학문의 또 다른 방법 내지는 학문에 있어서 '마음의 태도', 즉 '心術'에 대해 말한다. 학문이란 결국은 자기에게서 구하는 것〔求諸於己〕이다. 타자의 이해는 보다 깊은 자기 이해를 위한 道程일 따름이다.

고전유학에서 학문의 주체성 문제는 '자기를 위함〔爲己〕'과 '다른 사람에게 보임〔爲人〕'의 대립적 구조를 통해 제시되고 있었다. 이때 자기〔己〕란 자기의 마음이며, 주체적 인격의 확립이다. 맹자의 "학문의 올바른 방법은 다른 것이 아니다. 바로 자기의 흩어진 마음을 수습하는 것일 뿐이다"[54] 또는 주희의 "학문의 정밀함을 추구하는 바탕은 바로 자기의 마음에 달려 있다"[55] 등의 말들은 모두가 공자가 말한 "자기를 위하는 학문〔爲己之學〕"의 전통을 이어받으며, 자기의 마음〔心〕에서 구하는 유교적 학문 태도를 표명한 것이다. 그러나 자기에게서 구한다고 하는 것은 타인에 무관심하다는 것을 의미하지 않는다. 자기에 대한 정확한 인식을 얻기 위해, 자기의 아집에 매몰되어 (진정한) 자기를 잃어버리는 愚를 범하지 않기 위해, 타자의 세계를 읽고 이해하며 자기의 세계를 넓히는 독서는 절대적으로 필요하다. 따라서 주희는 이렇게 권유한다.

독서에 있어서는 먼저 마음을 비우고 글이 지향하는 의미를 탐색해야 한다. 그때야 비로소 그 의미하는 바의 요점을 파악할 수 있다. 그러나 많은 경우 근래의 학자들은 먼저 자기의 견해를 전제하고서 더 이상 經文의 의미가 향하는 추세를 이해하려 않고, 함부로 자기의 의미를 덧붙이기 일쑤이다. 이렇게 해서는 만들어진 이론이 '理'를 파괴한다고까지는 말할 수 없겠지만, 그것이 경서의 본의가 아닌 것은 확실하다. 그런 식으로 독서를 하려면 처음부터 자기 의견을 개진하는 한 권의 책을 쓰면 될 것이지, 옛 성현의 책을 읽어 그것을 이해하려고 할 필요가 있겠는가?[56]

독서를 통한 자기의 발견은 우선 '마음을 비운[虛心]' 상태에서 독서의 대상이 되는 경서에 담긴 가르침의 요점을 정확하게 이해해야 한다. 그러지 않고 자기의 주장을 확인하는 도구로만 경서를 이용한다면, 그 독서는 자기 편견을 강화시키고 독단을 확대하는 무기로만 이용될 뿐, 진정한 앎을 얻기 위한 수단으로서의 의미가 매몰되고 만다. 그래서 주희는 이렇게 말한다. "내가 지닌 생각이 반드시 옳은 것은 아니기 때문에 다른 사람의 의견, 특히 古聖賢의 생각을 통해 나를 바로잡는 기회를 가지는 것이 독서이다. 전해지는 책의 빠진 부분, 혹은 책에 나오는 器物의 이름이나 자세한 성질 등을 살피지 못하는 것은 어쩔 수 없는 일이다. 그러나 의미적인 면에서 살필 수 있는 것은 글자 하나하나에 이르기까지 반복적으로 자세히 탐구하여야 하며, 대충 얼버무리고 지나가서는 안 될 것이다."[57]

그런 의미에서 주희는 "《六經》은 내 마음의 脚註"에 불과하다는 육상산의 주장에 반대한다. 만일 맹자의 性善說의 전통을 극단적으로 밀고간다면 사실 육상산의 입장은 잘못된 것이라고 말할 수 없을지도 모른다. 왜냐하면 내가 본래부터 완전한 선을 갖추고 있다고 한다면, 공부란 내 마음에 본래적으로 존재하는 선을 확인하는 과정으로서만 의미가 있고, 새로 무엇인가를 배워 덧붙일 필요는 없을 것이기 때문이다. 주희도 일단은 '性善

說'의 입장을 견지한다. 그러나 주희는 현실적으로 볼 때 인간이란 본래적으로 타고난 善의 가능성을 완전히 실현하고 있지 못한 존재라는 사실에 주목한다. 인간의 본래적 선함은 욕망〔人欲〕에 의해 차단되어 있다고 주희는 판단한다. 주희의 학문론은 당연히 발현되어야 할 천리〔善〕가 발현되지 못하고 꽉 막혀 있는 현실의 인간의 모습에 더욱 관심을 기울인다. 그래서 주희는 공부가 인간이 처한 현실을 돌파할 수 있는 가능성을 확대하는 길이라고 믿었고, 그런 기본 인식을 가지는 한 주희의 공부론은 순수하게 맹자적인 관점을 견지하기가 곤란했을 것이다. 주희가 맹자의 이상주의적 관점에서 한 발 물러설 수밖에 없었던 이유가 거기에 있다. 그 결과 주희는 荀子的인 방향을 자기 사상 속에 흡수하여 보다 넓은 체계를 수립하고자 했다.[58]

여기서 우리는 주희의 독서 공부론이 단순히 학문 방법론의 문제로서만 제기된 것이 아니라는 사실을 이해해야 한다. 주희가 그렇게 많은 힘을 쏟아 독서와 공부에 관해 토론한 이유는, 독서와 공부만이 중국적 위기를 타개할 수 있는 원동력이라고 믿었기 때문이다. 주희의 독서 공부론은 첨예한 현실 비판의 한 표현이기도 했다. 학자는 현실을 비판하고 더욱 희망 있는 세계에 대한 비전을 제시하는 사람이다. 그것이 학자의 임무이고 지식인의 존재 이유이다. 그러나 학자의 현실 비판은 주먹질이나 욕설 혹은 야유적인 훈수로 이루어지는 것이 아니라, 학문적 방법을 가다듬고 그 방법에 입각하여 학문의 수준을 고양시킴으로써 현실에 대해 날카롭게 대응하는 것이어야 할 것이다. 그런 예를 우리는 주희의 공부론에서 발견할 수 있다.

8. 수양의 양면성, 지식 공부와 마음공부

주희가 독서에 있어서 마음을 비우는 것〔虛心〕을 강조하는 이유는 과도한 지식의 욕심〔貪多〕으로 인해 현재 당면한 문제를 소홀히〔躐等〕 하기 쉬운 초학자의 마음공부의 부족〔駁雜〕을 염려했기 때문이다. 독서를 통한 지식과 이해의 확충〔致知〕 및 독서의 기초로서의 마음공부〔專一〕는 사실 어떤 면에서 보면 동전의 앞면과 뒷면처럼 일체화된 과제이며, 닭과 달걀처럼 선후를 분명히 하기 어려운 문제라고 보아야 할 것이다. 주희는 반복해서, '涵泳', '虛心', '專一'에 대해서 말하고 있다. 그러한 표현들은 주자학적 수양론의 핵심 개념인 '敬〔공경〕'과 깊은 연관을 가지고 있다. 주희의 독서론이 마음의 수양론과 직결되고 있음을 단적으로 보여주는 주장은 독서에 있어 '敬에 머무름〔居敬〕'을 요청하는 데에서 분명히 드러난다. 주희는 한 편지글에서 이렇게 말하고 있다.

> 깨우쳐주신 致知·力行의 의미는 대단히 좋게 보았습니다. 그러나 靜과 敬 두 글자로 그것을 보완한다는 것은 올바르지 않다고 봅니다. 대개 성현의 학문은 머리에서 발끝까지, 오로지 敬 한 글자로 귀결됩니다. 지식을 넓힌다〔致知〕는 것도 敬으로써 이룰 것이고, 힘써 행함〔力行〕도 敬으로써 행해야 할 것입니다. 靜에 대해 말해보자면, 그것은 이치에 밝아지고 마음이 안정되어 스스로 혼란스러움이 없어지는 효과를 얻을 수 있을 따름입니다. 만일 靜으로써 致知의 도정을 삼고, 敬으로써 力行의 준거를 삼는다면, 그 공부의 次序는 어느 하나도 온당함을 얻지 못할 것입니다. 『중용』에서 이야기하는 博學, 審問, 勤思, 明辨은 모두가 致知와 관련된 일이고, 반드시 성실한 실천〔篤行〕으로 그 마감을 짓도록 요구하고 있는 것에서도 그 뜻을 알 수 있습니다. 그러나 학문과 사유하기를 노력하지 않고 오로지 靜을 위주로 하여 이치가 저절로 밝아지기를 기다린다면, 죽을 때까지 기다려도 아무런 수확이 없을 것입니다.[39)]

여기서 주희는 학문과 수양에 있어서 敬〔공경〕과 靜〔고요함〕의 우열을 논하고 있다. 수양론에 있어 '경을 위주로 할 것인가〔主敬〕' 아니면 '정을 위주로 할 것인가〔主靜〕' 하는 것은 주자학의 사유 체계 안에서 미묘하지만 대단히 중요한 문제라고 생각된다. 위의 인용문에서도 알 수 있듯이 주희는 학문에 있어 '경을 위주로 하는〔主敬〕' 입장에 서 있었다. 그리고 靜의 효용을 인정하고는 있지만, 그 효용은 마음의 안정에 머무르는 비교적 소극적인 것에 한정하고 있을 뿐이다. 따라서 靜은 실제적 지식의 탐구에 소용이 없는 것이라는 평가를 내린 것이다. 즉 靜은 虛, 敬은 實이라는 대비적 관점이 주희가 가졌던 敬 이해의 기본 입장이다. 이러한 그의 입장은 여러 곳에서 확인할 수 있다.

주희가 강조한 '主敬'의 관점 역시 정이천에서 유래한다. 그 점에 있어 주희는 주돈이의 '主靜'을 적극적으로 수용하지 않았다. 정이천에서 주희로 이어지는 主敬의 입장에 따르면, '靜'은 사물과의 직접적인 교류가 단절된 상태 혹은 이념인 반면, '敬'은 사물과의 활발한 관련을 수용하는 적극적인 원리이자 태도였던 것이다. 한 대화에서 주희는 그 점을 지적하여 이렇게 말한다. "정이천 선생은 사람들이 오로지 靜에만 매달려 사물과의 교섭을 무시할까 걱정하여 그 대안으로 '敬'을 말하면서, '敬을 지키면 텅 빔과 고요함〔虛靜〕이 저절로 이루어진다'라고 했는데, 바로 이에 따라 공부를 해야 할 것이다."[60] 이 대화는 주돈이가 지은 「태극도」의 '主靜說'에 관한 제자와의 토론 가운데에 나타나는 것으로서 주목할 필요가 있다.

제1장에서도 살핀 것처럼, 학문 체계 전체로 볼 때 주희는 주돈이의 「太極圖」의 사상을 존중하고 있다. 하지만 공부하는 입장에서는 고요함〔靜〕을 중심으로 삼는 주돈이의 수양 방법론이 오히려 사물과의 관련, 나아가 현실과의 관련을 잃어버린 추상적인 관념론으로 흐르게 될 것을 염려하였기 때문에, 위의 발언이 나왔을 것이라고 볼 수 있다. 바로 이어지는 다른 문답에서 제자는 묻는다. "周 선생〔주돈이〕은 고요함〔靜〕을 말씀하시고, 程 선생(정이천)은 공경〔敬〕을 말씀하십니다. 글자의 의미〔義〕는 같은데, 그 의도〔意〕하는 바가 다른 듯합니다."[61] 제자의 질문이 제기되는 방식으로 볼 때, 주돈이와 정이천의 공부 방법론의 차이는 당시 이미 문젯거리로

인식되고 있었다는 것을 알 수 있다. 그 제자 역시 그 문제가 미묘한 차이에서 비롯된다는 사실을 인식했기 때문에, 의미〔義〕와 의도〔意〕라는 역시 미묘한 뉘앙스 차이를 드러내는 글자를 대비시켜 그 차이를 질문했으리라고 추측할 수 있다. 당시 주희의 학문을 흠모하여 주변에 모여드는 학인들 사이에서도 그 문제는 용어의 의미는 대동소이하지만, 무언가 뉘앙스 또는 의도의 차이를 가지는 미묘한 문제로 남아 있었을 것이다.

주희는 그 물음에 대해 이렇게 답한다. "정이천 선생은 사람들이 주돈이 선생의 '靜' 자의 참 의미를 얻지 못하고 그것을 곧 좌선의 入定과 같은 것으로 오해할까 염려했던 것이다."[62] 여기서 주희는 靜과 敬의 의미가 어떻게 본질적으로 다른가 하는 방향으로 대답을 이끌어가지 않는다. 그는 단지 '靜' 자와 '敬' 자에 담긴 意圖를 이렇게 풀이함으로써 스스로의 입장을 정리하고자 했다. 또 주희는 "염계〔주돈이〕 선생은 '主靜'을 주장했다. 그러나 그때의 '靜' 자는 단지 '敬' 자로 풀이하는 것이 가장 좋다"[63]라고도 말하면서, 주돈이의 '고요함〔靜〕'과 정이천의 '공경〔敬〕'을 통합하는 입장을 드러낸다. 위의 예들은 주희가 그 두 개념이 근본적으로 상이한 어떤 것이라고 이해하지 않았음을 보여주는 것이라고 읽을 수 있다. 여기서 우리는 '靜'과 '敬'이 본질적으로 어떻게 다르냐는 문제에 매달릴 필요는 없다고 본다. 다만 그 두 관점의 차이를 인식하고 그 둘을 통합하고자 하는 주희의 意圖를 읽어낼 수 있다면 충분하다고 본다.

'敬'은 주자학의 체계 안에서 극히 풍부한 내용을 담고 있는 개념이기 때문에 여기에서 그 문제를 본격적으로 논하기는 어려울 것이다.[64] 여기서는 다만 '敬'에 대한 주희의 관점을 그의 학문론과 관련하여 살피는 것으로 만족할 수밖에 없다. '敬' 자의 자구 해석으로서 "하나에 집중하여 다른 곳으로 가지 않는다〔主一無適〕"라는 풀이는 널리 알려져 있다. 그 해석의 주창자인 정이천은 '하나에 집중함'을 의미하는 '主一'을 다시 '진실함〔誠〕'과 '뜻이 머물러 있음〔意在〕'으로 분석한다.[65] 한편 주희는 "主一只是 專一"이라 하여 敬을 다시 '專一'이라고 풀이한다. 훈고학적으로 警, 畏, 愼,

戒, 謹 등의 의미를 지닌 敬은 주희의 공부론에서는 다시 '專一'이라는 새로운 의미를 담고 나타난다. 앞에서 본 것처럼 集中 또는 精慮를 의미하는 專一이 수양론의 핵심 개념인 '敬'과 결합한 것이다. 여기서 우리는 다시 주희의 독서 공부론이 居敬의 수양론과 표리일체의 것임을 확인한다.[66]

정이천과 주희 계통의 '도학'적 학문론 내지 공부론의 중심이 '敬'이었다는 사실은 다른 면에서 보자면, '도학'에 있어서 학문의 궁극 목표라고 볼 수 있는 성인됨의 추구가 다름 아닌 心性의 修養을 지향하는 공부에 초점을 맞추고 있다는 사실과도 일맥 상통한다. 그런 점에서 도학의 학문관은 고전유학의 그것과는 어느 정도 상이한 지향을 갖고 있다는 것을 알 수 있다. 고전유학에서 心性修養이 무시되었다는 뜻이 아니라, 그 초점이 달랐다는 의미에서 그렇다. 그 점은 주희의 주장에서나, 그 이후 명대 유학자들의 논의에서도 반복적으로 강조되는 사실이다. "공경[敬] 공부는 聖門의 첫 번째 강령이다." 또는 "敬 한 글자는 聖門의 강령이고 存養의 요체이다"[67]라는 주희의 말은 그가 목표로 삼는 공부가 심성의 수양에 초점을 두고 있다는 사실을 단적으로 보여준다. 나아가, 明代 초기의 주자학자 胡居仁(1434~1484) 역시 "정이천과 주희 두 분 선생은 모두 성인의 학문을 열어 세운 분이다. 배우는 사람이 그 학문의 세계로 들어가기 위해서는 '主敬'과 '窮理'를 통해서만 가능하다"[68]라고 말하고 있는 것은, 도학에서의 심성 수양론의 요체가 '敬'에 있음을 잘 대변해준다고 볼 수 있다. 호거인의 주장은 정이천과 주희 계통의 '주경·궁리'의 학설이 나옴으로써 비로소 학문하는 올바른 길이 열렸다는 뜻을 담고 있다.

'敬'을 학문의 요체로 보는 것은 주자학자에게만 그치지 않는다. 陽明學의 사상적 흐름을 계승하는 鄒守益 역시, "성인의 학문의 요체는 '敬'으로써 자신을 수양하는 것이다. '敬'이라는 것은 본래 타고난 순수한 앎의 맑고 밝음이며, 세속의 때에 뒤섞이지 않은 순수함이다"[69]라고 주장한다. 현실의 실천적인 행위를 통한 지식의 탐구, 즉 事上磨練을 통한 학문의 현실 적응성을 강조하는 양명학자답게, 여기서는 '경'이 良知의 순수함을 드러내는 근원이면서, 동시에 현실에서 멀어지지 않는 마음의 바탕을 이루는 것으로 표현된다. 또한 明末의 東林學派의 주요 인물인 高攀龍(1562~1626)은 '敬'의 강조를 통해 주자학과 양명학을 일체화시키려는 의도를 보여준다. "학자의 무궁한 공부 중에서, 마음[心] 한 글자야말로 모든 것을 총괄한다. 또 마음을 위한 무궁한 공부 중에서 '敬' 한 글자가 모든 것을 총괄한다."[70]

끝으로 우리가 살펴보아야 할 것은 마음공부와 지식 확충의 관계 문제이다. 다시 말해 居敬과 窮理가 주희의 공부론에서 어떤 관계로 설명되는가 하는 것이다. 주자학에서 유명한 "마음의 수양은 반드시 敬에 힘써야 하고, 학문은 지식을 완성하는 것에 힘써야 한다[涵養須用敬, 進學在致知]"(정이천의 말)는 슬로건은 공경의 실천[用敬·居敬]과 지식의 확충[致知·窮理], 나아가 지식과 인격이 하나로 통일되어야 한다는 요청이다. 그러나 실제에 있어서 주자학은 지식 탐구를 강조하는 道問學에 치중함으로써, 그 양자를 분리 내지 구별하는 입장에 서 있다는 평가를 받아왔다. 그러한 평가는 尊德性을 강조하는 양명학적 심학의 관점을 그대로 반복하는 것이기 때문에 반드시 그대로 수긍할 수 없다. 심학의 논리에 따르면 마음의 근본을 정립하지 않은 상태에서 지식의 확장을 추구하는 주희식의 공부는 진정한 성인학으로서의 자격이 없다고 한다. 그러나 주희의 주장을 공평하게 판단한다면, 주희가 그 양자를 분리시켰다고 보는 심학의 비판은 일방적인 것이라고 말하지 않을 수 없다.

결코 독서를 폐할 수는 없다. 그러나 반드시 '主敬'을 통한 立志를 우선적 바탕으로 삼아야 할 것이다. 이러한 바탕 위에서 경전의 의미를 탐구해나가고 그것을 실천한다면 학문은 비로소 제 길을 찾을 수 있을 것이다. 만일 일상의 存養 공부를 소홀히 하고 배운 것을 실천하고자 하는 의지 또한 없다면, 문장의 의미를 분명히 이해하고자 하고 그

뜻을 밝히고자 해도 무의미하다. 그런 상태로는 온 경전을 다 꿰뚫고, 한 글자 한 글자의 의미에 막힘이 없다 해도 아무런 소득이 없을 것이다.[71]

독서론자로서 주희는 어떤 의미에서건 道問學, 즉 '지식을 통한 진리의 추구'를 학문의 최우선적인 방법으로 삼았다는 사실을 부정할 수는 없다. 그러나 위의 인용문에서 잘 드러나는 것처럼, 주희는 독서를 무시하는 수양은 있을 수도 없고 가능하지도 않은 것이지만, 독서의 바탕으로서의 마음공부를 무시하고서는 독서 자체가 무의미해진다는 확고한 입장을 취하고 있었다. 독서는 학자의 공부에서 '이차적〔第二事〕'이라고 말하는 이유는 바로 이 점, 즉 마음공부의 우선성에 대한 강조와 무관하지 않은 것이었다. 그렇다면 주희의 체계 안에서 尊德性, 즉 '내면적 덕성의 배양을 통한 진리의 체득'이 소홀히 여겨지고 있었다고 말하는 것은 옳지 않다. 따라서 주희의 입장과 육상산의 입장을 대비시켜, '주희=이학=도문학', '육상산=심학=존덕성'이라고 도식화하는 단순 논리는 주희의 진정한 의도를 살피지 않고 주희에 대한 심학으로부터의 일방적 견해를 무비판적으로 받아들이는 선입견의 산물이라고 볼 수 있다.

주희에게 있어 학문이란 단순한 지식의 암기를 목표로 하는 것이 아니라 올바른 인간의 도리를 이해하고 완성된 인격의 모델인 성인들의 삶의 태도를 체득하기 위한 수단이었다. 그렇기 때문에 주희는 인격의 변화를 기대하지 않는 단순한 시험〔科擧〕 공부, 출세만을 위한 지식 축적의 공부를 비판하기를 주저하지 않는다. 그러나 과거 시험 역시 인재를 양성하기 위한 수단이기도 하기 때문에 일거에 그것을 부정할 수는 없었다. 여기서 주희의 과거에 대한 입장을 논할 여유는 없다.[72] 다만 주희의 科擧批判은 당시 지식인들의 학문하는 태도가 올바른 유교적 학문과 큰 거리가 있다는 주희의 비판적 관점과 표리를 이루고 있다는 점을 지적해둔다.

제3장

이단 종교 비판과 유교 정체성: 도교와 주희 사상의 교차점

1. '道': 신유학의 궁극적 관심

송대는 중국의 종교사에 있어 대단히 풍부한 성과를 남긴 시대였다. 일반적으로 송대는 유교의 부흥기로 알려져 있지만,[1] 유교뿐 아니라 중국의 외래 종교인 불교 및 민족 종교로 발전한 도교 역시 이 시기에 중대한 사상적·의례적 재조직을 통해 각 전통 내부적으로는 새로운 시대로 접어드는 계기를 획득한 시기였다는 점에서[2] 중국 종교사에서 송대의 중요성을 무시할 수 없을 것이다. 특히 이 시기의 江南 지역, 즉 浙江·福建 지방은 도교의 재조직에 주도적인 역할을 했던 곳으로서 실제 각종 도교 교파가 번창했던 지역이다. 주희의 사상은 이 지역에 위치하여 도교와 깊은 연관을 맺으며 형성 발전되었다. 이 장은 주희와 중국의 토착 종교 전통인 도교와의 관련을 살피는 것을 주제로 삼는다. 그러나 이 글은 주희 사상의 형성과 전개에 있어 도교의 영향을 과대평가함으로써, 주희 사상의 유교적 특질을 평가 절하하는 것을 목적으로 삼지 않는다.[3]

도통론의 선구자로 평가받는 한유[4]는 그의 글「原道」속에서 '도'의 유교적 특질을 밝히려 했으며, 그의 관점을 이어받아 유교적 '도'가 경서 속에 분명하게 모습을 드러낸다는 사상을 본격적으로 정립한 인물은 정이천과 정명도 형제였다. 그 두 사람은 "경서는 도를 싣는 것이다〔經所以載道〕"라는 입장을 제시한다. 경서가 불변의 진리를 담는 경전Canon인 이유는 그것이 선왕의 진리〔道〕를 드러내주는 도구이기 때문이다. 경서가 도를 담는 그릇이라면 경서를 탐구하는 '경학'은 경서 그 자체를 탐구하여 경서에 담긴 도를 발견하는 것을 목표로 삼아야 한다. 그 경우, 경서의 의미를 부연하고 있는 훈고 주석적 해설은 경서 그 자체에 비해서는 부차적인 의미밖에 가질 수 없다. 그 두 사람은 역대의 경학이 경서를 해설한 주석을 오히려 경서 그 자체보다 우위에 두는 전도된 방법론에 입각하여 이루어져왔다고 말하면서, 전통적인 경학을 비판한다.

새로운 경학을 주창하는 신유학자들은 경서가 도를 담는 그릇이라고 이해하면서, 한나라 이후 당나라에 이르기까지 경서 연구를 지배했던 전통적 경학의 태도를 비판하였다. 그들은 훈고학적 태도가 경서에 담긴 도를 단순한 문자학의 수준으로 왜소화시키거나 역사적 정황으로 환원시키는 입장이라고 보았다. 그들은 경서에 담긴 '도'가 상황의 논리로 축소될 수 없는 보편적 진리라고 주장한다. 보편적 진리를 어떤 특수 시대의 논리로 풀어내고자 하는 훈고학적 경학의 방법론은 그 진리를 객관적으로 밝히는 학문적인 태도인 것 같지만, 실제로는 진리의 보편성과 절대성을 무시하여 상대화시키는 허무주의의 위험에 빠질 수 있는 것이라고 보았다. 도학자들은 경서에 담긴 '도'를 상대적인 것으로 만들지 않으면서, 그 진리를 현실에서 적용 가능한 것으로 만들어낼 수 있는 새로운 '경서 해석학'을 수립하고자 하였다. 그러한 경학의 입장을 일반적으로는 '의리론적 해석'

이라고 부른다. 도학적 관점에서 정립된 의리론적 경학은 전통적인 注疏學을 비판적으로 극복하여, 중국 경학의 새로운 시대를 상징하는 학문 방법론으로 자리를 잡았다. 정이천, 주희 계열의 도통론은 이러한 경서 해석학의 방법적 전환과 표리 관계를 이루며 펼쳐졌다. 이 문제에 대해 정이천은 이렇게 말한다.

> 경서는 도를 싣는 것이다. 그릇은 쓰임에 적합해야 한다. 경서를 배우고서도 道가 무엇인지 이해하지 못하는 것은 마치 그릇을 만들어 놓고도 쓸모가 없는 것과 마찬가지다. 그런 공부가 무슨 소용이 있겠는가.[5]

> 경서는 道를 싣는 그릇이다. 따라서 반드시 그 쓰임이 분명해야 한다.[6]

정이천, 정명도 형제는 유교의 궁극적 진리인 '도'가 경서에 담겨 있다는 입장을 거듭 강조하는 한편, 체용론의 관점을 응용하여 '도'는 존재의 바탕[本]이고 몸체[體]라고 말한다. 경서를 읽고 연구하는 목적은 '도'의 실질을 분명히 이해하여 그것을 자기의 삶의 지표로 삼기 위해서이다. 그 목적을 망각한 경서 읽기나 경서 연구는 쓸고없는 그릇을 만드는 것처럼 무의미한 일이다. 그들이 제시한 '載道論'에 있어서 '도'는 다름 아닌 유가적 성인의 '도'였다. 나아가 그들은 고전유교의 성인들이 제시한 보편적 진리인 '도'를 그들 특유의 天理論 개념을 구사하여 재해석하는 방향을 제시하였다.

유교적 '도'를 존재론적이며 당위적 법칙인 '천리'와 동일시하는 정이천의 의리론적 해석은 당시 그들과 첨예하게 대립했던 王安石의 '도' 이해와 비교해보면 그 특징이 분명해진다. 도가의 영향을 강하게 받았던 왕안석은 '도'를 元氣와 沖氣의 통일, 무와 유의 통일, 자연과 形氣의 통일이라는 관점에서 파악하고 있다.[7] 程伊川은 "王安石은 도에 대해 말하기는 한다. 나는 도의 이러저러한 측면을 알고 있다고 그는 주장한다. 그러나 그가 도에 대해 말을 하는 순간 이미 도와는 멀어져 있다"[8]라고 왕안석의 입장을 비판한다.

왕안석이 말하는 '도'는 道家들이 제시하는 '도'와 질적으로 다른 것이 아니기 때문에 그 본질상 언어적 방식으로는 규정할 수 없는 어떤 것이다. 그럼에도 불구하고 그것에 대해 말하는 왕안석은 스스로 모순을 범하고 있다는 것이 왕안석 비판의 핵심이다. 정이천은 왕안석의 道 이해가 스스로 모순되는 내용을 가지고 있다고 꼬집고 있다. 유교적 도를 확립하고자 했던 한유를 계승하는 정이천의 道論은 그의 道統論과 표리의 관계를 이루고 있었다. 道統論은 도가적 道 개념을 극복하여 유교적 보편 질서를 표상하는 유교적 도를 확립시키고자 하는 유학적 文化論이었다. 그들이 표방하는 유교적 道는 신유학의 문맥에서는 도라는 명칭보다는 '理' 또는 '天理'라는 명칭으로 더욱 폭넓게 정착되었으며 南宋의 철학자 朱熹에게 계승되어 더욱 풍부한 내용을 획득한다.[9]

2. 주희의 도교 이해

주희는 유교적 道의 상실은 곧 중국 문화의 파괴이며 야만으로의 복귀라고 이해했다. 그 야만의 암흑시대를 지배한 종교가 다름 아닌 불교와 도교라고 보았다. 이단에 대한 주희의 비판은 근본적으로는 종교적 사상 내용 자체에 대한 것이지만, 거의 같은 비중으로 중국 문화의 정체성을 확립하고자 하는 관심에서 나온 것이기도 하다. 주희의 이단 비판에서 외래 종교인 불교에 대한 비판이 도교에 대한 비판보다 훨씬 강도가 높다는 사실은, 이단 비판이 단순한 사상 내용의 옳고 그름의 문제를 넘어 문화적 정체성의 논리와 밀접한 관련이 있음을 보여주는 것이다. 그리고 불교에 대한 비판이 도교에 대한 비판에 비해 강도가 높은 이유는 불교의 입장이 더욱 극단적이고 나아가 중국적 문화 자체를 거부하는 성격을 지니고 있었기 때문이다.

주희는 '佛老'라는 명칭으로 불교와 도교를 싸잡아 비판한다. 이때의 '老'는 당연히 도교를 가리킨다.10) 주희는 유교 정통론의 관점에서 이단을 비판하였지만, 실상 그의 평생은 도교와 깊은 연관을 맺고 있었다. 주희는 극히 짧은 기간의 관직 생활에서 물러난 후에, 여러 차례에 걸쳐 도교의 宮觀을 관리하는 '祠祿官' 자리를 요청하는 편지를 썼고, 그러한 관직을 맡아 도교의 분위기에 친숙한 생을 보내었다.11) 특히 1183년, 54세 때에 泰州 崇道觀의 사록관을 配受한 주희는 그해 4월 武夷精舍를 완성하고, 그 곁에 따로 道觀을 건축하여 특별히 道流〔道士〕들이 거처할 곳을 마련했는데, 그 도관의 명칭은 梁나라 시대의 도사 陶弘景이 편찬한 『眞誥』에 나오는 표현을 사용하여 寒棲之館이라고 지었다고 말한다.12) 이러한 일화들은 단편적인 것에 불과하지만 주희와 도교의 관련을 짐작하게 하는 사건들로서 시사하는 바가 적지 않다. 도교에 대한 주희의 관심은 그러한 단편적 일화에 그치지 않는다. 그의 『시문집』과 『朱子語類』 속에는 『老子』와 『莊子』를 비롯한 도교 서적에 상당한 조예를 갖고 있었음을 보여주는 사례가 풍부하게 실려 있다. 이하에서는 크게 세 부분으로 나누어, 주희가 과연 도교를 어떻게 이해했는지 그 윤곽을 살펴볼 것이다.

도교(도가) 사상의 특징

간단하게 말하자면 도가(도교)는 노자 및 장자를 사상의 연원으로 삼는 학파 또는 종교라고 할 수 있을 것이다. 그렇다면 도교의 연원으로서의 노자 사상의 특징은 무엇인가? 여기서 우리가 문제 삼는 것은 중국 사상의 역사 안에서 노자의 위상이나 성격이 아니라, 주희가 노자를 어떻게 이해했느냐 하는 것이다. 아래에 인용하는 몇 가지 인용문은 주희의 노자 이해를 단적으로 보여준다.

노자의 방법은 겸허함, 텅 빔, 절약[謙沖儉嗇]을 중요시하고, 결코 정신을 [외부적 대상에] 매몰되게 하려고[使役] 하지 않는다.13)

노자의 방법은 스스로 드러나지 않는 곳에 숨어 있을 수 있는 일이라면 하려고 하지만, 조금이라도 자기에게 누가 되는 일이면 결코 하려 하지 않는다.14)

노자의 가르침은 대체로 말할 때 텅 빔과 고요함, 무위 그리고 스스로 물러나 고요히 머무르는 것을 가장 중요한 것으로 여긴다고 할 수 있다. 따라서 그가 말하는 바는 항상 유약함과 아래에 머무르는 것을 형식으로 삼고, 텅 빈 마음으로 만물을 해치지 아니함을 내용으로 삼는다.15)

지금 노자의 책을 읽어보면 그 속에 적지 않은 옳은 이야기가 담겨 있다. 어찌 사람들이 그 글을 좋아하지 않겠는가?16)

주희는 노자 사상의 요점을 비교적 편견이 없이 파악하고 있었다고 생각된다. 기본적으로 주희는 謙弱을 존중하는 노자 사상의 입장을 높이 평가했다. 노자 사상에 내포된 靜 중심의 사유가 초래하기 쉬운 문제점17)을 충분히 인식하면서도, 그 사상에 담겨진 평화의 지향·욕망의 절제·자연친화적 태도에 대해서 긍정적인 평가를 내리고 있다. 주희의 노자 비판은

노자 초상.(왼쪽)
주희의 노자 비판은 그의 세계관 자체에 대한 것이라기보다는 그러한 태도가 초래할 수밖에 없는 비현실적 지향 혹은 超世間的 지향에 대한 것으로 모아진다.134

장자 초상.(오른쪽)
莊子 및 列子가 추구하는 자유의 정신은 긍정적인 면이 없지 않지만……

그의 세계관 자체에 대한 것이라기보다는 그러한 태도가 초래할 수밖에 없는 비현실적 지향 혹은 超世間의 지향에 대한 것으로 모아진다. 다시 말해 노자의 사상 그리고 그 후계자라고 할 수 있는 莊子 및 列子가 추구하는 자유의 정신은 긍정적인 면이 없지 않지만, 그들의 사상이 마침내 인륜 질서를 파괴하는 데까지 나갈 수 있지 않겠는가라는 염려에서 나온 비판인 것이다.

공자가 "덕의 파괴자〔德之賊〕라고 평가한 '鄕原'을 '老子'와 비교하면 어떻겠습니까?〔老子與鄕原如何〕"라고 묻는 제자 陳淳의 질문에 대해 주희는 이렇게 말한다.

> 노자는 인간의 윤리 바깥에 위치하는 사람이다. 사람의 소리를 즐기지 않고, 남녀의 관계를 싫어하며, 관리가 되어 사회에 활동하는 것도 원하지 아니한다. 따라서 그는 인륜을 해치는 자이다. 거기에 비하면 향원은 〔비록 비판을 받지만〕 아직 인륜 가운데에 있으면서, 다만 아무런 견식이 없는 좋은 사람일 뿐이다.[18]

노자가 중요시하는 謙弱의 태도와 『논어』에 나오는 '향원'의 태도가 유사한 것이라고 본 陳淳의 생각에 대해, 주희는 노자 나아가 道家의 근본적 문제점으로서 그 사상의 反사회성 내지 非人倫性을 지적한 것이다. 공자가 덕을 해치는 자라고 평가했던 '향원'의 태도도 바람직한 것은 아니지만, 그럼에도 그것은 여전히 인륜 질서 내부에 머물러 있다. 그러나 노자는 인륜과 사회의 질서를 완전히 벗어나 있으므로 인륜 그 자체를 파괴하는 심각한 문제를 가지고 있다는 것이다.[19] 그 차이는 도가적 수양론과 유가적 수양론, 나아가 도가적 사유와 유가적 사유의 근본적 상이점을 드러내는 것이라고 이해된다. 나중에 다시 언급하게 되겠지만, 유가는 근본적으로 사회적이며 문화적인 지향을 가지고 있다. 주희가 말하는 인륜은 크게 사회적 관계 전체를 지칭하는 말이기 때문에, 그것을 단순한 가족 윤리나 도덕으로 좁게 이해해서는 곤란하고 일반적인 문화와 동의어로 보아야 한다. 그런 면에서 도가가 사회와 문명에 물들지 않은 자연적이며 본래적인 인간의 회복을 지향하는 사상이라면, 주희가 근거를 두는 유교는 인간의 근원적 선함을 인정하는 바탕 위에 사회적이며 문화적인 인간을 완성하고자 하는 지향을 가지고 있다고 말할 수 있겠다.

> 선유들이 노자를 논할 때 그의 일탈적 사유[出脫]가 당시의 시대적 병폐[時弊]를 교정하고자 하는 의도에서 나온 것이라고 평가하는 경우가 있다. 그러나 내가 보기에는 노자의 초탈은 단지 그가 참된 도리[理]를 살피지 못하고 禮樂刑政, 즉 문화의 근거를 이해하지 못했기 때문에 그것들을 모두 제거하고자 한 것에 불과한 것 같다.[20]

주희의 이 비판은 구체적으로 『노자』 제38장의 "道가 사라진 연후에 德이 나타나고, 덕이 사라진 연후에 仁이 나오고, 인이 없어진 이후에 義가 나타나고, 의를 잃어버린 후에 禮가 나온다. 따라서 禮란 진정한 마음의 중심과 신의가 희미해진 상태요, 환란의 시작에 불과하다"[21]는 노자의 문화론에 대한 유교적 반론이었다. 이처럼 유가와 도가의 입장은 쉽게 메우기 어려운 근원적 차이를 내포하고 있다. 그 차이는 道에 대한 인식의 차이에서 비롯된다. 주희의 제자 陳淳은 도가 사상에 대한 주희의 비판을 그대로 계승하여 道家는 "道가 단지 인간사의 理에 불과하다는 것을 모른다"[22]라고 지적했던 것이다.

주희의 도교사 이해

주희는 노자를 근본적으로 비판하면서도 그의 사상에 담긴 긍정적 면을 여전히 높이 인정하였다. 그러나 노자 사상의 계승자였던 장자와 열자에 대해서는 조금 더 비판적인 견해를 가지고 있었다. 특히 장자에 대해서는 그의 활달함과 재기 발랄함을 높이 평가하면서도, 사상 내용의 황당함과

방탕함 때문에 유가적 일상성과 중용적 태도를 잃고 있다고 비판한다.[23]

여기서는 도교의 전개 과정에 대한 주희의 개괄을 인용하면서 道敎史를 바라보는 주희의 관점과 당시의 도교 현상에 대한 그의 생각을 알아보기로 하자.

> 유교는 개벽 이래, 二帝와 三王이 나타나 일상적 禮儀 전범을 정립하는 도리를 확립해줌으로써, 天理를 전하고 인심을 바로잡고 세상을 다스리며 백성을 가르치는 일이 가능해졌다. 그리고 후세의 성현은 책을 지어 올바른 이론을 세우고 그것을 다시 후대에 전해주었다. 그 후 이 세상이 衰亂을 당하여 方外의 무리들은 세상의 분란을 기피하고 그 禍가 자기 한 몸에 미치는 것을 염려하여 空寂에 침잠하여 亂世 중에 一身의 보전을 도모했다. 老子가 그 단초를 열어준 후에 列禦寇·莊周·楊朱 등이 나타나서 그 뒤를 이었다. 孟子는 그들의 사상이 부모를 버리고 임금도 멀리하는[無父無君] 내용을 담고 있다고 하여 그들을 비판[闢]하고, 그들을 禽獸에 비유했다 하지만 그 이론은 쉽게 사람을 미혹하고 또 그 가르침은 실천하기가 쉬운 것이었으므로 널리 퍼지게 되었다. 前漢 초기에 제왕들은 모두 그 이론을 굳게 믿어 백성들 역시 거기에 동화되어버렸다. 그러나 비록 蕭何·曹參·汲黯·太史談 등이 그 학설을 숭상하기는 했지만, 《六經》의 중요성을 먼저 내세웠기 때문에 임금 역시 《六經》을 존중하지 아니할 수 없었다. 後漢에 이르러 쌀 도둑 張道陵이 등장하고, 다시 寇謙之 등이 나타나 마침내는 도적과 같은 무리로 변해버렸다. 三國 시대에 이르러 曹操가 군대를 이끌고 陽平을 점령하자 장도릉의 손자 張魯는 재물을 바치면서 그에게 항복했으니, 그 이론의 허무맹탕함은 불을 보듯이 분명한 것이다.[24]

이 인용문을 통해 볼 때, 주희는 노자에서 시작하여 장자, 열자로 이어지는 선진 시대의 도가, 전한 시대의 黃老思想, 그리고 후한에 이르러 나타나는 五斗米道 및 北魏의 新天師道를 하나의 일관된 역사적 흐름으로 이해하고 있음을 알 수 있다. 도가와 도교를 단절된 것으로 보려고 하는 현대의 일부 학자들의 관점과 비교할 때, 그 둘 사이의 연속성에 주목하는 주희의 관점은 시사하는 바가 크다.[25]

눈여겨보아야 할 점은, 도교사에 대한 주희의 이해가 그의 유교 정통론적 중국 문화론, 즉 도통론적 관점에서 재구성된 것이라는 사실이다. 그의 도통사관은 유교적 가치가 현실적으로 실현되었는가 아닌가 하는 도덕적 판단에 입각하여 역사를 바라보는 것이었다. 도교(도가)의 발생이라는 문제에 대해서, 주희는 그 원인을 유교적 가치의 쇠퇴에서 찾는다. 그의 입장은 도통의 단절 때문에 불교와 도교가 성행하게 되었다는 도통사관과 표리일체를 이루는 일관성을 가지고 있다. 성인의 가르침이 희미해졌기 때문에 세상을 멀리하고 인륜의 질서를 무시하는 方外之士의 무리가 머리를 들게 되고, 세상을 도피하는 반인륜적 종교 사상이 판을 치게 되었다는 것이다. 그러한 方外的 태도는 세상의 혼란을 더욱 가중시켰고 마침내는 이방 종교까지 거기에 가세해 중국 문화는 그 형체를 알아볼 수 없을 정도로 파괴되어버렸다는 것이다. 결국 도교는 나름대로의 장점에도 불구하고, 민중을 수탈하는 무리와 결탁하여 오히려 도적의 선봉이 되고 말았다는 것이 도교에 대해 주희가 내린 총체적인 평가이다.

도교의 역사에 대한 주희의 평가는 북위의 구겸지 단계에서 그치고 있다. 주희는 구겸지가 새롭게 조직한 도교 교단인 新天師道 역시 알고 보면 국가권력과 결탁한 쌀 도둑[26]의 다른 모습에 불과하다고 말한다. 그렇다면 주희의 도교 비판은 국가권력의 비호를 받는 도교의 부패한 모습에 대한 비판이라고 볼 수 있는 가능성이 없지 않다.

주희가 살던 송대는 가히 도교의 새로운 전성기라 할 정도로 도교의 자기 변모와 발전이 이루어졌던 때였다. 특히 북송 왕실의 비호 아래 대단한 세력을 가졌던 道教 教團의 흥성이 북송 멸망의 원인이 되었다고 할 정도로, 유교 지식인들은 도교에 대해 부정적인 시각을 공유하고 있었다. 북송의 도교를 계승하는 남송 당시의 도교에 대한 주희의 비판은 신랄하다. 같은 곳에서 주희는 다음과 같이 주장한다.

> 노자는 처음에는 오직 淸淨無爲만을 주장했다. 그때의 청정무위는 長生不死를 포함하는 것이었다. 그러나 후대의 도교는 [청정무위를 무시하고] 오직 장생불사 한 가지만을 말했다. 마침내 오늘날에 와서는 무당의 무리[巫祝]와 다를 바가 없이 厭禳祈禱의 의례만을 이해하는 수준으로 전락했다. 결국 노자의 종지는 두 번에 걸쳐 변질했다.27)

주희는 도교사의 전개를 거시적으로 장생불사를 추구하는 神仙 道敎와 祈禳儀禮 및 祈禱儀禮를 위주로 하는 巫祝的 道敎로 나누고 있다. 실제 도교사의 내부를 들여다본다면 이 두 전통이 결코 분리되어 존재하는 것은 아니지만, 일단 주희의 판단은 타당하다고 할 수 있다.28) 주희의 도교 비판은 주로 후자, 즉 무축적 도교로 집중된다.

북송에서 남송에 걸친 시기의 江南, 특히 浙江과 福建 지방에 등장한 도교 교파는 수적으로나 내용적으로 너무 다양하기 때문에 한마디로 요약하는 것은 불가능하다. 다만 그 성격을 총괄적으로 개괄한다면, 무축적 宗敎儀式과 결합된 祈禳·祈禱를 위주로 하는 道派의 성립이라고 말할 수 있다. 그 도파들이 공통적으로 채택했던 기양의례의 방법 중에는 소위 '五雷法'이라고 불리는 주술적 의례가 있었다.29) 간단히 雷法이라고 불리는 이 의례는 번개의 초월적 힘을 신격화시켜 그것의 파괴력을 驅魔·治療儀禮와 祈禳·祈禱儀禮에 이용하기 위한 복잡한 절차를 의례적으로 체계화한 것이다. 뇌법의 의례적 특징은 복잡한 주문과 부적 등을 충분히 이용한다는 것에서 찾을 수 있다. 그러한 의례적 절차와 부적 등의 종교 상징을 활용하여 雷法 전문가들, 즉 도사들은 민중의 종교적 수요에 응답했다.

주희의 도교 비판 중에는 당시에 민간에서 대단히 성행한 雷法을 직접

겨냥한 것이 있어 흥미를 자아낸다. 주희는 蔡季通과 당시의 종교적 실태에 대해 이야기를 나누던 중에 도사들이 실행하던 '五雷法'에 대해 다음과 같이 평한다. "도교는 원래 노장이라는 원류에서 나온 것이지만 현재의 도사는 그들을 이해하지 못한다." 그리고 "불경은 원래 먼 외국의 나라들에서 들어온 것이어서 말의 내용과 발음의 차이가 있을 뿐 아니라, 글자상의 차이도 대단히 크다. 도사들은 먼 외국에서 흘러 들어온 불경의 뜻 모를 글자들을 이해하지도 못한 채 그 형태를 조작하여 수천 수만 가지 符呪를 만들어 백성을 미혹시키고 있으니, 대단히 비루한 모습을 드러내는 것이다."30) "현재의 도사들은 지극히 비루한 무리들이다. 그들은 도를 완전히 혼란에 빠지게 만들었다."31)

이처럼 주희의 도교 비판은 소위 무축적 종교 의례에 대한 비판에 집중되어 있었으며, 不死長生을 추구하는 신선 도교에 대해서는 그다지 크게 비판하지 않는다. 그 단적인 예로 주희는 『周易參同契』의 가치를 높이 산다. 그 책은 내용상의 난해함에도 불구하고 수양에 도움이 될 수 있다고 평가하고 있는 것이다. 주희는 당시 이미 사대부 지식인들 사이에 유행한 內丹的 관점에서 『주역참동계』의 내용을 이해하려는 태도를 보이기도 했다.32)

도교와 불교의 우열

도교에 대한 주희의 평가를 통해 볼 때 주희의 유교 정통론 체계 안에서 도교는 유교에 대해 그다지 큰 위협으로 여겨지지 않았다. 주희는 도교를 불교에 비해서 그다지 큰 위협으로 여기지 않았던 것이다. 근본 지향에 있어 도교와 유교는 서로 다르지만 유교가 전혀 통제할 수 없는 정도는 아니라고 본 것이다. 도통론의 진정한 의도가 문화적 민족주의 내지 문화적 정통의식을 내세우는 것이었다고 한다면, 도교는 결국은 중국의 토착 문화에서 나온 것이기 때문에 그 둘은 공동 전선을 형성하여 불교에 대항할 수 있는 가능성을 갖고 있었다. 따라서 신유학의 성립과 궤를 같이 하는 道統

論的 異端批判의 초점은 도교가 아니라 불교에 맞추어져 있었다는 사실을 쉽게 추측할 수 있다. 그러나 이 문제는 사실 문화적 민족주의라는 관점만으로는 설명될 수 없는 보다 근본적인 문제와 관련된다. 다시 말해 인간의 本然 또는 心性을 어떻게 이해할 것인가 하는 철학적 문제가 거기에 얽혀 있는 것이다.

신유학 특히 道學은 인간의 心性에 대한 탐구를 중심 과제로 가지고 있었다. 심성에 대한 관심은 곧 인간의 본질에 관한 물음으로 이어지며, 나아가 인격의 완성을 추구하는 수행과 실천에 대한 관심으로 이어진다. 그 당시에 있어서, 중국적 문화 내용을 담고 있는 유교적 '心性學'이 성립하기 위해서 가장 걸림돌이 되는 것이 다름 아닌 불교였다. 따라서 신유학자들은 그들의 심성론을 정탑하기 위해 먼저 불교를 극복할 필요가 있었다. 주희의 선구자였던 정이천은 그 문제에 관해 아주 분명한 견해를 제시한다.

> 옛날에도 불교가 성행했지만 그 방향은 기껏 불상을 숭배하고 백성을 가르치는 정도였기 때문에 그 폐해가 크지 않았다. 그러나 지금의 불교〔禪佛敎〕는 먼저 性命, 道德을 말하기 때문에 지식 있는 자들을 이끌어내고, 재주가 고명한 자들일수록 거기에 점점 더 깊이 빠지고 만다.[33]

> 오늘날 이단〔異敎〕의 폐해를 말하자면 도교의 학설은 다시 배척할 것도 없다. 다만 불교의 학설은 너무 널리 퍼져 있다. 오늘날은 불교가 성하고 도교는 쇠퇴한 상황이다. 천하의 지식인들이 모두 불교의 가르침을 따르고 있었기 때문에, 그들과 싸울 수 있는 역량이 없는 것이다. 〔그러나 그들에게 대항하려고 한다면〕 오직 우리 유가의 도리를 분명하게 하면 그만이다. 우리의 이치가 확립되면 그들과 더불어 쟁론할 필요가 없어진다.[34]

> 도교의 학설이 주는 피해는 지극히 적다. 다만 불교는 누구나 할 것 없이 그것을 토론할 정도로 널리 퍼져 있어 그 폐해는 무궁하다.35)

불교에 대한 주희의 비판은 정이천의 관점을 거의 그대로 받아들이고 있다. 불교는 인간의 본성과 심성의 수양에 관심을 가진다는 점에서는 유교와 유사하다. 그러나 그 논리 구조는 유교에 비해 훨씬 정밀하기 때문에 불교는 지식인의 마음을 사로잡는다는 것이다. 더구나 禪佛敎는 단순히 부정해 버릴 수 없는 사상적·실천적 깊이를 확보하고 있었다. 그렇다면 유교의 불교 비판은 단순한 민족주의적 태도나 질투심에서 나온 것이 아니라 유교의 새로운 정립을 위해 반드시 거쳐야 할 과제였던 것이다.

신유학이 이단을 비판하는 최대의 이유는 이단 사상이 유교와 달리 超俗的이며 초현실적이라는 데서 찾을 수 있다. 이단을 비판하는 신유학 진영의 논자들의 초점은 각각이다. 어떤 경우는 이단의 空理를 비판하고, 어떤 경우는 私利를 비판하고, 또 어떤 경우는 華夷意識을 내세우지만, 비판의 궁극적인 관건은 현실을 긍정하는가 아닌가 또는 현실 세계의 객관적 진실성을 긍정하는가 아닌가에 달려 있었다.

불교와 도교의 차이점을 묻는 질문에 대답하면서 주희는 신유학의 이단 비판의 관건이 어디에 있는지를 잘 말해준다. 우선 그 질문은 이렇다. "불교의 空[無]과 도교의 無는 어떻게 다릅니까?", "노장과 선불교의 폐해를 말씀해 주십시오."36) 여러 제자들이 던진 이 질문에 대해 주희는 다음과 같이 답한다.

> 도교는 여전히 有를 중시한다. 노자가 '無欲으로 어둠[妙]을 살피고, 有欲으로 밝음[徼]을 살핀다'고 했는데 그것이 바로 그 증거이다. 반면 불교는 천지를 幻妄한 것이라 보고 존재하는 모든 것[四大]을 가짜 모습[假合]이라 여긴다. 이것은 全無의 입장이다.37)

禪學이 道를 해치는 정도가 가장 심하다. 노자와 장자가 義理를 파괴하는 정도는 극단적인 데에는 미치지 못한다. 불교는 人倫을 완전히 파괴시켜버린다. 禪佛敎에 이르러서는 처음부터 의리를 파괴해버려 더 이상 남은 것이 없을 정도이다. 이로 볼 때, 禪이 의리를 파괴하는 정도가 가장 심각하다 할 수 있다.[38]

노장이 義理를 파괴하지만 그 정도는 아직 극단적이지는 않다. 불교는 人倫을 모두 파괴했고, 禪學에 이르러서는 義理마저도 완전히 파괴시켰다. 처음 불교가 중국에 들어왔을 때에는 단지 수행에 대해서만 이야기했을 뿐 현재의 禪에서 말하는 내용을 가르치지 않았다.[39]

불교와 도교의 이론은 굳이 따지고 말고 할 필요가 없다. 그들의 가르침이 삼강오륜을 폐지하려고 하는 것, 그 이유 하나로도 이미 최고의 죄를 범한 것이다. 그러니 그 이외의 일은 다시 말할 필요도 없다.[40]

불교 및 도교는 철학적 논리를 따지기 이전에, 그 전제가 되는 인륜적 가치를 부정한다는 점에서 토론할 가치가 없는 종교 체계라고 성리학자들은 주장한다. 삼강오륜 혹은 인륜이라고 표현되는 윤리 문제에 대한 근본 전제가 잘못되어 있는 이상, 그 이외의 다른 심오한 추상적인 토론은 가능하지도 않고 필요하지도 않다는 것이다. 유교 사상의 최고 원리는 삼강오륜 내지 인륜으로 대표되는 사회적 삶의 원칙이다. 주희가 '有와 無' 혹은 '實과 虛'라고 대립적으로 파악하는 유교와 불교의 갈림길은 바로 인륜 질서에 대한 긍정이냐 아니면 부정이냐를 기준으로 삼는 것이다. 유교적 관점을 고수하는 주희로서는, 사회적 존재로서의 인간을 부정하는 불교에 대해서는 더 이상 토론할 가치가 없고, 따라서 불교가 중국 사회 속에 존재할 아무런 이유가 없다고 주장했던 것이다.[41]

그러나 불교와 비교한다면 도교는 아직은 완전히 무의 영역으로 들어간 것은 아니고 반쯤은 有, 반쯤은 無인 상태에 머물러 있는 가르침이라고 주희는 이해한다. 그런 점에서 도교는 불교에 비해서는 가치가 있고 유해성의 정도도 심하지 않다. 결론적으로 주희는 "불교는 空을 말하고 유교는 實을 말한다. 불교는 無를 말하고 유교는 有를 말한다"[42]고 두 사상 체계의 차이를 대비시키고 있다.

유교는 현실 생활의 질서를 긍정하는 종교이다. 따라서 유교는 감성적으로 느낄 수 있는 현실 세계 자체를 인정하는 데에서 출발하여, 이 세계의 실재성 및 현실 존재의 합리성을 긍정한다. 특히 신유학은 理 내지 天理라고 이름 붙여진 궁극적 실재를 상정하여 그 궁극적 실재에 의해 의미가 확보되는 현실 세계를 설명하고 구조화하는 사유 체계를 구상했다. 신유학의 궁극적 관심은 인간의 우주적 본래성과 사회적 현실성을 통합하는 이론을 구성하는 데 있었기 때문에, 순수하게 이론적인 측면에서는 불교나 도교의 사유 방식을 충분히 흡수하면서도 그들의 현실 부정적 입장을 용인할 수는 없었던 것이다. 이러한 신유교의 사유 구조를 염두에 둘 때, 신유교에 대한 余英時의 평가는 상당히 적절한 것이라고 생각된다.

> 형식적인 면에 있어 신유가는 불교(선종 및 화엄종)를 참조하면서 자기의 '理의 세계'와 '事의 세계'를 건립했다. 그러나 실질적으로 신유가는 불교의 그 두 세계를 근본적으로 개조했다. 간단히 말하자면 신유학은 불교의 '空幻'을 유교적 '實有'로 전환시켰다. 신유가의 '此世' 관념은 理氣가 서로 떨어지지 않는다[不相離]는 원칙을 고수하는 중에 나타나는 理가 약하고 氣가 강한 '存有'인 반면에 불교의 '차세'는 마음[心]의 부정적인 면, 즉 '무명'이 만들어낸 것에 불과하다. 또한 신유가의 '彼世'는 궁극적으로는 '空寂'으로 돌아가버리는 '心體'가 아니라, '하늘에 근본을 두는[本于天]' '實理'의 세계이다. 더욱 중요한 것은 신유가의 '피세'는 '차세'와 대면하고 있어서 '차세'와 분리되지 아니한다는 사실이다. 이것은 불교의 '피세'가 '차세'와 서로 대

립하여 분리되는 것과는 전혀 다르다. 신유가에서는 이러한 세계 관념을 가지고 있기 때문에 불교와 달리, 보다 적극적으로 세속에 뛰어들어 사건을 처리하는 '入世行事'의 정신을 발전시킬 수 있었던 것이다.[43]

3. 유교와 도교의 궁극 관심

스스로 유교의 정통을 표방했던 주희의 道學 사상은 다른 말로 '理學'이라고도 불린다. '도'는 인간의 궁극적 관심을 대표하는 상징어로서 중국적 사유의 출발점이었다. 그러나 '도'의 구체적인 내용에 대해서 신유학과 도교는 근본적으로 다른 이해를 가지고 있었다. 주희는 "道는 총체를 가리키는 이름이고, 理는 세목을 지칭하는 것이다"[44]라고 말한다. 주희는 기본적으로 道를 理라고 해석한다.[45] 道는 자연 질서의 총체이고 理는 구체적 사물의 개별적 원리[條理]라는 것이 그의 기본 입장이었다. 신유교는 道를 궁극적 실재로 인정하면서도 실천적으로 도교와의 차별성을 부각시키기 위해 노력했다. 그러한 노력의 흔적을 우리는 주희의 위의 발언을 통해 읽을 수 있다. 그리고 그러한 차별화의 의도는 단순한 말장난이 아니라 유교의 궁극적 관심 문제와 연속되는 미묘하고도 중요한 문제였다.

주희의 제자 陳淳은 『性理字義』에서 道와 理의 동일성과 차별성에 대해 비교적 많은 지면을 할애하고 있는데, 거기에서 그는 주희의 관점을 발전시켜 조금 더 분명한 형태로 제시하고 있다.

道와 理는 대체로 동일한 하나의 무엇이다. 그러나 두 개의 글자를 달리 사용하고 있으므로 그 사이에는 차별이 있음이 틀림없다. 道란 사람들이 그 위를 지나다닌다는 의미에서 생긴 말이다. 그 의미를 理와 대비시켜 말한다면, 道는 비교적 넓은 것이라는 의미를 담고 있는 반면, 理는 보다 실질적인 것을 의미한다. 즉 理는 확실하고 변하지 아니한다는 뜻을 지니고 있다. 따라서 만고에 통하는 것이 道이고 영원히 변치 않는 것이 理이다.46)

여기서 진순의 해명은 그다지 분명하거나 설득력이 있는 것이라고 생각되지 않는다. 그러나 전통적으로 중국인들이 가지고 있던 道라는 개념과 신유학자들에 의해 새롭게 제시된 理를 비교하며, 理에 중요성을 부여하려는 의도를 읽어낼 수 있다는 점에서 그의 해설은 흥미롭다. 진순은 道와 理가 궁극적으로는 동일한 것이지만, 문자상의 본래 의미가 다르기 때문에 발생하는 차이를 '넓음'과 '실질'에서 찾고 있다. 그의 해설은 다음과 같은 주희의 생각을 그대로 부연한 것이다. "도란 곧 길〔路〕이다. 사람들이 모두 함께 공유하는 길이 그것이다. 한편 理는 각각에 갖추어진 조리와 분별을 의미한다."47) 道는 만인이 함께 걸어야 하는 보편적인 길이지만, 理는 구체적인 상황에 따라 각자가 선택해야 하는 그 보편적 길 위에서의 구체적 선택이다.

비유를 들어 설명하자면, 道를 고속도로라 본다면 理는 상행선이나 하행선 또는 일차선이나 이차선 등 큰 도로 위의 한 차선에 해당된다고 말할 수 있다. 따라서 주희는 "道는 넓고 큰 것이며, 理는 정밀한 것이다"48)라고 부연한다. 주자학적 논의에 의하면 결국 그 둘(道와 理)은 실질적으로는 같은 것이지만, 전체라는 관점에서 바라볼 때에는 道라는 명칭을 세부를 살필 때에는 理라는 명칭을 붙였다는 사실을 알 수 있다.

이처럼 道와 理는 궁극적으로 하나이지만 성리학 특히 주자학이 理를 보다 중시하는 이유는 무엇인가? 그 대답은 이미 제시된 주희의 주장 속에 포함되어 있다. 道가 광대한 진리를 표현하는 것이라면 理는 구체적이고 실질적인 현상에 관심을 둔 것이기 때문이다. 주자학적 관점에서 볼 때 도교와 불교로 대표되는 이단 종교 사상의 가장 큰 문제점은 구체적인 일상사를 무시하는 것이다. 불교 및 도교에 대한 주희의 입장을 설명하는 곳에서 이야기된 것을 반복한다면, 그들은 인간의 삶에 중요한 현실을 두시하고 공허한 진리를 말하는 데 몰두한다는 것이 주희의 이단 비판의 핵심이다.[49] 진순은 주희의 입장을 정리하여 도교 및 불교가 주장하는 도의 한계를 다음과 같이 지적한다.

> 노자와 장자는 도가 현실적 인간 및 사물과 전혀 관계가 없다고 말한다. 그들은 도가 하늘과 땅을 구성하는 구체적 형체의 세계를 떠나 있다고 말한다. 말하자면 〔장자는〕 도가 태극보다 먼저 존재하는 것이라고 했는데, 이것은 천지와 만물이 생기기 이전에 이미 공허한 도리가 존재했음을 말하는 것이다. 자기 자신은 지금 천지가 생긴 뒤에 있으면서 천지가 태어나기 이전을 상상할 뿐이니, 그 공허한 도리와 자기 자신 사이에 무슨 관계가 있겠는가?[50]

진순은 도교의 道가 현실적 삶과 분리된 공허한 진리로 귀착하고 말 것이라고 말한다. 그런 점에서 불교 역시 도교와 크게 다르지 않다. 도교의 道가 현실과의 관련을 떠난 無로 귀착한다면, 불교의 근본 원리는 空으로 귀결된다고 할 수 있다. 불교는 세상만사를 다 환상〔幻虛〕이라 여기고 인간 현실의 거칠고 불완전한 모습을 혐오하여 그 흔적을 모두 없애버려야 한다고 주장한다. 그리하여 불교와 도교는 "모두 眞空의 상태로 돌아가야 비로소 도를 얻을 수 있다"[51]는 주장을 교리로 내세운다. 진순은 그들의 이러한 주장이 "도가 인간사의 이치〔理〕에 불과하다는 사실〔道只是人事之理耳〕"을 이해하지 못했기 때문에 나온 것이라고 비판한다.

주자학의 방법은 형체를 갖지 않는 形而上의 '도' 그 자체를 직접 탐구하지 않고, 形而下의 세계에 속하는 氣에서부터 접근하여 점차 높은 단계로 접근하는 점진적 上達法이다. 그러나 진리가 현실과 동떨어진 것이라면, 즉 구체적 사물과의 연관성을 상실한 진리라면 그것은 주희의 관점에서 보면 무의미한 진리, 심지어 진리라는 이름에 어울리지 않는 공허한 것일 수밖에 없다. "道는 사물의 바깥에서 공허하게 존재하는 것이 아니다. 사실 道는 사물을 떠나 존재할 수 없다. 만약 사물과 떨어질 수 있다면, 그것은 도라고 부를 수 없다"고 보기 때문이다. 따라서 주자학은 구체적 현실의 이해를 통해 그 현실을 포괄하는 진리로 나아가는 格物窮理가 가장 중요한 인식의 방법이며, 동시에 수양의 방법론이라고 본다. 진순은 결론적으로, 유가적 학문의 관심을 도교 및 불교의 그것과 비교하면서 주자학적(성리학적) 도교, 불교 비판의 요점을 다음과 같이 요약하고 있다.

> 성인의 학문은 실질을 갖추지 않은 것이 하나도 없다. 반면 도교에서는 淸虛를 귀하게 보면서 일상을 벗어나고자 한다. 불교 역시 인간사를 모두 버리고자 한다. 그들은 道理라는 것이 사물의 머리 꼭대기에 존재하는 〔비현실적인〕 현묘한 것이라고 보고, 인간의 일을 비천하고 조잡한 일이라고 여기기 때문에 그것들로부터 벗어나려고 한다.[52]

道를 理라고 해석함으로써 주희는 유교적 道를 현실성·세간성·실질성이라는 의미를 내포한 것으로 이해하고자 하는 의도를 분명하게 보여주었다. 그러나 그러한 주희의 사상적 의도를 충분히 인정한다고 하더라도, 도의 성격과 본질을 설명하는 방식에 있어서 주자학은 道家的 담론의 방식에서 완전히 자유롭지 못하다는 사실을 인정해야 한다. 진순은 『성리자의』에서 유교적 道와 도교적 道의 차이를 지적하면서도, 유교적 道를 정의할 때 "道는 천지의 사이를 막힘 없이 흐르는 것으로서 존재하지 아니하는 곳이 없고, 도가 깃들지 아니하는 사물이 없다. 어느 한 곳이라도 그것이 결여되는 곳은 없다"[53]라고 쓰고 있다.

진순은 한편으로 道가 존재의 궁극적 근원을 의미한다고 하면서, 담론의 형식과 용어에 있어 도가적 분위기를 그대로 채용하고 있다. 그러나 진순은 도가적 道 개념의 중요한 속성인 '공간적 편재성', '시간적 초월성', '규정 불가능성' 세 가지 중에서, 자신의 논의 속에서 이미 비판한 바 있고 또 유교적 도 개념과 모순을 일으킬 소지가 있는 '시간적 초월성'과 '규정 불가능성'을 제외하는 치밀함을 보여주고 있는 사실에 주목할 수는 있다. 하지만 그렇다고 해서 주자학의 논리가 도가의 그것을 완전히 탈피했다고는 보이지 않는다. 문제는 道 개념 자체에 있는 것이 아니라 도와 원리적으로 동일시되는 '理'를 설명하는 방식에 있는 것이다.

주자학의 道가 도교의 道와 달리 현실적이고 실질적인 의미를 담고 있다면, 그리고 앞에서 살펴본 주희의 의도를 받아들인다면, 道와 동일시되는 理 역시 현실적이고 실천적인 성격을 가지고 있어야 하지 않겠는가? 주희가 格物-窮理를 이야기하고 下學-上達의 방법론을 말할 때의 그 理는 확실히 그런 현실적이고 실질적인 성격을 가지고 있다. 그러나 주희가 초월적이고 형이상학적인 理의 또 다른 성격을 말하면서 그것을 다시 太極과 동일시하는 곳에 가서는, 理에 부여된 현실적인 도습은 사라지고 도교에서 말하는 道와 본질적으로 다른 점을 발견할 수 없게 된다. 구체성을 지닌 세목으로서의 理, 현실성으로서의 理, 정밀함으로서의 理의 모습은 뒷전으로 물러나고, 오히려 統名·宏大·超越의 理가 전면에 부각되고 있는 것이다. 그렇다면 주희가 말하는 理는 유교적인 道의 현실적 측면과 도교적인 道의 초월적 측면을 아울러 갖춘 야누스 같은 존재로 보아야 하지 않는가? 주희 형이상학의 가장 원론적인 입장은 『朱子語類』 제1권의 첫 번째 문답에서 정식화되고 있다.

> 태극은 천지간물의 理이다. 천지의 관점에서 말하자면, 천지 중에 태극이 존재한다. 만물의 측면에서 말하자면, 만물 중에 각각 태극이 존재한다. 천지가 존재하기도 전에 理는 반드시 먼저 존재했다. 움직임으로 陽을 만들어내는 것도 이 理고, 고요함으로 陰을 만드는 것도 이 理다.[54]

> 태극은 곧 '理' 자와 통한다.[55]

위의 문장을 자세히 읽어보면 재미있는 역설을 발견할 수 있다. 여기서 분명히 太極과 理는 동일한 함의를 가진 개념이다. 앞에서 우리는 陳淳이 "道는 태극이 존재하기 전에 존재한다"고 말한 莊子의 관점을 공허한 道에 관한 이론이라고 비판한 것을 보았다. 그런데 이 주희의 언설은 장자의 언설과 동일한 형식의 동일한 논리가 아닌가. 그리고 한 발 거리를 두고 본다면, 『노자』, 『장자』, 『文子』, 『淮南子』, 『抱朴子』 등등으로 이어지는 도교의 道 이해와 주자의 道 이해 사이에는, 문화적 의식을 제외한다면, 논리적 형식상의 차이는 발견되지 않는다. 주희의 理와 도교의 道를 설명하는 논의 방식의 동질성을 보여주는 보기는 하나 둘에 그치지 않는다. 도교에서는 '도'가 만물의 근원이라고 정의를 내린다. 주희는 '이'가 만물의 근원이라고 한다. 道와 마찬가지로 理는 만물의 본질적 속성을 결정한다.

> 하늘은 하늘의 理를 얻음으로 해서 하늘이 될 수 있다. 땅은 땅의 理를 얻음으로 해서 땅이 될 수 있다. 무릇 하늘과 땅 사이에 존재하는 모든 것은 또 理를 얻음으로써, 각각의 본성이 결정된다.[56]

> 하늘과 땅이 존재하기도 전에 理는 이미 분명하게 존재하고 있었다. 이 理가 있음으로 해서 이 하늘과 땅이 존재한다. 만일 이 理가 존재하지 아니한다면, 하늘과 땅도 존재할 수 없고 마찬가지로 사람도 사물도 존재할 수 없다. 理가 존재하고 나서 氣는 유행하고 운동하며, 만물의 생성과 발육이 시작된다.[57]

> 만에 하나 이 산하와 대지가 모두 무너져버린다고 해도 理 하나만은 여전히 존재할 것이다.[58]

도교의 道가 그러한 것처럼, 주자학의 理 역시 어디에든 존재하며 영원불멸이다. 이 세상에서 理가 아닌 것이 없고, 理의 선재적 형식 없이 존재할 수 있는 사물은 없다. 理는 만물을 낳고 기르는 근원이다. 비교의 편의를 위해 노자와 장자의 대표적인 문장을 약간만 인용해보자.

> 하늘은 하나(道)를 얻음으로써 맑고, 땅은 하나(道)를 얻음으로써 고요하고…….59)

> 道는 하나를 낳고, 하나는 둘을 낳고, 둘은 셋을 낳고, 셋은 만물을 낳는다.60)

> 하늘은 그것(道)을 얻지 못하면 높은 곳에 머무를 수 없고, 땅은 그것을 얻지 못하면 그 넓음을 가질 수 없고, 태양과 달은 그것을 얻지 못하면 밝음을 가질 수 없고, 만물은 그것을 얻지 못하면 번창할 수 없다. 그렇다면 그것이란 바로 道가 아닌가.61)

> 도는 스스로 근본이 되며, 스스로 뿌리가 된다. 하늘과 땅이 존재하기 이전 그 옛날부터 도는 존재하고 있었다. 귀신의 영묘함 제왕의 신성함이 도의 작용이며, 하늘과 땅을 낳는 것이 도의 작용이다. 태극이 존재하기 이전부터 있지만 높지 않고, 육극의 아래에 있지만 깊지 않다. 하늘과 땅보다 먼저 있지만 오래되었다 할 수 없고, 상고시대 이전부터 있지만 늙었다고 할 수 없다.62)

위에서 인용한 문장들을 통해 우리는 주희의 '理'는 도교의 '道'를 모델로 하면서 정립된 개념이라는 것을 확인할 수 있다. 주희의 理는 도교의 道와 대단히 유사한 내용을 가지고 있는 개념이다. 그리고 동시에 그 理는 도가의 '理' 개념에 그 뿌리를 두고 있는 것이기도 하다. 도교에 관한 주희와 그 제자들의 문답을 집중적으로 싣고 있는,『朱子語類』권125에서 주희는 자신의 '理' 개념이 장자의 '庖丁解牛'(『장자』「양생주」)에서 나왔음을 인정하고 있다. 어쨌든 주희의 理 개념이 지닌 先在性 및 超越性이 도가의 道 개념과 극히 유사한 논리적 바탕 위에서 정립되었다는 사실은 明代의 氣 철학자 王廷相의 지적에 의해서도 확인될 수 있다. 왕정상은 "원기가 도의 본체이다〔元氣爲道之本〕"라는 氣論의 관점을 전제하면서, 도가의 道의 이론과 송대 이학가의 理의 이론을 본질적으로 동일한 것으로 보고 비판한다.

> 하늘과 땅이 존재하기 이전에는 元氣만이 있었다. 元氣가 존재하기 이전에는 어떠한 사물도 존재할 수 없다. 따라서 원기가 道의 본체〔뿌리〕이다.[63]

> 노자와 장자는 道가 천지를 낳는다고 말한다. 宋儒도 역시 천지가 존재하기 이전에 오로지 하나의 理가 존재한다고 주장하는데 그 이론은 모습만을 바꾸었을 뿐 노자 및 장자의 주장과 무슨 차이가 있겠는가. 이에 대해 나는 이렇게 주장한다. 천지가 생기기 이전에는 오직 元氣만이 존재했다고. 원기가 갖추어지면서 인간과 만물을 낳고 변화시키는 道理가 저절로 거기에 존재한다고. 따라서 원기 이전에는 어떠한 사물도, 어떠한 도도, 어떠한 리도 존재하는 것이 아니라고.[64]

우리도 살펴본 것처럼 道家 사상과 주희 사상의 논리적 유사성에 주목할 때 왕정상의 지적은 분명히 옳다고 말할 수 있다. 그러나 王廷相은 朱熹가 도가 사상과 동일한 논리를 구사한다는 외형적 사실만 지적할 뿐, 주희가 어떠한 내면적 지향을 가지고 그러한 논리를 수용 내지는 이용하는지에 대해서는 무관심하다. 하지만 하나의 사상을 평가할 때에는 외적인 구조에 대해서뿐만 아니라, 그 사상의 입각점 혹은 의도에도 관심을 기울여야 한다는 점을 강조해야 할 것이다.

4. 理와 氣의 관계에 대한 주희의 입장

주자학과 도가의 연관

주희 사상과 도교 사상 사이에 존재하는 무수한 교차점 중에서, 본서의 전개와 관련하여 중요한 의미를 갖는 두 번째 문제는 理와 氣의 관계에 관한 것이다. 理와 氣의 관계 문제는 소위 本體論의 문제인 道와 理를 구체적인 사물의 現象論과 연결시키는 중요한 고리 역할을 한다. 그리고 세 번째 교차점으로서 살펴 볼 인간의 본래성과 현실성이라는 인간론 문제를 이해하기 위해서도 반드시 거쳐야 할 경로이다.

앞에서 살펴본 것처럼 주희는 理의 근원성을 주장하지만, 현실적으로 理는 결코 독립적으로 존재할 수 있는 하나의 실체는 아니다. 따라서 주희는 현실에 있어서는 理와 氣가 분리되어 개별적으로 존재할 수 있다는 생각을 극구 부정한다. 주희의 표현을 빌리면 "먼저 理가 있고 나중에 사물〔天地〕이 존재하는 것〔先有此理後有此天地〕"이지만, "理는 그 자체로서는 정결하고 텅 빈 세계이기 때문에 아무런 형태가 없다. 그리고 그것은 스스로 아무런 작용도 하지 못한다. 그러나 기는 발육하고 엉기어 사물을 생성할 수 있다. 따라서 氣가 존재하는 때에 理는 그 가운데에 존재한다."65) 주희의 생각을 부연하면 다음과 같다.

먼저 논리적으로 理는 氣에 선행하는 형이상학적 존재이다. 하지만 현실적으로 세상 만물의 생성에 있어 理는 그 자체로 아무런 능력이 없다. 따라서 理와 현실 존재를 매개하는 어떤 중개 항이 요구된다. 주희는 그 중개 항을 바로 '氣'라고 생각한다. 다시 말하자면 현실에 있어서는 理가 구체적인 사물에 앞서서 존재〔理先〕하는 것이 아니다. 먼저 氣가 존재〔氣先〕하고서 비로소 형이상의 원리인 理는 현실적 존재의 근거를 얻고, 사물의 있음에 구체적으로 관여할 수 있게 된다는 것이다. 주희는 氣의 매개에 의해 理가 구체적인 현실 존재 속에서 현실화되는 것을 '말을 탄 기수' 또는 '掛搭'이라는 이미지를 사용하여 표현한다. 여기서는 그의 이·기 관계론을 더 이상 깊이 문제 삼지 않고, 도교 사상과 교차되는 중요한 점만을 검토하기로 한다.

> 다만 이 氣가 응결하는 곳이 있으면 理는 곧 그 가운데에 존재한다. 또 천지 사이의 인간과 사물, 초목, 금수는 생명을 얻어 생성됨에 있어 '씨앗[種]'을 각자 안에 가지지 않는 경우가 없다. '씨앗'을 가지지 않고 저절로 한 사물이 태어나는 일은 결코 없기 때문이다. 이때 '씨앗'은 바로 氣를 의미한다.66)

한 사물이 존재하기 위해서는 그 존재를 가능하게 하는 '종자(씨앗)'가 있어야 한다는 생각은 아마도 불교에서 온 것이리라고 추측하는 견해도 없진 않다. 즉 法相宗의 唯識學에서 알라야식이 모든 존재[有爲無爲有漏無漏의 一切法(일체 현상)]를 생성시키는 역할을 한다는 이론과의 연관성에 주목하는 데서 나오는 생각이다. 여기에서 '종자'는 세계의 모든 존재를 가능하게 만드는 근원이라는 의미를 담고 있다. 주희의 '종자' 관념이 과연 유식학의 영향 아래서 나온 것인지는 신중한 검토를 요하는 문제이다. 더구나 유식학에서 말하는 알라야식이 주희가 말하는 것처럼 '氣'라고 설명될 수 있을지는 일단 의문이다. 오히려 우리는 만물을 가능하게 하는 존재론적 기초로서의 '종자' 개념에 주목하여, 그 사상적 뿌리를 중국 고유의 전통에서 찾아볼 수 있지 않을까 생각한다. 그리고 주희가 그 '종자'를 '氣'라고 이해했다는 점에서 볼 때, 전통적인 '氣'론에 주목하는 편이 더욱 자연스럽게 보인다. 만물이 생성되는 바탕을 '氣'에서 찾는 생각은 분명하게 莊子의 사유 속에서 발견된다. 더구나 만물의 존재론적 기초인 '氣'를 씨앗[種]이라고 말하는 관점 역시 장자에서 찾을 수 있다. 주희는 그 대목에 주의를 기울였음이 틀림없다.

"만물에는 모두 그 씨앗이 있다."67) 사물의 생성과 발전이라는 관점에만 주목한다면 주희의 생각은 莊子가 제시한 元(原)氣論의 입장에 접근한다. 장자는 사물의 형성 과정을 機微에서 씨앗[種]으로, 구체적인 氣로 그리고 사물로 발전해가는 과정으로 보는 초보적 氣論을 제시한 바 있다.[68] 그리고 老子 역시 존재의 성성 과정과 관련하여 希·夷·微의 단계적 생성 발전을 이야기한다.[69] 그러한 氣化 및 物化 과정에 대한 기초적 이해는 장자의 후학들에 의해 더욱 구체적 형태로 정리되고 있다. "인간의 생명 탄생은 氣의 응집으로 이루어진다. 氣가 모이면 생명을 얻고 氣가 흩어지면 죽는다."[70] 그리고 "만물은 결국은 하나다. 〔……〕 왜냐하면 온 천하는 오직 하나의 기로 이루어져 있기 때문이다"[71] 등의 표현이 氣에 근거한 생성론을 보여준다.

후대의 元氣論은 장자의 이러한 氣論을 발전시킨 것으로서, 위진 수당 시대의 도교 내단학에서 발전되었으며 북송에 들어와서는 張載와 周敦頤 등 유가 사상가들에게 영향을 주고, 앞에서 인용한 왕정상 등 소위 신유학의 氣 사상가들에게도 전해졌다. 그러나 왕정상이 비판한 것에서 보는 것처럼, 장자의 '氣' 이론은 사실 철저한 氣 일원론의 입장에서 보자면 한계를 가지고 있다. 왜냐하면 장자의 사상에서 氣는 단지 사물의 생성을 가능케 하는 존재론적 기초일 뿐, 근본 원리인 道의 지배를 받는 기[天外有道]이기 때문이다. 그런 의미에서 朱熹의 氣論은 莊子의 氣論에 접근하며, 주희에게 있어서는 理가 道의 자리를 대신하고 있는 것'이라고 해석할 수 있는 여지가 충분히 있다.

朱熹의 사유에서 氣와 理는 서로 독립적으로 분리되어 존재하지 않는다〔不相離〕. 동시에 그 둘은 단순한 하나로서 뒤엉켜 있다고 말할 수도 없다〔不相雜〕. 理와 氣는 분명히 다른 것이면서도 서로를 절대적으로 필요로 하는 미묘한 관계를 형성한다. 이러한 구조, 즉 理와 氣 사이의 미묘한 역설적 상호 의존 관계는 주희의 철학 사상을 관통하는 중요한 포인트이다. 동시에 그것은 원기론의 입장에서 보면 주희의 커다란 약점이 될 수도 있다.

그렇지만 주희 사상의 매력과 힘은 구체적 현실성과 도덕적 초월성 어느 하나에 치우치지 않으면서 양자를 적절하게 절충하여, 보다 생동감 있는 인간 이해 및 수양의 체계를 제시한다는 데서 찾을 수 있다. 주희는 理와 氣 어느 한쪽에 치우치지 않고, 그 둘 사이의 미묘한 상호 의존 관계를 적절하게 조화시키는 체계를 세우고자 하였다. 구체적 현실에 방향을 제공하는 지식인의 사회적 책임을 포기하지 않으면서, 현실을 거시적으로 꿰뚫어 볼 수 있는 이론적 체계를 만들고자 하는 철학자의 임무를 동시에 완수하려는 주희의 학문적 태도는 理氣의 관계에 대한 관점에서도 잘 드러난다.

그렇다면 理와 氣의 상호 의존적인 동시에 상호 제한적 구조는 주희의 약점이 아니라 오히려 주희 사상의 강점으로 이해될 수도 있다고 생각된다. 그러한 理氣論의 바탕 위에서, 주희의 인간학은 인간 존재를 궁극적 가치 및 도덕성의 근원인 理와 현실적 존재를 구성하는 물질적 기반인 氣가 적절하게 어우러진 중간적 존재로 보는 데서 출발하고 있다. 인간은 이처럼 중간적 존재이기 때문에, 수양을 통해서 비로소 완성된 인격을 획득할 수 있다는 주희의 수양론적 관점이 가능해진다. 인간 본성의 이해와 관련한 주희의 통합적 관점은 나중에 집중적으로 다루고 여기에서는 理와 氣의 상호 교섭의 면에 주목하면서 도가 사상과의 관계에 대해 살펴보자.

理와 氣는 분리되지 않는다

주희의 사상 체계 안에서 理와 氣의 관계는 두 가지 측면에서 이야기되고 있다. 즉 理와 氣는 분리시킬 수 없다는 '理氣不離'의 측면이 하나이고, 다른 하나는 理가 氣에 우선한다는 '理先氣後'의 측면이다.

理와 氣의 분리가 가능하지 않다고 보는 '不離'의 관점은 객관적으로 현실에 존재하는 사물과 그 사물의 본질 내지 특성 사이의 관계에 초점을 맞추고 있는 반면, 理가 氣에 우선한다는 '先後'의 관점은 객관적·현실적 사물이 존재하기 이전의 형이상학적인 원리에 중점을 둔다. 따라서 그 두 관점은 논리의 층차를 달리하는 것으로서, 엄밀히 말하자면 같은 맥락에서 말해질 수 없다. 理와 氣의 '不離'와 '先後'라는 두 측견은 어느 쪽이 우선권이 있는 것이 아니라 동등하게 균형을 맞추고 있다. 다시 말해 주희의 理·氣 관계론이 상호 모순도는 주장을 담고 있다는 오해는 그 두 논리의 관심사가 다르다는 사실에 주의를 기울이지 않았기에 생기는 것이다.

먼저 理와 氣가 분리되지 않는다는 '理氣不離'의 관점은 현실적 사물이 이미 존재한다라는 전제 위에서 理와 氣의 관계를 설명하기 위해 요청된 것이었다. "理를 갖지 않는 氣는 이 세상에 존재하지 않는다. 마찬가지로 氣를 갖지 않는 理도 존재하지 않는다."[72] 또는 "理는 氣를 떠나 존재하지 않는다."[73] 주희의 이러한 발언은 理와 氣가 서로 엉기어 분리될 수 없다는 '不離'의 관점을 보여주는 예로 누차 언급되어 왔다. 그렇다면 현실적 존재 안에서 理는 과연 어떤 방식으로 존재하는가. 즉 "氣 속에서 理가 발현하는 방식은 어떠합니까?[理在氣中發見處如何]"라는 제자들의 물음은 당연히 제기될 수 있는 것이었다.

제자들이 제기한 이러한 물음에 대해 주희는 "陰陽과 五行이 서로 착종하면서도 그 條理를 잃지 않는 상태, 그것이 바로 理이다. 아직 氣가 엉기지 않은 때에는 理가 존재할 근거가 없기 때문이다"[74]라고 대답한다. 주희는 분명하게, 理는 氣에 선형하는 어떤 무엇이 아니며, 氣의 존재를 전제할 때에만 비로소 의미를 가지는 氣의 條理라고, 기론적 관점에서 理와 氣의 관계를 설명한다. 그러나 道와 理의 관계에 대해서 그는 이렇게 말한다. "도가 원리의 총체라고 한다면 理는 원리의 세부 항목"이다. 다른 예를 들면, 도를 실타래에 감긴 실 전체라고 본다면, '理는 그중의 실 한 오라기[理如一把線相似]"[75]에 해당한다는 것이다. 주희가 제시한 이러한 비유들은 理를 어떤 하나의 사물이라고 여기게 만들 수 있는 오해의 여지는 있지만 주희가 理를 하나의 사물이라고 보지 않는 것은 확실하다.[76] 왜냐하면 원리 내지 조리로서의 理는 형체가 없는 것, 텅 빈 것, 공활한 것이라고 반복적으로 강조되고 있기 때문이다. 그렇다면 '理氣不離' 관계에 있는 理는 사물 그 자체가 아니라 사물에 내재하는 존재의 원리 또는 존재의 법칙이라고 이해되어야 한다.

주희 본인이 『大學或問』에서 지적하는 것처럼, "천하의 사물은 반드시 각각의 '그러한 이유〔所以然之故〕'와 '마땅히 그래야 하는 법칙〔所當然之則〕'을 가지고 있다"라고 할 때의 존재 및 당위의 원리 그것이 바로 理이다. 사물의 존재를 결정하는 원리, 사물의 존재가 마땅히 가져야 할 법칙이 理이다. 주자학에서 理는 '존재의 원리〔所以然之故〕'와 '당위의 법칙〔所當然之則〕'이라는 방식으로 氣에 내재한다. 여기서 우리가 주목해야 할 사실은 주자학의 理가 존재를 가능하게 만드는 '원리'와 존재하는 것이 마땅히 그래야 하는 '당위'라는 두 가지 측면을 동시에 가진다는 점이다. 그리고 주희는 理의 당위성을 더욱 강조하였다.

하나의 사물이 있으면 그 사물을 가능하게 하는 법칙이 존재한다는 생각은 중국에서는 아주 오래 전부터 존재했다. 『시경』「大雅」의 '烝民'이라는 시에는 "하나의 사물이 있으면 그 사물에 합당한 법칙이 존재한다〔有物有則〕"라는 생각이 이미 나타나 있으며, 소위 도가 사상가로 알려진 莊子는 그 생각을 발전시켜 그 원리 내지 법칙을 '도'라는 상징으로 파악했다. "도는 어디에 존재하는가?" "존재하지 않는 곳이 없다〔無所不在〕. 개미에는 개미의 도가 있고, 〔……〕 똥 속에는 똥의 도가 있다"77)는 말들은 희화화되었긴 하지만, 주희의 理氣不(相)離의 사유를 그대로 재현시키고 있는 표현으로서 주목할 가치가 있다. 또 "하늘과 땅은 형체가 있는 사물 중에서 가장 큰 것이고, 해와 달은 음과 양 중에서 가장 큰 것이고, 道는 그러나 그 모두에 공통〔公〕으로 존재하는 것이다"78)는 주장 역시 '존재하지 않는 곳이 없는〔無所不在〕' 사물의 법칙을 道라고 부르고 있는 대목이다. 그리고 "도라고 하는 것은 만물이 거기에서 말미암는 것이다. 物은 그것〔道〕을 잃으면 죽고, 그것을 얻으면 산다. 또 모든 일은 그것〔道〕을 어기면 실패하고, 그것을 따를 때에 성공한다"79)라는 『장자』의 말은 理를 사물의 '소이연〔所以然〕' 내지 '소당연〔所當然〕'으로 설명하는 주희의 논리와 거의 일치한다는 것을 알 수 있다.

理는 氣에 앞서 있다

한편 理와 氣의 관계에 대한 '이가 기에 앞서 존재한다[理先氣後]'는 관점은 사물이 구체적 현실태로 존재하기 이전에 관심을 가지는 형이상학적 원리론이다. 주희는 이것을 '本原의 관점에서 볼 때'라는 단서를 달아 설명하고 있다. 이때 '本原'이란 현존재가 현실적으로 모습을 가지기 이전, 즉 존재 이전이란 의미를 가지고 있다. 사실상 '本原'은 우리가 관찰을 통해 이해할 수 있는 것이 아니다. 따라서 이 부분에서의 주희의 논법은 대단히 완곡할 수밖에 없다. 즉 단정이 아니라 하나의 추측이고 가정이다. "理와 氣란 본래 그 선후 관계를 말할 수 없는 것이다. 그러나 굳이 그 근원을 거슬러 가자면, 오히려 理가 먼저이고 氣가 나중인 것 같다."80) 일단 주희는 理와 氣의 선후 관계를 확실하게 말할 수 없다고 전제한다. 形而下의 현실 세계에 관심을 가지는 한도에서 주희는 氣의 현실성을 중시하고, 理는 氣의 條理로서만 의미를 가진다는 사실을 충분히 인식했다.

그럼에도 불구하고, 주희가 理와 氣의 형이상학적 관계에 관심을 가지는 이유는 무엇일까? 그 질문에 대한 가장 간단한 대답은 주희는 과학자가 아니라 인문학자 나아가 윤리학자의 자세를 견지하고 있었다는 사실에서 찾을 수 있을 것이다. 주희는 氣의 현상론에만 관심을 가지고 사물의 존재 양상을 설명하는 데 만족하는 과학자로서가 아니라, 존재의 있어야 할 당위성에 관심을 가지고 있는 윤리학자로서 인간과 자연을 파악하고 있었다. 근대 이전의 자연과학은 결코 객관적 관찰의 학문이 아니라 윤리학과 떼어놓고 생각할 수 없는 지식의 체계였다는 사실을 상기한다면, 주희의 관점을 당연히 받아들일 수 있다.

과학자의 안목으로 자연을 볼 때, 자연이라는 세계는 분명 氣로 구성되어 있다. 사물의 현상에만 관심을 기울인다면 "세계는 모든 것이 음양[음의 성질을 가지는 기와 양의 성질을 가지는 기]으로 이루어져 있다. 음양의 기로 이루어지지 않은 사물은 존재하지 않는다."81) 그러나 인간학적으로 볼 때, 그리고 윤리학적으로 볼 때 현상적 존재 이전에 그 존재 자체를 가능하게 만드는 원리가 먼저 있어야 한다.[82] 사물에 대한 현상론적 분석이라는 관점에서는 理와 氣는 서로 분리할 수 없는 것이지만, 인간학적으로 볼 때 氣에 대한 理의 우위가 확보되어야 한다는 것이다. 앞에서도 지적 한 바 있지만, 신유학 특히 '도학'은 사회적 존재로서 인간이 어떠해야 하는가 하는 윤리적 문제에 가장 큰 무게중심을 두는 사상 체계였다. 따라서 도학자가 우주의 생성 및 사물의 존재론적 유래에 대해 말하고 있다고 하더라도, 그 관심은 그들의 궁극적 목표가 아니라 이론적 체계의 구상에서 필요한 과정으로서의 의미를 가질 뿐이었다.

중국의 문화에서 우주의 본원, 즉 우주의 생성에 관한 이론적 탐구는 역시 道敎의 本領이라고 볼 수 있다.[83] 도가(도교)의 우주론적 관점에 의하면 우주는 氣로 이루어진 총체이다. 현상으로서 존재하는 모든 것은 氣[84]가 운동한 결과 만들어진 것이다. 그 氣가 모이고〔凝集〕흩어지는〔聚散〕데에 따라 사물은 생성하고 소멸한다. 그렇다면 그러한 기의 운동을 가능하게 만드는 것은 무엇인가. 그것은 道다. 결국 '道 – 氣 – 物'이라는 도교 특유의 단계적 생성론의 도식이 만들어진다. 老子와 莊子에서 시작되는 이 도식은 『淮南子』를 거쳐 도교 철학의 근본 원리로서 도교사를 관통하고 있다. 필자는 주희가 도교의 생성론 도식을 응용하여 본원(생성론)적으로 理가 氣[85]에 앞서는 것이라고 완곡하게 설명을 가했던 것이라고 해석한다. 그리고 그렇게 함으로써, 주희는 인간학적 관점에서 행위의 존재론적 근거를 확보하고자 했던 것이다.

5. 유교적 수양과 도교적 수양

인간의 본성에 대한 관심은 주희와 도교의 사상적 교차점을 살피는 데에 필수적인 문제 중의 하나이다. 그리고 그 관심은 궁극적으로는 완전한 인간됨을 추구하는 도학적 수양론으로 연결된다. 인간학으로서 유교의 근본적인 관심은 인간이 도덕적으로 완성될 수 있다는 가능성을 확인하고, 그 가능성이 실현될 수 있도록 이론적 근거를 확보하는 것이었다. 인간의 도덕적 완성 가능성에 대한 믿음, 인간의 본래적 선함에 대한 확신은 고전 유교에서부터 지속되는 유교의 확고한 전통이었으며, 학파의 차이를 떠나 모든 유교인이 공유하는 유교 인간학의 제일원리였다.

그러나 보다 완전한 인간성의 실현을 꿈꾸는 수양론 체계인 유교는 인간의 본래적 순수성에만 안주할 수 없는 현실적 위기에 봉착하였다. 맹자가 갈파한 대로 인간의 본성이 선한 것이라면, 왜 현실적으로 인간의 사악함〔惡〕이 항상 문제가 되는가. 왜 인간 사회는 끊임없이 투쟁하고 갈등하고 서로를 죽이는 사악함으로 가득 차 있는가. 맹자보다 약 한 세기 늦게 등장한 荀子는 현실의 인간을 관찰하면서, 맹자가 제시했던 인간의 선함〔性善〕에 대한 믿음이 무너해지는 현실 앞에 깊은 절망감을 느끼지 않을 수 없었을 것이다. 그는 인간이 선하게 교정될 수 있다는 믿음을 완전히 포기한 것은 아니지만, 현실적으로 드러나는 인간의 부정적 모습에 오히려 주목해야 한다고 생각했다. 순자는 인간이 그 자체로 본래적으로는 선하다는 이론은 너무 단순한 것이라고 생각했다. 인간이 본래적으로 선한 것은 결코 아닐 것이다. 적어도 현실적으로 볼 때 인간의 본래적 선함〔善〕을 가정하는 것은 지나치게 낙관적인 판단이다. 인간이 본래적으로 선한 존재라면 이 사회에서 목도하는 惡은 어디서 나오는 것인가. 따라서 순자는 인간은 본래적으로는 惡한 존재라는 결론을 이끌어낼 수밖에 없다고 생각했다. 인간성에 대한 맹자식의 낙관론은 인간을 선한 존재로 이끌어

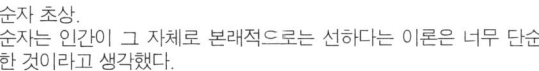
순자 초상.
순자는 인간이 그 자체로 본래적으로는 선하다는 이론은 너무 단순한 것이라고 생각했다.

제3장 이단 종교 비판과 유교 정체성 145

가기에 턱없이 무력하다고 본 것이다.

　유교의 목표는 인간을 도덕적으로 선한 존재로 만들고, 그 바탕 위에서 조화로운 사회를 만들어가는 것이다. 인간의 본래적 사악함을 극복할 수 있는 유일한 방법은 가르치고 이끌어 사악하고 이기적인 성품을 적극적으로 바로잡는 것이다. 인간의 본성이 사악한 것이라고 보는 荀子의 性惡論은 구체적으로 인간과 사회를 관찰하고 얻어진, 현실에 입각한 이론이었다. 성악론은 단순한 낙관주의를 극복한 이론이라는 점에서 우리의 현실 인식에 더욱 접근하는 측면을 분명히 지니고 있다. 그러나 그 이론은 지나치게 비관적인 뉘앙스를 지니고 있다는 약점 또한 지니고 있다.

　주희의 인간론은 맹자와 순자를 종합하고 극복하는 데서 시작된다.[86)] 주희는 넓은 시야를 지닌 인물이었다. 그는 맹자에서 시작되는 유교 인성론의 역사를 거시적으로 꿰뚫어 보았다.[87)]

　우선 유교에서 제시된 인간의 본성[性]에 대한 토론은 인간 본성이 본래적으로 어떠했는가 하는, 본래성에 대한 토론에서 시작된다. 일단은 외부적 환경의 영향을 전혀 고려하지 않고, 인간의 본성 그 자체를 어떻게 이해하느냐가 중국적 人性論의 출발점이었다. 인간의 본래적 성품이 善하다고 보는 맹자의 낙관주의[88)]를 주희는 다음과 같이 평가한다.

　　인간의 본성[性]은 곧 자연의 법칙[理]에 따라 만들어져 있다[性則理也]. 그것은 윤리적 당위[當然]를 체현하고 있는 것이기 때문에 선하지 아니함이 없는 것이다. 따라서 맹자가 말하는 인간의 본성은 자연 그대로의 법칙을 따르는 참된 인간의 본연[性之本]의 모습이다. 그러나 그러한 본성[性]이 존재하기 위해서는 반드시 무엇인가에 의존하지 않으면 안 된다. 그것이 氣質인데, 그 기질은 인간에게 부여될 때에 옅고 깊고 두텁고 천박한 양태의 차별을 가진 것으로 나타난다. 공자께서 말한 '성은 본래 가까운 것이다[性相近也]'란 인간의 본성을 기질과 함께 논한 것이다.[89)]

인간됨의 본래적 바탕, 즉 자연적 본성(性)은 그 자체가 곧바로 우주론적 법칙(理)을 체현하고 있는 것(性則理)이기 때문에, 거기에는 어떤 불순한 내지 사악한 요소가 개입할 여지가 없다. 주희는 본래적 인간성을 말하는 한에서, 맹자가 제시한 '인간의 본성은 선하다'는 '性善'의 이론은 움직일 수 없는 진리라고 생각한 듯하다. 그러나 현실적으로 인간 존재는 그렇게 단순하지 않다고 보기 때문에 성선설에 대해 신중한 태도를 취한다.

한편 맹자와 다른 극단에 서 있는 순자의 '性惡'의 이론은 어떤가? 주희는 순자의 성악설이 "인간의 부정적 측면만을 보고 있는 이론"[90]이라고, 그 이론의 한계를 지적한다. 현실적으로 인간이 사악한 부정적 모습을 드러내는 것은 사실이지만 그것을 인간의 본질로 파악하여 사악함이 인간의 본성이라고 단정하는 극단론은, 인간을 지나치게 일면적으로만 파악하는 한계를 드러낸다는 것이다.

그렇다면 인간의 본래적 순수성과 현실 그대로의 부정적 측면을 포괄하면서 인간의 도덕성을 확보할 수 있는 이론은 존재하는가?

주희는 정이천 및 정명도가 제시한 인간 이해가 그 이론적 철저함이라는 점에서 중국 인성론의 역사에 있어 가장 뛰어난 것이라고 평가한다. 주희는 정씨 형제(明道)의 말을 인용하여 다음과 같이 말한다. 인간을 논할 때에, "性만을 논하고 氣를 논하지 아니하는 것은 불완전하다. 또 氣만을 말하고 理를 말하지 않는 것은 〔인간의 본성을 이해함에〕 불분명한 면이 드러난다. 그 둘(氣와 理)을 분리시켜 이해하는 것은 잘못이다."[91]

인간의 본성에 대해 말하면서 性이라는 본연의 모습(理)에만 관심을 기울이는 이론은 완전하지 않은 것(不備)인데 맹자의 성선설이 바로 그런 결함을 가지고 있다. 한편 인간의 기질적인 현실(氣)에만 관심을 기울이는 이론은 이치에 맞지 않는 불분명한 것(不明)인데 순자의 성악설이 바로 그런 약점을 드러내고 있다. 결국 중국의 고전적 인성론을 대표하는 孟子와 荀子의 이론은 양극단을 취하고 있으므로 문제가 있지만, 굳이 하나를 선택한다면 맹자의 이해가 보다 진실에 접근한다고 보는 것이 '도학' 사상가들이 취한 방향이었다. 완전하지 않은 것은 보완하면 되지만 이치가 불분명한 것은 보다 근본적인 수정이 필요하기 때문이다. 정이천 형제와 주희로 이어지는 인성론은 맹자의 불완전함〔不備〕을 보완하는 방향으로 나아갔다. 즉 인간의 본연적인 性을 선하다고 보는 맹자의 성선설을 전제로 하면서, 현실태로서의 인간의 惡을 도외시하지 않는 보다 현실성 있는 이론을 구상하고자 했던 것이다.

> 천지 사이에는 오로지 하나의 도리만 존재한다. 즉 性은 곧 理이다. 그러나 인간에게 선함과 악함이 존재하는 이유는 무엇인가. 그것은 인간이 기질을 부여받음〔氣質之稟〕에 있어 맑고〔清〕 탁한〔濁〕 차이가 있기 때문이다.[92]

> 인간이 하늘로부터 부여받은〔稟受〕 기는 비록 처음에는 모두가 천지의 正氣이지만, 이리저리 요동치는 동안에 밝고 어두운 그리고 두껍고 얇은 차이가 생기기 마련이다. 대개 기라는 것은 형체가 있는 무엇이다. 형체가 있는 무엇이기 때문에, 거기에는 선함〔美〕 악함〔惡〕의 차별이 생긴다.[93]

현실적으로 존재하는 인간의 성품이 순수하고 선한 것만은 아니다. 더 정확하게 말하면 모든 인간은 '순수한 본성' 그 자체를 가지고 있지만 현실적으로 '순수한 본성'이 순수함 그대로 표출되지 않는다. 왜냐하면 인간의 생명을 구성하는 조건인 기질이 본래의 '순수한 본성'이 순수한 채로 드러나는 것을 가로막고 있기 때문이다.

그렇다면 '氣質'이란 무엇인가. 간단히 말하면 그것은 인간 생명의 조건 전체를 가리킨다. 특히 그것은 형체를 가진 우리의 몸에서 비롯된다. 그것은 인간의 현실적, 육체적 자기이다. 그것은 사회적 존재로서의 인간, 몸을 가진 존재로서의 인간을 가리키는 말이다. 기질은 욕망의 근원이다. 인간이 욕망하는 존재인 이유는 인간이 기질적 존재이기 때문이다. 욕망은 기질에서 나온다. 선한 것이라고 가정되는 본래적인 순수한 인간 본성[性]이 기질로 인해 그리고 기질이 요청하는 욕망으로 인해 가려지고 어두워져 있다는 것이 도학자들의 인간 이해였던 것이다.

현실적인 인간을 논할 때에 '기질(몸-욕망)'이 배제된 순수한 인간 본성에 대해 말하는 것은 지나치게 이상주의적이고, 따라서 공허한 인간 이해가 될 가능성이 높다. 그렇다고 해서 현실의 모습만을 가지고 그것이 곧 인간의 참모습이라고 말하는 것 역시 무모하다. 여기서 우리는 도학적 인간론에 내재해 있는 종교성을 발견할 수 있다. 그들은 인간이 처한 현실을 긍정하면서도 그것을 있는 그대로 받아들일 수는 없었던 것이다. 종교적 인간은 주어진 현실에 안주하지 않고 인간의 조건을 초월하여 더욱 본질적인 모습으로 변화하기를 갈망한다. 종교적 인간은 인간의 현실적 조건을 범속함profane이라고 규정하고, 그 범속의 조건을 초월하는 존재의 근본 양태인 성스러움sacred을 찾아 나서는 인간이다.

신유학자들이 제시한 본성의 또 다른 하나의 양태인 '기질의 성[氣質之性]'이란 현실적 인간을 긍정하고 그들이 가진 욕망을 눈여겨보려는 시도에서 나온 인간 이해의 하나의 범주이다. '기질의 성'이란 인간의 범속한 현실적 조건을 가리키기 위해 도학자들이 도입한 개념이다. 그러나 인간의 범속한 조건을 뛰어넘는 초월을 꿈꾼다고 해서, 현실의 욕망을 완전히 무시하고 인간의 본래적 성스러움만을 논하는 이론은 불완전하다. 그러한 이론은 인간의 현실적 조건과 초월의 지향이 변증법적 긴장 관계를 가진다는 기본 사실을 망각하고 있는 것이다.

성스러움은 범속함을 통해 자기를 드러내고, 범속함은 성스러움으로 인해 존재의 의미를 발견한다. 맹자의 성선설이 가진 가장 치명적 한계는 범속과 성스러움의 변증법적 관계를 살피지 못한 데 있다. 그러나 현실적 한계를 뛰어넘어 본래적 순수함을 회복하는 것이 인간에게 전혀 불가능하다고 한다면, 그것은 인간에 대한 근원적 불신이고 오히려 반인간적이다. 인간의 존엄함을 부정하는 그런 입장을 유교에서는 패륜이라고 부른다. 그것은 유교적이지 않다. 주희는 인간에게 성스러움의 근원이 있다는 사실을 부정하는 것으로 해석될 수 있는 순자의 성악설의 문제점이 바로 그 점에 있다고 판단했다. 물론 순자가 순수함의 회복이 불가능하다고 주장하는 것은 아니지만, 성악설을 단순하게 읽을 경우 그런 오해를 낳을 수는 있을 것이다. 그리고 중국 사상의 역사에서 순자는 그런 오해의 희생물이 되었다. 순자는 중국 역사에서는 반복적으로 재평가의 대상이 되었고, 주희 역시 순자의 가능성을 인정하지만, 여전히 그는 불운한 사상가였다.

맹자와 순자의 인간 이해에 담긴 일면성을 극복하면서 주희가 구상한 인간상은, 욕망에 사로잡혀 있으나(氣質) 도덕적 자각을 잃지 않고 본래적 순수함(性善)을 완성하기 위해 노력하는 인간이다. 주희는 이성(天理)과 욕망(氣質)을 공유하면서 이성의 指導를 망각하지 않는 인간의 양면성을 정확하게 이해하는 것이 중국적 인간학의 완성을 향한 길이라는 확신을 가지고 있었다. 물론 그 이론 자체는 주희가 독창적으로 발견한 것은 아니었다.

> 도부가 물었다. '기질의 성(氣質之性)'이란 개념은 누가 만든 것입니까? 주자가 답했다. 이 개념은 張子와 程子에게서 나왔다. 나는 그들이 그 개념으로 인해 유교(聖門)에 지극히 큰 공로를 세웠고 후학들에게 큰 도움을 주었다고 생각한다.[94]

주희는 '기질의 성(氣質之性)' 개념이 張載와 정이천 두 사람에게서 나왔다고 말하며, 그들이 이 개념을 만들어낸 것은 중국 학술 사상의 커다란 공로라고 평가한다. 그러나 사실의 고증이라는 면에서 볼 때, 주희의 주장이 전적으로 옳은 것 같지는 않다.[95] 같은 곳에서 '氣質'이 '氣稟'이라는 개념과 병용되고 있는 데서도 알 수 있는 것처럼, "인간의 순수한 본성이 인간의 육체라고 하는 기질적 형식 내지 形氣라는 틀 안에 자리 잡는다(墮

在形氣]"는 생각은 중국 사상에서 고전적 관점으로 존재하고 있었다. 그리고 그러한 '기품론'은 오히려 도교적 인간론 안에서는 지극히 상식적으로 받아들여지고 있었던 것이다.

氣를 받은 존재로서의 인간, 즉 몸을 위주르 하여 설명될 때의 인간은 氣의 이니셔티브에 사로잡혀 있는 존재다. 앞에서 본 겻처럼 논리적으로 理는 氣를 낳는 형이상학적 원리, 즉 기에 앞서는 원리이다. 그러나 현실적으로는 도덕적 원리에 불고한 理가 아니라 몸을 구성하는 氣 내지 氣質이 이니셔티브를 가지고 있다. 주희는 이렇게 말한다.

> 氣는 비록 理가 낳는 것이지만, 그 氣가 이미 나타난 이후로는 理가 氣를 완전히 조절할 수 없다. 그리고 이 理가 氣에 거둘게 된 후에는 실제 일상적으로 운행하는 것은 전적으로 氣의 소행이기 때문에, 氣가 강하고 理가 약[氣强理弱]하다고 보아야 한다.[96]

현실의 인간에 있어서 氣 내지 氣質은 理를 압도한다. 주희의 비유를 그대로 들자면, 이미 장성해 버린 불초한 자식[氣]을 그 아비[理]가 어떻게 해볼 수 없는 것과 마찬가지이다. 또는 그의 또 다른 비유를 따르자면, 氣를 힘센 말이고 理는 그 말을 조종하는 騎手라고 볼 수 있을 것이다. 훌륭한 기수는 말을 조종할 수 있지만 기수가 미숙하거나 다른 이유로 말을 제어하지 못하는 상황이 얼마든지 발생할 수도 있다. 인간이 현실적으로 악한 이유는 또는 악할 수 있는 이유는 氣稟의 차이 때문이다. 氣稟이란 우리의 의지와 무관한, 말하자면 인간의 운명이다.

도교의 內丹學에서는 운명으로서 주어진 기품을 '命'이라고도 부른다. 이때 命은 생명체의 생명, 인간의 육체[氣]라는 이중적 의미를 가진 내단학의 전문 술어이다. 송대 이후의 내단학은 은명으로서 기품[命]과 정신적 속성으로서의 마음[性]을 동시에 수련해야 한다고 하는 '性命雙修'의 수련법을 개발했다. 그런 점에서 내단학의 수련법은 분명히 중국의 전통적 인간학과 수양론이 도달한 결론에 해당한다고 말할 수 있다. 주자학의 인간론이 氣 내지 氣質의 존재를 무시할 수 없었던 것처럼, 도교의 내단 이론은 현실적으로 문젯거리가 되는 氣[몸]의 수련에 더욱 많은 주의를 기울인다. 특히 도교 내단학의 남종 계통을 대표하는 張伯端의 경우, 氣質의 수련에 해당하는 육체[命]의 수련이 마음[性]의 수련을 위한 필수적인 전제라고 이해하고 있었다. 그 입장을 '先命後性'이라고 말하기도 한다. 그렇지만 궁극적으로 내단 수련은 命과 性, 주자학적으로 말한다면 기질[氣]과 본성[理] 어느 한쪽으로 기울어지지 않고 그 둘이 동시에 닦아져야 한다고 보는 점에서 '성명쌍수'가 목표라고 말할 수 있다. 몸의 수련과 마음의 수양이 병행되어야 한다는 것이다.[97)]

인간의 현실적 악함이 氣質이라는 운명적 요인에 의해 결정된다고 보는 주희의 논리를 끝까지 따라가면, 인간의 자기 개조를 목표로 삼는 수양론을 어떻게 이해해야 하는가? 인간의 자질이 기질적으로 결정될 가능성이 더 크다면, 수양이란 과연 무엇인가? 氣가 오히려 理를 압도하는 인간의 현실을 고려한다면, 수양에 있어 인간 주체의 역할은 무엇인가?

주희는 학문의 목표가 "기질을 변화시키는[變氣稟]" 데에 있다고 말하고 있다. 그러나 그 "변화를 이루어내기는 대단히 어렵다[極難變化]"[98)]라고도 말한다. 주희의 공부론과 수양론의 전 과제는 인간의 氣質을 변화시켜 본래적으로 인간이 지니고 있는 도덕적 본성[性=理]을 회복하는 것이었다. 天理에서 기인하는 인간의 도덕적 순수함을 도학 및 주자학에서는 '道心'이라고도 부른다. 그러나 기질의 소산인 인간의 현실적 욕망으로 인해 인간은 현실적으로 악한 존재 혹은 악에 물든 존재이다. 수양은 인간의 욕망[人欲]을 제어하여 참된 진리[道]가 이끄는 곳으로 향하게 만드는 것을 목표로 실행되는 훈련이고 공부이다. 욕망으로 퇴색된 인간의 마음을 '人心'이라고 부른다. '인심'이 범속함profane을 가리키는 것이라면, '도심'은 성스러움sacred이다. 주희가 생각했던 이상적인 유교 사회는 인간 욕망의 폭주를 누그러뜨리고, 이성[理]에 입각하여 자기를 제어하고 욕망을 조절하는 禮라는 장치가 정상적으로 작동하는 사회를 의미했다. 따라서 주희는 도처에서 "인간의 본성[性=理]이 곧 인의예지[性便是仁義禮知]"99)라고 하거나, "천리는 곧 인의예지를 전부 합친 것의 이름"100)이라고 주장한다.

그러나 주희의 여러 발언들을 통해 볼 때, 수양의 목표로서의 氣質 변화는 내적인 주체의 도덕적 자각에 의해서만 달성되는 것이라기보다는 禮라고 불리는 외부적인 사회적 통제에 의해 달성될 수 있는 것처럼 보인다. 따라서 기질을 변화시키기 위해서 무엇보다도 교육을 통한 외적 교화와 도덕적 질서에 대한 강요된 복종을 요구했다는 점 또한 무시할 수 없다. 물론 주희 수양론의 체계에서 본질적으로 중요한 독서·궁리·거경·함양 등등은 분명 도덕적 주체의 내면적 자각을 이루어내기 위한 방법들인 것이 틀림없다. 그렇지만 氣가 理를 압도하는 현실을 염두에 둘 때 氣質의 변화를 달성하기 위해서는 그러한 내면적 성찰의 방법만으로는 어딘가 미진한 듯하다. 더구나 변화시켜야 할 대상인 氣質이라는 것이 이미 운명의 차원에서 인간에게 주어지는 것이라면, '기질 변화가 지극히 어려운 과제[極難變化]'라고 말하는 주희의 심정에 어느 정도 공감할 수 있을 것 같기도 하다.101)

주희가 도교의 내단 수련법에 깊은 호감을 가졌던 이유도 결국은 그 수련법이 기질을 변화시킨다고 하는 기본 철학과 유교가 미처 가지고 있지 못했던 구체적인 방법론을 개발하고 있었기 때문일 것이다. 앞에서도 언급했지만, 주희가 도교 연금술의 문헌인 『주역참동계』에 깊은 조예를 가지고, 그것을 특히 내단적으로 해석했다는 사실은 중요하다. 구체적으로 말해 주희는 『주역참동계』의 주요 내용이 精·氣·神의 운용에 의해, 즉 氣의 체내 운행을 통해 丹을 결성하는 방법이라고 이해했고, 그 방법의 가치를 충분히 인정하고 있었다.102) 또 '기질지성' 개념과 관련하여, 그 용어 자체는 張載에서 나오지만, 그 개념을 가능하게 한 사상은 周敦頤의 「太極圖說」이라고 말하고 있어 우리의 주의를 끈다. 이미 여러 학자들에 의해 몇 차례 지적된 것처럼 「태극도설」은 도교의 內丹學과 관련이 깊은 문헌으로서 내단 수련법에서 추구하는 氣의 변화 사상을 도식으로 표현한 것이기 때문이다. 내단 수련의 단계론에 대해서는 여기서 다루지 않는다. 다만 이런 사실들을 통해 볼 때, 주희가 내단학의 기(질) 변화론을 알고 있었다는 것은 충분히 짐작할 수 있는 일이다. "『주역참동계』에서 사용하는 표현은 대단히 어렵기 때문에 쉽게 이해가 되지 않는다. 그중에서도 '천주만편'의 설은 [설명할 수 없고] 숙독하여 그 뜻을 터득하게 할 수 있을 뿐이다. 대개 그 설들을 밝히고 싶어도 천기를 누설하는 죄를 지을까 두려워 감히 말하지 못하는 것이니, 그 또한 어찌 안타까운 일이 아니겠는가?"[103] 라고 주희가 한탄했던 것처럼, 도교 내단학의 비법은 비밀 전수 전통이었기 때문에 공개적으로 접할 수 있는 것이 아니었고, 또 도교 방면의 문서들을 접할 수는 있었다고 해도 도교 내부에서의 수행법의 실제를 쉽게 접하기는 어려웠을 것이라고 추측할 수 있다.

당나라 때 활약했던 중현파의 도사 王玄覽의 『玄珠錄』에는 주희의 수양론의 논리와 아주 유사한 관점이 나타나고 있어서 주의를 끈다.[104]

> 衆生은 道生을 품수하고 있다. 그러나 衆生이 곧 道는 아니다. 중생이 곧 도인 것은 아니기 때문에 반드시 수습이 필요하다.[105]

> 衆生과 도는 서로 떨어지지 아니한다. 중생 속에 묻혀 있는 동안, 도는 희미하지만, 중생은 드러난다. 그리고 득도를 한 때에는 道가 드러나고 衆生은 숨는다.[106]

여기서 '衆生'은 주희가 말하는 기질적 인간, 즉 현실의 인간에 해당한다. '道生' 혹은 '道性'은 말하자면 본연의 순수한 인간성을 가리킨다. 주자학적으로 말하자면, 그것은 '性卽理'라고 할 때의 성에 해당한다고 해석할 수 있다. 도교에서는 도와 하나가 되는 得道의 방법에 대해 아주 자세한 방법론적 탐구에 몰두한다. 그것이 도교의 內丹 수련법으로 완성되었다는 것은 주지의 사실이다. 간단히 말하자면 내단 수련법은 형체→기질→정신→虛[道]로 발전해가는 인격의 自己改造의 과정에 관심을 기울이면서, 氣(質)의 변화 절차를 탐구하는 데에 주안점을 두고 있었다. 그것을 기의 수련을 통해 인격의 완성을 추구한다는 의미에서 한마디로 '鍊氣論' 또는 '鍊化論'이라고 이름 붙일 수 있을 것이다.

도교 내단 수련의 자세한 과정을 탐구하는 것은 본론의 범위를 넘어서기 때문에, 여기서는 도교의 수양과 유교의 수양은 이론의 구성에 있어서 많은 유사성을 가지면서도, 그 지향하는 바에 있어 근본적 차이점을 가지고 있다는 사실을 지적하는 데에 그친다. 다시 말해 도교의 수양[養生]이 몸과 정신의 동시적 수련을 통해 육체와 정신의 통합된 '자연적 신체' 혹은 '본래적 자기'를 획득하는 데에 주안점을 둔다면, 유교의 수양은 사회적·도덕적 기준에서 어긋나지 아니하는 '문화적 신체' 혹은 '사회적 자기'를 획득한다는 전혀 다른 방향을 가지고 있었다고 정리할 수 있다. 유교에서는 궁극적 원리인 天理를 문화적 질서, 즉 禮와 동일시하고 있었던 만큼, 천리의 회복이란 곧바로 예의 규범에 부합되는 문화적 행동 양식과 그런 양식을 체득한 신체(몸)를 획득하는 것과 동일시될 수 있었던 것이다.

제4장

신유학 내부의 정체성 갈등: 주희의 의리론과 공리주의 비판

1. 주자학 중심의 역사 해석

南宋은 겨우 백 년 정도에 지나지 않는 짧은 기간이었지만 사상사적으로 볼 때 대단히 창조적인 성과를 남긴 시대였다. 북송은 신유학이 정립된 시대이며, 남송은 북송 시대에 출현했던 다양한 사상적 가능성이 주희에 의해 종합되고 결산된 시대라는 주자학 중심의 이해가 거의 학계의 정설로 자리 잡고 있다. 어떤 의미에서는 그러한 주자학 중심의 사상사 이해가 타당한 면이 없지 않다. 다만 보다 객관적으로 그 시대의 내부를 들여다보면 주자학적 사유를 유교 사상 전개의 필연적 방향으로 인정하는 해석은 지나치게 일면적임을 발견할 수 있다.

여기서 우리는 주희가 수립한 거대한 학문 체계를 평가절하하기 위해, 그러한 역사 해석에 이의를 제기하는 것은 아니다. 주자학적 사유에 내포된 저력과 포섭력은 중국은 물론 동아시아의 전체의 역사를 통해 이미 충분히 검증되어 있다. 그러나 송대에 발생했던 사상들의 다양성을 있는 그대로 서술하고 또 그것을 비판적으로 검토하려고 할 때에는, 원나라 이후에 와서야 국가의 지배적 이데올로기로 확립된 주자학적 사유 체계를 역사 전개의 필연적 결과로서 당연시하는 '승리자 중심'의 역사 해석을 단순히 승인할 수는 없을 것이다.

'승리자 중심'의 결과론적 역사주의는 중국 사상사에서도 가장 중요한 방법론으로서 큰 힘을 행사해왔다. 근대화론의 강한 영향 아래 있었던 일본의 중국 사상사 연구는 약간의 예외를 제외하고는, 그러한 승리자 사관의 지배를 받고 있었다. 대륙 중국의 맑스주의 역사학에서도 그러한 역사 해석이 중요한 지위를 누리고 있었다. 1950년대 이후 중국의 역사학계는 유교에 대해 비판적 태도를 확고하게 견지하고 있었기 때문에, 거의 맹목적으로 반주자학적 방향을 설정하고 유교를 비판했던 法家 사상가를 진보적이라고 높이 평가했다. 유교에 대해 말할 때에도, '理'에 비해 '氣'를 중시하는 사상가를 유물론자로서 높은 점수를 매기는 식으로 反朱子學의 관점을 역사 평가에 관철시켰다. 그러나 그들의 유물론적 역사관은 襃貶의 방향이 다를 뿐, 근대화론의 역사관과 동일한 기반을 가지는 것이라고 말할 수 있다.

그러나 중국의 맑스주의 역사학은 애초부터 반주자학적 지향을 설정하고 출발했기 때문에, 주자학을 중심으로 역사를 서술하는 함정을 벗어날 수 있었다는 사실은 충분히 주목할 가치가 있다. 그들은 '氣'를 중시하는 유물론적 방향으로 중국의 사상이 '진보'했다는 전제를 가지고 역사를 연구했다. '기'를 중시하는 사상이 곧 '유물론'과 연결되며 따라서 더욱 '진보'적인 것이라고 보는 관점을 받아들이는 사람은 이제는 더 이상 찾아보기 어렵다. 하지만 '기'에 대한 관심은 곧 현실에 대한 관심, 구체적 삶의 현장에 대한 관심으로 연결된다는 역사관이 지배하는 상황에서는, '기'를 중시하는 사상이 진보적이며 더욱 근대적이라는 결론이 도출되는 것은 어쩌면 지극히 당연한 일이라고 말할 수 있다. 극히 최근까지 중국의 역사학은 유물론에 근거한 해석을 기본 방향으로 설정하고 있었다.

그 결과 중국 학계에서는 주희와 대립되는 사상을 제시하거나 반주자학적 사유를 펼친 사상가들이 주목을 받았으며, 그러한 방법론에 입각하여 쓰여진 대표적인 학문적 성과가 바로 侯外廬가 편찬한, 방대한 양을 자랑하는 『中國思想通史』다. 필자는 『中國思想通史』에 담긴 역사 해석의 타당성에 대해서는 유보적인 입장을 취하기는 하지만, 그것의 중요성을 인정하지 않을 수 없다. 특히 필자의 관심 영역인 송대의 사상사를 서술한 제4권(上·下)은 학문적으로 대단히 중요한 내용을 담고 있다. 그 저작의 중요성은 크게 다음과 같은 두 가지 면에서 정리할 수 있다.

첫째, 그것은 주자학 중심주의에서 벗어나고 있다. 그 결과 반주자학적 사유를 전개한 사상가들을 부각시키면서 송대 사상 지형의 다양성을 흥미진진하게 펼쳐 보여준다는 점에서 커다란 학술적 의의를 지닌다. 위에서 말한 것처럼, 그 저작의 방법론적 한계는 분명히 인정해야 한다. 그렇지만 아직 우리는 『中國思想通史』에 필적할 만한 폭넓은 시야를 지닌 저술을 가지고 있지 않기 때문에 그것의 가치와 의의를 단순히 무시하거나 부정할 수 없다.

둘째, 『中國思想通史』는 송대의 사상적 다양성에 대해 주목할 뿐만 아니라 그 지형도를 비교적 객관적으로 그려내고 있다는 점에서도 의의를 평가받아야 할 것이다. 물론 그들의 의도에는 주자학 중심주의를 탈피하려는 이데올로기적 편향이 내재해 있었던 것이 사실이다. 하지만 그 결과 그 책을 통해 송대 사상의 다양성과 가능성에 대한 충분한 조감을 얻을 수 있었고, 전통적인 주자학 중심적 역사 해석의 일방성을 극복하여 다양한 관점에서 역사를 바라볼 수 있는 가능성을 발견했다는 사실은 중요한 수확이 아닐 수 없다.

『中國思想通史』가 견지했던 반주자학적 태도는 1930~1940년대 중국에서 가장 영향력을 행사했던 馮友蘭의 주자학 중심주의에 대한 유물사관의 도전이라는 성격을 가지고 있다. 풍우란은 스스로 정이천과 주희로 이어지는 '理學'의 정통적 계승자임을 자처하는 사상가였다. 그는 이학의 정신을 계승한다는 의도를 담은 『新理學』을 비롯한 일련의 저술을 통해, '이학'이 중국 사상의 정통적 흐름이라고 주장하고 자신이 그 '이학'의 현대적 계승자라는 자부심을 표현하였다. 그를 세계적인 학자로 만들어준 『中國哲學史』(1934)에서도 그는 철저하게 정이천에서 주희로 이어지는 '이학'을 중심으로 송대의 유학 사상을 서술하는 주자학 중심주의를 드러낸다.

당시 중국에 수입된 맑스주의의 세례를 받은 일군의 학자들은 풍우란으로 대표되는 학술계의 주자학 중심의 편향과 독단을 자본주의적 관점이라고 강력하게 비판한다. 주자학을 자본가 계급의 이데올로기라고 규정했던 그들은, 주자학과 연결되는 모든 사상을 비판했고 그렇게 전개된 일련의 유교 비판의 학문적 결과물이 다름 아닌 『中國思想通史』였던 것이다.

2. 진량의 현실주의

송대 신유학 내부의 다양성에 주목할 수 있도록 우리의 시야를 열어준 『中國思想通史』는 도학 혹은 주자학에 대항했던 중요한 사상가로서 陳亮과 葉適 두 사람에게 많은 지면을 할애하여 그들의 사상 세계를 정리한다. 陳亮, 葉適, 陸象山 등은 남송 시대 유교 사상 내부에 존재했던 여러 방향의 가능성을 대표하는 사상가들이었다. 주희와 벌인 논쟁으로 유명해진 진량은 엽적, 육상산 등과 더불어 남송 시대 사상계의 대표적인 주희 비판자로 알려져 있었다.

진량이 주희와 벌인 논쟁은 王道와 覇道라는 정치적인 입장의 차이를 둘러싼 것이라고 정리되고 있다. 그러나 왕도와 패도 문제는 더욱 근본적으로 '義理'와 '功利'라는 유교적 가치판단에서 비롯된 것이었다. 따라서 그 두 문제는 사실 동전의 양면처럼 서로 분리시켜 논할 수 없는 성질의 것이었다.

진량에 대한 주희의 평가는 한마디로 적대적이었다. 주희는 '義理'를 유교 윤리의 중심에 두면서 진량의 사상이 의리를 외면하는 공리적 현실주의에서 나온 것이라고 비난한다. 의리를 외면하는 진량의 사상은 도덕적 상대주의에 사로잡혀 있는 반유교적 사상이며, 그로 인해 유교적 가치를 파괴하는 것이라고 비판한다.

진량이 그런 반유교적이며 도덕 파괴적인 사상을 갖게 된 이유는 무엇인가? 주희의 대답은 간단명료하다. 진량이 도덕적 가치판단의 근거를 가지고 있지 않기 때문이다. 주희는, 진량이 경서의 연구를 등한시하고 역사적 사실을 과도하게 중시하는 학문적 태도를 가지고 있기 때문에 도덕적 판단 능력을 상실했다고 비난한다. 주희는 "진량의 인생은 역사 연구 때문에 망쳤다"[1]라는 단언을 서슴지 않는다. 진량에 대한 주희의 평가는 분명히 독단적이고 일방적이다. 그러나 주희가 비판했던 대로 진량이 역사 연구를 토대로 자신의 학문적 체계를 수립했다는 사실은 부인할 수 없다. 여기서는 먼저 주희의 관점에 사로잡히지 않고, 직접 진량의 글을 통해 그의 학문적 포부와 관심 및 그의 사상의 지향을 살펴볼 것이다.[2]

淳熙 5년(1178년), 36세의 진량은 孝宗 황제에게 장문의 상주문을 바쳤다. 『진량집』[3]의 첫머리를 장식하는 「上孝宗皇帝書」 제1서~제3서는 진량의 학문적, 사상적 지향을 보여주는 가장 대표적인 문장이라고 할 수 있

진량 초상.
진량이 그러한 '서생'들의 도덕적 원론주의에 대립하는 자신의 경세치용적 입장을 '事功'이라는 개념으로 정리하고 있다는 사실이 여기서 주목된다.

다. 진량은 약 10년 걸쳐 갈고닦은 학문을 점검하는 의미를 담은 글을 황제에게 바친 것이다.

진량이 황제에게 상주문을 올리기 15년 전, 孝宗 황제가 즉위하던 해에 朱熹 역시 새로 즉위한 젊은 황제에 대한 새로운 정치의 기대를 담아 장문의 상주문4)을 올린 바 있다. 주희가 상주문을 올린 계미년(1163년)은 정강의 변을 겪은 송나라가 臨安으로 천도하여 새로이 남송 정권을 연 해였다. 당시 34세의 주희는 왕성한 학문적 의욕과 그의 선생들을 통해 전수받은 '도학'의 사명감을 자각한 당당한 학자로의 출발을 시작했던 것이다.

진량의 상주문 역시 진량 자신의 학문적 사명감과 사상적 포부를 유감없이 펼치고 있다는 점에서 주희가 계미년에 올린 상주문에 필적하는 중요한 글이다. 진량의 글은 당시 송나라(南宋)가 처한 상황에 대한 역사적 해명에 중점을 두고 있다. 주희의 '계미년' 상주문이 도덕적 역사 의식을 강하게 담은 '도통론'의 입장에서 쓰여진 것이었다면, 진량의 상주문은 보다 객관적이고 분석적인 역사 해석에 치중해서 쓰여졌다는 점에서, 두 사람의 사상적 지향의 차이를 분명히 살필 수 있다.

진량은 그의 상주문 '제1서'에서 남송 조정이 짊어진 역사적 사명에 대해 말한다. 그 사명은 다름이 아니라 中原 지방을 회복하여 북송의 치욕을 만회하고, 중화 세계의 참 기운을 회복하는 것이라고 진량은 주장한다. 진량은 '中國', 즉 중원이 중국 민족의 문화적 정체성이 깃들어 있는 땅이라고 보는 중화주의적 신념을 토로했다. 진량의 신념은 '중화 對 이적'을 대립적으로 파악하는 華夷論에 근거한 것이었고, '중화'에 정통성을 인정한다는 점에서 '도학'파의 주장과는 또 다른 의미의 '義理論'을 제시한다. 그러나 진량의 화이론은 이상주의에 입각한 도덕적 명분론을 벗어나지 않는 주희의 의리론과는 전혀 다른 관점에 근거한다.

> 중국[中原]은 천지의 올바른 기운[正氣]이 모인 곳이며, 천명의 종소리가 울려 퍼진 곳이며, 인간의 마음이 모인 곳이며, 중화의 문화[衣

冠禮樂]가 순수하게 펼쳐진 곳이며, 백대에 걸쳐 제왕이 그 지위를 이어받은 곳입니다. 따라서 어찌 천지의 바깥에 위치한 夷狄의 나쁜 기운[邪氣]이 감히 그곳을 침범할 수 있겠습니까. 그러나 불행히도 그들이 중원을 침범하여, 중화의 문화가 핍박을 받아 한 귀퉁이로 내몰렸습니다. 그러나 천명과 인심의 연결이 지속되고 있는 한, 어찌 이런 상태가 오랫동안 지속되게 방치하면서 편안 무사하게 지낼 수 있겠습니까. 군신상하가 하루아침의 편안함을 추구하고 한구석에 자리 잡은 것에 만족하고 중국[中原]을 관심사 바깥에 놓는 것은, 마치 생명의 원기가 사지 중의 하나에만 편중되고 그외의 지체는 위축되고 말라버려도 전혀 자각하지 못하는 것에 비유할 수 있을 것입니다. 그렇게 해서 남은 하나의 지체는 무엇에 의지하여 오랫동안 유지될 수 있겠습니까. 천지의 올바른 기운이 비린 냄새에 질식되어 오래도록 바깥으로 터져 나오지 못한다 해도, 언젠가는 반드시 분출되어 나올 것입니다. 다시 말해 변방에 머물러서는 천명과 인심의 연결을 오래도록 유지하기 어려울 것입니다.[5]

진량이 말하는 天命은 정치권력에 정당성을 부여하는 초월적인 힘이다. 천명을 얻지 못하면 천하를 지배하는 것이 불가능하다고 진량은 주장한다. 그러나 천명을 얻었다 하더라도 그것을 실현시키는 힘과 그것을 유지시킬 수 있는 현실적 힘이 결여되면 천명은 오래 머무르지 않는다. 국가적 역량을 갖추지 못한 상태에서 도덕적 정당성에 불과한 천명을 얻었다고 주장하는 것은 공허한 염불이 될 위험성이 농후하다. 천명은 단순한 이념이 아니라, 힘에 의해서만 그 정당성이 확보될 수 있는 철저한 현실이다. 진량은 그 점을 분명히 이해하고 있었다. 진량은 중국 정치의 역사를 되짚어 보면서, 천하를 지배하는 자가 곧 천명을 얻은 자라는 역사적 진리를 발견했다. 천명[理念]과 천하의 획득[現實]은 분리되지 않는다. 다시 말해 천하의 획득이 곧 천명의 소재를 증명한다. 이러한 진량의 논리는 그의 '道' 이해와 직결된다. 천명은 중화나 이적이라는 민족적 구분에 의해 좌우되는 것이 아니라, 적절한 힘에 의해 결정되는 지극히 현실적인 힘의 논리라는 것이 그의 주장의 핵심이라고 이해할 수 있다.

위의 인용 부분에 이어 진량은 한편으로 중화(중국)적 문화 질서의 회복을 촉구하는 화이론적 정치관을 피력하면서, 다른 한편으로 그것보다 더 근본적인 국가의 현실적 역량의 축적에 대해 이야기한다. 그는 풍부한 역사적 식견을 동원하여, 한족의 정권이 천명을 상실한 예와 천명을 회복한 예를 소상하게 밝힌 다음, 중원을 상실한 정권은 곧 천명을 상실한 권력이라는 입장을 제시한다.

그러나 현 정권인 남송 정권은 中原을 상실하고 중국의 한 귀퉁이에서 초라하게 권력을 유지하고 있지만, 아직 완전히 천명을 상실했다고는 말할 수 없다고 그는 말한다. 하지만 그 상태가 오래 지속될 수는 없을 것이라는 단서를 달면서. 위의 인용문에서, 남송의 정치적 현실을 몸 전체와 지체 일부의 관계에 빗대어 말하는 진량의 비유는 당시의 역사적 정황을 잘 보여주는 적절한 것이었다. 당시 대부분의 사대부 관료들이 내세웠던 소극적인 和議論으로는 남송 정권의 일순간의 안전은 도모할 수 있을지 모르지만, 그것은 몸통을 잘라내고 사지 중의 하나만을 보존하고자 하는 어리석은 방책이었다. 따라서 진량은 중원을 회복하기 위한 적극적인 국가적 전략을 촉구했다. 진량은 역사적 식견을 활용하여, 당시 남송이 자리잡은 동남 지역은 결코 천명의 기틀이 될 수 없다는 사실을 보여주려고 했다. 당시로는 이민족의 지배하에 있는 서북 지역, 곧 중원이 천명의 소재를 드러내는 기틀이 된다고 진량은 확신하고 있었던 것이다.

3. 의리와 공리의 통일

진량은 역사상의 사례를 동원하여 천명이 중원의 지배와 뗄 수 없는 관계가 있음을 보여주려고 한다. 그중의 하나가 魏晉南北朝의 정치적 혼란을 극복하고 다시 천하를 통일하는 기틀을 마련한 효문제의 경우였다. "孝文帝는 洛陽에 도읍을 정함으로써 중국의 의관과 예악을 수립"[6]할 수 있었다고 진량은 말한다. 하지만 진량은 魏晉南北朝 시대에 南朝의 한족 정권이 자리 잡고 있던 江左 지역(현재의 절강성 남부)은 중국의 예악 문화가 보존되고 있었다고 할 수 있지만, "그것은 끝내 천명과 인간을 이어주는 것으로 작용하지는 못했다"[7]고 평가한다. 왜냐하면 천명은 중원을 지배할 수 있는 역량과 문화를 수립할 수 있는 정신이 결합될 때 비로소 주어지는 것이라고 보았기 때문이다. 그는 다음과 같이 결론을 내린다.

> 이런 사실로 볼 때, 천하를 통일하는 자는 결국은 西北에서 나오는 것이지 東南에서 나오는 것이 아니라는 것을 알 수 있습니다. 하늘과 인간의 관계를 어찌 심히 두려워하지 않을 수 있겠습니까.[8]

역사적 현실주의에 근거를 둔 진량의 천명 이해는 도덕적 명분을 중시하는 주희의 문화 중심주의적 역사 이해와 달리 힘의 논리를 중시하는 경향을 가지고 있었다. 그 점에서 그 두 사람의 역사 이해는 상당한 거리를 가지고 있었다. 앞에서 언급한 「계미수공주찰 1」에서, 주희는 중화적 세계의 위기가 문화 파괴, 즉 유교적 '도'의 상실에서 비롯된다는 진단을 내리고 있었다. 따라서 주희는 그 위기를 극복하기 위해 필요한 일은 학문을 통해 문화 질서를 회복하는 것이라고 주장했다. 그러나 진량은 衣冠과 禮樂으로 대표되는 중국적 문화 질서는 국가의 현실적 역량에 의해 뒷받침되지 않는 한 무의미한 것이라고 보았다. 이처럼, 진량과 주희의 대립은 '현실주의'와 '문화주의'의 대립이라 부를 수 있을 만큼 전혀 다른 이론적 근거를 가진 것이었다.

진량은 「상효종황제서」 세 편을 올리기 9년 전인 乾道 5년(1169년)에 「中興五論」이라는 제목을 가진 또 다른 長篇의 글을 황제에게 바친 바가 있다. 「중흥오론」은 기본적 내용에 있어서는 앞에서 본 淳熙 5年(1178년)의 「상효종황제서」와 일맥상통하는 정신을 담고 있었다. 이 두 문장을 통해 드러나는 진량의 일관된 주장은, 첫째 중원을 회복하기 위한 북벌을 단행해야 한다는 것, 둘째 그러한 대전제를 실현하기 위해서는 먼저 부패한 국정을 개혁하여 국가의 역량을 집중해야 한다는 것으로 요약될 수 있다. 부패한 정치를 개혁하기 위해서는 법과 제도의 완비를 통한 국가 기강의 확립이 요청된다는 것은 말할 필요도 없다.

> 신이 듣기에 나라를 다스림에는 大體가 있고, 적의 나라와 다투는 데에는 大略이 있다고 합니다. 대체가 확립된 연후에 기강이 올바르게 서고, 대략이 정해진 연후에 비로소 임기응변〔機變〕이 통하는 것입니다. 이것은 바꿀 수 없는 도리입니다.[9]

「중흥오론」은 진량이 주장하는 국가 경영의 대체와 대략을 서술하는 다섯 편의 문장으로 이루어져 있다. 「중흥오론」의 첫 번째 문장은 「중흥론」이다. 그 글에서 진량은 북벌을 위한 준비 단계로서의 국가 기강 확립이 절대적으로 필요하다고 역설한다. 중원을 회복하는 일이 국가가 직면한 최대의 과제이지만 그것은 조급히 이루어질 수 있는 것은 아니다. 그 준비로서, 우선 세밀한 계획을 세우고 정책의 방향을 결정한 다음, 내정의 개혁을 이루어내야 한다. 여기서 진량은 유학적 도덕 군자로서의 면모를 일신하여 전략가로서의 면모까지도 충분히 과시하고 있다. 그의 전략가로서의 모습은 다음 글에서 더욱 뚜렷하게 드러난다.

> 무릇 공격과 방어에 있어서는 반드시 奇變이 있어야 합니다. 외형으로는 적이 반드시 따라올 수 있도록 꾸며야 하며, 공격을 시작할 때는 적이 빠져나갈 수 없도록 해야 하며, 포위할 때는 적이 감히 움직일 수 없도록 해야 하며, 유인할 때에는 적이 어디로 가야 하는지 알 수

없도록 해야 합니다. 이로써, 우리 편은 항상 적에게 집중할 수 있어야 하고 상대방은 항상 분산되도록 만들어야 합니다. 또 적은 항상 막힘이 있게 만들고, 우리는 항상 막힘이 없어야 합니다. 무릇 기변의 도리는 원래 인간이 꾸미는 것이지만, 항상 지형의 바탕, 즉 자연을 이용해야 하는 것입니다.[10]

'奇變'의 중요성을 강조하는 진량의 전략 이론은 군사적인 입장에서 보면 당연한 것이지만, 정통 유가의 입장에서는 法家의 권모술수 내지 兵家의 전략론으로 오해받을 소지가 있는 것이었다. 나중에 살피게 되겠지만, 주희와 진량의 사상적 갈등은 진량의 '전략적인 입장'과 주희의 '도덕적인 입장'의 갈등에서 비롯되는 면이 없지 않았던 것이다. 그러나 진량의 논설을 객관적으로 살펴볼 때, 그의 현실주의적 전략 이론이 주희가 비판하듯이 단지 현실적인 이익[利祿]을 구하고자 하는 마음에서 나온 권모술수적 이론이라고는 생각되지 않는다. 오히려 우리는 그의 글에서 청년 진량의 강렬한 애국심과 현실적 식견의 일단을 엿볼 수 있다는 느낌을 갖지 않을 수 없다. 어쨌든 10년이란 짧지 않은 시간적 차를 두고 두 번에 걸쳐 황제에게 바쳐진 진량의 상주문은 아무런 구체적 실현을 보지 못한 채 무위로 끝이 나고 말았다.

진량은 淳熙 15년(1188년), 다시 한번 효종 황제에게 글을 올린다. 진량은 이제 46세의 장년이 되었다. 정확히 10년 전 淳熙 5년에 연속적으로 올린 「상효종황제서」세 편과 19년 전에 올렸던 「중흥오론」에서 주장한 전략적 방안은 결국 구체적인 정책으로 실현되지 않았으나, 진량은 다시 한번 효종의 復仇 의지를 북돋우기 위해 상주문을 올린 것이다. 이번 세 번째 상주문의 내용을 그 이전에 올린 두 차례의 상주문과 비교할 때 기본 논지에 있어서 특별히 새로운 점은 발견되지 않는다. 다만 이번의 상주문에서는 실제적 현실 문제를 타개하는 데에 아무런 현실 감각과 능력을 갖추지 못한 소위 '도학'자들의 무능력을 한탄하는 점이 두드러진다. 도학적 학문 태도를 비판하는 진량의 입장은 사실 10년 전의 「상효종황제서」 '제1서'에서도 분명하게 드러나고 있었기 때문에, '道學'에 대한 비판이 이 시기에 와서 진량이 새롭게 가지게 된 새삼스런 태도라고는 말할 수 없다. 다만 「상효종황제서」 '제1서'를 썼던 1178년에서 세 번째 상주문을 올린 1188년에 이르는 10년 동안 정치적 상황이 전혀 개선되지 않고, 국가 기강은 물론 중원 회복의 조치들이 전혀 실천되지 않은 책임이 당시 世論에 큰 영향을 미치고 있던 무능한 도학자들에게 있다고 그는 판단했던 것이다.

> 본조[宋]는 유교의 도로써 천하를 다스리고, 법률[格律]로써 천하를 지켜왔습니다. 그래서 천하 사람들은 經義를 따르는 것이 올바른 길인 것을 알게 되고, 또 科擧를 거치는 것이 올바른 길인 것을 알게 되었습니다. 따라서 사람들은 사사로이 법을 논의하지 않았고, 자기의 지혜를 자기를 위해 쓰는 일이 없어졌습니다. [북송의] 2백 년간의 태평성대는 바로 이러한 기반에서 나올 수 있었던 것입니다. 그러나 고난과 변고가 발생한 이 시점에 와서 書生들의 지혜라는 것은 이론적으로만 어떠해야 한다는 것을 알 뿐, '事功', 즉 '실제적 일에서 실적과 효과를 거둔다는 것'이 무엇인지를 전혀 이해하지 못하고 있습니다. 또 그들은 節義를 마땅히 지켜야 한다는 것만 알 뿐, 형세를 어떻게 이용해야 하는가에 대해서는 알지 못합니다. 그들은 과거의 문장과 법도에 어긋나지 않게 순응하고 있을 뿐 어느 누구도 그것을 벗어나 현재의 난국을 타개할 수 있는 능력을 가진 자가 없습니다.[11]

여기서 진량은 도덕적 원론주의에 사로잡혀[知議論之當正; 知節義之當守] 현실적 국면에 대한 올바른 이해를 갖지 못하는[不知形勢之爲何用] 유자들을 '書生'이라고 貶下하여 부르고 있다. 책 속의 진리 찾기에만 몰두하여 공허한 진리를 논하면서 공리공담을 일삼는 유학자들이라는 의미로 '서생'이라는 말을 사용한 것이다. 그리고 여러 가지 정황적 증거들로 볼 때, 진량이 '서생'이라고 부른 무리들은 理氣論 및 心性論의 철학적 논변에 빠져 있는 '도학'자들이었다는 것은 의심의 여지가 없다.

진량이 그러한 '서생'들의 도덕적 원론주의에 대립하는 자신의 경세치용적 입장을 '事功'이라는 개념으로 정리하고 있다는 사실이 여기서 주목된다. 그 개념은 주희가 진량의 사상을 비판할 때 사용한 '功利'라는 개념과 의미가 거의 비슷하지만, 그 뉘앙스는 상당히 다르다. 주희가 사용하는 '공리' 개념에 담긴 의리론에 근거하는 부정적 가치판단을 배제시키고, 오히려 구체적 현실을 타개할 수 있는 실용적 가치가 있는 학문이라는 적극적인 의미를 담아내기 위해 진량은 '功利'라는 개념 대신에 '事功'이라는 개념을 사용했다고 해석할 수 있다. 진량은 주희가 자신의 입장을 '功利'라고 부르면서 비판을 가한다는 사실을 이미 알고 있었다. 그리고 우리는 진량의 '事功'을 '실제적 일에서 실적과 효과를 거둔다는 것'이라고 번역했는데, 그것은 '도학'의 형이상학적인 도덕주의 원리주의를 비판하기 위해 진량이 채택한 개념이라고 볼 수 있다. '도학'의 공리공론을 비판하는 진량의 입장은 순희 5년(1178년)의 「상효종황제서」 '제1서'에서 이미 분명하게 드러나고 있었다는 것은 앞에서 지적한 대로이다. 그 부분을 살펴보자.

> 오늘날의 유자들은 스스로 마음을 바르게 가지고 뜻을 순수하게 가다듬은〔正心誠意〕 학자라고 여기지만, 사실 그들은 중풍으로 인해 온몸이 마비되어 아픔이나 가려움을 느끼지 못하는 사람과 다를 바가 없습니다. 그들은 임금과 아비의 원수〔金國〕와 함께 편안하게 이 세상을 살아가며, 머리를 조아리고 두 손을 공손하게 모아 오직 인간의 본성과 천명〔性命〕에 관한 논의를 하는 데에 여념이 없습니다. 그러나 그들은 인간의 본성과 운명이 도대체 무엇인지를 알지 못합니다.[12]

인간의 본성과 운명, 즉 '性命'에 대한 탐구가 '도학'의 본령이라는 것은 지극히 상식에 속하기 때문에, 진량이 공격하는 유자가 누구인지는 더 이상의 설명이 필요 없을 것이다. 그리고 진량이 비판하는 유자들의 위선적 태도를 대변하는 '正心誠意'라는 표현은 『대학』에 나오는 소위 8조목의 첫 번째 두 단계를 지칭하는 것이다. 송대의 유학 운동에서 『대학』은 정이천 형제를 거쳐 주희에 이르는 '도통론'의 계보와 밀접한 관련을 가지는 '도학'의 핵심 正典이다. 따라서 『대학』의 중요 개념을 비판하는 것은 곧 '도학'의 근본 이념에 대한 비판으로 직결되는 것이라고 판단할 수 있다. 주희 및 '도학'에 대한 진량의 비판은 1178년에 올린 이 상소를 기점으로 표면화되고, 여조겸의 죽음(1181년)을 계기로 본격화된다.

4. 진량의 도학 비판

진량이 형이상학적 인간학의 탐구(性命論)를 학문과 사유의 중심으로 삼는 도학자들을 비판했다는 것은, 그의 사상적 관심이 인간의 본성을 추상적으로 이해하는 데 있지 않았다는 것을 말해준다. 학문의 형성 과정에서 진량 역시 정이천 계통의 성리학을 통해 유학에 입문했던 것은 사실이지만, 그의 진정한 학문적 관심사는 '性命'에 대한 논의를 중심으로 하는 '內聖' 위주의 공부가 아니었다. 진량은 수양론 중심의 공부가 아니라 구체적인 역사와 제도의 변천에 관한 공부에 힘을 쏟았고, 유가적 학문의 또 다른 하나의 이상이었던 '外王'의 학문에 뜻을 두었다. 그런 맥락에서 진량은 독서와 수양을 거쳐 '聖人'이 될 수 있다고 보는 정이천 및 주희 계통의 '도학'적 입장에 반대한다.

진량은 '聖人'이란 보통 인간이 도달할 수 없는 인간의 특별한 양상이라고 주장한다. 그리고 유교의 궁극 목표는 '성명'의 수양을 통해 '성인'이 되는 것은 아니라고 한다. 내성의 수양 공부가 유학의 전부가 아니라는 것이다. 군주가 아닌 평범한 인간인 유학자는 역사와 제도의 객관적 탐구를 통해 인간사의 道理를 이해해야 하고, 그 이해를 바탕으로 실천적으로 사회의 변혁을 주도하는 '외왕'의 실천을 보좌해야 한다고 그는 주장한다. 한마디로 말해 진량의 학문은 수양론보다는 경세론에 기울어져 있었다.

진량의 '경세'적 입장은 주희의 '수양'적 입장과는 분명 그 방향을 달리한다. 그들의 관심 차이는 유교의 궁극적 진리인 '도'를 이해하는 데서 극명하게 드러난다. 주희는 '도'가 우주와 인간을 포괄하는 초월적이고 보편적인 원리라고 믿었다. 그리고 그 '도'는 고대의 聖王들의 시절에는 인간 세계에 온전하게 구현되어 있었으나, 고대의 이상 사회가 지나가면서 더 이상 '도'는 현실에 실현되고 있지 않다는 역사 인식을 지니고 있었다. 현실에서 도는 사라졌다. 그러나 고대의 성왕이 창조하고 周公과 孔子를 거쳐 완성 정리된 '경서'는 그 옛날의 '도'를 담고 있다. 따라서 유자는 경서의 연구를 통해 고대 성인이 가르친 道를 익히고 그것을 현실에서 실현하는 일에 힘을 쏟아야 한다. 주희는 경학이 곧 정치 실천의 바탕이 되어야 한다고 생각했다. 그는 경학과 정치학을 떼어놓고 볼 수 없었다. 그러나 중심은 물론 경서였다.

진량은 주희의 역사 이해 및 경학의 입장에 근본적으로 동의할 수 없었다. 그리고 '도'가 경서에만 담겨 있다고 보는 '도학'의 경학적 태도에도 동의할 수 없었다. 나아가 진량은 어느 시대에나 적용될 수 있는 보편적이고 초월적인 '도'가 존재한다는 이론 그 자체에 동의할 수 없었다. 이처럼 진량과 주희는 유교의 가장 근본적 성격과 목표에 대해 양립할 수 없는, 극단적으로 대립하는 시각을 지니고 있었던 것이다.

'도'에 관한 진량의 생각을 이해하기 위해서 우리는 먼저 그의 역사 중심적 학문 태도를 살펴보아야 한다. 주희는 진량이 "역사 때문에 망했다"라고 할 정도로 역사 연구에 편중하는 진량의 학문적 관심을 신랄하게 비판했다. 그러나 진량은 거꾸로 구체적인 역사를 이해하지 못하는 '도학'적 학문은 전혀 무의미한 공부라고 극언한다. 진량이 보기에 도학자들은 항상 '性命'을 논하면서도 사실은 "성명이 무엇인지 알지 못하는", 정신적으로 마비된 인간들이었다. 주희의 '도학'적 입장에 관해서는 앞의 장들에서 이미 충분히 논의했기 때문에 여기서는 진량의 경세적 진리관 혹은 역사적 '도' 이해에 초점을 맞추어 보자.

먼저, 진량의 학문적 모델은 누구였을까? 주희의 말을 빌린다면, 浙江 지방에 뿌리를 두는 사학가들, 특히 진량의 모델은 중국 역사학의 아버지라고 부를 수 있는 司馬遷이었다. 그것은 분명 주희의 편견만은 아닌 것 같다. 아니 오히려 진량은 자신의 학문이 사마천의 『사기』에 뿌리를 내리고 있다는 사실에 대해 무한한 자부심을 느끼고 있었던 것처럼 보인다. 1178년의 「상효종황제서」 '제1서' 말미에서 진량은 다음과 같이 자신의 학문적 지향을 피력한다.

> 저〔진량〕는 비록 능력이 부족하지만, 젊은 시절부터 사방으로 떠돌아다니면서 천하의 호걸지사들과 사귀고 그들과 오늘의 일을 크게 도모할 것을 꿈꾸어왔습니다. 일찍이 수차례에 걸쳐 대도시로 나와 수풀처럼 수많은 인물들을 만나보았습니다. 그러나 그들의 이론이란 것이 하나같이 사람의 마음을 끌기에 부족한 것뿐이었습니다. 이러한 경험을 통해 신은 큰일을 계획하는 폐하의 뜻이 외롭다는 사실을 이해할 수 있었습니다. 辛卯〔1171〕, 壬辰〔1172〕 연간에 저는 고향으로 물러나 천지조화의 근본을 연구하고, 고금의 역사적 변화의 연혁을 탐구하기 시작했습니다. 그리하여 왕도와 패도의 이치〔道〕를 미루어 알게 되었고, 漢·魏·晉·唐의 장단점을 비교할 수 있었습니다. 이로써 저는 인간과 하늘의 일을 분명하게 살피고 이해할 수 있다는 것을 알게 되었습니다."[13]

이 글에서 분명하게 드러나는 것처럼, 진량은 역사 연구의 목적이 인간의 일과 하늘의 일을 연구하여 그 이치를 역사 실현에 적용하는 것이라고 보았다. '천지조화'의 근원을 탐구하는 일이 역사 연구의 목표라는 것은 현대 역사학의 관점에서는 시대착오적인 태도라고 볼 수도 있겠지만, 진량은 역사 연구를 통해서 우주 자연의 이치를 이해할 수 있다는 것을 의심하지 않았다. 나아가 진량은 역사의 연구를 통해서 그 속에 담겨진 인간사의 법칙을 밝힐 수 있다고 믿었다. 진량의 역사학적 신념은 그만이 독특하게 가지고 있었던 것이 아니라, 사마천이 표명했던 중국 역사학의 고전적인 신념을 되풀이 한 것에 불과하다고 볼 수 있다. 주희도 지적했던 것처럼 진량은 사마천의 역사 연구를 계승하고 있었던 것이다.

역사에 대한 진량의 관심은 과거에 대한 단순한 호기심의 발로였던 것은 아니었다. 그는 역사의 연구를 통해 인간사의 변화 속에 담겨진 이치를 탐구할 수 있다고 하는, 심각한 역사철학적 문제의식을 가지고 있었다. 과거의 삶의 기록인 역사를 통해서 정치적 혼란과 통일의 경과를 추적하여, 정치적 현실에 있어 도덕과 힘의 작용 그리고 그것의 의미에 대해 탐구하는 것이 그의 목표였다. 그 결과 얻어진 인간에 대한 이해, 시간에 대한 통찰은 궁극적으로는 "현재를 이해하고 오늘의 문제를 해결하는[爲論今日之大計]" 도구로 활용될 수 있다는 확고한 신념을 그는 가지고 있었다.

한편 주희는 역사를 인간들 사이의 투쟁의 기록으로 이해한다. 고대에 존재했던 이상시대 이후의 역사는 '도'가 쇠퇴 일로에 놓여 있는 타락의 역사일 따름이라고 보았다. 주희는 역사를 통해 인간과 사회 변화의 객관적 법칙을 도출해내는 데에 관심을 기울이지 않는다. 주희에게 있어서 역사 연구의 가치는 인간이 자신을 비추어보는 거울의 기능을 하는 한에서만 인정되었다. 인간의 역사는 고대 성인의 이상적 정치가 퇴보하는 과정이었고, 과거의 역사는 현재를 사는 인간에게 반면교사로서의 기능을 가지고 있다고 주희는 믿었다. 역사를 통해 인간이 적극적으로 배울 수 있는 것은 없다. 적극적인 진리의 교사는 역사적 사건이 아니라 '경서'였기 때문이다. 역사는 다만 인간이 퇴보하고 타락하는 존재라는 것을 알려주는 살아 있는 증거로서만 의미가 있었고, 그런 의미에서 역사는 인간이 자기를 돌아보게 하는 자기 반성적 거울일 따름이었다. 주희는 역사가의 임무가 역사와 우주와 인간의 객관적 법칙을 밝히는 것이 아니라, 인간의 행위의 잘잘못을 엄격하게 가려내어 읽는 자에게 도덕적 교훈을 심어주는 윤리 교과서를 작성하는 일이라고 생각했다. 그러한 그의 역사학적 신념을 실천하기 위해 주희는 사마광의 『자치통감』을 수정한 『통감강목』을 저술하여 윤리 교훈으로서의 역사서를 직접 저술했던 것이다.

그러나 진량은 주희와는 달리 역사가 직접 '도'를 체현하는 과정이라는 신념을 가지고 있었다. 따라서 그는 역사를 단지 이상시대의 퇴화 과정이라고 보는 '도학'의 역사 이해에 반대한다. 또 진량은 '도'를 형이상학적인 원리라고 보는 주희의 초월적 관점에도 반대한다. '도'는 역사와 현실을 떠나 존재할 수 없다고 보았기 때문이다. 진량은 "도는 形氣, 즉 사물과 동떨어져 존재하는 것이 아니다"라고 말한다.

도는 形氣, 즉 사물과 동떨어져 존재하는 것이 아니라, 언제나 사물 속에서 활동하는 것이다. 帝王은 하나의 몸을 가진 인간에 불과하지만, 숭고한 위치에 있으면서 고운 소리나 모습의 유혹〔聲色〕이나 물질적 이익의 유혹〔貨利〕 등 외부에서 오는 자극에 대해서는 반드시 자신의 의지로 그것을 판단해야 하는 존재이므로 감히 편안함을 추구할 수는 없다. 그리고 역시 제왕은 하루에도 수만 가지 판단을 해야 하고, 그때마다 자신의 마음을 다해야 하는 존재이므로 한 순간이라도 소홀히 할 수가 없다. 제왕은 오직 이치에 따라 행동해야만 올바름을 지킬 수 있고, 천하의 어진 이들의 마음을 얻을 수 있으며, 일세 인물의 생을 마칠 수 있다. 제왕의 그러한 功은 크지 않은 것이 아니지만, 그것을 바깥에서 구할 수 있는 것이 아니다. 왜냐하면 천하에 '도'와 분리된 사물이 존재할 수 있는 것은 아니기 때문이다. 따라서 제왕은 자신의 타고난 높은 재주를 믿어서는 안되고, 오직 그가 마땅히 행해야 할 바를 힘써 노력하는 것 외에는 방법이 없다. 큰일을 도모하여 공을 이루는 것을 좋아했던 한나라의 武帝에게 동중서는 '도를 행하기를 힘쓰면 커다란 공이 이루어질 것'이라고 가르쳤던 것이다. 그것은 과연 제왕을 꾸짖는 훌륭한 가르침이라 할 수 있다.[14]

진량은 현실이나 역사적 사건 바깥에 '도'가 추상적으로 존재하는 것이 아니라고 주장한다. 진량의 '도'는 주희의 초월적이고 초시간적인 '도'와 전혀 다른 성질을 가지는 것이었다. 주희도 '有物有則', 즉 하나의 사물에는 반드시 하나의 원리인 '道(理)'가 내재한다는 이론을 가지고 있었다는 것은 앞의 장에서 살펴보았다. 주희는 사물의 존재적 기초가 되는 '氣'와 사물의 본질을 결정하는 '理'가 동떨어져 존재할 수 없다고 보는 '理氣不離'의 관점을 확고하게 지니고 있었다. 이념적으로 현실성, 세간성을 중시하는 주희의 입장에서 볼 때, '도(=이)'가 현실과 분리될 수 없다고 보았다는 점에서 주희의 철학은 불교와 도교의 초세간적 '도' 이해를 극복하는 면이 있지만, 필자가 다른 곳에서도 지적한 것처럼, 주희는 '道(理)'의 초월적 선재성을 논리적으로 인정하지 않을 수 없는 모순에 빠지고 말았던 것이다.[15]

진량은 유교의 세간성, 현실성을 더욱더 중시하는 사상적 입장을 견지하고 있었다. 그는 철저하게 현실적인 관점에서 '도'를 파악하려고 했다. 그 결과 진량은, '도'의 현실성을 강조하면서도 다시금 '도'의 초월성을 상정할 수밖에 없었던 주희의 논리적 함정을 정확하게 이해하고 있었다. '도'는 사물과 분리될 수 없다는 진량의 주장은 틀림없이 주희가 말하는 '도'의 양면적 성격을 전제로 한다. 그리고 진량은 논리적으로뿐만 아니라 실질적으로도 '도'가 사물과 분리되어 존재할 수 없다고 보았기 때문에, 오히려 주희의 '도' 이해가 진정한 유교의 정신에서 벗어나 있었다고 생각했던 것이다.

5. 진량의 도통론 비판

　사물과 '도'가 분리될 수 없다는 주장은 진량의 문집 全篇에 걸쳐 반복되는 중요한 주제 중의 하나였다. 나아가 '도'에 관한 그의 관점은 궁극적으로는 유교적 성인의 경전에 대한 신념으로 연결되고, 이단 종교인 불교를 비판하는 출발점으로 작용하기도 한다. 진량은 그가 30세(乾道 8년, 1172년) 때에 쓴 한 편지글에서 '도'에 관한 종합적 관점을 개진하고 있다.

　　세상의 학자들은 형체가 없는 영역에 마음을 빼앗겨, 그러한 영역에 대한 견해를 오히려 탁견이며 견식이 있는 것이라고 생각한다. 이 세상에 존재하는 사물은 다양하지만, 식견이 얕은 경우에는 그들의 이해는 마치 마른 나뭇가지나 타버린 재에 매달리는 것과 같다. 또 깊은 것을 이해했다고 주장하는 자들은 그 생각이 종횡으로 치닫고 미묘한 곳을 본다고 하지만 사실은 방자하여 귀결되는 바가 없으니, 어찌 그들이 문리가 치밀한 도를 살핀다고 할 수 있겠는가? 그들은 마치 강물의 한가운데를 흘러 어디서에서도 머무르지 못하는 자들과 같은데도, 오히려 그들은 스스로 얻은 바가 있다고 주장하고 있으니 어찌 가련한 노릇이 아니겠는가? 따라서 〔유가의〕 격물치지를 주장하는 학문은 성인께서 천하의 후세 사람들을 위하여 하나도 숨김없이 글로 남겨놓은 바이다.[16]

　'형체가 없는 영역에 마음을 빼앗긴다〔玩心於無形之表〕'는 것은 불교 및 도교의 형이상학적 관심을 부정적으로 평가한 발언이다. 그러한 학문에 몰두하는 자들이 얻은 지식이라는 것은 전혀 현실적 기반이 없는 것이다. 그러나 그들은 오히려 자신들의 지식이 고상한 차원의 것이라는 역설적인 항변을 늘어놓는다고 진량은 비판한다. 진량은 불교로 대표되는 비현실적 피안의 세계에 대한 관심을 단호하게 부정한다. 그리고 그 대안인 유교적 학문을 '격물치지의 학문'이라고 말한다. 진량의 이런 주장은 사실 불교 및 도교에 대한 주희 계통에서의 비판의 논점을 그대로 옮겨놓은 것이 아닌가 싶을 정도로 유사한 점이 있다. 청장년기의 진량의 학문적 관심은 기본적으로는 程朱道學의 범주를 크게 벗어나고 있지 않았다는 것을 우리는 위의 인용문에서 충분히 살필 수 있는 것이다.

정이천 계통의 학문 전통을 이어받았던 진량의 초기의 사상적 지향은, 일상성과 세간성을 강조하는 유교적 학문 방향을 극단적으로 밀고가는 현실 중심주의로 인해 나중에 점차 주희의 이상주의 내지 초월주의에 대한 비판으로 발전되었던 것이라고 판단할 수 있다. 물론 그러한 현실주의의 맹아는 젊은 시절의 진량의 글 속에서 충분히 제시되고 있었던 것도 사실이다. 같은 글에서 제시된 진량의 입장을 좀더 살펴보자.

> 유교와 불교의 道는 판연히 구별되는 두 개의 길이다. 그래서 이것이 옳다면 저것은 틀린 것이며, 이것이 틀리다면 저것이 옳은 것이다. 불교에 빠진 사람은 바로 이렇게 말한다. '그것이 가르치는 도는 우리 유교가 미칠 수 없는 것이다.' 또는 '그 정밀한 바를 살피면, 서로 아무런 차이가 없이 완전히 일치한다.' 때로 고명한 지식을 가졌다는 사람은 이렇게 말한다. '유교와 불교의 깊은 곳을 살피면 그 차이는 극히 작은 것이다.' 이런 주장들은 모두가 불교에 빠지고도 스스로 그 사실을 알지 못한 데서 나온 것이다. […] 세상의 소위 고명한 선비라 할지라도 왕왕 그 가운데에 빠져서 스스로 벗어날 줄 모른다. 사람의 마음을 해치는 불교의 폐해는 전국시대의 楊朱나 墨翟의 그것을 훨씬 능가한다.[17]

이단 그중에서도 특히 불교를 비판하는 진량의 어조는 신유학자들의 연장선상에 있다는 사실이 충분히 인정될 수 있다. 유교 정통론적 관점에 근거한 불교에 대한 비판이라는 문제에만 한정한다면, 진량과 주희는 분명

공유될 수 있는 시각을 가지고 있었다. 그러나 진량은 주희보다 한 걸음 더 나아가 초월적인 관심을 불교와 공유하는 주희의 '도학'적 관점조차도 정통적 유교의 가르침에서 벗어나 있는 사상이라고 비판하고 있었다는 사실이 흥미롭다. 진량은 '도'가 시종일관 현세적, 현실적 삶의 영역을 벗어나지 않는 것이라고 강조한다. 이론적으로 볼 때, 天道와 人道를 포괄하는 것이 '도'의 본질이라면 진량의 주장 자체도 '人道'라는 도의 한 면만을 일방적으로 중시하는 극단론으로서 비판받을 수 있는 소지는 있다.

진량에 대한 주희의 비판은 진량의 그런 극단론에 대한 비판이라고 이해될 수 있는 측면이 없지 않다. 주희는 궁극적이고 보편적인 진리인 '도'를 현실의 일상사에만 묶어두려는 진량의 현실주의적 관점이, 도덕의 표준을 인간사의 현실에서 찾으려는 도덕적 상대주의 내지 회의주의로 빠질 수 있는 위험을 내포한 것이라고 보았다.

하여튼 진량은 '도'를 인간의 일상사를 벗어난 초월의 영역에서 찾고자 하는 모든 시도를 부정한다. 그가 '高明之士'라고 부르는 인물은 불교적 초탈을 논하는 인사들뿐만 아니라, 육상산 계통의 직관주의자, 그리고 주희 계통의 형이상학적 심성론자를 포괄하는 대단히 폭넓은 개념이라고 볼 수 있다. 그렇다고 해서 존재의 궁극적 가치 표준이 道라고 하는 사실 그 자체를 진량이 부정한 것은 아니다. 다만 진리란 추상적인 것이 아니라 '구체적 사물에 내재하는 진리[何物非道]'라는 경험론적인 관점에 근거하여 그는 유교의 '도'를 이해했던 것이다. "이 천하에 있어서 어떤 사물에 '도'가 깃들어 있지 않겠는가? 천 가지의 길이 있고, 만 가지의 궤도가 있어도 [그 '도'는] 구체적 사물에 있어서의 원리이다."[18]

진량은 '도'가 구체적인 인간의 사회생활 내부에 작용하는 근본적 생활 원칙이라고 보았다. 구체적으로 인간의 삶을 이끌어가는 원리가 될 수 없는 '도'는 무용하다. 진량이 보여주고자 했던 것은 보편성과 역사성을 동시에 갖춘 궁극 개념, 역사성과 보편성이 통일된 전체로서의 '도'였다. 여기서 진량의 '도' 이해는 자연스럽게 역사학과 만나게 된다.

'도'는 일상의 현실을 벗어나지 않는다는 주장, 나아가 천하의 사물 중에 '도'가 깃들지 않은 것이 없다는 주장은 인류의 역사에서 '도'는 언제나 존재해왔다는 관점으로 발전할 수 있다. 그리고 그러한 관점에서 진량은 三代의 이상시대 이후의 역사는 '도가 상실된 역사'라고 이해하는 주희의 '道統史觀'에 대한 강력한 의문을 제기했다. 1184년 이후에 쓴 한 묘지명에서 진량은, 1160년대 이후의 남송 사상계의 주류로 등장한 '道德性命之學', 즉 도학적 性命論에 대한 이의 제기와 함께 그들이 제시했던 도덕적 관점에 입각한 '도'와 '역사'의 이해를 비판하고 있다. 그 글에서 진량이 언급하는 '도덕성명지학'이란, 張栻, 呂祖謙(1137~1181, 호는 東萊) 그리고 주희로 대표되는 '도학'을 지칭하는 것이었다. 거기에서 진량은 이렇게 쓰고 있다.

> 태초 이후에 성현들이 계속해서 나타나 도의 큰 줄기〔道統〕가 날로 분명히 밝혀졌다. 그 이후 비록 평화와 혼란이 고차하여 발생했지만 '도'는 하루라도 이 천하에서 사라진 일이 없었다. 그렇다면 전국시대와 진한 시대 이후에 천오백 년 동안 이 '도'는 도대체 어디에 있었는가? 그리고 그 사이에 누구 하나 도를 이해하는 사람이 나타나지 않았고 또 성현이 다시 일어난 것도 아니라면, 천하는 〔'도'의 힘이 아니라〕 인간의 지력에 의존하여 유지되어온 것이 되며 '도'는 마침내 전해지지 않은 신비한 물건이 되고 만다. 그러면 유자들은 어디에서 그 '도'를 얻었다는 말이며, 그것으로 인해 자신들을 높이고 천하에 홀로 설 수 있다는 말인가?[13)]

'도통론'에 입각한 주희의 도학적 역사 이해에 따르면, '공자 – 증자 – 맹자 – 자사' 이후의 천오백 년의 역사는 聖人의 '도'가 상실된 암흑시대였다. 주희는 앞에서 언급한 「계미수공주찰 1」 이후 「중용장구서」에 이르는 수많은 글에서 그의 그러한 '도통사관'을 되풀이하여 강조했다. 그리고 그의 역사 이해는 국가적 정통 이념으로서 확고한 지배 이데올로기적 지위를 확보한다.

진량은 '도'의 전승사에 입각한 '도학'파의 역사 이해에 전혀 동의할 수 없다고 생각했다. 만일 그 천오백 년 동안 '도'가 사라졌다면 그들(도학파)은 어디서 어떻게 '도'를 발견하고 계승할 수 있었다는 말인가? 그 천오백 년 동안 아무도 '도'를 발견하지 못했다면, 어째서 그들만이 그 사라진 도를 발견할 수 있을 정도로 신비하고도 뛰어난 역량을 가질 수 있다는 것인가?

진량이 보기에 '도학자들'의 주장은 전혀 '도'의 참된 성질을 이해하지 못한 데서 나온 독단적 자기 과시일 따름이었다. 그들이 찾았다고 주장하는 '도'는 사실 성현의 참된 '도'가 아닐지도 모른다. 그리고 한 걸음 더 나아가 진량은 '도'를 신비화시키는 도학적 태도를 비난한다. 앞에서 본 것처럼, '도'를 신비한 妙物이라고 보는 입장은 이단적인 관점이라고 하면서 진량은 오히려 주자학적 관점을 이단시한다. 유가의 참된 가르침인 '도'는 인간의 일상생활과 분리될 수 없고 단 한순간이라도 현실 생활을 벗어나는 것이 아니기 때문이다. 도가 사라졌는데도 천오백 년이나 이 세상이 건재할 수 있었다면, 도가 존재하지도 않은 상태에서 공허한 사물만이 이 세상을 떠받치고 있었다는 논리가 되지 않는가? 그렇다면 '도학'에서 주장하는 '도'는 결코 진실한 '도'가 될 수 없다.

여기서 중요한 점은 진량이 이해하는 '도'는 분명 역사와 현실을 뒷받침하는 원리적 근거라는 사실이다. 진량의 현실주의는 결코 '도'의 진리성 자체를 부정하는 논리로 발전하지 않는다. 모든 사물이 '도'를 담고 있다는 주장 그리고 '도'가 사물을 떠나서 존재할 수 없다는 주장은, 그것이 특별한 사람들, 스스로 도의 정통적 계승자로 자임하는 '도학'파의 전유물로 이해되어서는 안 된다는 사실을 강조하기 위한 논리적 장치라고 이해할 수 있다. 진량 역시 '도'가 보편적인 진리라는 점을 인정한다. 그러나 그 '도'는 대단히 구체적이고 역사적이다. 역사적 현실을 떠난 '진리'는 진량에게 있어서는 '진리'가 아니다. 그런 의미에서 '진리는 역사적이다'라는 명제는 진량의 '도' 이해, 그의 진리관의 핵심을 정확하게 지적하는 것이라고 말할 수 있을 것이다.

그런 '도'는 어느 개인 혹은 어느 학파의 전유물일 수 없다. 위의 인용문에서 이어지는 논의에서 진량은 '도'를 발견하는 것이 누구에게나 열려진 가능성이라는 사실을 주장한다. '도'는 언제나 존재해왔으며 역사를 통해 관통하고 있는 것이지만, '인간 마음의 위태로움〔人心之危〕'으로 인해 '도'가 분명히 파악되지 않을 뿐이라는 것을 진량은 강조하고 있다. 그렇다면 인간의 마음의 위태로움을 극복하고 굳건히 지킬 수 있는 정신력을 갖춘 사람이라면 누구든지 '도'를 발견할 수 있다. 그래서 어떤 의미에서건 수양이 요구된다. 그러나 진량이 말하는 수양은 주희의 수양과 물론 그 취지를 달리한다. 그리고 또 다른 글에서 그는 이렇게 쓰고 있다.

공자와 맹자는 천하의 성인 현인으로서, 춘추전국의 난세를 살았다. 그러나 그들은 그들의 '도'를 펼쳐 백성을 도탄에서 구해내지 못했다. 왜냐하면 그들은 제왕의 지위를 가지지 못했기 때문이었다. 『주역』에서는, '천지의 대덕이 표현된 것이 생명이며, 성인의 위대한 흔적이 천자의 지위'라고 말한다. 그리고 '하늘의 해와 달보다 더 밝게 빛나는 것은 없고, 부와 구함보다 더 숭고한 것은 없다'라고도 말한다. 따라서 진실로 올바른 사람됨을 갖추고 거기에 합당한 지위를 얻고자 하는 사람의 마음은 살펴서 알 수 있다. 한편으로는 漢나라와 唐나라의 정치 질서는 삼대의 정통을 잇기에 부족하다고 말하면서, 또 다른 한편으로는 3~4백 년간 지속되는 왕조의 기업을 순전히 인간의 지력만으로 유지할 수 있다고 하는 주장은 모두 후세의 유자들이 주장하는 바이다. 그러나 世儒의 주장이 깨어지지 않으면, 성인의 도가 결코 밝혀지지 않을 것이며 천하의 난리는 결코 멈추지 않을 것이다. 슬프다![20]

진량의 논지는 다음과 같다. 공자나 맹자 같은 성인이라 할지라도 천자가 되어 나라를 다스릴 수 있는 천명을 받지 못한다면 진정 백성을 도탄에서 구원할 수 없다. 결국 천명을 받아 천하를 통일하고 백성을 도탄에서 구하기 위해 한나라와 당나라를 일으킨 劉氏나 李氏의 공적은 고대의 성왕이라 일컬어지는 湯王이나 武王의 공적에 결코 뒤지지 않는다. 그런데도 고루한 세상의 유자들, 즉 '도학'적 의리론에 사로잡힌 유자들은 고식적인 도덕적 관점을 버리지 못하고 한나라와 당나라가 삼대의 이상시대에 미치지 못한다고 주장한다. 그리고 그들은 도통론을 내세우면서 한·당의 시대에는 '도'가 이 세상에서 멸실되었다고 주장한다. 그렇다면 중국 역사의 경험을 돌이켜 볼 때, 보통 3~4백 년간 계속되는 한 왕조의 지속은 '도'의 뒷받침 없이, 나아가 천명의 뒷받침 없이 순전히 인력만으로 가능하다고 보아야 할 것인가. 이것은 천명과 현실적 정치 역량을 일체로 파악하는 진량의 천명 이해와 일맥상통하는 주장이다.

　진량은 道에 근거하지 않는 현실은 존재하지 않는다고 이해한다. 정치와 권력이라는 면에서 볼 때, 그 道는 天命과 동의어가 될 수 있을 것이다. 따라서 진량은 道(=천명)에 근거하지 않는 역사(정치권력)의 창조를 역시 인정하지 않는다. 진량은 도와 현실이 분리될 수 없다는 확고한 신념을 가지고서 '도학'의 도덕적 역사 해석에 반대한다. 여기서 우리는 진량의 관점이 상당히 합리적인 역사 판단에 근거하고 있다는 점을 인정하지 않을 수 없다. 그러나 우리는 진량의 주장이 반드시 옳다고 보지는 않는다. 왜냐하면 진량의 논리는 자칫 현실적으로 존재하는 정치권력의 도덕적 정당성을 당연히 인정해야 한다는, 파시즘의 논리로 흐를 수 있는 위험이 내포되어 있기 때문이다. 그렇다면 주희의 진량 비판은 분명 진량의 역사 해석에 담겨 있는 무비판적 현실 긍정의 위험에 대한 것이었다고 이해할 수 있다.

　하여튼 진량은 현실적으로 천하를 통일하여 정치적 안정을 가져다주지 못하는 약체 정권의 무능력으로 인해 중화의 위기가 초래되었다고 믿었다. 그리고 의리론적 관점에 사로잡혀 현실의 문제를 타개하는 올바른 방향을 제시하지 못하는 '高明人士', 혹은 '世儒'의 공리공론이 현실의 정치적, 경제적 위기를 가중시키는 역할을 한다고 그는 확신했던 것이다. 따라서 그는 "世儒의 주장이 깨어지지 않으면, 성인의 도가 결코 밝혀지지 않을 것이며 천하의 난리는 결코 멈추지 않을 것이다. 슬프다!"라고 당시 유자들의 현실적 무능력과 역사적 무감각을 한탄했던 것이다.

6. 주희의 의리론과 역사 이해

陳亮의 반도학 사상은 그와 동시대의 사상적 거인으로 확고한 명성을 확보하고 있던 주희에 대한 도전이라는 성격을 띠고 형성 발전된 것이었다. 물론 진량의 사상은 그 자체로 독립적인 연원을 가지고 있었다.[21] 남송 시대의 사상적 지형도는 양자강 이남으로 국한될 수밖에 없었지만, 그럼에도 불구하고 남송의 사상계는 상당히 풍부한 지적 자원을 가지고 있었다. 1127년에서 1279년에 이르는 150년 남짓한 기간 동안, 남송의 사상계는 중국사의 어느 시대에 뒤지지 않는 기라성 같은 사상가, 학자를 배출한다. 남송의 사상을 그 이전의 북송 시대의 화려한 사상 풍토의 연장선에서 이해해야 하는 것이 당연하다면, 남송 시대는 唐나라 중엽에서 五代의 분산화 과정을 거쳐 북송에 이르는 문화적으로 대단히 창조적이었던 약 4세기를 총결산하는 의미를 가지고 있다고 이해할 수도 있다.[22] 실제로 남송 사상계를 장식한 거인들은 과거의 학문과 사상을 총결산하는 위치에 있었던 것이 사실이다. 완성자로서 주희의 중요성은 이미 널리 알려진 바이지만, 明代 이후 본격적으로 중국 사상계의 중심으로 떠올랐던 심학의 선구자로 평가받는 陸象山(강서 금계인)의 사상사적 중요성은 어떤 면에서는 주희의 중요성에 뒤지지 않는다.

일반적으로 주희의 협력자로 알려진 呂祖謙(절강 금화인)의 존재도 무시할 수는 없다. 여조겸은 독창적인 사상가라기보다는 박학다식한 학자로서, 특히 역사학에서 일가를 이룬 인물로 평가되고 있었다. 그리고 그의 역사학적 관심은 진량의 관심과 일맥상통하는 바가 없지 않았을 것이다. 주희와 함께 성리학의 입문서라고 할 수 있는 『近思錄』을 편찬한 그는 주희보다 여덟 살 아래였지만, 주희와 막역한 학문적 동지 사이이기도 했다.

呂祖謙에 대한 주희의 평가는 양면적이었다. 주희는 여조겸의 박학함과 엄격한 학자적 식견을 높이 평가하는 한편, 그의 학문이 다방면에 걸쳐 산만히 펼쳐지며 학문의 요점이 결여되어 있는 점을 비판했다. "여조겸[동래]은 박학다식한 점에 있어서는 평가할 수 있지만, 그것을 요약하는 정밀함이 결여되어 있다"라고 평가하는 문인 壽昌의 지적에 대해 주희가 전적으로 동의했다는 기록23)을 통해, 우리는 주희가 여조겸에 대해 가졌던 태도의 일면을 엿볼 수 있다.

주희의 입장에서 볼 때 여조겸과 육상산은 정반대의 학문 태도를 가진 것으로 평가된다. 여조겸에 대한 주희의 평가는 한마디로, '성기다, 거칠다[粗]'24) 내지는 '정밀하지 못하다[不精]'25) 또는 '자세하지 못하다[不子細]'26)는 말로 요약할 수 있다. 여조겸의 학문은 박학하지만, 정밀하지 못한 병폐를 드러내고 있다는 것이다. 반면 주희가 보기에 육상산의 병폐는 넓지 못한 것이었다. 그래서 주희는 이렇게 말하고 있다. "여조겸의 결점은 많은 것을 아는 데[多]에 있지만, 육상산[子靜]의 병폐는 지식이 넓지 못한 데[寡]에 있다."27) 그러나 "육상산은 요점을 파고들어 사람을 감동시키는 힘이 있다"28)라고 육상산의 학문 태도를 높이 평가하기도 한다. 그렇

여조겸 초상.
여조겸에 대한 주희의 평가는 양면적이었다. 주희는 여조겸의 박학함과 엄격한 학자적 식견을 높이 평가하는 한편, 그의 학문이 다방면에 걸쳐 산만히 펼쳐지며 학문의 요점이 결여되어 있는 점을 비판했다.

지만 "육상산의 학문은 분명히 禪이다"[29)]라고 단정하는 데서 볼 수 있는 것처럼, 주희가 볼 때 육상산 심학의 절대적 한계는 경건 탐색을 학문의 중심에 두지 않는 禪의 경향에 너무 기울어져 있는 것이었으며, 바로 그 점이 주희가 육상산의 학문적 태도를 받아들일 수 없었던 최대의 걸림돌이었다.

여조겸에 대한 주희의 비판적 평가는, 역사학 자체를 비판적으로 바라보는 주희의 입장의 연장선에서 이해할 수 있다. 즉 주희는 여조겸의 학문적 결함을 역사학에 편중함으로써 의리의 본질을 꿰뚫어 보지 못하는 점에서 찾는다. 그리고 여조겸과 학문적 관심을 어느 정도 공유했던 陳亮의 학문적 결함 역시 역사학에 편중하는 그의 공부 방법에서 결과되는 것이라고 주희는 판단하고 있었다. 주희는 다음과 같이 여조겸의 학문을 비판한다. "여조겸〔伯恭〕은 사학에 있어서는 과도할 정도를 자세하지만 경학에 대해서는 이해가 그다지 깊지 못하다."[30)]

주희는 학문의 단계적 발전을 중시한다.[31)] 그리고 그가 염두에 두고 있던 학문의 범주 속에는 당연히 역사서의 연구 내지 역사의 연구도 포함되어 있었다. 그러나 역사에 대한 연구는 적어도 주희가 설정한 교육 과정에서는 경서의 참된 정신〔道理〕을 확인하고 검증하는 자료로서 가치를 가질 뿐, 역사가 진리의 표준으로서 우선권을 가질 수 없는 것이었다. 따라서 학자의 공부는 반드시 경서를 표준으로 삼아야 하고, 경서에 대한 심도 있는 연구가 선행되지 않은 상태에서 역사적 사실에 대한 공부는 올바른 학문의 방법이 될 수 없다는 견해를 주희는 확고하게 지니고 있었다. 주희는 그런 견지에서 사마천의 『사기』를 학문의 모델로서 절대시하는 여조겸의 사학 중심적 학문 태도를 비판했던 것이다.

> 백공〔여조겸〕과 子約〔여조겸의 아우〕은 太史公〔사마천〕의 학문을 종지로 삼고, 漢나라의 유자〔漢儒〕들의 학문이 태사공의 학문에 미치지 못한다고 평가했다. 거기에 대해 나〔주희〕는 그와 논변을 벌여 그를 비판한 바 있다. 〔소동파의 동생〕蘇轍〔子由〕은 『古史』에서 사마천에

대해 말하기를, '그는 천박하여 학문을 연구한 바가 없다. 그리고 그는 소략하여 가볍게 믿는 경향이 있다'라고 했는데, 이 두 마디는 사마천의 결함을 가장 잘 지적한 것이다. 하지만 백공은 오히려 그러한 평가를 대단히 못마땅하게 생각했다.32)

사상적인 면에서 주희는 결코 소동파 형제에 동조하지 않았지만, 사마천의 역사학에 대한 관점에 대해서는 소동파의 아우인 蘇轍의 견해에 동의했다. 그렇지만 "子由〔소철〕의 이 말은 뛰어나지만 거기에 결함이 없는 것은 아니다. 예를 들어 '제왕의 도는 무위를 종지로 삼는다'라는 식의 표현이 그것이다"33)라고 하면서, 그의 사상적 문제점을 지적하기를 잊지 않는다.34)

학문함에 있어서 경서 공부의 중요성을 강조하는 주희의 견해는 그의 '독서법'의 중핵을 이루고 있다. 주희는 학문이란 지적 호기심에 그치는 것이 아니라 성인이 되기 위한 수양의 한 과정으로서 중요한 의미를 가지는 것이라고 생각했다. 학문의 궁극 목표는 경서에 나타난 성인의 도리를 자기 스스로가 체득하는 것, 즉 성인이 되는 데에 있었다. 유교의 기본 경전인 《六經》은 "삼대 이전의 문서로서 모두가 성인의 손을 거쳐 완성된 것이다. 따라서 그것은 완전히 천리와 부합한다"35)라는 것이 경서에 대한 주희의 기본 입장이었다. 그 경서에 드러난 천리는 단순한 독서에 의존해서만 체득되는 것은 아니다. 따라서 독서의 중요성을 한없이 강조하는 주희도 "독서는 학문하는 이에게는 두 번째로 중요한 것일 뿐"36)이라고 그것의 중요성을 한정한다.

공부의 최종 목적은 두말할 것도 없이 천리를 체득하여 그것을 내 것으로 만드는 일이다. 그러나 방법적으로는 독서를 통하지 않고 그 도리를 인식하는 일은 불가능하다고 주희는 다시 독서의 강조로 돌아간다. 주희에 있어 독서가 그토록 중요하다면, 경서를 읽고 이해하는 것 이상의 학문이 있을 수 없다는 것은 자명하다. 독서를 통한 학문이란 결국은 경서에 드러난 "성현의 의도를 파악"³⁷⁾하는 일이고, "성현의 의도를 통해 자연의 理를 보는 것"³⁸⁾을 지향한다. 여기에서 우리는 주희 경학의 근본 정신을 알 수 있다. 주희는 경서가 성인의 도 나아가 자연의 도[理]를 구현하는 것이라는 확고한 입장을 가지고 있었다. 우리는 그러한 주희의 입장을 '경학적 도 이해'라고 부를 수 있다.

주희는 독서를 무엇보다도 중시했고 경서가 독서의 중심이 되어야 한다는 입장을 견지했지만, 그에게 있어 학문이란 독서의 범위를 경서에만 한정시키는 협소한 경학을 의미하는 것은 아니었다. 그는 오히려 열린 사고의 계발을 위해 후학들에게 폭넓은 독서를 장려했다. 그렇지만 폭넓은 독서는 경학을 통한 마음의 바탕이 정립된 후에 비로소 의미 있는 일이라고 그는 믿었다. 그리고 경학의 기초가 확립된 다음에 특히 필요한 공부가 바로 역사였다. 주희에 있어 경학과 폭넓은 역사 및 제도의 연구 나아가 문학의 연구는 갈등 관계에 놓이는 대립적인 것이 아니라, 상호 보완적인 것이었다. 경서를 이해하는 것이 집을 짓기 위한 튼튼한 기초를 만드는 일이라면 그 바탕 위에 이루어지는 폭넓은 독서는 훌륭한 집을 짓기 위해 기초 위에 건물의 본체를 쌓아 올리는 일이고, 그 본체를 아름답게 꾸미는 장식품을 준비하는 일이다. 그러나 기초가 튼튼하지 않으면 집 짓기 자체가 아무런 의미가 없다는 것은 자명하다. 마찬가지로 기초만 있고 풍부한 건축 재료가 준비되어 있지 않을 때에는 그 집은 앙상한 기둥만 가진 초라한 건물이 되고 말 것이다. 주희의 이런 학문 태도는 "폭넓은 학문을 통해 자세한 요점으로 되돌아온다[由博反約]"라는 구절을 통해 가장 잘 드러난다. 주희는 당시의 학풍을 비판하면서, 경학에 중점을 두는 폭넓은 역사와 제도의 연구를 장려한다.

> 오늘날의 학자들은 먼저 [경서에 대한] 충분한 독서가 이루어지지 않고, 따라서 도덕적 판단[義理]의 기준이 확립되지도 않은 상태에서, 곧바로 역사서를 읽어 과거와 현재의 정치적 질서와 무질서[古今治

亂]의 원인을 탐구하고자 하며 제도와 법률[制度典章] 등을 이해하려고 한다. 독서란 마치 흙으로 둑을 만들어 논밭에 물을 대는 것에 비유할 수 있다. 둑을 만들 때에는 그 속에 반드시 물을 가득 채워놓아야 한다. 그런 다음에야 그 물을 열어 논밭의 곡식에 충분한 물을 제공할 수 있는 것이다. 그러나 둑 안에 고인 물이 겨우 한 움큼에 불과할 때에는 조급히 물을 풀어 관개를 한다 해도, 논밭에는 아무런 도움도 주지 못할 뿐 아니라, 고여 있던 물마저도 다 없어지는 결과가 되고 만다. [경서에 대한] 충분한 독서를 통해 도덕적 판단의 기준이 확립되면, 그 후에 반드시 마음속에 척도가 분명해질 것이다. 그러한 연후에도 역사를 연구하지 않고, 질서와 혼란의 원인을 탐구하지 않고, 제도와 법률을 이해하려고 하지 않는다면, 그것은 마치 저수지 안에 물을 가득 채워놓고도 그것을 터서 논밭에 물을 대지 않는 것과 마찬가지다. 그러나 독서가 충분하지 않고, 도덕적 판단의 기준이 확립되지 않은 상태에서 조급하게 역사서를 읽는 것을 급선무로 삼는다면, 그것은 마치 저수지에 고여 있는 겨우 한 움큼밖에 되지 않는 물을 풀어 논밭을 관개하는 것과 같은 꼴이 되어, 잠시 서서 기다리는 사이에 물은 말라버리고 말 것이다.[39]

주희는 경서의 연구를 둑에 물을 담는 준비 과정에 비유할 수 있다고 한다. 물이 말라버린 둑을 도대체 둑이라고 부를 수 없는 것처럼, 경서의 바탕이 없는 학문을 도저히 학문이라 말할 수 없다는 것이 주희의 기본 생각이었다. 학문에 있어서 경서의 중요성은 둑에 담겨 있는 물과 같다. 그리고 역사 및 제도와 법률의 연구는 둑에 고인 물을 터서 밭을 관개하는 것처럼 기본 원리를 사회적으로 실천하는 것을 의미한다. 주희에 있어 유교적 학자의 궁극적인 이상은 경학을 통해 가치판단의 기준을 확립하고, 역사와 제도의 연구를 통해 이미 확립된 기준을 구체적으로 실천하는 식견을 쌓고 나아가 사회를 변화시키는 데에 있었다. "독서는 반드시 경을 바탕으로 삼고, 나중에 역사서를 읽어야 한다"[40]라고 주희는 거듭 강조한다. 그것이 바로 유교의 고전적 이상인 內聖과 外王, 즉 인격 수양과 사회적 실천 양자를 겸하여 실현하는 길이라고 그는 생각했다.

주희는 분명 경서를 통한 도덕적 판단의 확립에 무게중심을 두고 있었다. 역사와 제도는 경서가 가르치는 궁극적 원리, 즉 성인의 도에 비해서는 부차적인 지위밖에 가지지 못한다. 진량과 주희의 논변을 염두에 두고 말한다면, 주희는 훌륭한 제도 자체가 道를 실현하는 것이 아니라 고성왕이 제시한 道가 스스로 훌륭한 제도를 역사 속에 실현시킨다고 보았던 것이다. 따라서 그 道는 역사와 제도에 앞서서 존재하는 초시간적 진리로서 인간 앞에 다가온다. 주희에 의하면 어디까지나 '도'가 주도권을 가지고 현실을 창조한다. 극단적으로 말하자면, 인간은 '도'의 지시를 따라야만 완전해질 수 있는, 현실적으로는 극히 불완전한 존재일 따름이다. 先王(=聖王)이 이미 완성한 보편적 진리인 道는 초월적 성질을 가지는 것이며, 그것의 완전하고 분명한 모습은 경서를 통해 스스로 드러나고 있다. 주희의 경학적 신념에 의하면 고대의 성인은 미래의 역사를 다 예견하고 어떤 상황, 어떤 시대에도 타당한 제도의 원리[道]를 완전하게 제시해놓았다. 인간의 의무는 경서에 담긴 비밀의 코드를 해석하고, 그 지시대로 분명하게 '도'를 실천하는 것일 뿐이다.

그러나 실제로 인간의 사회는 이상적인 질서 제도와 전혀 다른 방향으로 나아가고 있는 것은 아닌가. 현실과 진리 사이에 존재하는 괴리에 대해 주희는 그 잘못이 경서에 있는 것이 아니라고 주장한다. 경서가 가르쳐주는 '도'를 이해하지 못하고 또 실천하지 못하는 인간의 한계와 불완전함에 전적인 책임이 부과되었던 것이다.

진량의 반주자학적 언설은 이러한 주희의 초시간적 '도론' 내지 경서에 대한 절대적 신념에 내포되어 있는 이상주의의 취약성을 간파한 결과 제기된 것이라고 필자는 이해한다. 주희가 믿는 것처럼 모든 시대에 완전하게 적용될 수 있는 보편적 진리[道]라는 것이 과연 실제로 존재하기나 하는 것일까. 진량은 이런 의문을 출발점으로 해서 경서에 대한 주희의 신앙에 의문을 가졌다. 나아가 그는 역사와 제도에 선행하는 보편적 진리의 존재 가능성에 대해서도 의문을 제기함으로써 도학적 신앙을 근본적으로 부정할 수 있는 전략을 모색한다. 진량의 그러한 전략을 우리는 '역사학적 도 이해'라고 불러 주희의 '경학적 도 이해'와 대비시킬 수 있다고 생각한다. 진량이 제시하는 '역사학적' 관점에서의 '도' 이해는 당연히 역사에 대한 그의 식견에서 비롯되는 것이었다.

진량에 있어서 학문은 곧 역사 연구를 의미하는 것이었다. 그렇다고 진량이 경서 그 자체를 무시한 것은 아니다. 진량은 보다 적극적으로, 경서야말로 고대의 典章制度와 역사를 보여주는 역사 문헌이라고 믿었다.[41] 그러나 의리론적 해석을 중시하는 주희는 진량의 그러한 관점을 공리주의라고 부르면서 비판했다.

7. 공리주의에 대한 주희의 비판

주희와 동시대를 살면서 신유학의 다양한 가능성을 제시했던 여조겸, 진량 그리고 엽적 등은 강남의 경제, 문화 중심지 浙江의 학문적 전통을 대변하는 사상가들이었다. 주희의 '도학'이 형이상학적이며 경학적 관심을 강하게 보이고 있었던 것과는 달리, 절강의 사상가들은 정치철학적이며 역사학적인 관심을 보여주었기 때문에 주희로부터 혹독한 비판을 받을 수밖에 없었다. 『朱子語類』 권122 및 권123에는 여조겸, 진부량, 진량, 엽적 등 절강의 학자들에 대한 주희의 관점을 살필 수 있는, 주희와 제자들 간의 대화가 집중적으로 실려 있다. 주희의 관점은 앞에서 살펴본 여조겸에 대한 그의 태도를 크게 벗어나지 않는다. 『朱子語類』 권122의 전반부가 史學에 기울어진 여조겸의 학문과 사상을 비판하는 것이었다면, 그 후반부는 절강의 학문 전체를 비판의 대상으로 삼고 있다. 그리고 권123은 절강 학자들의 학문적 대표격인 진량과 엽적에 대한 비판을 집중적으로 싣고 있다. 절강의 학술에 대한 주희의 비판을 살필 수 있는 자료는 여기에 그치는 것은 아니지만, 이 곳에서는 우선 『朱子語類』를 통해 주희의 입장을 살피면서, 절강의 학자들의 학문적 입각점을 비판적으로 이해하는 데 중점을 두고자 한다.

> 절강의 학자들은 『사기』를 존중한다. 그리고 黃老를 앞세우고 《六經》을 소홀히 하는데, 그것은 모두 태사 사마담의 학문에서 나왔다.[42)]

> 선생[주희]이 말했다. "역사를 연구하는 것은 마치 사람이 싸우는 것을 구경하는 것과 다를 바가 없다. 단지 싸움을 구경하는 것이 [학문에] 무슨 이득이 있겠는가? 진량의 일생은 역사 때문에 파멸한 것이다." 직경이 말했다. "그렇다면 여조겸이 역사를 연구하라고 학생을 가르치는데, 그 역시 역사 때문에 파멸했다고 말할 수 있겠습니다."[43)]

> 육상산의 학문은 한쪽으로 치우치기는 했지만, 적어도 여전히 사람이 되고자 하는 학문이다. 그러나 永嘉[엽적이나 진부량] 및 永康[진량]의 이론들은 도대체 학문이라 할 수도 없고, 왜 그런 말들을 하는지 알 수가 없다.[44)]

주희는 절강의 학문 전체가 사학에 편중하는 경향이 있다고 지적한다. 앞에서도 살펴본 것처럼, 주희는 여조겸의 학문이 사실을 우선시하는 사학을 중시하는 데에서 오는 도덕적 가치판단의 미진함을 가지고 있다고 평가했다. 절강 학술의 전반적 문제점은 여조겸의 학문에서 여실히 드러난다고 주희는 판단한다. 그리고 주희와 학문적으로 심하게 대립했고, 또 주희가 비판해 마지않았던 육상산의 학설조차도 절강의 학문에 비하면 인정해줄 수 있는 여지가 있다고 주희는 말한다. 절강의 학문, 특히 엽적과 진량의 학문은 "도대체 학문이 아니다"라는 극단적인 비판을 주희는 서슴지 아니한다. 과연 그들의 학문은 전혀 무가치한 것이었을까? 아니면 오히려 주희의 관점이 어느 한쪽으로 지나치게 편중되어 있었기 때문에, 주희는 그들의 학문을 이해하지 못했던 것일까?

먼저 절강 학술의 대표자로 꼽히는 여조겸의 경우를 살펴보자. 여조겸은 폭넓은 학문적 지식을 가지고 있었을 뿐 아니라, 성격적으로도 관대한 인물이었던 것 같다. 그는 주희와 달리 자기와 의견이 다른 사상가들과도 폭넓은 교류를 가지고, 의견을 차이를 조정, 절충하는 입장에 서 있었다. 따라서 여조겸은 주희가 비판했던 절강의 사상가들과도 제법 깊은 친교 관계를 가지고 학문적으로 교류를 나누었으며, 주희 역시 여조겸을 통해 절강의 학문에 대해 인식을 가지게 되었다. 그러나 주희는 永嘉(절강 남부)나 金華(절강 남부) 등지에 살고 있던 학자들의 학문 태도에 대해 처음부터 부정적인 입장을 취했고, 여조겸의 절충주의적 태도에 대해서도 적지 않은 불만을 가졌다. 우리는 『朱子語類』의 한 대화에서 주희의 그러한 불만을 읽어낼 수 있다.

> 陳亮[同父 혹은 同甫]은 종횡무진하는 재기를 가지고 있다. 여조겸[伯恭]은 그의 병폐를 직설적으로 고치지 못하고 오직 비유적으로만 말을 했으니, 결과적으로는 오히려 그에게 놀림감이 된 것이다.[45]

백공[여조겸]이 어찌 죄가 없다 하겠는가? 쓸데없는 잔소리만을 늘어놓고 진량의 문제점을 지적하여 가르쳐 그의 논지를 논파하는 적절한 한마디를 해주지 못한 것은 결국은 그와 하나가 되는 것에 다름 아니니다. 최근에는 백공의 문인 중에서 도리어 진량[同父]의 학설을 말하는 자들이 생겨 두 학파가 하나로 통합된 감이 있으니, 대단히 괴이한 일이다. 군거는 말하기를, 내가 그와 일치하지 않는 점이 있을 뿐이라고 한다. 그러나 그것은 문제의 핵심을 간파하지 못한 것이다. 천하의 일은 옳은 것이 아니면, 곧 틀린 것으로서 확연하게 나누어지는 것이지 그 중간의 모호한 지점은 있을 수 없는 것이다.[46]

주희는 여조겸의 학문에 대해서 불만을 가지고 있었음에도 불구하고 여전히 그의 학문적 식견과 성인됨을 지향하는 그의 태도를 높이 평가했기 때문에, 그 두 사람의 친교는 여조겸이 죽을 때(순희 8년, 1181년 7월)까지 지속되었다. 여조겸 역시 주희의 입장에 완전히 찬성한 것은 아니었으나, 학자로서의 주희의 역량에 커다란 존경심을 가지고 있었다. 주희와 여조겸은 순희 2년(1175년) 4월 2일, 주희가 45세 되는 해에 만나서 함께 『近思錄』을 편찬한다. 물론 그 편찬에 있어서 주도적인 역할을 한 것은 주희였지만, 여조겸도 주희의 도학적 자부심과 학문적 식견을 인정했기 때문에 그에게 협력하여 공동 편찬 형식의 '도학 입문서'가 탄생한 것이었다.

『근사록』의 편찬은 남송 사상의 전개에서 중요한 의미를 지닌다. 주희와 여조겸 두 사람은 『근사록』의 편찬을 통해 서로의 사상적 차이를 조정할 수 있는 기회를 가졌다. 특히 주희 입장에서 볼 때 『근사록』의 완성은 '도학'의 학파적 수립을 확인하는 기회이기도 했다. 주희는 『근사록』에 대해 그 책의 서문에서 "자기를 바로 세우고, 남을 다스리는 요체이며, 이단을 분별하고 성현의 대략을 살필 수 있는 가장 올바른 줄거리"가 거기에 담겨 있다는 자부심을 숨기지 않는다. 나중에 주희는 그에게 수업했던 陳淳과의 대화에서, "《四書》는 《六經》에 이르는 사다리이며, 『근사록』은 《四書》에 이르는 사다리"[47]라고 말할 정도로 '도학'의 학문 체계에서 그 책은 중요한 위치를 차지하고 있다. 그뿐만 아니라 '도학'을 절강 지역으로 전파하는 결정적인 계기를 얻게 되었다는 점에서도 『근사록』의 편찬은 중요한 하나의 사상사적 사건이었다.

절강 지역의 학문을 대표하는 진량의 학문을 평가하는 곳에서, 경서에 대한 신념을 결여한 역사의 연구는 마치 싸움 구경과 같다고 말한 주희의 기본 관점을 살펴본 바 있다. 역사 연구를 싸움 구경에 비유하는 주희의 말은 역사에 대한 주희의 기본 생각을 이해하는 데에 대단히 중요하다. 주희도 역사 연구를 중요시했고, 실제로 역사서를 집필하는 데에 정력을 바치기도 했다. 그렇다면 주희의 역사 연구는 여조겸이나 진량의 역사 연구와 어떻게 다른 것인가?

앞에서 지적한 것처럼, 주희는 경학의 바탕 위에 서 있는 역사 연구만이 의미가 있다고 주장했다. 왜냐하면 학문 전체를 하나의 집 짓기에 비유할 때, 경서의 이해는 기초 작업에 해당하기 때문이다. 그 기초란 다름 아닌 도덕적 기초, 즉 '도학'에서 '義理' 또는 '道理'라 부르는 도덕적 가치판단 기준의 확립을 가리킨다. 학문에 있어서 역사를 무시해서는 안 된다고 주희는 강조했다. 문제는 도덕적 판단 기준이 확립되지 않은 상태에서는 역사적 사실들을 아무리 배워도 그것을 통해 본질적으로 중요한 것을 아무것도 배울 수 없다는 데 있다. 인간의 삶은 투쟁의 연속이다. 역사는 인간의 투쟁 중에서도 극적인 투쟁들을 그리고 있다. 길게 보면 역사는 진정한 승리자도 패배자도 존재하지 않는 투쟁 양상을 보여준다. 그러나 주희는 그처럼 옳은 것과 그른 것이 불분명해지는 도덕적 모호함을 단연코 반대한다.

주희가 도교와 불교를 이단이며 유교적 가치를 파괴하는 최대의 적이라고 보았던 것은, 가치 상대주의로 인해 유교적 도덕 질서가 해체될지도 모른다는 두려움과 경계심의 발로라고 볼 수 있다. 주희가 내세우는 '도학'은 분명한 도덕적 기준에 대한 확신을 생명으로 삼는다. 주희의 역사관이 엄격한 '대의명분'을 중시하는 춘추필법의 회복을 지향하는 것이었다는 사실을 상기해보아도 알 수 있는 것처럼, 그는 역사를 단순한 사건의 연속으로 보지 않고, 도덕적 선악이 투쟁하는 장으로 판단했다. 따라서 경서에 근거한 도덕적 가치판단을 게을리 하는 자가 역사에서 배울 수 있는 것은 단순한 시간 죽이기, 아니면 싸움질 이상이 될 수 없을 것이라고 생각했던 것이다.

주희가 보기에 절강 학술의 병폐는 역사 문제에만 그치는 것은 아니다.

주희는 절강의 학술이 '功利'를 추구하는 것이라고 매도한다. '功利' 내지 '事功'이라는 개념은, 유교적 관점에서만 보자면 결코 호의적인 명칭은 아니다. 주희는 자신과 사상적으로 대립했던 육상산의 학문을 '禪學'이라그 판단하고, 절강의 학문, 그중에서도 특히 진량과 엽적의 학문을 '공리'에 전념하는 것이라고 부른다

주희가 말하는 '공리'는 '의리'에 대립되는 개념이다. 그러한 개념의 대립은 멀리 공자와 맹자에서 발원한다고 주장된다. 앞에서도 보았듯이, 주희의 '의리'란 '경서에 입각한 도덕적 가치판단의 원리'를 의미한다. 도덕적 가치판단은 경서에 근거를 두어야 한다는 주희의 확고한 태도를 우리는 '義理論'이라고 부른다. 그렇다면 주희가 지칭하는 '공리'란 '경서에 근거하지 않고 도덕 판단의 기준을 설정하는 여러 입장과 행동'을 의미한다고 이해할 수 있을 것이다. 주희는 '공리'를 추구하는 사상은 도덕적 기준보다는 현실의 '이해득실'에 집착하는 사상[48]이라고 단정한다. 그리고 그러한 공리의 입장이 사학에 편중하는 학문과 연결될 때, 그것은 도덕적 상대주의라는 결과를 초래할 수 있다고 주희는 판단한 것이다. 사학에 편중하는 공리는 禪學에 치우친 상대주의에 비해 훨씬 더 심각하다. 왜냐하면 禪學이 세상사를 초탈하는 데에 비해, '공리'적 태도는 분명한 결과를 기대하는 악착같은 물질 중심주의 혹은 권력 중심주의와 손쉽게 결합할 수 있다고 보았기 때문이다.[49]

진량과 주희의 사상 논쟁은 여조겸의 死後에 본격화되었다. 여조겸은 순희 8년(1181년)에 병사했다. 주희는 劉淸之에게 보내는 서한에서 여조

육상산 초상.
주희는 자신과 사상적으로 대립했던 육상산의 학문을 '禪學'이라고 판단하고, 절강의 학문, 그중에서도 특히 진량과 엽적의 학문을 '공리'에 전념하는 것이라고 부른다.

겸의 죽음을 애통해 하면서 자신의 '도학'적 사명을 다시금 다짐하는 마음을 다음과 같이 토로했다.

> 일년 전 敬夫[張栻의 호, 南軒 先生]를 보내던 때의 곡성이 아직 그치지 않은 시점에서, 지금 백공이 이렇게 다시 세상을 떠났다. 나의 도는 이제 쇠미의 길로 접어들었으니, 하늘의 뜻이 어떠한지 알지 못하겠다. 나도 죽기 전에 스스로 더욱 힘써, 도를 떠받드는 데 노력하지 않을 수 없다.[50]

성인의 '도', 즉 중국적 문화 질서에 대한 주희의 소명 의식은 공자가 주나라의 문화 질서, 곧 周公의 道에 대해 가졌던 우환 의식과 일맥상통한다. 여조겸의 죽음은 張栻의 죽음에 이어 연속적으로 발생한 일이었기에 더욱 주희를 가슴 아프게 만들었을 것이다. 이 세 사람은 '道學'적 신념을 공유했던 知己였으며, 경쟁자이자 협력자로서 서로 마음 든든한 동지였다. 그러한 두 동지의 죽음은 주희에게 학문적 위기의식을 불러일으키기에 충분한 사건이었음에 틀림없다. 특히 여조겸의 죽음은 팽팽한 긴장 관계에 있던 절강의 학문과 주희의 대립을 표면화시키는 계기가 되었다. 주희도 지적하고 있는 것처럼, 여조겸이 없는 상황에서 세상은 공리주의 일색으로 물들어가고 있었던 것이다.

> 陳亮의 학문은 이미 [육상산의] 강서 지방에까지 미치고, 절강 전 지역에서 꽤 유행하고 있다. 집집마다 사람들은 왕도와 패도를 논하면서, 소하나 장량은 말하지 않고 왕맹을 입에 올린다. 그리고 공자와 맹자를 말하지 않고 문중자[王通]를 의론한다. 두렵구나. 두렵구나.[51]

주희의 입장에 따르면 사학 편중의 여조겸의 학문은 손쉽게 공리주의와 결합할 수 있는 가능성을 내포하는 것이었다. 그러나 주희는 여조겸의 학문이 '공리'를 추구하는 학문이라고 직접적인 비판을 가하지는 않았다. 여조겸과 장식이 죽고 난 후 주희는 지지자를 잃어버린 고립감에 빠졌다. 그의 판단에 따르면, 육상산 심학의 본고장인 江西 지방마저도 진량을 추종하는 공리 사상에 기울어져버렸다. 하물며, 여조겸이 사라진 지금 절강의 학문이랴! 주희는 진량 등이 내세우는 공리 사상이 온 천하를 석권하고 있다고 보았다. 주희는 공리 사상을 권모술수의 학문이라고 평가하고 있었다. 그들은 왕도, 패도만을 논할 뿐, '의리'에 근거한 도덕 가치에 관심을 기울이지 않는다. 권모술수에 능한 인물을 높이 평가하는 등 도덕적으로 타락한 모습을 단적으로 보여준다는 것이다. 여조겸의 죽음으로 인해, 이제 '공리' 사상이 학문적 타탕에 있어 성향이 유사한 여조겸의 학풍이 강한 금화 지역의 학문 세계로 파고들어간다. 이러한 현실을 목도하면서 주희는 자신의 '도학'적 소명이 좌절될 위기에 처했다고 판단했다. 그런 위기의식으로 인해 주희는 진량을 비롯한 절강의 학문 풍토에 대해 강렬한 적대 의식을 드러냈던 것이다.

제5장

남송의 국가예제와 祀典:
국가제사 규정과 주희의 예론

1. 송대 국가제사(祀典)의 특징

주희가 지향했던 유교 전통성의 회복, 유교적 예의 회복은 구체적으로는 당시 남송의 國家禮制의 규정과 원리를 향촌 사회의 차원에서 실천하는 것이었다. 여기서 간략하게나마, 남송의 국가제사(祀典)의 근거를 제공했던 국가예제의 내용을 살펴보려고 한다. 그렇게 함으로써 우리는 주희의 사상적 영위가 추상적인 관념의 세계에만 머무르는 것이 아니었다는 사실을 이해할 수 있으며, 향촌의 지도자로서 유교적 사회를 실현하기 위해 노력했던 주희의 사상에 담겨 있는 실천적 지향을 어느 정도 엿볼 수 있을 것으로 기대한다.

원래 중국의 禮는 사대부 귀족의 실천 규범으로서 존재했다. "예는 서민 민중에게는 적용되지 않는다"[1]는 고전적인 명제는 중국적 예질서의 형성과 실행에 있어 하나의 준거 이념으로 작용했다. 그러나 그 이념은 서민 민중이 禮의 지배하에 놓이는 존재가 아니라는 의미이거나, 혹은 禮治의 대상이 아니라는 의미는 결코 아니었다. 다만 민중은 禮治를 근간으로 삼는 국가 지배의 대상일 뿐, 적극적으로 禮를 실천하는 것을 기대할 수 있는 계층이 아니라는 의미를 가진 것이었다. 사회 경제적인 측면에서 보자면, 예질서가 요청하는 절도와 규율은 빈천한 서민의 생활 방식과 수준을 훨씬 초과하는 것이기 때문에 국가는 서민의 삶을 충분히 고려한 포괄적인 禮規範을 만들기가 대단히 어려웠을 것이다. 고대 중국의 귀족적 생활 규범으로서 확립되었던 禮가 공자의 재해석을 거치면서 유교의 근본 원리로 자리를 잡은 후에, 춘추전국 시대와 진·한 및 수·당 시대를 거치면서 그 유교적 禮는 끊임없이 민간의 생활 속으로 침투해 들어갔다. 그러나 이념적으로는 禮가 민중의 삶을 직접 규율하는 원리로 작용한 적은 한 번도 없었다. 적어도 국가가 규정하는 禮의 체계 속에서 庶人民衆은 정당한 지위를 확보하지 못했던 것이다.

 唐나라 玄宗 때에 편찬된 『大唐開元禮』(이하 『개원례』라고 약칭한다)의 경우는 국가예제 속에서 민중의 지위가 어떠했는지를 살펴볼 수 있는 하나의 전형적 보기이다. 150권에 달하는 방대한 국가의례의 禮典으로서 『개원례』는 '(1) 황제, (2) 황실, (3) 3품 이상, (4) 4품·5품, (5) 6품 이하'의 다섯 단계로 구분되는 귀족과 사대부 관료를 대상으로 하는 禮制的 규정을 정리해놓고 있다. 여기서 당연히 일반 서민은 국가예제의 대상으로 본격적으로 인정되고 있지는 않다. 庶人이 준수해야 할 행위 규범은 단지 附記 형식으로 부분적으로 고려되고 있을 뿐이다. 禮와 서인의 관계에 대한 국가의례 편찬자의 태도는 宋代에 杜佑가 편찬한 『通典』 편찬 방식에서도 여실히 반영되어 있다. 杜佑는 唐 및 唐 이전에 실행되었던 禮制의 연혁을 상세히 밝힌 뒤에, 극히 일부분에 지나지 않는 항목을 할애하여, 庶人의 禮에 대해 서술한다. 이런 사례를 통해 우리는 "예는 서민 민중에게는 적용되지 않는다"라는 고전적 이념이 唐代 말기에 이르기까지 지속되고 있었음을 알 수 있다.

禮規範이 서민[士庶人]에게까지 확대 적용되었다는 점에서 송나라의 국가의례는 중국 국가예제의 역사에서 중요한 전환점으로서 그 의의를 인정할 수 있다. 물론 북송 초기의 예제 수립에 있어서는 『개원례』의 모델이 답습되고 있었기 때문에, 士와 庶人에 대한 禮制的 배려는 실현되고 있지 않았을 가능성이 높다. 하지만 북송 초기의 徽宗 政和 3년(1113년)에 편찬 반포된 『政和五禮新儀』(이하에서는 『오례신의』라고 약칭한다)는 국가의례로서는 처음으로 공식적으로 서민의 儀節을 규정하고 있다.

여기서 비로소 "예는 서민 민중에게는 적용되지 않는다"는 고전적 이념을 탈피하여 예를 서민 민중이 실천해야 할 생활 규범으로 규정하고, 禮의 확대를 통한 서민의 지위 향상의 노력이 구체적으로 반영되고 있는 것이다.[2)] 이러한 예규범의 확대는 송대에 눈에 띄는 庶民文化의 발전과 표리를 이루는 현상이라고 이해할 수 있을 것이다. 구체적으로 보면, 『오례신의』는 '庶人婚儀', '庶人冠儀', '庶人喪儀'를 지정하여 禮를 실천해야 하는 주체로서 서민을 거론하고 있다.[3)] 그리고 이러한 서민이 실천해야 하는 규범으로까지 예규범을 확대하려는 禮意識의 전환은 正史의 기록(『송사』「예지」)을 통해서도 강조되고 있다. 이런 점에서 우리는 송대 國家禮制의 전환적 의의를 충분히 확인할 수 있을 것이다.

『오례신의』에서 확인된 서민의 지위 향상은 禮制秩序에 의해 뒷받침되는 예 실천의 등급 구조에서 여실히 반영되고 있다. 앞에서 본 『개원례』가 예의 적용 대상을 다섯 등급으로 구분한 것과 달리, 『오례신의』의 등급 구조는 단순하게 '(1) 황제·황실, (2) 품관, (3) 서인'으로 구성되는 세 등급으로 나눠져 있다. 즉 『오례신의』는 황제와 황실을 하나로 묶어 최고 등급으로 설정한다. 그리고 관료 집단 내부의 등급 차이를 무시하고 관료 집단을 커다란 하나의 등급[品官]으로 취급한다. 그리고 마지막으로 '(사)서인'을 세부적으로 구분하지 않고 커다란 하나의 등급으로 다루고 있다. 이로써 북송 말기에는 사회의 구성원을 비교적 단순하게 '황제(황실) – 관료

- (사)서인'의 셋으로 구분하는 禮制的 등급 구조가 정비되었고, 이러한 등급 구조는 명나라와 청나라의 禮制에까지 계승되어 전통 중국 사회의 등급 구조를 구성하는 모델이 되었다.

이처럼 북송 말기에 와서 예제의 등급 질서가 단순화되는 배경에는 실질적인 사회적 계층의 변모가 작용하고 있었을 것이다. 송대에 들어서면서 서민의 경제적 실력이 확대되었고, 그 결과 士人과 庶人 사이의 차이는 점차 상대적인 차이로 느슨해지는 경향이 있었다. 일반적으로 士庶라고 함께 거론되기도 하는 士人과 庶人의 계층적 차별이 존재하기는 했지만, 송대에 있어 실제로 그 차별이 심각한 것은 아니었다.

송대에도 왕실과 관료 집단을 제외한 인민 전체를 '士庶工商'이라는 네 개의 단위로 나누어 보는 '四民'의 구별이 존재했다. 그때 士가 사민 중에서 으뜸가는 지위를 가지고 있긴 했지만, 官品을 가진 관료 집단과는 분명하게 구별되는 四民은 士를 포함하여 일반 민중을 폭넓게 지칭하는 개념으로 사용되었다. 관료와 일반 四民의 구별은 분명하게 구획되는 것이었던 반면, '士'와 '庶'는 四民 안에서의 상대적 차이에 그치는 것이었다. 그런 의미에서 四民은 전체적으로 하나의 피지배 계층을 의미한다고 말할 수 있다. 즉 四民 전체가 '四民不分'의 원리에 따라 하나의 '庶人'에 속하고 있었던 것이다.

송대의 국가의례가 '庶人'을 하나의 독립된 등급으로 파악하는 것은 바로 이러한 '士'와 '庶'를 포괄하는 의미에서였다. 그리고 송대에 확립된 '사민불분'의 경향은 명·청 시대에 가면 훨씬 가속화되어 근세 중국에서 士와 庶의 사회적 차별은 거의 무의미한 것이 된다. 송대의 『오례신의』가 士人이라고 부르는 계층, 명대의 『大明集禮』가 庶人 혹은 士庶라고 부르는 계층은 결국 官位에 나아가지 않은 士人과 庶人을 포괄하는 평민 백성 일반에 대한 명칭이었던 것이다.

2. 도학과 禮의 민중화

송대에 있어 禮가 서민 계층에까지 확대된 현상은, 다른 한편으로는 서민을 포함하는 일반 백성을 국가가 규범적으로 통제할 필요가 증대되었다는 사실과 표리를 이룬다. 송대에 이르러 상품 경제가 발전하고 서민층의 사회적·경제적 실력이 향상됨에 따라 전통적인 禮治의 질서가 와해되는 현상이 빈번하게 발생했다. 그러한 구체적인 표지가 禮制의 문란 등으로 나타나기 시작했다. 이런 상황에 처해 국가는 한편으로는 적극적으로 士人과 庶人의 엄격한 차별을 철폐하면서 확대 일로에 있는 서인의 지위 향상을 인정했지만, 다른 한편으로는 禮制秩序의 재확립을 통해 서인의 생활을 규제하고자 하였다. 서인을 예의 적극적 실천자로 규정하고, 스스로 삶을 규율하는 자율적 존재로 인식시키려는 노력을 기울이게 되었던 것이다.

이처럼 서민 문화가 확대되는 시점에서, 지식인의 자각적인 예치 질서의 회복 운동으로서 송대 사상계에 새로이 등장한 것이 '신'유학이라고 말할 수 있다. '신'유학 운동을 일으킨 인물들은 향촌 사회를 기반으로 성장한 士人 지식인들이었다. 그들은 유학을 실천적으로 재해석하고 사회 전반에 걸쳐 유교적 禮가 실천되는 이상적 유교 국가를 실현하려는 포부를 강하게 지니고 있었다. 그들이 지니고 있었던 포부는, 구체적으로는 禮制의 수립을 통해 天子에서 庶人에 이르는 사회의 전체 구성원이 유교 이념에 따른 禮가 실천되는 사회를 만드는 것이었다. 북송의 范仲淹이나 王安石의 정치 개혁은 그 방향은 달리했지만, 신유학자의 유교적 이상주의를 적절하게 보여주는 것으로 이해할 수 있다. 또 왕안석과는 정치 노선을 달리했던, 歐陽修에서 程伊川 등으로 이어지는 신유학자들의 관심 역시 그들이 이상적이라고 믿는 고전유교의 이념을 禮制秩序를 통해 구현하는 데에 쏠려 있었다.

유교적 禮秩序를 회복하려는 도학파의 노력은 사서인의 生活儀節을 규율하는 禮書의 편찬을 통해서 구체적으로 결실을 맺는다. 그들의 사회적 목표는 사서인의 생활의절을 규율하는 예의 확립을 통해 '신'유학의 이념을 일반 민중의 차원에서 실현하는 것이었다. 구양수, 정이천, 장횡거(장재) 등을 대표자로 삼는 북송 중기의 도학파 사상가들은, 북송 초기 당시에 國家禮制의 모델이었던 『개원례』의 비현실성에 대한 불만과 함께 고대의 이상시대의 禮 정신을 담은 이상적 예를 재현하고자 하는 이상주의적 동기에서 禮書의 편찬에 대해 본격적인 관심을 가지게 되었다. 북송 초에 진행된 몇 차례의 國家禮典 편찬을 위한 작업은 결국 唐代에 존재했던 귀족 제도를 전제로 하여 만들어진 『개원례』의 답습에 불과했기 때문에, 상황이 달라진 송대의 사회적 현실을 반영하는 禮의 實踐을 위한 지침서가 절실하게 요구되었던 것은 당연히 예측할 수 있는 일이기도 하다.

북송 중기까지 국가예제의 모델로서 기능했던 『개원례』는 앞에서도 말했던 것처럼, 사서인에 대한 禮制的 배려가 전혀 담겨 있지 않았다. 그러한 禮를 구체적으로 생활에 적용하기 위해서는, 보다 자세하고 세부적으로 실천 가능한 禮書를 편찬할 필요를 많은 지식인들이 느끼고 있었을 것이다. 물론 사서인의 가정 생활의절을 규정한 禮規定은 『儀禮』와 『예기』 등 고대의 예서에서 이미 나타난다. 하지만 그러한 예서들에서 규정된 禮法은 송대의 현실과 너무 동떨어진 것이었기 때문에, 그 규정들을 그대로 현실에 적용하는 것은 거의 불가능한 일이었다.[4] 당나라 이전에도 士人들의 생활에 직접 적용되는 儀節을 정리할 필요가 없지는 않았을 것이다. 실제로 『안씨가훈』을 비롯한 가훈류의 문헌은 가정의례의 저술로서 역할을 하기도 하였다.[5]

송나라에 들어와서도 그러한 가훈류의 문헌이 속속 등장하여 향촌에서의 사서인의 생활의절로서 기능한 것은 널리 알려져 있다.[6] 그러나 그러한 가훈류의 문헌만으로는 사회 전체에 통용될 수 있는 체계적인 생활 규범 및 기준을 마련하기 어려웠을 것이다. 따라서 신유교 지식인들은 사회 일반에 적용될 수 있는 체계적인 가정의례서의 출현을 기대했을 것이라고 추측할 수 있다. 그런 기대를 충족시켜 주기 위해 북송의 대표적인 신유교 지식인이자 관료였던 司馬光은 『書儀』라는 이름을 가진 예서를 편찬했다. 『서의』는 기본적으로는 고대의 예서인 『儀禮』에서 제시된 사대부의 생활 의례를 근거로 하면서, 당시 사서인이 준수해야 할 가정의례를 '冠, 婚, 喪'의 순서로 배열하여 간결하면서도 하나의 완성된 체계를 가진 사서인의 生活儀節을 마련하고자 하는 의도에서 정리된 것이었다.

새로운 禮制의 수립을 향한 북송 신유학자들의 전반적인 관심은 경전에 규정된 고전적 禮와 현실의 禮를 조화시키는 방향으로 향하고 있었다. 그리고 현실의 실정에 맞는 禮를 구상하는 과정에서 그들이 염두에 두었던 문제는, 이념적 근거 없이 이행되고 있는 時俗의 문제점을 극복하는 일이었다. 張載와 程頤의 다음 발언은 신유학자들의 禮에 관한 관심을 가장 잘 표현하고 있는 대표적 견해로 주목할 필요가 있다.

> 禮의 규정들을 서로 참조하여 오류를 교정하고, 옳고 그른 것을 가려 취할 것은 취하고 버릴 것은 버리는 작업은 말할 나위 없이 당연히 필요한 일이다. 禮란 곧 理이기 때문에 반드시 理를 끝까지 탐구〔窮理〕하여야 한다. 그렇게 될 때, 禮는 도덕적 원리를 실천하는 근거가 될 것이다. 理를 이해하는 사람만이 禮를 제정할 수 있다. 따라서 禮는 理가 밝혀진 연후에 나타나는 것이다. 오늘날 위에 있는 자들이 理를 궁구할 능력을 갖추지 않았으니, 아래에 있는 자가 어찌 그 일을 할 수 있겠는가? 오늘날 남아 있는 禮의 규정은 완전하지 않기 때문에 〔예를 수립하기 위해서는〕 반드시 禮의 의미를 먼저 살핀 연후에 그 禮의 실행 상태를 참작해야 한다. 그리하여 이치〔理〕에 합당한 것은 성인이 제정한 것이라고 판단할 수 있으나, 이치에 합당하지 않은 규정은 후세의 유자들이 첨가한 것이기 때문에 마땅히 제거하여야 한다.[7]

禮를 실천함에 있어 완전히 옛 것에 빠져서는 곤란하다. 시대마다 풍속이 달라지는 상황에 대해서도 관심을 기울여야 한다. 따라서 현재 처한 상황도 옛날과 달라질 수밖에 없다. 보기를 들어보면, 오늘날 사람들의 모습은 옛날 사람들의 모습과 다르다. 만일 옛날 쓰던 물건을 그대로 사용하려고 한다면 현실에 맞지 않을 것이다. 〔따라서 禮도〕 비록 聖人이 만들었다고는 하나 반드시 현실에 적응될 수 있도록 참작해야 할 것이다.8)

禮의 근본은 백성의 현실 생활〔人情〕에서 나온다. 聖人은 바로 그 현실에 바탕을 두고 禮의 규정을 만들었을 뿐이다. 〔……〕 따라서 聖人이 오늘 다시 나타난다 해도, 반드시 오늘날 현실적으로 쓰이는 의복과 도구 등에 근거하여 그것과 조화되는 禮를 제정했을 것이다. 소위 "근본 원리를 귀하게 여기고 실제에 적용되게 한다"라는 주장도 사실은 현재의 禮 제정자〔時王〕가 옛 것의 원리와 현실을 참작하여 만든 것일 따름이다.9)

禮秩序를 확립하고자 하는 과정에서 그들이 부딪친 중요한 과제는, 士라는 위치에 있는 그들의 사회적 위상을 어떻게 규정할 것인가 하는 것이었다. 그것은 다시 말해 송대의 시점에서 士人은 고대의 禮의 규정에 나타나는 사대부와 동일한 사회 계층인가, 아니면 당시의 『개원례』의 규정에 따라야 하는 계층인가 하는 문제였다. 그리고 그 문제는 더 나아가 唐나라의 國家禮制가 관심을 가지지 않았던 士庶人에 대한 예의 적용 가능성 문제로 이어지는 것이기도 했다.

가정의례서의 편찬에 대한 朱熹의 관심 역시 북송 도학자들이 가졌던 예서 편찬의 관심의 연장선에서 이해할 수 있다. 그러나 주희는 북송 도학자들이 지향했던 禮의 서민화가 국가적 禮書의 편찬에 의해 이미 실천되고 있던 시대를 살고 있었다는 점에서, 주희의 삶의 자리는 북송 도학자들의 그것과는 많이 달라져 있었다고 볼 수 있다. 그렇긴 하지만 그러한 예제 규정이 민중적 차원에서 철저하게 실현되지 않고 있다는 점에서 근본적인 차이는 없었을 것이라고 판단할 수도 있다. 사서인이 구체적으로 실천할 수 있는 가정의례의 규범을 편찬하고자 하는 주희의 노력은 유명한 『文公家禮』(이하에서는 『가례』로 약칭한다)로 결실을 보았다.[10]

주희가 편찬한 『가례』는 북송의 사마광이 편찬한 『서의』에 기초를 두고 정이천의 예설[11] 등을 참조하면서 사서인의 가정의례에 관한 완전한 하나의 도학적 지침서를 마련하고자 하는 의도에서 만들어진 것이었다.[12] 예서 편찬의 기본 관점에 있어 주희는 정이천과 장재의 태도를 따르고 있었다고 말할 수 있을 것이다. 왜냐하면 고대의 예제를 현실에 그대로 적용하고 실천하는 것은 불가능하다는 견해를 주희는 가지고 있었고, 따라서 時俗과 古禮의 절충을 꾀해야 한다고 믿고 있었기 때문이다. 그는 당시의 일반인들이 현실적으로 실행하고 있는 禮를 정리하고 그것을 古禮와 절충하는 일이 가장 절실하다고 판단했다.[13]

그러나 그가 가지고 있었던 예서 편찬의 기본 방침이 정이천이나 사마광 등, 그의 선구자들의 입장과 완전히 일치하는 것이었다고 말하는 것은 옳지 않다. 禮의 내면적 의미를 밝히는 것을 중요시했던 정이천과는 달리, 주희는 현실에서 실행 가능한 禮의 儀節을 마련하는 데에 중점을 두었고, 또 사마광과 달리 주희는 禮의 형식상의 권위 문제를 따지기보다는 그것의 현실을 중요시하는 입장을 취했던 것이다. 주희가 중요하게 생각한 것은, 근본적으로 禮의 기본 정신을 벗어나지 않는 한, 현실적으로 수용이 가능한 禮의 절차를 마련하여 사서인의 생활의절에 새로운 유교적 표준을 확립하는 일이었다. 그런 점에서 그는 이상주의나 원리주의를 고집하지 않았다고 말할 수 있을 것이다.[14] 그의 이러한 태도는 다음과 같은 그의 발언을 통해 분명히 드러난다. "우리는 먼저 흩어진 여러 고대의 다양한 禮를 모아서 서로 비교 분석하고, 禮의 구체적인 의절과 적절한 등급을 분명히 밝힌 연후에 비로소 禮의 내면적 의미를 추론할 수 있을 것이다. 만일 그 다양하게 얽힌 복잡한 내용을 풀어서 제대로 밝힐 수 있다면, 그것의 義理는 설명하지 않아도 저절로 드러날 것이다."15)

3. 송대 국가제사의 체계

북송 초기에 있었던 국가예제의 편찬은 唐의 『개원례』를 모델로 삼아 그 것을 답습하는 차원에서 이루어 졌다는 것은 앞에서 누차 강조했다. 송나라 太祖 開寶六年(973년)에 정리된 『개보통례』, 仁宗 景祐 연간(1034~38년)에 편찬된 『太常新禮』 그리고 嘉祐 연간(1057~63년)에 歐陽修 등에 의해 편찬되어 治平 2년(1065년)에 상정된 『太常因革禮』 등 북송 초기에 국가예제를 규정한 禮書들은, 오늘날은 모두 전해지지 않지만, 모두 唐의 『개원례』를 모델로 삼아 편찬된 예서들16)이었다. 그런 면에서 북송 초기의 國家禮典은 唐의 『개원례』와 같은 맥락에서 庶人에 대한 禮의 항목을 설정하지 않았을 가능성이 대단히 높다. 결국 송대에 있어 士庶人에 대한 禮制의 기초를 마련한 것은 북송 말년에 편찬된 『오례신의』에서부터라는 사실은 위에서 말한 대로이다.

元代에 편찬된 『송사』는 「禮志」에서 송대 禮制의 연혁을 언급하고, 송대의 예제를 정리해 주고 있다. 『송사』 「예지」는 부분적으로는 북송 초기의 국가예제를 근거로 삼고 있지만, 『오례신의』를 근거로 하여 송대의 예제를 정리하고 있는 부분도 적지 않은 듯하다. 특히 국가예제의 등급 질서에 관해서는 그렇다고 단정할 수 있다. 『오례신의』와 대응하여 관료의 의절을 다루는 '品官婚禮'의 조목 아래에 '士庶人婚禮'와 '士庶人喪禮'의 항목이 포함되어 있는 것이 그 증거이다. 그 결과 『송사』는 士人과 庶人에 관한 국가의 예제 규정을 기록하고 있는 최초의 正史가 된 것이다.

여기서 우리의 관심은 송대의 禮 규정 일반을 살피는 것에 있지 않고, 國家의 祭祀와 관련한 禮制의 규정을 살펴보는 데 있다.

천지의 神明[신령]과 국가와 민중에게 공적이 있는 것으로 인정된 人神

에 대한 제사는 유교 국가의 권리이자 의무로서,17) 역대의 왕조는 국가제사의 대상이 되는 귀신[神祇, 人神]에 대한 제사의 의무를 기재한 禮典을 만들었다. 그 예전은 왕조 禮의 구분에 따르면 '吉禮'에 해당하는 것으로서, 그 내용이 제사에 관한 규정으로 이루어져 있기 때문에 일반적으로는 '祀典'이라는 명칭으로 불리었다. 그리고 그 '사전'은 중앙 정부가 만든 제사의 규정에 한정되지는 않는다. 지방의 官衙도 그 지방의 종교적 실정에 따라 나름대로의 '사전[地方祀典]'을 편찬할 수 있었기 때문이다. 그러나 지방 관아의 祀典 제정은 지방 관아의 독자적 권한과 재량에 의한 것이 아니라, 역시 중앙의 인가를 거쳐 이루어지는 것이 원칙이었다. 지방 관아가 그 지방의 실정에 적합한 제사를 중앙 정부로부터 인정받은 경우에는, 소위 국가로부터 賜額과 封號가 내려지고, 사액 및 봉호를 부여받은 神格 및 그 신을 모시는 祠廟는 정식으로 그 지방의 '祀典'에 등록되는 자격을 얻는다.

하나의 사묘가 새로이 '사전'에 등록되는 과정에 대해서는 여기서 자세히 검토 할 수는 없지만, 대체로 말하자면, 지방의 유력한 父老등의 供述에 근거하여 지방의 관아가 중앙의 예조에 신청을 하고, 그 신청을 검토한 결과 타당성이 인정되면 중앙 정부는 사액과 봉호를 내려 주는 것이 일반적인 절차였다. 이런 과정을 거쳐 정식으로 사전에 등록된 신격은 이제 더 이상 '淫祀'로 분류되지 않고, 국가가 공인하는 올바른 제사로서 '사전'에 등록되고 지방관에 의한 제사가 정당화되는 등 국가적 보호를 얻을 수 있었다.18)

북송 말기에 편찬된 『오례신의』의 제사 규정이 朱熹가 살았던 남송의 국가 '祀典'으로서 원용되고 있었던 것은 두 말할 필요도 없다. 國家祀典은 지방 차원의 제사를 총체적으로 종합하는 지위에 있는 것은 아니었다. 하지만 그것은 국가제사의 기본 원칙을 제시해 주는 문헌으로서, 지방 관아 역시 그것을 지침적 모범으로 삼아 제사를 실행하였다. 실제로 국가사전에 기재된 제사는 중앙 정부가 관할하는 제사를 중심으로 하여 규정된 것이었기 때문에, 국가사전에 기록된 중앙 정부의 제사 규정에 입각하여 지방 관아가 행해야 하는 제사의 수와 종류는 극히 소수에 불과했다. 그렇긴 하지만 중앙 정부는 지방의 사묘에 대한 賜額과 賜號라는 방식을 이용하여, 지방 차원의 제사를 직접 관리하면서 전 중국에 걸친 국가 통제를 실행하고자 하는 의지를 가지고 있었다고는 말할 수 있다. 이런 면에서 송대에 실행된 사액 및 사호를 통한 민중종교의 관리 정책은, 민중적 차원의 종교적 요구를 관리하고 그것을 충족시키는 한편, 국가의 정치적 안정성을 확보하기 위한 禮制秩序의 수립으로 이어지는 민심 수렴의 방법이었다고 말할 수 있을 것이다. 이하에서는 간단히 『오례신의』의 '吉禮', 즉 국가 '祀典'의 내용을 통해 남송의 국가제사의 내용과 규모를 살펴보자.[19]

『오례신의』의 권25에서 권123은 '길례'의 규정이며, 그것이 바로 남송의 국가사전이었다. 거기에는 국가제사의 대상이 되는 天神·地祇 등 신격의 명칭이 열거되고 있고, 제사의 장소, 방법, 절차에 대한 자세한 규정이 정리되어 있다. 아래의 주석에서 제시한 표는 국가제사의 구체적인 절차나 방법에 대한 것은 생략하고 제사의 대상이 되는 '神格'의 명칭만을 권의 편차 순서에 따라 열거해본 것이다.[20]

먼저, (1) 권25에서 권54까지는 천신, 특히 昊天上帝를 중심으로 하는 天帝〔上帝〕에 대한 제사의 규정으로 구성되어 있다. 천제는 이념적으로 유교 국가의 최고신이기 때문에, 그 신격들에 대한 제사는 중앙정부의 고유 권한에 속하는 것이었다. 다시 말해 최고신에 해당하는 상제 및 천제에 대한 제사는 인간의 최고 지배자에게만 부여된 특권이었기 때문에 중국의 황제 이외에는 누구도 그 신에게 제사를 드릴 수 있는 권한을 가지고 있지 못했다. 조선 시대의 祀典 체계에서도 天神에 대한 '圜丘'의 제사가 배제되었던 것은 바로 그러한 제사의 등급성과 관련이 있다.[21]

다음으로, (2) 권55에서 권79까지는 천신, 즉 천계의 여러 신들에 대한 제사의 규정이다. 천계의 여러 신들에 대한 제사는 원칙적으로 중앙정부의 책임 아래에 거행되어야 하는 것이었기 때문에 지방의 관아가 관여할 수 있는 성질의 것은 아니었다. 다만 권75~76에 규정된 風師, 雨師 및 雷神에 대한 제사는 중앙의 제사 규정(권75)에 준하여 지방 관아가 주최(권76)해야 하는 것이었다.

그 다음으로, (3) 권80에서 권96까지는 소위 地神, 즉 地祇에 대한 제사가 총괄적으로 규정되어 있다. 특히 권80에서 권88까지는 皇地祇와 神州地祇에 대한 제사의 규정으로서, 제사의 등급성에 따라 그들 신격에 대한 제사는 천신에 대한 제사와 마찬가지로 황제의 특권 사항에 속하는 것이었다. 권89에서 권92는 중앙 도성의 社稷神에 대한 제사를 규정하고 있고, 권93은 지방의 주현 차원의 社稷에 대한 제사를 규정하고 있다. 그리고 권95~96은 다섯 방위에 퍼져 있는 산악신 및 하천신 등에 대한 제사가 기록되어 있다. 여기서 열거되고 있는 지신들에 대한 제사들 중에서, 주현 단위의 지방관이 주재하는 제사는 권93에 기록된 주현의 사직신에 대한 제사와 산악신과 하천신에 대한 제사 정도를 헤아릴 수 있을 것이다. 五方과 五嶽에 대한 제사는 황제의 제사이기는 하지만, 제사의 대상이 되는 산악이나 하천이 속한 지방의 관아 역시 제사를 드리지 않으면 안 된다. 따라서 그러한 경우 제사의 대상이 되는 산이나 하천은 당해 지방의 '사전'에도 등록되는 것이 원칙이었던 것이다. 이 경우 제사의 대상이 되는 산이나 하천은 지방 관아의 추천을 받아 조정에서 작위와 봉호를 내리는 것이 순서이고, 나중에 다시 지방의 '사전'에 등록되는 절차를 거침으로서 국가의 정규적인 제사로 편입된다.

지금까지의 제사 규정이 天地의 神明〔天神, 地祇〕에 관한 것이었다면, 그 다음으로 나오는 것이 소위 人鬼, 즉 황실의 조상신과 文廟의 제사이다.

그중에서, (4) 국가제사의 차원에서 중요한 것은 황실의 조상신, 즉 太廟에서의 제사였음은 말할 필요도 없다. 『오례신의』는 권97에서 권119에 걸쳐 태묘 등 황실의 조상신에 대한 제사를 열거하고 있다. 이 태묘의 제사는 엄격하게 황제 및 황실 인원의 제사이기 때문에 지방관이 관여할 여지가 전혀 없다.

다음으로, (5) 『오례신의』는 권120에서 권126에 걸쳐 文宣王, 즉 공자에 대한 제사를 규정하고 있다. 그중에서 권126은 주현 단위에서의 釋奠祭를 규정하고 있는데, 이 규정은 지방관이 州學과 縣學의 문묘에서 공자에게 제사를 드려야 하는 의무를 정한 것이었다.

한편, (6) 권127에서 권130에서는 先農(神農氏)과 先蠶(黃帝의 后)에 대한 제사가 규정된다. 이 두 제사는 황제와 황후가 주재하는 의례였기 때문에 지방관이 관여할 성질의 것이 아니었다. 권131은 지방의 주 단위에서 역대의 황제를 제사 지내는 의례를 규정한 것으로서, 지방관의 의무를 규정한 것이었다. 다시 권132~134는 七祀 및 계절의 신, 馬社, 馬步 등에 대한 제사가 규정되어 있다. '칠사'에 대한 제사는 『예기』의 규정을 답습한 것이며, 나머지 제사는 소위 '小祀'에 속하는 제사들이지만, 제사의 주재자는 중앙관청이었다. 그리고 끝으로 『오례신의』는 권135에서 官品을 받은 관료의 조상 제사를 규정한다.

앞에서 본 것처럼, 송대의 국가제사는 관품을 받은 관료와 일반 사서인을 구별하여 그들에게 허용되는 예를 실천할 수 있는 규정을 정했지만, 제사의 항목에서만은 일반 사서인에게 적용되는 규정이 탈락되어 있다는 점에서 불완전한 것이었다.

4. 주희의 입장

그렇다면 이러한 『오례신의』의 국가의례 규정에 대한 주희의 입장은 어떠했을까? 지방관으로서의 실무 경험을 가진 주희는 국가제사의 규정을 숙지하고 있었던 것이 틀림없지만, 한편으로 國家祀典의 규정이 주현의 실제 민중의 삶 속에 그대로 실현되기에는 너무 번잡하고 추상적이었기 때문에 지방의 말단에까지 침투하기 어려운 것이라고 생각했다.[22] 특히 주희는 王安石 일파의 의례 이념을 담고 있는 『오례신의』가 상호 모순되는 내용을 규정하고 있다고 판단했다.

> 본조(宋)에서는 『개보례』를 편찬했는데, 대부분 唐의 『개원례』를 바탕으로 삼으면서 그것을 더욱 자세하게 부연한 것이다. 政和 연간에는 『오례〔오례신의〕』를 편찬했는데, 당시의 간사한 무리들이 개인적인 판단으로 함부로 덧붙이고 뺀 것이 많기 때문에, 내용상 소략하거나 서로 모순되는 점이 적지 않아서 더욱 이해하기 어려운 것이 되고 말았다. 전체적으로 그것은 『개보례』에 미치지 못한다.[23]

주희는 왕안석 일파의 손에 의해 만들어진 『오례신의』를 이념적으로는 비판[24]했지만, 현실의 국가예제를 규정한 『오례신의』의 내용을 존중하고 그것이 지방 말단의 차원에서도 실현될 수 있는 방안을 모색해야 한다고 보았다. 그러한 태도는 현실적 국가권력을 존중하고, 국가의 권위와 힘에 의해 제정되는 현실적 禮秩序를 어느 정도 수긍하는 주희의 예 실증주의적 관점의 일단을 드러내는 것이다.

그러나 왕안석 일파가 존중한 『주례』의 이념에 기반을 둔 국가의례였던 『오례신의』에 대해서는 나름대로의 불만을 가졌던 주희는 개인적으로는 『의례』를 중심으로 민중의 계를 수립하려는 의지를 가지고 있었다. 철학적으로는 정이천, 장횡거 계열의 理氣論을 거의 전적으로 수용하면서도, 禮에 관한 한 주희는 그들의 禮論이 『의례』에 바탕을 두고 있지 않다는 사실을 지적하며, 도학 선구자들의 입장을 비판하기를 주저하지 않는다. 그 결과 주희는 『의례』를 기본으로 사대부의 禮 규범을 정비하고자 했던 司馬光을 오히려 하나의 모델로 생각한다.

> 장재의 禮說은 『의례』에 근거하지 않은 점이 많다. 그리고 스스로 적당히 禮를 만든다. 그러나 사마광의 경우에는 『의례』에 바탕을 두면서 옛 것과 오늘의 것 중에서 적절한 것을 가장 잘 절충하고 있다.[25]

이정과 장재는 古禮에 바탕을 둔다. 그러나 온공[사마광]은 대체로 『의례』에 근거를 두면서 오늘의 것을 참조하여 실천하기에 적합하도록 만들어놓았다. 요컨대 온공의 禮說이 비교적 타당하다. 그 안에서 옛 것과 그다지 차이가 많지 않은 것은 70~80퍼센트가 사용할 만하다. 또 伊川의 禮는 祭祀에는 사용할 수 있지만, 婚禮에는 溫公의 禮가 더욱 뛰어나다. 대체로 옛 禮는 전부를 그대로 사용할 수 없다. 古服이나 古器 등은 지금 사용하기 어려운 것이다.[26]

주희가 만년에 힘을 기울인 『가례』의 편찬이나 『의례경전통해』는 바로 주희의 『의례』 중심적 禮 이념을 단적으로 보여주는 것이었다고 말할 수 있다.[27] 주희는 『의례경전통해』에서 '家 - 鄕 - 邦國 - 天下'를 禮가 실천되는 場으로 설정하고 있다. 이것은 『대학』의 '수신 - 제가 - 치국 - 평천하'를 모델로 삼아 禮가 실현되는 사회적 범주의 확장을 염두에 둔 설정이었다. 그렇다면 주희가 사서인의 기본 의절을 교육하기 위해 『소학』을 편찬하고 가정 단위의 『가례』를 편찬한 의도는 『대학』의 修身과 齊家에 해당하는 개인 차원의 禮에서 시작하여 천하의 禮秩序 수립을 완성하고자 하는 그의 이념과 불가분의 관계를 가진다는 사실을 알 수 있다. 그러한 이념에 의하면, 가정에서의 의례적 실천과 국가적 규모의 禮秩序 확립 사이에는 어떠한 단절도 존재하지 않는다. 禮를 '人事의 儀則, 天理의 節文'이라고 해석하는 주희의 禮 사상은, 제사의 차원에서는 국가의 祀典과 사서인 개인의 祖上神에 대한 제사를 일관된 연속 구조로 파악하는 그의 禮 이념의 구체적 표현이었다. 주희가 『가례』의 편찬에서 특히 '제사' 규정을 독립시켜 온전한 사서인의 제사 지침을 만들었던 이유를 여기서 분명하게 파악할 수 있다.

제6장

유교 문화와 민중종교: 주희의 귀신론과 '음사' 비판

1. 주희 귀신론의 배경

이 장의 논의는 합리주의적 윤리학 내지 이성주의적 도덕철학으로 이해되어온 신유학이 '鬼神'에 대해 어떤 입장을 가지고 있는지를 검토하고, 그들의 관점이 어떤 문화적 맥락에서 형성된 것인지를 이해하는 것에 한정된다.[1)]

일상성의 회복을 외치며 유교의 부흥을 추구했던 소위 '합리주의자'들인 신유학자들을 '사로잡았다'라고 해도 과언이 아닐 정도로 귀신에 대한 진지한 관심과 논의가 북송 시대를 기점으로 주희에 이르는 신유학의 사상적 담론 영역 안에 자리 잡게 된 이유는 무엇인가? 소수의 소위 有鬼論者로 분류되는 고대 사상가들의 논설들을 예외로 한다면, 정통적 유교 이론의 영역에서 거의 사라졌다고 해도 좋을 귀신에 관한 논의가 북송 시대에 소위 이기론의 합리적 관점을 표명하고 나선 신유학자들의 진지한 관심의 표적이 된 이유는 무엇일까? 언뜻 모순적으로 보이는 귀신에 관한 신유학자들의 관심은 무엇을 의미하는가? 이 장은 위에서 제기된 복잡한 질문에 대한 '하나'의 가능한 답변을 제시하고자 하는 의도에서 쓰여진 것이다. 먼저 『논어』에 등장하는 귀신 및 죽음 문제를 둘러싼 孔子와 子路〔계로〕의 유명한 문답을 통해 이야기의 실마리를 풀어보자.

> 계로는 귀신을 섬기는 일에 대해 질문했다. 공자께서는 "사람을 섬기는 일에 대해서도 알지 못하거늘 어찌 귀신을 섬길 수 있겠는가?"라고 반문했다. 다시 계로는 죽음에 대해 질문했다. 이에 대해 공자께서는 "아직 삶에 대해서도 알지 못하거늘 어찌 죽음을 알려고 하는가"라고 말씀하셨다.[2]

이 구절은 삶과 죽음에 대한 공자의 생각 나아가 유교의 생사관 및 귀신관을 대표하는 언설로 자주 인용된다. 이 문장에서 표현된 공자의 생각은 사후 세계 및 초자연 세계에 대한 유교의 종교적 관점을 이해하는 출발점으로 널리 수용되고 있다. 그 문장에 대한 일반적인 해석에 따르면, 유교의 開祖로서 공자는 死後世界, 즉 彼岸에 대한 관심을 전혀 기울이지 않았고, 오로지 현세적 삶의 人倫的 질서에 대해서만 주의를 집중했다는 것이다. 현세적 인륜의 영역에 관한 가르침으로서의 유교의 이미지는 『논어』 속의 다른 여러 구절에 의해 더욱 강화된다고 한다. "공자께서는 괴이한 현상, 폭력, 전란, 신비한 힘에 대해 말씀하지 않았다."[3] 또는 "백성의 삶에 관심을 기울이는 것, 귀신을 공경하나 멀리하는 것 그것을 가히 앎〔知〕이라고 말할 수 있다"[4] 등등이 그것이다.

주희를 비롯한 도학적 귀신론의 담론은 무엇보다도 유교적 앎의 대상과 영역에 대한 정통(도통)론적 의지와 연결되어 있었다. 따라서 『논어』에 나타난, 초일상 세계와 관련한 공자의 발언은 주자학적 주석에 의해 예외 없이 유교적 앎의 대상을 어떻게 확보할 것인가 하는 신유교의 정통론적 관심에 의해 해석된다. 위에서 인용한 '鬼神' 및 '生死'에 대한 공자의 발언을 주희는 다음과 같이 해석하고 있다.

> 귀신을 섬기는 일에 대한 물음은 제사를 받드는 의미를 탐구하려는 뜻에서 나온 것이다. 그리고 죽음이란 사람이 반드시 맞이해야 하는 것이고, 그것에 대해 알지 않으면 안 되기 때문에 그 물음은 절실한 것이라고 할 수 있다. 하지만 성실함과 공경함으로 사람을 충분히 섬기지 못한 상태에서는 귀신을 섬기는 일이 바람직하지 않을 것이다. 인생의 시작을 더듬어 삶의 의의를 알지[知] 못하는 상태에서, 거꾸로 인생의 끝마침에 대해 관심을 기울이고 죽음의 의의를 알고자[知] 하는 태도는 잘못된 것이다. 본래 幽明始終[삶과 죽음]은 처음부터 다른 것은 아니다. 그러나 배움에는 순서가 있는 것이기 때문에 감히 단계를 뛰어넘어서는 안 된다. 그런 이유에서 공자께서는 자로에게 그렇게 말씀하신 것이다.[5]

여기서 주목해야 할 분명한 사실은, 주희가 귀신과 죽음에 대한 '물음 그 자체'를 결코 무의미한 것이라고 치부하지는 않는다는 점이다.[6] 주희는 현실적인 禮秩序의 중심을 이루는 祭祀의 의미를 이해하기 위해서 반드시 귀신에 관한 물음을 거쳐야 한다고 생각하고 있었다. 공자가 죽음과 귀신이라는 보이지 않는 세계, 초일상적인 세계에 대한 제자의 관심을 억제했던 것과는 달리, 주희는 귀신과 죽음이라는 보이지 않는 세계, 초일상적인 세계에 대한 관심을 부정하기는커녕 그것이 중요한 것이고 반드시 이해하지 않으면 안 되는 진지한 지식의 대상[切問]일 수 있다는 사실을 받아들인다. 그리고 바로 그 점에서 주희의 입장은 유고가 초일상의 영역, 소위 종교적 영역에 관심을 가지지 않는다고 보는 일반적인 이해와 상당히 거리가 있음을 알 수 있다. 그러나 주희가 경계하는 것은 그 보이지 않는 초일상적 영역에 대한 관심이 삶의 일상에 대한 이해와 관심을 추월하는 현실이었다. 따라서 주희의 귀신론은 대단히 미묘한 뉘앙스를 가질 수밖에 없었다.

주지하다시피 신유학은 불교 및 도교의 초일상에 대한 종교적 관심을 극복하고 고전유교의 일상성의 중시를 회복하는 사상 운동이었다. 앞의 여러 장들에서도 여러 차례 강조했지만, 신유학은《四書》로 대표되는 고전유학의 문헌을 '經書化'시키는 작업을 통해 유교에 본래적으로 내포된 일상성 우위의 관점을 견지하기 위해 노력했다. 그러한 전략을 위해 특히 중시된 문헌이『대학』이었으며, 주희는『대학』에서 표명된 지적 성장의 단계론을 자신의 학문론과 수양론의 중심에 위치시켰다. 여기서 귀신에 관한 관심을 조심스럽게 억제하는 주희의 논리는 바로『대학』에 근거하는 지식의 단계론과 결부되어 있다.7) 위의 인용문에 이어서 주희는 程氏 형제의 말을 끌어들이고 있다.

> 낮과 밤은 삶과 죽음의 길이다. 삶의 길을 이해하면 죽음의 길을 이해할 수 있다. 사람을 섬기는 도리를 이해하면 귀신을 섬기는 도리를 이해할 수 있다. 죽음과 삶, 인간과 귀신은 하나이며 둘이고 둘이면서 하나이다.8)

주희는 정이천의 이 말을 근거로 하여 "삶과 죽음은 처음부터 다른 것이 아니다〔蓋幽明始終, 初無二理〕"라고 주장했다. 정이천과 주희의 도학적 鬼神 담론은 귀신에 대해 '말하는 것이 가능'하며 귀신의 존재를 합리적인 언어로 '이해할 수 있다'는 전제에서 출발한다. 귀신은 비인식의 차원으로 치부해버릴 수 있는 문제가 아니라, 논의를 통해 이해할 수 있는 문제이며, 적극적으로 논의의 장으로 이끌어낼 수 있는 문제라는 것이다. 정이천과 주희는 귀신의 존재에 대한 불가지론의 입장을 취하거나, 단순한 無鬼論의 입장에서 귀신에 관한 언설 그 자체를 부정하지 않았던 것이다. 주희가 귀신에 관한 언설의 가능성을 인정하고 귀신에 대해 말해야 한다고 보는 적극적 이유는, 그것이 祭祀라고 하는 엄연한 사회적 현실의 요청과 결부되어 있기 때문이었다. 필자는 신유학 혹은 주희의 귀신론이 귀신의 존재 증명이나, 그것에 대한 추상적 규정의 문제로서 제기된 것이 아니라고 생각한다. 따라서 '귀신은 존재하는가' 혹은 '귀신이란 무엇인가' 하는 문제는 처음부터 그들의 문제 관심 속에 존재하지 않았다고 생각한다. 주희의 귀신론은 유교적 宗敎儀禮의 핵심을 구성하고 있던 祭祀의 의미를 해석하고자 하는 종교사회학적 맥락에서 제기된 것이었다. 즉 주자학의 귀신론은 유교적 祭祀文化의 정당성과 정통성의 근거를 마련하고자 하는 의도에서 나온 것이라고 말할 수 있다.

다시 『논어』에 대한 주희의 해석으로 돌아가자. "공자께서는 怪力·亂神에 대해 말씀하지 않았다"(『논어』 「述而」)라는 구절에 대한 해석에서 주희는 유교가 귀신 등의 초일상 세계에 대해 유보적 입장을 취하는 이유를 이렇게 설명한다.

> 怪異, 勇力, 悖亂 등의 일은 이치〔理〕의 올바름이 아니기 때문에 성인〔공자〕께서 말씀하지 않은 것이다. 鬼神은 조화의 자취로서 그 자체가 올바르지 아니한 것은 아니다. 하지만 그것은 窮理의 결과 도달할 수 있는 것이 아닐 뿐 아니라 손쉽게 밝힐 수도 없는 측면을 가진 것이기 때문에, 성인께서는 그것에 대해서도 함부로 말씀하시기를 삼간 것이다.[9]

주자학은 氣(자연, 현실)와 理(자연의 질서, 원리)라는 대립적이며 동시에 상보적인 두 개의 개념에 의해 세계 전체를 설명하려는 이론 체계를 가지고 있는 거대한 세계관이었다. 주희는 일단 귀신이 理, 자연의 질서(원리)에 어긋나는 것은 아니라는 사실을 인정한다. 나중에 보게 되겠지만, 주희가 '淫祀'[10]를 비판하는 이유는 '귀신'이란 존재하지 않는다고 생각했기 때문은 아니다. '음사'의 불합리성은 귀신의 실재성 여부와는 무관하게, 귀신에게 드리는 제사가 禮의 원리에 적합한가 여부에 관련된 문제인 것이다. 그리고 주희는 禮를 단순한 인위적 제도 혹은 질서를 위한 강제라고만 보지 않았다. 현실의 모든 禮秩序가 반드시 그런 것은 아니지만, 이상적 예는 우주적 원리를 현실에 구현한 규범적 모델이라는 생각을 주희는 가지고 있었기 때문에, 禮와 理는 궁극적으로는 동일한 뿌리에서 나온 것이라고 보았다.

귀신을 이론적으로 설명하는 차원에서 주희는 程伊川이 제시한 귀신은 '조화의 자취〔造化之迹〕'라는 유명한 정의를 수용하면서 귀신에 대한 합리적 설명이 가능함을 인정한다. 그러나 주희는 귀신이 일반적 학습이나 窮理의 결과 손쉽게 도달할 수 있는 영역에 속하는 대상이 아니라는 점을 지적한다. 그리고 그런 한에서 주희는 처음에 인용한 『논어』 「선진」편에 나오는 공자의 입장을 따르고 있다. 주희의 사상 체계 속에서 귀신은, 말하자면 가장 높은 차원의 앎〔知〕의 대상, 혹은 일상적 궁리의 차원을 넘어서는 초일상에 관한 지식의 영역에 속하는 것으로 이해되고 있었던 것이다.

신유교는 일상의 의미 회복을 기도하는 사상 운동이었지만, 그렇기 때문에 신유교가 초일상의 세계에 무관심했다고 말하는 것은 옳지 않다. 이러한 평가는 신유교뿐 아니라 유교 일반에 적용될 수 있다. 유교의 체계에서 일상과 초일상을 이어주는 것은 '제사'였다. 제사는 크게는 국가의 제사에서 작게는 일반인의 조상 제사에 이르기까지, 신적 존재에 대한 신앙과 표리를 이루며 유교의 종교로서의 실질적 내용을 보장하는 가장 중요한 의례였다. 따라서 주희는 귀신에 대해 말하는 것은 초일상의 영역에 대해서까지 앎의 범위를 확장시키는 일이며, 그 확장이 가능하기 위해서는 무엇보다 먼저 일상에 대한 깊은 이해가 전제가 되어야 한다고 강조한다. 주희에 있어서 일상에 대한 깊은 이해 및 일상적 삶의 완성은 곧바로 '예'의 실천과 완성을 의미한다. 유교적 이념의 표상인 禮와 일상적 삶은 궁극적으로는 분리되지 않는(않아야 하는) 것이다.

본서의 제3장에서 살펴보았던 것처럼, 주희는 『소학』의 일상적 실천의 공부에서 시작하여 『대학』에서 제시하는 원리적 이해와 실천에 이르는 학문의 체계적인 성장 과정을 중시한다. 주희가 구상하는 禮는 일상적 생활 의절을 바탕으로 가정, 사회, 국가의 차원으로 단위를 확대해간다. 禮를 자신의 삶의 차원 안에서 완성하기 위해서는 사회적 행위 양식의 체득뿐 아니라, 행위의 원리에 대한 이해가 반드시 따라야 한다. 유교적 앎[知]의 성장에 대한 주희의 이러한 관점은 귀신과 제사에 대한 그의 이해에서 그대로 관철되고 있었다.

유교적 禮의 가장 중요한 실천 양태인 '祭祀'는 일상과 비일상, 삶과 죽음을 이어주는 것이며, 그 매개를 통해 인간의 세계와 신[神明]의 세계는 상관적 조화를 유지할 수 있다는 믿음을 유교 지식인들은 지니고 있었다. 전근대의 유교 국가는 인간과 초인간을 매개하는 '제사'를 집행하는 제사 국가의 성격을 띠고 있었다는 것을 우리는 부정할 수 없다. 그런 의미에서 전근대의 유교 국가는 정치 공동체이며 동시에 제사 공동체로서 존재했다. 국가적 차원의 제사를 규정하는 법적 종교적 근거는 '祀典'[11)]이라 불리는 제사 문헌에 규정되어 있었다.

주희가 살았던 남송 시대의 국가 '사전' 체계는 북송 말기에 왕실의 명령에 의해 편찬된 『政和五禮新儀』에 근거하고 있었다. 주희가 지향하는 예의 완성은 현실적인 차원에서는 사대부는 물론이고 일반 민중이 중앙과 지방을 포괄하는 국가적 차원에서 규정된 '祀典'의 원리를 준수하고 그것을 실천하는 것이었다고 말해도 과언이 아닐 것이다. 그러한 이상을 실현하는 데에 있어 사대부의 책무는 지방관으로서 혹은 향촌의 정신적 지도자로서 '제사'를 관장하고, 일반 민중의 종교적 삶을 지도하여 국가적 제사의 이념을 실현하는 것이었다.

그러나 주희가 살았던 시대는 왕실을 정점으로 사대부 민중에 이르는 제사의 올바른 실천이 보장되는 이상시대는 아니었다. 지방관으로서 그리고 말년에는 향촌의 정신적 지도자로서 삶을 살았던 주희는 이상적으로 요구되는 예의 실천, 즉 제사의 질서가 무너진 시대를 살았다. 국가의 '사전'이 요구하는 이념적 기준을 충족시키지 못하는 제사 내지는 종교적 의례인 '음사'가 지배하는 민중의 세계를 피부로 체험한 주희는, 어떤 방식으로든지 민중의 종교적 삶을 이해할 필요가 있었을 터이고, 또 어떤 방식으로든지 제사에 관한 유교적 원리를 회복할 필요를 느꼈을 것이다.

주희의 '道學' 운동의 내면적 지향과 직결된 유교적 정통(도통)의식은 도교 및 불교에 대항하는 고도의 사상적 투쟁을 통해서만이 아니라, 현실적으로 예의 기준을 벗어나는 종교적 실천, 민중의 삶과 일체가 되어 있는 '음사'에 대한 비판을 통해서도 드러나고 있다. 주희의 이단 비판론은 이론적 관점에서 도교와 불교를 비판하는 차원을 넘어서서, 민중의 일상적 종교 행태를 실제적으로 지배했던 도교적인 동시에 불교적이며 나아가 무속적이었던 복합적인 성격을 가진 민중의 종교 신앙을 이해하고 그것을 올바로 이끌 수 있는 이론적 근거를 마련하기 위한 것이었다고 말할 수 있을 것이다.

송대는 여러 가지 측면에서 중국 종교의 부흥기이며 전환기였다. 특히 이 시기에 있어 중국 민중의 종교적 삶에 큰 영향을 미치는 민중적 양태의 도교의 발전은 크게 눈에 띈다.[12] 그러한 사정은 불교의 경우에도 마찬가지였다. 唐代에 크게 발전하여 전 중국을 석권하다시피 한 선불교의 영향력이 쇠퇴하고, 미륵 신앙을 중심으로 하는 민중적 정토 신앙이 널리 보급되는 시기가 바로 송대였다. 그 이외에도 『夷堅志』 등 필기류 소설을 통해 알 수 있는 것처럼, 송대는 민중의 종교적 요구가 폭발하는 시대이기도 했다.[13]

그 당시에 폭발적으로 분출했던 이단적 양상을 띠는 민중의 종교 행태를 유교 정통주의의 관점에서 '음사' 내지 '邪敎'라고 비판하면서, 사회 전 영역에서 올바른 禮秩序를 회복하는 것이 당시 유교 지식인들의 공통된 바램이었다고 말할 수 있을 것이다. 그리고 신유학의 성립은 종교적인 측면에서는 민중의 '비유교적' 종교 행태를 바로잡고 유교적 이상에 따른 국가의 祀典 체계를 확립하기 위한 유교의 혁신 운동이라고 이해하는 것이

가능하다. 따라서 우리는 북송 시대에 시작되어 주희에 이르러 절정에 달하는 鬼神에 관한 유교적 언설을 이러한 역사적·문화적 맥락에서 이해하고자 한다.

2. 음양으로서의 鬼神

주희의 귀신론을 이해하려고 할 때에 『朱子語類』의 권3 「귀신」은 가장 중요한 자료이다. 그러나 『朱子語類』는 여러 시점에서 제자들과의 문답을 기록한 것이기 때문에 주희의 입장을 반드시 체계적으로 표현하고 있지는 않다. 그렇기 때문에 귀신에 대한 주희의 정리된 생각을 살필 수 있는 글은 『중용』의 「鬼神章」에 대한 주희의 해석이라는 것은 이미 널리 인정되고 있다. 소위 「귀신장」은 주희가 재편집한 『중용장구』의 체제에 따르면 제16장에 해당하는 것으로서, 주자학의 이론적 관점을 잘 드러내주는 대단히 중요한 부분이다. 주희는 그 「귀신장」에 대한 주석의 형식을 빌어 鬼神에 대한 자신의 관점을 간결한 언어로 정리하고 있다. 그런 의미에서 「귀신장」에 대한 주희의 해석은 주자학의 성격을 잘 보여주는 중요한 내용을 담고 있다.[14]

여기에서 주희는 理氣論이라는 세계 해석의 관점을 이용하여 '귀신'이라는 초일상의 존재를 설명 가능한 '앎의 영역'으로 끌어들인다. 이제 유교는 '이기론'이라는 세계 인식의 틀을 통해서 고전유교가 앎의 영역에서 배제했던 '귀신' 등 초일상의 영역을 유용한 지식의 영역으로 끌어들일 수 있게 되었고, 그로 인해 세계를 더 명확하게 설명할 수 있는 폭과 깊이를 확보할 수 있게 되었다. 이런 점에서 필자는 지금까지 여러 논자들이 주장해왔던 주자학에 대한 하나의 편견, 즉 '이기론을 사상의 중심으로 삼는 주자학이 귀신 등 초일상의 영역을 해소시켰다'라고 보고, 나아가 '주자학 더 넓게는 신유학이 귀신은 존재하지 않는다는 無鬼論을 전개했다'라고 이해하는 합리주의적 해석에 반대한다. 주희는 분명 '귀신'을 氣의 작용이라고 해석하고 있지만, 그러한 해석이 곧 '귀신은 氣의 작용에 불과하기 때문에 귀신이란 존재하지 않는다'라는 결론으로 이어지는 것은 아니라고 생각한다.

이기론은 理와 氣라는 단순한 두 개의 개념을 이용해 세계의 신비를 해소시키는 이론이 아니다. 예를 들어 그 이기론의 관점에서 인간이 理와 氣의 조합으로 설명된다고 해서, 인간은 단순히 理라는 원리와 氣라는 무엇으로 해체되고 더 이상 피와 살의 구체적 인간은 존재하지 않는다는 뜻은 아니다. 하늘을 나는 독수리 역시 理와 氣의 결합으로 설명할 수 있다고 해서, 그 독수리는 기의 작용일 뿐 더 이상 창공을 나는 독수리가 아니라는 생각을 이기론자들이 가지고 있었던 것이라고 말할 수는 없을 것이다.

理와 氣로 세계를 설명하는 이론이 충분히 의미 있는 것으로 받아들여지기 위해서는 氣의 다양한 차원이 고려되어야 하며, 다양한 차원의 氣와 무한한 정도로 다양한 理의 결합이 고려되어야 한다. 그리고 氣와 理의 결합을 가능하게 하는 무수한 조건이 고려되어야 한다. 理와 氣의 결합을 현실적으로 가능하게 만드는 다양한 조건과 변수를 무시한 채, 모든 것은 '단순히' 단 하나뿐인 氣와 理의 결합과 다름없기 때문에 존재의 다양성이 단일한 氣[理]로 해소될 수 있다고 단순화시키는 것은 이기론을 척박하게 만드는 오해일 따름이다. "귀신이란 氣와 다름없다. 屈伸往來[끊임없이 운동]하는 것은 氣이다"[15]라고 선언하는 주희 귀신론의 의도는 그렇다면 무엇일까? 이 문제에 답하기 위해 우리는 우선 『중용』의 「귀신장」에 대한 주희의 정리된 관점을 살펴보아야 할 것이다.

> 程子는 "鬼神은 천지의 功用이요, 造化의 흔적"이라고 말했고, 張子는 "鬼神이란 二氣의 良能"이라고 말했다. 나의 생각으로는, 二氣의 관점에서 말할 때 鬼는 陰의 靈이고, 神은 陽의 靈이라고 말할 수 있을 것 같다. 그리고 一氣의 관점에서 말하자면, 지극함에 이르러 펼치는 것

이 神이고, 되돌아와 응축되는 것이 鬼라고 말할 수 있을 것이다. 그 둘은 그러나 사실은 하나이다.16)

주희 귀신론의 근본 원츠을 말하고 있는 이 구절을 이해하는 것 자체가 그리 간단하지 않다. 따라서 여기서는 이 구절에 대한 해설의 형식으로 "귀신이란 氣와 다름없다"라고 말하는 주희의 원론적 입장을 살펴보자.

이 문장을 이해하기 위해 먼저 주자학에서의 氣 개념을 이해해야 한다. 주희의 氣 개념에 관해서는 이미 적지 않은 연구가 존재하지만, 여기서는 그런 연구와의 중복을 무릅쓰고, 귀신을 설명하는 장치로서 제시되는 氣의 의미를 해명해야 할 필요가 있다.

주희는 존재하는 모든 것이 氣의 결합에 의해 만들어진다고 본다. 간단하게 말해서 주자학은 세계를 汎氣論的으로 설명하는 체계를 가지고 있다.17) 이러한 氣 중심적 세계관에 따르면 아무것도 없이 완전히 텅 빈 허무는 이론적으로 가능하지 않다. 주자학에서 불교의 空을 '虛無'와 통하는 개념으로 보고 비판하는 것은 바로 이러한 '기'의 논리에 따른 것이다. 그렇지만 그 기를 무엇이라고 해석할 것인가에 대해 확고한 해답을 얻는 것은 불가능한 일이다. 현재의 단계에서는 그것을 물리학적인 에너지라고 부르거나, 어떤 우주적인 힘이라고 부르거나, 아니면 화학적인 원자와 유사한 것이라고 이해하거나 혹은 우주를 가득 채우는 가스 상태의 元物質이라고 말하는 등 다양한 해석이 제시되고 있다. 그것을 무엇이라고 이해하든, 주자학적 설명에 따르면 氣는 끊임없이 선회하며 운동하는 '무엇'이다. 즉 '운동성'이 기의 본질적인 특성 중의 하나라는 사실을 기억해야 한다. 그때 운동의 원인은 氣 바깥에 별도로 존재하는 것이 아니다. 氣 그 자체가 바로 운동성을 가진 무엇이다.

주자학의 언어에서는 氣를 움직임[動]과 고요함[靜]이라는 두 대비 개념으로 설명하는 경우가 있지만, 그때의 고요함[靜]조차도 절대적인 정지라는 의미를 담고 있지는 않다. 그것은 전체적인 운동의 과정 안에서 상대적으로 운동의 강도가 낮은 상태를 가리키는 개념에 불과하다. 그렇다면 움직임〔動〕은 氣의 운동의 강도가 상대적으로 격렬한 상태를 지칭하는 것임을 알 수 있다. 氣를 설명하는 데에 이용되는 陰과 陽이라는 범주 역시 氣에 내재한 운동성의 두 측면을 가리키는 것이다. 운동이 상대적으로 격렬한 상태, 즉 움직임〔動〕의 상태가 陽이며, 운동이 완만한 상태, 즉 고요함〔靜〕의 상태가 곧 陰이다. 氣의 陰과 陽을 보통 '陰陽의 二氣'라고 부르는 것이 일반적이지만, 그것은 음의 氣와 양의 氣가 별개로 존재한다는 의미에서의 二氣는 아니다. 그것은 단지 하나인 氣〔一氣〕의 어떤 상태 내지는 어떤 부분을 관점을 달리하여 보기 때문에 생기는 분별에 불과하다. 여기서 우리는 <그림 1>과 같은 도식을 얻을 수 있다.

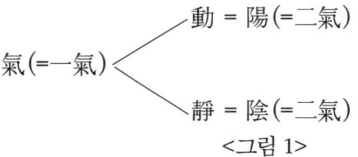
<그림 1>

앞에서 인용한 문장에서 주희는 '二氣의 관점에서', 혹은 '一氣의 관점에서'라고 말하면서 鬼神을 음과 양의 두 영역으로 나누어 설명하는 방식을 취하고 있다. 이러한 설명 방식을 <그림 1>의 도식에 덧붙인 것이 <그림 2>이다.

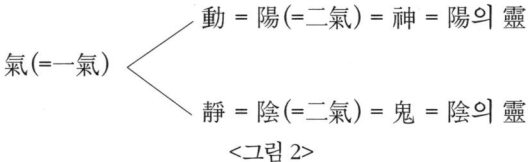
<그림 2>

이때 二氣의 관점에서 귀신을 말한다는 것은 귀신을 음과 양의 측면으로 이해하는 것을 의미하며, 一氣의 관점에서 귀신을 이해한다는 것은 기의 끊임없는 운동의 연속성을 전체적으로 파악한다는 의미이다. 그 두 관

점은 그러나 궁극적으로는 다른 것이 아니다.

주희는 귀신이 氣의 논리로 설명될 수 있다는 근본 입장을 취하면서도, 그것이 단순한 물질적 질료로서의 氣로 환원되는 것을 피하고자 한다. 주희는 귀신의 氣가 어떤 실체로 이해되는 것을 경계했던 것이라고 말할 수 있을지 모른다. 따라서 그는 二氣의 관점에서 설명되는 귀신을 '음의 靈', '양의 靈'이라고 부연함으로써, 귀신이 질료적인 형상을 가진 氣로 오해될 수 있는 여지를 없애고자 한다.

중국의 종교 사상에서 흔히 등장하는 '靈'이라는 개념은 인간의 오성적 인식으로 이해할 수 없는 초일상의 차원을 지칭하는 말이다. 주희는 한편으로는 귀신을 二의 세계 해석의 원리에 따라 氣의 운동과 정지라는 두 측면으로 설명하면서, 다른 한편으로는 귀신은 오성을 초월한 氣의 신비한 어떤 작용이라고 부연함으로써 그것의 '신비성'이 탈락되지 않게 하려는 배려를 보여준다. 주희의 배려는 나름대로 중요한 의의가 있다. 왜냐하면 단순히 氣라고만 말한다면, 그것이 단지 물질을 구성하는 질료로 오해될 수 있는 여지가 있기 때문이다. 주희가 인용하는 귀신에 대한 張載의 정의('이기의 良能'), 혹은 程伊川의 정의('천지의 功用')는 바로 귀신의 그러한 영묘함 내지는 신비를 강조하는 언설이라고 이해할 수 있을 것이다. 『朱子語類』 권63에서는 바로 이러한 주희의 주석에 대해 제자 輔廣(漢卿)은 "귀신의 德이 良能 혹은 功用이라고 풀이되는 이유는 무엇입니까?"라고 질문한다. 이에 대해 주희는 다음과 같이 대답한다.

> 말하자면 귀신이란 음양의 屈伸, 즉 운동하는 氣에 다름 아니다. 따라서 그것을 음양이라고 말해도 무방할지 모른다. 그러나 그것을 단지 陰陽이라고 부르지 않고 굳이 鬼神이라고 부르는 이유는 그것이 '양능'과 '공용'을 갖추고 있기 때문이다. 이제는 반드시 양능과 공용에서 귀신의 덕을 찾아야 할 것이다.[18]

여기서 '良能', '功用'이란 술어의 의미는 반드시 분명하지는 않다. 그렇지만 그 말들이 운동성을 속성으로 삼는 氣의 신비적 측면[靈]을 가리키는 것이라는 사실은 분명하다.[19] 귀신의 신비성 혹은 비일상성은 "보아도 보이지 않고, 들어도 들리지 않으며, 사물에 구체화되면서도 그 신비성이 사라지지 않는다"[20]라고 말하는『중용』의 원문 자체에서 드러난다. 주희는 한편으로는 氣의 취합 내지 운동성으로 귀신을 설명하는 것이 분명하지만,[21] 다른 한편으로는 그 설명 방식에 의해 귀신이 완전히 '설명되어 버리는'(환원 혹은 해소) 것은 아니라고 생각했다는 것을 위의 글에서 읽을 수 있다.『朱子語類』의 한 대화에서 주희는 다음과 같이 자기의 생각을 부연한다. "귀신은 곧 단순한 기에 불과한 것이 아닙니까?"라는 물음에 대해, "氣 그 자체 안에 신령스러운 무엇인가가 내재해 있다고도 말해야 할 것이다"[22]라고 주희는 대답한다.

3. 신령으로서의 鬼神

주희는 한편으로 귀신을 음양의 氣가 움츠려지고 펼쳐지고 가고 오고 하는 등의 屈伸往來 내지는 운동으로 이해하는 자연주의적 귀신 이해를 분명하게 제시하고 있지만, 다른 한편으로 당시의 민중 세계를 사로잡았던 '귀신' 내지 '神靈'의 존재를 긍정하는 태도를 보여 주고 있기도 하다.『朱子語類』권3 첫머리에 등장하는 다음 구절은 귀신의 존재 유무에 대한 주희의 고심을 드러내주는 중요한 언설이다. "귀신의 존재 유무에 대해 물었다. 여기에 대해, '이 문제에 대해 어떻게 간단히 쉽게 말할 수 있겠는가![此豈卒乍可說!]'라고 대답했다."[23] 주희는 귀신의 문제가 일단은 배우는 자에게 가장 긴요한 문제가 아니라는 점을 지적하고, 학문이란 현실의 삶에 관심을 기울이는 것이 급선무라고 말한다. 그러나 그의 대답을 귀신이란 존재하지 않는 것이기 때문에 그 귀신의 존재에 대한 관심이 긴요하지 않다는 의미로 받아들여서는 곤란하다. 거기서 주희는 인식의 단계적 발전과 수준에 대해 말하고 있었던 것이다.

귀신을 '氣'의 운동의 관점에서 이해하는 이기론적 이해는 주희 귀신론의 형이상학적인 일 측면을 제시하는 원론적 진술이지만, 『朱子語類』의 수많은 대화에서 등장하는 귀신의 존재 혹은 초월적 힘이 인간의 삶 속에 개입[靈]할 수 있다는 사실을 부정하지 않는 주희의 입장은 단순히 무시되어 왔거나, 그의 원론적 귀신론의 논리적 모순 내지 설명할 수 없는 찌꺼기 정도로 치부되어온 것이 사실일 것이다. 이기론에 입각한 주희의 귀신론은 결코 귀신이란 존재하지 않는다라는 주장으로 귀결되는 것은 아니었다. 따라서 귀신이란 氣와 다름없기 때문에 현실적으로 성행하는 귀신 내지 신령에 대한 민중의 신앙이 단순한 비이성적 착오라고 판단하는 환원주의로 귀결되는 것은 아니었다고 필자는 이해한다.

그렇지만 귀신 내지 초월적 힘들의 출현[24]을 부정하지 않는 주희의 태도는 분명히 이중적이다. 위에서 살핀 것처럼, 주희는 한편으로는 그런 현상을 '기'의 개념을 도입하여 설명한다. 그것은 다시 말해 그러한 현상을 있는 그대로 승인하는 단순한 유귀론, 내지는 중국적 유신론에 대한 비판적 의도와 결부되어 있다. 주희는 二程의 관점을 끌어들여, 귀신에 대한 당시의 일반인의 관심이 禮의 원리에서 어긋나 있기 때문에, 귀신에 대해 손쉽게 말할 수 없는 자신의 고충을 토로하고 있기도 하다.[25]

그러나 다른 한편으로는 주희는 그 초월적인 존재들의 출현에 대해 진술하는 민중의 종교 경험을 있는 '그대로 승인하려는(sui generis)' 비환원적 태도를 보여 주기도 한다. 여기서의 우리의 관심은 이 두 가지 입장을 상호 모순적인 것으로 치부하지 않으면서, 주희 귀신론의 의도를 추측하는 것이다.

주희는 제자들과의 대화 곳곳에서 일상의 상식으로 이해하기 힘든 귀신의 존재, 요괴의 출현, 한발 달린 괴물, 산의 정령, 귀신 들림에 의한 이상 현상 등등, 일반적으로 민중의 신앙 행태와 관련된 종교적 현상에 많은 관심을 기울이고 있음을 보여준다. 그리고 무당들에 의한 점술이나 逐鬼儀禮, 禮의 규정에 합당하지 않지만 당시에 성행했던 수많은 민중종교 의례의 영험성[靈]을 전면적으로 부정하는 회의적 태도를 취하지 않았을 뿐만 아니라, 오히려 그런 종교 의례들이 어떤 초월적 힘의 행사를 가능하게 한다는 사실을 긍정적으로 평가했다. 주희의 제자 陳淳이 기록한 한 대화는 우리의 상식에 각인된 합리주의적 '이기론자'로서의 주희와 너무나 다른 모습을 보여준다.

> 설사룡이 집에서 귀신[鬼]을 보았던 일에 대해 주희 선생은 말했다. "세상에는 귀신의 존재를 믿는 사람들이 있는데, 그들은 천지간에 귀신이 정말로 존재한다고 말한다. 그리고 귀신을 믿지 않는 사람들은 단연코 귀신이란 존재하지 않는다[無鬼]고 말한다. 그러나 또한 정말로 그것[鬼]을 본 사람이 있지 않은가. 정경원은 설씨가 본 것이 實理라고 말했는데, 어쩌면 그것은 虹霓之類, 즉 무지개 종류의 신이 아닌지 모르겠다." 이 말에 대해 必大가 다시 물었다. "무지개는 단지 氣의 한 모습으로서 형태를 가지고 있는 것에 불과한 것이 아닙니까?" 여기에 대해 주희는 말한다. "그것은 물을 흡수할 능력이 있으니 배와 내장을 가지고 있다고 보아야 할 것이다. 그러나 그것이 흩어지고 나면 아무것도 남지 않는다. 소위 [도교의 뇌법의례에서 말하는] 雷部의 신격들이 그런 類의 존재들일 것이다."[26]

> 귀괴에 대한 이야기가 나왔을 때, 주희 선생은 이렇게 말했다. "나무의 정령, 한 발 달린 괴물 기, 그리고 땅의 요괴 망량" 등은 그것들에 대한 옛날부터의 기록이 있다. 그 명칭이 존재하는 것으로 보아 그런 괴물들도 존재한다고 해야 할 것이다.[27]

여기서 알 수 있는 것처럼, 주희의 주변에는 확고한 무귀론자들도 있었고, 자연의 이상 현상을 과학적, 합리적으로 설명하고자 하는 입장을 가진 사람들도 있었다. 주희의 제자들 중에도 그런 합리주의자들이 적지 않았음을 우리는 위의 대화를 통해 추측할 수 있다. 따라서 주희의 입장을 단순히 시대적 조류의 문제로 설명하는 것은 문제가 있다는 것을 알 수 있다. 민중의 종교적 신앙 나아가 당시의 일반인의 종교적 태도에 관한 주희의 입장을 살필 수 있는 좋은 例를 다시 하나 들어보자.

『중용』의 해설과 관련된 『朱子語類』 권63의 한 대화는 귀신의 존재 및 민중의 종교적 실천에 대한 주희의 태도를 잘 보여주는 것이다. 거기에서 "세간에서 말하는 귀신과 관련된 수많은 기괴한 사건들〔物怪神姦〕의 진실성 여부에 대해 어떻게 생각하십니까?"라는 물음에 대해 주희는 다음과 같이 대답한다.

> 세상에서 말하는 귀신 이야기 중에서 80퍼센트는 엉터리〔胡說〕이지만, 나머지 20퍼센트는 이치에 합당한 진실을 담고 있다. 그들 중 많은 경우는 非命에 죽은 자이다. 혹은 익사했거나, 혹은 살해당했거나, 혹은 전염병에 걸려 일찍 죽었거나 했던 경우들로서, 그들의 기가 미처 흩어지지 못하고 다른 것에 憑依하여 나타난 것이다. 또 죽은 지 얼마 지나지 않았을 때에는 기가 아직 완전히 소진되지 않고, 처음 기를 받았을 때의 왕성함을 가지고 있다. 따라서 귀신이 되어 등장하는 것이지만 마침내 그것도 사라지고 말 것이다. 대개 精과 氣가 합쳐졌을 때 사람과 사물은 생명을 얻으며, 혼이 몸을 떠나 노닐 때에는 곧 그것이 사라진다.[28]

주희는 분명 귀신〔厲鬼〕의 출현 가능성을 인정한다. 그는 귀신이 출현하는 이유를 비명에 횡사한 자의 혼백이 흩어지지 않고 사물이나 사람에 憑依하기 때문이라고 이해한다. 사람이 죽으면 그의 魂魄〔氣〕이 흩어진다는 것은 고전적인 중국인의 죽음 인식의 핵심 내용이었다.[29] 그렇다면 "어떤 경우에 예외적으로 기가 흩어지지 않고 남아서 憑依하는가?" "사람이 죽고 난 다음에도 기가 흩어지지 아니하는 것은 무슨 이유인가?〔有人死而氣不散者, 何也〕" 실제로 주희는 그런 질문을 받았다. 그 질문에 대해 주희는 이렇게 대답한다. "그가 쉽게 죽음을 받아들이지 않기 때문이다. 예를 들어 형벌을 받아 죽거나 자살한 사람은 죽음을 받아들이지 않는 경우로서, 그의 기〔精神〕는 흩어지지 않고 여전히 뭉쳐 있다." 그러나 만일 죽음을 편안하게 받아들이는 경우에는 그런 현상은 일어날 수 없다는 사실을 강조함으로써, 주희는 귀신의 출현이 당연히 바람직하지 않은 것이라는 태도를 표명한다. "죽음을 편하게 받아들이는 경우에는 죽어서 정신만 홀로 남는 일이 없다. 堯舜이 죽은 후에 귀신이 되어 돌아왔다는 말을 들은 적이 있는가?"[30] 라고 주희는 반문한다.

결국 주희의 이해에 따르면, 귀신〔厲 혹은 厲鬼〕이란 불운한 죽음을 맞이한 결과, 자기의 죽음에 승복할 수 없는 사람의 영혼이 세상을 떠나지 못하고 되돌아온〔歸〕것이다.[31] 그러나 氣가 흩어지지 않는 것은 불운한 죽음의 결과만은 아니다. 예를 들어 도사나 승려의 경우에는 특별히 氣를 훈련하기 때문에 죽은 뒤에도 氣가 오랫동안 흩어지지 않는 경우가 있다고 주희는 말한다. 그리고 도교에서 말하는 신선의 경우에도 氣를 수련한 결과 오랫동안 생명을 누리는 것이라고 말하면서, 氣의 수련 역시 氣가 흩어지지 않게 하는 하나의 방법이 될 수 있음을 인정한다. 그러나 빠르고 늦고의 차이는 있지만, 자연의 정상적인 이치에 따르면 氣는 언젠가 흩어지기 마련이라고 주희는 말한다.[32]

여기서 중요한 사실은, 기가 흩어지지 않고 되돌아오는 현상 그것은 정상적인 理의 상태가 아니라고 주희가 이해하고 있었다는 점이다. 주희는 귀신의 존재를 '氣'의 운동으로만 설명하는 『중용』에서의 귀신론과 달리, 理를 귀신의 존재 규명의 원리로 끌어들이고 있는 것이다.

사람이 죽으면 기가 흩어지고 텅 비어 아무런 흔적이 없는 것이 가장

자연스러운 도리이다.[33]

〔『좌전』에서〕 伯有가 厲鬼〔厲〕가 되어 되돌아온 사건은 이치〔理〕적으로 가능한 하나의 경우이지만〔自是一理〕, 삶과 죽음의 정상적인 자연스런 이치〔常理〕라고는 말할 수 없다. 사람이 죽으면 기가 흩어지는 것이 理의 자연스러움〔理之常〕이다. 그는 살아 있을 적에 많은 물건을 사용하였고 그 결과 많은 精을 축적하였을 것이다 또 그는 가문의 지체가 높았음에도 불구하고 억지스런 죽음을 당했기 때문에 그의 氣가 아직 흩어지지 않았을 것이다.[34]

민중의 현실 세계에서 일상적으로 목도하는 귀신(여귀, 신령 등등)은 단순히 부정할 수는 없지만, 理의 관점에서 보자면 결코 바람직한 것이 아니라고 주희는 판단한 것이다. 이기론적 세계 해석에 의하면 존재하는 모든 것은 理와 氣의 결합이다. 귀신이라는 존재 역시 氣와 理의 결합이라는 자연의 법칙을 벗어날 수 없다.

그러나 중요한 것은 그때의 氣와 理는 무차별적으로 동일한 것이 아니라 각각의 경우에 가치적 차이가 개입한다는 사실이다. 氣 내부에 설정될 수 있는 다양한 차이는 존재하는 것의 상태를 얼마든지 변형시키는 조건이 될 수 있다. 그리고 理의 내부에 존재하는 가치적 층차(常理와 變理의 차이)는 기의 층차보다 더욱 심각한 존재의 차이를 가져온다. 그것은 존재의 가치론적 차별을 낳는다. 정상적으로 존재하는 자연은 정상적인 다양한 氣의 레벨과 정상적인 理의 결합의 산물이다. 氣의 측면에서는 물론 理의 측면에서 있어서도 '정상적인 理〔常理〕'를 구비하지 못한 존재가 있을 수 있는 여지는 얼마든지 있다. 주희는 귀신이 바로 그런 존재라고 이해하고 있었던 것이다. 귀신이 존재하는 사물로서 당연히 가져야 할 理〔常理〕를 가지지 못한 존재라면, 그 존재는 사실상 이 세상에 '존재하지 않아야 할 것'이 존재하는 것인 셈이다. 그렇다고 그 귀신이 전혀 아무런 理도 갖지 못한 것은 아니다. 伯有의 고사에서, 주희는 백유의 귀신, 즉 억울하게 죽었기 때문에 흩어지지 못하고 다시 이 세상에 나타나는 귀신〔厲鬼〕이 '나름대로의 '理를 가지고 있음〔自是一理〕'35)을 인정한다.

귀신만이 그런 것이 아니라, 일반적으로 존재하는 요괴, 신령 등 초자연적 존재들도 理와 氣의 결합이라는 점에서 이 세계의 존재 구조를 벗어나 있는 것은 아니다. 그것들을 일반적으로 怪 혹은 怪異라고 부르는 이유는 인간의 일상적 인식을 벗어난 것이기 때문이다. 귀신뿐만 아니라 자연에 존재하는 다른 유형의 요괴, 괴물, 신령의 존재 역시 氣와 理의 결합임에 틀림없다. 怪 혹은 怪異라고 부르는 그런 존재는 理가 비정상적일 뿐만 아니라, 氣의 레벨에 있어서도 왜곡되고 뒤틀린 것이라고 주희는 설명한다.

> 『공자가어』에서는 다음과 같이 말한다. "산에 사는 요괴〔怪〕를 夔, 魍魎이라고 부른다. 물의 요괴는 龍과 罔象이다. 땅의 요괴는 羵羊이다." 이런 괴물들은 모두가 잡다하게 뒤섞이고 비틀어진 氣로 인해 만들어지는 것이다. 그렇지만 거기에 理가 없다고는 말할 수 없다. 전혀 理가 없다라고 말하는 것은 옳지 않다. 예를 들어 겨울은 춥고 여름은 더운 것이 정상적인 올바른 理이다〔理之正〕. 그러나 어떤 때에는 갑자기 여름에 춥고 겨울에 더운 현상이 나타난다. 그런 경우가 없다고〔無此理〕 말할 수 없지 않겠는가? 그렇지만 그것은 이미 정상적인 理〔理之常〕가 아니기 때문에, 그것을 괴이〔怪〕라고 부르는 것이다. 그런 괴이 현상에 대해 공자께서는 말씀하지 않았으므로, 배우는 사람이 거기에 대해 반드시 이해했던 것은 아니다.36)

주희는 여기서도 인간의 일상적 감각을 벗어나 존재하는 초월적 신령의 세계를 인정하고, 그것을 氣로 설명하는 이기론적 입장을 관철시키고 있다.

주희가 말하는 존재의 질서로서 理는 있음을 그대로 승인하는 현상학적

理에 그치는 것은 아니었다. 오히려 주희는 도덕적이고 가치적인 당위로서의 理에 더욱 중점을 둔다고 이해할 수 있다. 그렇기 때문에 주희는 자주 존재의 질서인 理와 사회의 가치적 질서인 禮를 동일시하곤 한다. 즉 주희의 理는 단순히 사물의 있음 그대로의 현실의 원리[所以然]일 뿐 아니라, 마땅히 있어야 할 것으로서의 존재의 가치적 법칙[所當然]이었던 것이다. 따라서 귀신[厲鬼] 내지 妖怪의 존재는 理氣의 현상으로서는 존재하는 것이지만, 있어야 할 존재로서 있는 것이 아니므로 '소당연'의 理의 관점에서는 부정되어야 하는 것이다.

주희는 분명 귀신의 존재를 인정한다. 하지만 그는 귀신이란 '당연히' 있어야 할 존재가 아니라 있지 않아야 함에도 불구하고 세상에 등장하는 존재로서 한정적으로 승인한다. 주희가 "세속에서 말하는 귀신이 없다"라고 말할 때의 귀신은 바로 이러한 '소당연'으로서의 理를 결여한 존재를 가리킨다. 그렇다면 필자는 주희의 귀신론의 언설이 부정한 귀신의 존재를 가능하게 만드는 현실에 대한 간접적 비판을 깔고 있는 것이라고 말해도 잘못이 없다고 생각한다.

주희는 氣의 정상적 발현이 불가능해지는 현실에 진지한 관심을 기울이고 있었다. 귀신이 빈번히 등장하여 神異한 사건들이 발생하는 현실이 오히려 전혀 이상한 일이 아니라고 판단될 정도로, 세상은 정상적인 순리[常理]에서 어긋나 있고, 따라서 정상적인 氣가 발현되지 못하는 상황이라고 주희는 본 것이다. 주희는 그런 현실을 극복하기 위한 방안을 '정상적인 理[常理]'의 회복, 즉 禮의 회복에서 찾았다. 그리고 당시의 혼란된 禮를 회복하여 민중이 실천할 수 있는 禮秩序를 수립하려는 주희의 노력은, 서민 대중이 실천할 수 있는 禮制 수립의 노력으로 구체화되었다. 그리고 그러한 노력은 종교적인 관점에서는 바로 귀신이 빈번히 출몰하는 현실에 대한 비판으로 보아야 할 것이다.

주희는 怪異 현상이 나타나는 이유, 즉 왜곡되고 뒤틀린 氣의 결합이 현실적으로 실현되는 이유를 이 세상의 도덕적 가치관의 타락 때문이라고 진단한다. 따라서 정상적인 理와 건전한 氣가 자연의 법칙에 따라 실현되는 건강한 사회를 만들면 그러한 괴이 현상은 자연스럽게 사라질 것이라고 주희는 주장한다. "만일 王道가 실현되는 사회가 되면, 이와 같은 올바르지 아니한 氣는 전부 소멸되고 말 것이다"[37] "人事의 정당함을 행하면 怪異는 저절로 사라진다. 정상적인 理를 멀리하면 요괴가 나타난다"[38] 등의 발언은 주희의 진단과 처방을 단적으로 보여주는 것이다.

삶의 당연한 이치에 따르면 사람이 죽은 후에는 그의 氣가 흩어지는 것이 '정상〔常理〕'이다. 그럼에도 불구하고, 氣가 흩어지지 않아서 厲鬼가 되어 이 세상을 배회하는 현상도 주희가 보기엔 있을 수 있는 일이긴 하지만 '비정상〔變理〕'이다. 그리고 정상적으로 氣가 펼쳐지고 理가 발현되는 상태라면 존재할 수 없는 괴물, 요괴가 존재하는 것도 가능하다. 그러나 그것은 理의 비정상적인 상태일 뿐이다. 그렇다면 그 비정상을 해소할 수 있는 방법은 무엇인가? 그 방안은 간단하게 말하자면, 올바른 '理=禮'를 사회 전체가 회복하는 것이었다. 사상가로서, 경세가로서 주희의 역사적 임무는 바로 그러한 질서가 회복된 사회를 만들기 위해 노력하는 것이었다. 그의 정통(도통) 주장은 결국 禮의 회복을 향한 시도들과 무관하지 않다. 여기서 경세가이자 유교 지식인으로서의 주희의 귀신론, 그리고 그것과 결부된 그의 도통론의 진정한 의도가 드러난다.

4. 제사의 대상으로서의 鬼神

유교 국가에서 祭祀의 의의

지금까지 살핀 것처럼 주희는 초일상적 怪異 혹은 神異 현상을 이기론의 구도에 따라 설명했다. 그리고 그러한 괴이 혹은 신이 현상은 사회가 올바른 예와 질서에 의해 작동한다면 발생할 수 없는 것이라고 그는 생각했다. 도덕적 사회 질서의 차원에서만 禮를 논의할 때, 祭祀는 그 사회 질서를 유지하기 위해 없어도 무방한 그러나 유익한 부속품 정도로 이해하는 태도가 일반화되어 있다. 그러한 관점은 서론에서도 지적했던, 유교에 대한 근대적 요청 및 관심과 무관하지 않다. 그러나 주희가 구상했던 올바른 禮란 천지신명에 대한 제사 및 조상신에 대한 제사를 빼고서는 논할 수 없는 것이었다. 전통 중국의 禮秩序에서 제사는 禮 전체의 우연적 구성 부분이 아니라, '禮' 그 자체라고 말해도 좋을 만큼 예의 중심을 이루고 있었기 때문이다. 유교 국가에서의 祭祀의 중요성에 관해 『예기』는 다음과 같이 말한다.

> 사람을 다스리는 방도를 구하는 데에 禮보다 더 급한 것은 없다. 禮에는 다섯 개의 줄거리〔五經〕가 있지만, 그중에서 祭祀보다 중요한 것이 없다.[39]

> 산림, 천곡, 구릉에 머물면서 구름, 비바람 등 괴이한 사건을 일으키는 모든 것을 '神'이라고 부른다. 천하를 다스리는 천자는 온갖 종류의 神에게 祭祀를 드린다. 제후는 자기의 땅을 보존하는 동안에는 자기 땅의 온갖 신에게 제사를 드린다. 그리고 나라가 망하면 그 제후는 제사를 드리지 못한다.[40]

> 제사를 드려서는 안 됨에도 불구하고 제사를 드리는 것을 '淫祀'라고 말한다. 음사를 통해서는 福을 얻을 수 없다.[41]

유교 국가로서 중국의 각 왕조는 禮治를 표방했다. 따라서 제사는 국가 질서 유지의 근본 원리로 수용되고 있었기 때문에, 천지의 신명에게 제사를 드리는 것은 왕조 국가의 권리이자 의무로 인정되고 있었다. 그 경우 어떤 신에게 제사를 드리고, 또 어떤 신에게 제사를 드리지 않아야 하는가 하는 문제는 왕조 국가의 통치의 정당성과 직결되는 중요한 관심사였다.

위의 인용문에서 「제법」의 제사론은 통치의 정당성을 확보하기 위한 원리로 작용했다. 중국의 각 왕조가 제사의 대상을 결정하는 준거를 제공했던 경전적 근거가 바로 『예기』 「제법」의 '제사론'이었던 것은 주지의 사실이다. 그 원리를 우리는 유교 국가에 있어서 '제사의 등급성'이라고 부를 수 있을 것이다.

주희를 위시한 지방관의 임무는 왕조의 제사를 지방의 차원에서 대리 집행하는 것이었다. 祭祀는 곧 통치를 통한 질서 유지와 직결되는 것이었기 때문에, 지방관은 국가의 祀典 체계 및 지방의 祀典에 근거하여 제사를 드려야 하는 신들에 대한 명확한 이해를 가질 것이 요구되었고, 올바른 시점에 올바른 신에게 제사를 드리는 것은 지방관의 의무에 속하는 일이었던 것이다. 특히 재난이 엄습하는 경우에 지방관의 제사 의무는, 민심의 수습과 질서 유지를 위해 중대한 정치적, 행정적 책임이 되기 마련이었다. 우리가 송대의 유교 지식인의 문집에서 손쉽게 발견할 수 있는 엄청난 양에 달하는 祭文, 祈雨文, 靑詞 등등의 종교 제사 문헌은 바로 제사 집행자로서의 유교 관료의 모습을 보여주는 것이었다. 주희가 지향한 禮秩序는 현실적으로는 왕조 국가의 예치 질서의 회복을 의미하는 것이었다고 말해도 틀리지 않는다. 특히 본론에서 문제 삼고 있는 귀신론 및 제사의 문제와 관련해서 보자면, 예에 대한 주희의 관심은 국가 祀典의 규정을 벗어나 있는 민중의 종교 신앙에 대한 禮治의 관점에서의 대응을 의미하는 것이기도 했다.

유교 국가제사의 대상은 『주례』의 분류법을 따라 크게 세 가지 경우로 나누어 보는 것이 일반적이다.[42] 주희도 언급하고 있듯이 天神, 地祇, 人鬼의 분류가 그것이다. 앞에서 祀典의 내용을 살피는 곳에서도 보았듯이 제사의 등급성이라는 원리에 따를 때, 天神의 제사는 일단 대부분이 왕실의 주재하에 거행되는 것이 원칙이었다. 地祇의 경우에는 왕실이 주재하는 경우와 지방 관아가 주재하는 경우로 나뉘지만, 어떤 경우이든 사서인 개인이 地祇를 제사 지내는 경우는 없어야 한다. 王土思想 및 제사의 등급성이라는 측면에서, 사서인이 개인의 자격으로 드리는 제사의 대상에 天神 과 地祇는 제외된다고 보아도 좋다. 그렇다면 사서인 개인에게 허용된 제 사는 결국 人鬼, 곧 조상신이 대한 제사에 국한될 수밖에 없다.[43] 그렇다 면 이러한 원칙을 벗어나는 제사는 모두 '淫祀'이기 때문에, 정통 유교적 이념에서 볼 때에는 禮의 파괴에 불과하다.

위에서 인용한 『예기』「곡례」의 규정은 '음사'에 대한 경전적 규정이었 다. 사서인 개인에게 허용될 유일한 제사가 조상신에 대한 제사라고 할 때, 한 개인의 자격으로는 자기의 조상 귀신이 아닌 다른 귀신에게 제사를 드리는 것은 허용되지 않는다. 「곡례」에서 말하는 '음사'는 기본적으로는 제사를 드리는 인간과 제사를 받는 귀신 사이에 혈연적 관계가 존재하지 않 는 경우를 가리키는 것이었다. 유교의 원리에 의하면 조상신에 대한 올바 른 제사의 기준은 혈연적 동일성을 기본 원리로 깔고 있는 것이었다. 민중 의 신앙과 제사에 대한 주희의 관심은 결국 사서인 개인이 '제사의 등급 성'을 넘어서서 천지의 신령에게 제사를 드리거나, 자기와 혈연적 관련이 없는 귀신에게 제사를 드리는 현상을 교정하기 위한 것이었다. 주희가 『가 례』의 편찬을 통해 실현하고자 한 것은 宗法制度의 확립을 통해 제사를 드 리는 자와 제사를 받는 귀신 사이의 올바른 혈연적 관계에 근거한 종교 의 례의 실천 기준을 마련하는 것이었다고 말할 수 있다.

그렇다면 주희의 이기론적 귀신론에 비추어 볼 때, 제사에 있어 혈연적 관계라는 기준만을 강조하는 '음사' 비판론은 과연 적절한 것인가? 그리 고 제사의 등급성의 원리는 그의 이기론의 관점에서 어떻게 해명되고 있 는가? 나아가 주희는 제사에서 조상신과 자손의 혈연적 관계 문제를 어떻 게 설명하고 있는가?

주희의 제사론과 음사 비판

주희의 제사론은 그의 귀신론과 마찬가지로 氣의 논리에서 출발한다.[44] 사람은 죽으면 그의 기가 흩어진다〔氣散則死〕. 그때 인간의 魂을 구성하는

陽의 성질을 가진 氣는 하늘로 올라가고, 魄을 구성하는 陰의 성질을 가진 氣는 땅으로 내려간다. 즉 죽음은 魂과 魄의 결합이 해체되고 몸에서 분리되어 하늘과 땅으로 흩어지는 현상이라고 설명된다〔盡則魂氣歸於天, 形魄歸于地而死矣〕. 그러나 사람이 죽었다고 해서 본래의 氣가 일순간에 완전히 흩어지는 것은 아니다. 결국에 가서는 氣가 완전히 흩어져 버리는 것이 정상적인 이치이지만, 아직 氣가 완전히 흩어지지 않은 중간 단계가 있다. 따라서 조상의 氣가 중간 단계에 있는 동안 자손은 그의 조상에게 제사를 지낼 수 있고, 그 제사에 대한 응답〔感格〕을 받을 수도 있다. 조상의 귀신과 제사 지내는 후손 사이에 제사를 통한 감응이 존재〔有感通之理〕하는 이유는 조상의 氣와 후손의 氣가 결국은 하나〔必竟只是一氣〕이기 때문이다. 그러나 죽은 사람의 氣가 다시 모이는 일은 정상적인 理로서는 있을 수 없다.[45] 人鬼, 즉 祖上神에 대한 제사는 조상의 氣와 후손의 氣가 하나이기 때문에 그 정당한 근거를 확보할 수 있다는 것이 주희의 입장이었다.

　氣의 동질성은 제사를 통한 感應, 즉 제사에 대응하는 조상신의 대답〔感格〕을 가능하게 만든다. 이러한 주희의 논리는 전통 중국의 감응론에 비추어 본다면 이해할 수 없는 것은 아니다. 그러나 유교적 입장에서 제사의 대상이 되는 人鬼는 비단 자기의 조상신에만 한정되지는 않는다. 실제로 주희는 지방관으로서, 그리고 유학의 정통적 계승자로서 자임을 완수하기 위해 유교 성현의 사당을 건립하는 데에 많은 노력을 기울인 사실이 널리 알려져 있다. 그리고 그가 유교 정신의 보급을 위해 가장 힘을 쏟았던 書院 역시 성현에 대한 祭祀를 중심으로 하는 학문 공동체였다. 그렇다면 聖賢과 일반 士人 사이에는 혈연에 근거한 氣의 동일성이 존재하지는 않음에도 불구하고, 성현에 대한 제사가 유교적으로 의미를 획득하는 이유는 무엇인가? 성현에 대한 제사에 대해 주희는 이렇게 말한다.

　　성현이 펼친 '道'는 만세에 걸쳐 존재하는 것이고, 그들의 功績 역시 만세에 걸쳐 존재하는 것이다. 오늘날에도 〔우리는〕 성현의 道를 행하고 있고, 성현의 마음을 가르치고 배우고 있다. 결국 우리는 성현이 남긴 것을 짊어지고 있는 것이므로 우리의 氣와 성현의 氣가 서로 통한다고 말할 수 있다.[46]

천자가 하늘에 제사를 지내고 제후(지방관)가 지방의 제사를 주재하는 것의 이론적 정당성을 주희는 같은 맥락에서 설명한다.

예를 들어 '천자는 천지에 제사 지내고, 제후는 산천에 제사 지내며, 대부는 五祀에 제사한다'라는 원리에 대해서 말해보자. 그들 사이에는 조상과 자손이라는 혈연관계는 존재하지 않는다. 그러나 天子는 천하의 주인이며, 諸侯는 산천의 주인이며, 大夫는 五祀의 주인이다. 내가 그것[천지, 산천, 오사]을 주도할 수 있는 위치에 있기 때문에 그것[천지, 산천, 오사]의 氣가 내 몸에 온전히 머물 수 있다. 이런 이유로 해서 그들 사이에 상관관계[相關處]가 생기는 것이다.[47]

성현을 제사 지내야 한다는 주희의 주장은 전통적인 功績의 논리에 따른 것이었다. 성현은 오늘날 중국 문화를 창조했기 때문에 그들은 중국의 백성들에게 커다란 공적을 남겼고, 따라서 백성들은 성현들에게 제사를 지내지 않을 수 없다는 것이다. 『예기』의 「祭法」에서 이미 정식화된 이러한 功績의 논리는 중국 종교의 神靈을 이해하기 위해 대단히 중요하다. 중국 종교에서 人鬼는 단순히 그의 후손에게만 신으로서 존재하며 그 후손에게 있어서만 정당한 제사의 대상이 될 수 있다. 하지만 민중 전체의 삶에 커다란 영향을 끼칠 수 있는 功績을 남긴 경우에는 민중 일반의 제사의 대상이 될 수 있다. 성현이 제사의 대상이 될 수 있는 이유는 혈연의 원리를 넘어서는 공적의 논리에 근거를 두기 때문이다.

그러나 공적의 개념은 모호해서 분명한 기준을 만들기가 곤란하다. 따라서 국가가 개입할 수밖에 없다. 단순한 人鬼가 신령으로서 개인의 가족의 범위를 넘어서 일반적인 제사의 대상이 되기 위해서는 賜額의 수여와 祀典에의 등록이라는 국가적 공인을 거쳐야 한다. 주희가 인정하는 유교의 성현 역시 정식으로 국가적 공인을 얻은 후에는 淫祀의 불명예를 벗을 수 있지만, 그렇지 못한 때에는 '음사적' 존재로 남을 수밖에 없다. 성현의 반열에는 아직 들지 못했다 하더라도, 유교적 이념에서 의미 있는 존재로 인정을 받고, 후세 유자들의 제사를 받을 수 있는지 여부에 관한 자격을 결정하는 데에도 그러한 기준이 적용된다. 국가는 사액 및 봉호의 수여라는 수단을 통해 성현 및 선대 유자들에 관한 제사를 국가제사의 일부로 수용한다. 마찬가지로 일반 神靈(특히 人鬼) 역시 국가의 사액 획득이라는 절차를 거쳐 국가적 제사의 영역 안으로 편입되고, 공식적인 제사의 일부로 인정된다. 주희는 이렇게 말하고 있다. "士人이 州縣의 지방 관료가 되었을 때는 반드시 淫祀를 제거하여야 한다. 그러나 그 祠廟가 국가의 勅額을 얻었을 때에는 함부로 그것을 제거해서는 안 된다."[48] 결국 淫祀인가 아닌가의 기준은 '국가의 사액을 얻었는가 아닌가?' 하는 지극히 단순한 기준에 의해 결정된다는 것을 알 수 있다. 국가의 예제가 수용하는 신령은 올바른 신으로서 국가제사 및 민중의 신앙을 얻어도 무방하지만, 그렇지 못한 경우에는 음사이기 때문에 그 신령에 대한 제사가 금지되어야 한다. 송나라 정권은 민중의 祠廟들에게 사액을 내리며 그것을 적극적으로 국가의 공인 제사로 전환시키는 정책을 추진했다. 중앙정권은 민중의 祠廟 배후에 존재하는 향촌의 질서 형성을 위한 잠재적 역량을 禮治의 질서 안으로 편입시키고자 하는 노력을 기울였다. 그것은 결국 민중의 종교성을 국가가 직접 통제하여 향촌의 질서를 수렴하고자 하는 중앙집권적 정책과 표리를 이루는 것이었음은 말할 필요도 없다. 주희는 민중의 종교를 수렴하고자 하는 국가의 종교 정책을 승인하는 바탕 위에서 그의 귀신론을 전개했던 것이다.

그렇다면 주희가 국가의 승인을 아직 얻지 않은 祠廟, 즉 '음사'를 비판하는 원리는 무엇인가? 단순히 氣의 상관성이 존재하지 않기 때문인가?

아니면 그 신들이 전혀 靈驗性이 없다고 보기 때문인가? 앞 절에서 본 것처럼, 주희는 초월적 신령의 존재를 부정하지 않았을 뿐 아니라, 그 신령이 민중적 제의에 답하는 영험성을 나타낸다는 사실 또한 결코 부인하지 않았다. 따라서 주희는 민중의 신앙 대상인 신령들이 靈驗하지 않기 때문에 민중의 종교 신앙을 반대한 것은 아니라는 것을 알 수 있다. 아이러니컬하게도 주희는 그 신령들이 영험하기 때문에 그것을 반대한 것이었다. 신령들이 영험하기 때문에 그들에 대한 민중의 열렬한 믿음을 국가가 통제하지 않을 대, 오히려 그것은 국가 질서의 유지에 위험 요소로 작용할 수 있다는 인식이 그의 음사 비판에 깔려 있었던 것이다.

5. 주희의 정통의식과 민중 신앙비판

주희의 귀신 언설은 귀신에 관한 추상적 이론을 전개하기 위해 제시된 것은 아니었다. 주희가 귀신을 포함하는 모든 존재를 이기론의 틀로서 整合的으로 설명해야 하는 이론적 과제를 안고 있었던 것은 사실이지만, 그의 귀신론 언설은 그러한 추상적 이론화의 관심에서 나온 것이라기보다는 당시 분출하는 민중의 종교적 요구를 유교적 질서 안으로 포섭해야 한다는 유교 지식인이자 관료로서의 실천적 관심이 직접적인 동기로 작용하였다. 『朱子語類』에 실려 있는 귀신에 관한 수많은 언설은 그 중심이 귀신에 관한 형이상학을 전개하는 데에 있지 않다. 오히려 주희는 당시에 성행했던 귀신 및 신령에 대한 일반 민중의 신앙과 제사를 어떻게 이해하고, 그들의 신앙을 禮의 차원으로 끌어들이는가에 관심을 집중시키고 있었다고 말할 수 있다. 그에게 귀신이 문젯거리로 다가왔던 이유는, 귀신이란 분명히 존재하는 것이며, 나아가 민중의 신앙이 요청하는 영험성을 보이는 것이기도 하기 때문이었다.

주희는 귀신에 대한 논의를 단순히 무시함으로써 극복할 수 있는 것이라고 보지는 않았다. 그만큼 당시의 민중의 삶에서 귀신 및 신령의 존재는 중요한 역할을 하고 있었기 때문이다. 그런 한에 있어서 주희는 귀신의 문제가 철학적으로 진지한 관심의 대상이 될 수 있다고 보았다. 물론 그 관심을 발전시킬 수 있는 재능이 누구에게나 주어진 것은 아니었음은 말할 필요도 없다. 그러한 맥락에서 주희는 그의 제자들에게 귀신에 대해 지나치게 적극적인 관심을 삼갈 것을 권유했다. 그 문장은 주희의 귀신론 언설의 집성인 『朱子語類』 권3의 첫머리에 실려 있다.

> 귀신에 관한 문제는 본래 [공부에 있어] 첫 번째로 중요한 것은 아니다. 그것은 형태도 그림자도 없는 것이기 때문에 이해하기가 어렵다. 따라서 손쉽게 그것을 이해하려고 하기보다는, 먼저 일상의 긴요한 사실들에 대해 공부를 해야 한다. 공자도 말하고 있듯이, "아직 사람을 섬기는 일에도 밝지 못한데 어찌 귀신을 섬기는 일에 관심을 가지는가? 아직 삶에 대해서도 알지 못하면서 어찌 죽음을 알려고 하는가?" 하는 말은 대단히 적절한 지적이라고 해야 할 것이다.[49]

여기서 주희의 입장은 경전 주석가로서 일반적으로 이해된 합리주의자 주희의 모습과 일치한다. 그리고 그러한 입장은 배움의 길에 있는 학자의 공부에 있어서 비약을 경계하는 그의 공부론의 기본 관점을 제시하는 것으로서는 아무런 모순이 없다는 것을 알 수 있다. 그러나 본 장의 서론에서 지적했던 것처럼, 주희가 근본적으로 귀신이 학문의 관심사가 되어서는 안 된다고 주장하는 것은 아니었다. 다만 귀신은 초월적 존재이기 때문에 공부하는 사람의 입장에서는 그것이 가장 긴요한 문제가 아니다〔'第二著'〕라고 말하는 것일 뿐이었다. 공부하는 순서로 볼 때 귀신은 일상의 일〔日用緊切處〕 내지는 눈앞의 현실〔眼前事〕 대한 이해가 깊어진 연후에 추구되어야 할 문제라고 제자를 견제한다. 그러지 않았을 때, 공연한 수고만 들일 뿐〔枉費心力〕 아무런 학문적 소득이 없음〔我着實處皆不曉得〕을 경계한 것이다.

그러나 다른 한편 주희는 적극적으로 민중의 귀신(신령) 신앙을 극복하여 유교적 제사의 이념을 실현하기 위해 노력했다. 그 구체적인 결실이 『가례』의 저술을 통해 사인들이 가정에서 행할 수 있는 제사 제도를 확립한 것이었다. 그의 제사론은 가묘의 설립과 종법제도의 수립이라는 두 개의 축을 가지고 있다. 첫째, 家廟의 설립은 민중의 淫祀的 祠廟에 대응하는 유교적 정통 禮를 사서인의 일상 속에 뿌리박는 작업과 다름없었다. 둘째, 宗法制度의 확립은 제사를 지내고 받는 후손과 조상의 혈연관계를 재조정함으로써 유교의 고전적 제사 이념을 정립하기 위해 추진된 원리였다. 그러한 종법의 확정을 통해 일반 사서인은 누구에게 제사를 지내는 것이 예법에 적합한 것인지를 판단할 수 있게 된다.

주희가 살았던 시대는 귀신과 신령에 대한 신앙이 중국인의 일상생활을 지배하는 종교 신앙의 시대였다. "현재 일반인의 풍속은 귀신을 숭상한다. 예를 들어 新安 등지는 아침이나 저녁으로 마치 귀신의 소굴에 있는 것과 같다"[50)라고 말하는 주희의 증언은 당시의 귀신 및 신령 숭배의 실상을 잘 말해준다. 理氣論이나 心性論의 관점에서 宋代의 중국인의 삶에 관심을 가지는 '철학적' 입장에서는 당연히 민중의 종교 세계는 단순한 미신이거나 유교적 삶의 주변부로서 배제되어왔던 것이 사실이다. 그러나 '철학자' 주희의 사유의 지평은 그런 민중의 '미신적' 신앙을 고려에 넣지 않고서는 결코 우리에게 전모를 드러내지 않을 것이라는 확신을 우리는 가지고 있다. 따라서 민중의 삶과 신앙이라는 '저급한' 배경을 무시하고서는 '철학자' 주희의 의도를 이해하는 것은 거의 불가능하다.

주희의 귀신론은 특히 민중적 삶과 분리되어서는 참된 이해가 곤란한 영역임에 틀림없다. 귀신 등 초월 존재를 氣의 논리로 설명하는 주희의 귀신론은 당시에 성행하던 불교와 도교의 죽음 인식이 정상적인 유교적 삶을 뒤흔들어놓을 수도 있다는 우려에서 나온 것이라고 이해할 수 있다. 전생과 윤회를 말하거나, 장생불사를 가르치는 그들의 가르침은 주희의 정통적 유교의 인식에 따르면 이단으로서, 유교가 존중하는 생활 세계를 혼란시키는 것이라고 주희는 판단했다. 나아가, 주희는 귀신의 신령 세계를 부정하지 않으면서, 그들의 신앙과 의례를 정통적 유교의 국가의례 질서 속에 수렴시키고자 한다. 귀신과 신령 세계에 대한 주희의 관심은 결국 禮에 대한 그의 관심과 표리를 이루는 것이었다고 평가할 수 있다.

맺는말

지금까지 필자는 주희의 문화적 정통의식이 형성된 역사적 과정과 배경, 정통의식에 바탕을 두면서 유교적 지식인으로서의 정체성을 확보하고자 했던 학문과 수양론적 이론, 나아가 주희가 이단 사상 및 종교에 대해 어떤 비판적 관점을 지니고 있었는지에 대해 살펴보았다. 필자는 주자학(도학) 중심의 중국 사상사 및 종교사 이해를 당연시하는 태도에 동의하지 않는다는 입장을 표명했다. 소위 '도학사관'을 당연시하는 역사 해석에 따르면, 주희의 사상은 前 시대의 다양한 흐름을 '집대성'하고 '종합'했기 때문에 '당연히' 중국 문화의 정통이 될 수 있었다고 한다. 그리고 주희가 종합한 사상은 중국의 봉건적 제국 질서를 합리화시켜주는 이데올로기적 친화성을 가지고 있었다고 이해한다. 그러나 그러한 판단은 결과를 단지 승인하는 합리화의 논리에 불과한 것으로서, 실제 주희의 사상이 영위되던 남송의 시점에서는 어느 누구도 주희의 입장이 궁극적으로 그 이후의 중국의 문화적·사상적 정통으로 확고한 자리를 차지하게 되리라고는 상상할 수 없었을 것이다.

거리를 두고 중국의 사상사를 돌이켜 볼 때, 주희의 '집대성'은 명실상부한 집대성과는 거리가 먼 것이었음을 부정할 수 없다. 주희가 종합한 것은 일부의 사상, 즉 우리가 본문에서 '도학'파라고 불렀던 일군의 사상가들의 사상이었고, 중국 문화 전체로 볼 때에도 일부라고 할 수밖에 없는 유교 전통 내부의 사상일 뿐이었다. 그리고 집대성이라는 의미에서는, 주희와 동시대의 몇몇 사상가들 역시 정도의 차이는 있지만, 나름대로 진지한 집대성의 의식을 가지고 있었던 것이 틀림없기 때문에 그것이 주희의 사상을 결정짓는 특징일 수는 없다고 말할 수 있다. 그리고 量이 그 집대성의 質을 평가할 수 있는 기준으로 작용하는 것도 아니기 때문에 주희의 학문적 결과물의 엄청난 量에 압도되어 그런 평가를 내릴 이유는 없을 것이다. 객관적으로 평가해도, 주희의 학문적 성과는 상당한 양에 이른다는 것은 부정할 수 없다. 하지만 그의 문집과 어록의 양이 그렇게 늘어난 것은 그의 사상적 중요성이 결정되고 난 후에 '소급적으로' 그의 글과 말을 수집하고자 하는 정통의 의지가 작용한 결과였다는 사실 역시 부정할 수 없다.

본서에서 필자의 첫 번째 관심은 주희의 사상이 중국 사상의 정통적 지배 이념으로 수립되기 이전의 시점에서, 주희의 내면적 의도와 그의 사상에 대항하고 갈등하는 여러 사상적 가능성을 비판적으로 살피는 것이었다. 다시 말해 필자는 양자택일적으로 주희의 사상을 단순히 긍정하거나 아니면 단순히 부정하는 관점을 벗어나, 아무런 방향성이 정립되지 않은 '未完成'의 시점에서 주희의 사상적 역동성을 살피는 것을 목표로 삼았다. 주희의 사상적 역동성은 주희의 폭넓은 지식에의 의지 및 중국 문화를 나름대로의 체계 속에 포섭하고자 하는 그의 강인한 학자적 정신력에 말미암는다는 사실을 우리는 결코 부인할 수 없다. 주희는 스스로 당시의 중국적 위기가 근본적으로는 유교적 정신의 위기에서 비롯된다고 판단했고, 그 위기를 극복하기 위해 중국의 정신문화를 총체적으로 검토해야 한다는 종교적 열정을 가지고 있었다.

본서에서 필자는 주희를 그의 시대의 맥락에서 이해하는 데에 초점을 두었다. 주희는 그의 동시대인들과 같은 삶의 場을 살면서, 그들과 동일한 언어를 사용했고, 동시대인들과 동일한 문제를 공유하면서 그 문제의 해결을 위해 고뇌한 역사적 존재였다. 그는 예언자가 아니었고, 미래를 앞당겨 살 수 있는 초능력을 갖춘 인물도 아니었다. 그는 오히려 평범한 인간이었다. 그는 작은 일에 기뻐하고, 옳지 않은 일에 대해 분노하는 일상의 인간이었다. 그러나 그는 성실한 학자이며, 진실한 독서인이었다. 그는 다른 사람의 의견에 귀를 기울이지 않고 자기의 입장만을 고집하는 편벽된 書生이 아니라, 세상의 모든 일에 관심을 열어놓고 타인의 주장에도 귀를 기울이는 열린 '지식인'이었다. 그는 讀書를 진리 획득의 중요한 방법이라고 믿었으며, 중국 문화의 정수가 책[經書]에 담겨 있다고 확신했다. 따라서 그는 독서를 통해 완성된 인격을 이룰 수 있다는 신념을 굽히지 않는다. 이러한 그의 열린 태도와 독서에의 헌신은 엄청난 양과 질을 자랑하는 경전의 주석과 고전의 재해석이라는 가시적 성과로 우리에게 남아 있다.

주희는 독서를 중요시하면서도, 그 독서가 단순한 책 읽기에 머무는 것이어서는 안 된다는 사실을 끊임없이 강조한다. 그는 가르침을 청하는 제자들에게 독서를 통해서 성인의 가르침을 체득하고 그 가르침을 일상의 현실에서 실천할 것을 요구했다. 실천을 위해서는 실천이 요청되는 현실의 구체적 문제를 이해하고 그 문제의 해결을 모색하려는 열린 태도가 필요하다. 그러한 열린 앎을 지향하는 주희의 관점은 그러나 무작정 모든 것을 인정하는 상대주의를 용납하지 않는다. 그의 지적 탐구는 성인의 유교적 진리를 구체화하는 방안의 모색을 지향하는 종교적 열정으로 가득 차 있었다. 그리고 그러한 의미에서 그에게 있어 학문은 단순한 지식의 획득이 아니라, 올바른 인간됨의 완성과 위대한 사회의 완성을 위한 불가결한 도정이었다. 그에게 있어 독서는 곧 진리를 체득하는 수양이며 진리를 실천하기 위한 길잡이였던 것이다.

필자는 주희의 위대성은 무엇보다 자기의 시대를 살아가는 그의 문제의식과 그 문제를 해결하기 위해 노력하는 진지성에서 찾을 수 있다고 생각한다. 주희의 문제의식은 중국의 문화가 오랜 시간 암흑의 빈사 상태에 놓여 있었다고 보는 철저한 유교적 이상주의에 기반을 두고 있다. 독서의 중요성을 강조하는 그의 학문적 엄격함은 이상주의의 필연적 산물이었다. 주희는 중국 문화의 위기를 극복하기 위한 사상적 대안을 학문을 통한 인격의 완성과 중국의 禮秩序의 회복 양자에서 찾는다. 인격의 도야와 예의 실천은 표리 관계에 놓이는 것으로서, 전자가 개인적 차원의 문제라면 후자는 사회적 차원의 문제였기 때문에, 그 둘을 분리하여 생각하는 것은 사실 아무런 의미가 없다.

예의 회복을 통한 사회의 질서 회복을 논하면서 그 사회를 구성하는 개개인의 인격을 도외시하는 것이 불가능한 것처럼, 올바르지 않은 사회를 방기하고 개인의 인격을 논하는 것 자체가 무의미하다는 것을 주희는 누구보다도 잘 알고 있었다. 인격의 완성과 예의 회복을 아우르는 사상과 실천의 체계를 구상하는 것이 주희의 사상적 목표였으며, 주자학적 심성론의 궁극적 지향이었음은 너무도 당연하다. 그러한 목표를 달성하기 위해 주희는 당시 중국인의 삶과 꿈을 사로잡고 있었던 異端(불교, 도교, 그리고 유교 내부의 여러 사상 체계들) 사상과 종교를 비판한다. 다른 말로 하자면 주희의 사상 수립은 異端 비판을 통해 유교적 특질을 분명히 하는 과정에서 자연스럽게 성장해온 것이라고 이해할 수 있다.

주희의 異端 비판은 그의 정통의식의 다른 일면이었다. 그리고 異端이 중국인의 문화를 파괴하는 부정적 가치를 가진 것이라고 비판하는 과정을 통해, 적극적으로 중국인의 문화를 형성하는 유교적 가치의 참뜻을 밝히는 것에 주희 사상의 주안점이 놓여 있었다. 주희는 중국적 가치의 핵심을 유교적 성인의 가르침이 담긴 경서에서 찾는다. 주희의 판단에 따르면, 이단은 경서에 드러난 가치에서 멀리 떨어져 있는 것이기 때문에 중국인의 진리로서 제대로 기능할 수 없다. 주희는 진리가 경서에 기록되었다는 것을 주장하는 점에서 영원불변하는 진리의 보편성을 믿고 있었다. 그렇다고 곧바로 주희가 진리의 역사성에 대해 완전히 무관심했다고 단언할 수는 없다. 역사에 대한 그의 폭넓은 관심, 제도에 대한 관심, 특히 當代에 실천할 수 있는 禮 체계 수립에 대한 그의 구체적인 의도 등을 통해, 진리를 바라보는 주희의 생각의 양면성을 어느 정도 엿볼 수 있다. 그러나 역사 및 현실에 대한 그의 관심은, 궁극적 진리로서 경서의 도를 무조건적으로 전제한 바탕 위에서 인정되는 한정적인 것이었다는 점에서, 주희의 보편주의 및 이상주의는 결코 퇴색되지 않는다.

본서의 제4장에서 살핀 주희와 진량의 갈등은 근본적으로 진리의 본질에 대한 의견 대립에서 비롯된 것이다. 진량은 주희가 주장하는 진리(道)의 보편성을 단순히 받아들이기를 거부한다. 진량은 오히려 진리가 현실의 역사 속에서 기능할 수 있을 때에만 진정한 진리로서 가치가 있다고 판단한다. 인간의 역사에서 벗어나 초월적으로 존재하는 진리라면, 그것은 공허하다. 그것은 인간의 삶을 지도하는 참된 진리가 아니라 책 속에나 존재하는 진리, 書生들이나 관심을 기울이는 공허한 진리라고 말하면서 진량은 주희의 보편주의와 이상주의를 비판했다. 그리고 진리를 담고 있다고 하는 경서라는 것도 사실 알고 보면, 보편적인 진리를 담고 있는 성스러운 문헌이 아니다. 그것은 고대의 이상시대의 제도와 역사를 기록한 '역사적 문헌'과 다름없다고 진량은 주장한다. 진량의 사유에 있어 진리란 어디까지나 '역사적인 것'이다. 나아가 진량은 과거의 이상시대를 회귀적으로 꿈꾸는 향수nostalgia에 사로잡히는 복고주의를 비판한다. 진리는 어느 시대에나 존재한다. 진리는 그 시대의 역사에 적합한 모습으로, 즉 역사적인 진리로서 존재한다. 그리고 진리는 단순히 존재하는 것이 아니라 발견되어야 하는 것이라고 진량은 주장한다. 현실적으로 그 진리가 희미해지고 사회가 올바른 궤도를 찾지 못하는 이유는, 그 사회 속에 진리를 발견하고 또 실현시켜야 할 책무를 가진 지식인과 정치가의 무능력이 오히려 그것의 발견을 가로막기 때문이다. 진량은 주희 일파의 도덕주의나 유교적 이상주의가 그런 현실적 무능력을 조장한다고 비판했다. 주희와 진량의 이러한 대립은, 약간의 위험을 무릅쓰고 말한다면, 유교 내부에서 오랫동안 갈등해온 이상주의와 현실주의의 대립이라고 평가할 수 있을 것이다.

주희와 진량의 대립은 주자학이 국가의 정통 이데올로기로 정착하기 이전의 시점에서, 유교의 미래적 가능성을 예시하는 두 개의 극단적 입장을 보여주고 있다는 점에서 대단히 시사적이다. 그 두 극단적 입장은 고전유교의 형성기에 이미 맹자와 순자의 이상주의와 현실주의의 대립으로 구체화되었으며, 남송의 주희와 진량의 대립에 이르기까지 유교 사상의 전개에서 끊임없이 되풀이되는 중요한 갈등 양상을 보여주었던 것이다. 그러나 주희 이후의 유교는 '맹자 중심'으로 일원화되는 경향을 분명히 드러낸다. 여기서 주의해야 할 사실은 주희를 '맹자적'이라고 말한다고 해서, 주희가 맹자에 대해서는 전혀 비판적이지 않고, 또 순자의 긍정적인 점을 전혀 살피지 못한다는 의미는 아니다. 마찬가지로 진량이 맹자를 비판하는 것은 사실이지만, 그의 사상적 성장에서 맹자의 역할이 전혀 없었다는 것을 의미하는 것도 아니다. 사상사의 평가에서 이상주의와 현실주의라는 개념은 상대적인 경향성의 문제에 불과하다는 점을 잊어서는 안 될 것이다.

주희는 진량에 비해서는 이상주의적이고 따라서 맹자적이지만, 육상산과의 대비에 있어서는 오히려 현실주의적이고 순자적이라고 말할 수 있을 것이다. 그리고 그런 극단화가 불가능한 구체적인 세부 사항이 존재할 수 있는 가능성을 무시해서도 곤란하다. 다만 거시적으로 볼 때, 주희 이후의 유교는 맹자를 유교의 정통으로 인정하며, 맹자에서 전수되는 여러 입장을 유교적 진리의 정통적 흐름으로 이해하는 '도학'이 공식적으로 유교적 사상의 중심으로 자리 잡았다는 사실을 지적할 수 있을 뿐이다. '도학'은 유교의 '정통'으로서 국가의 권력과 결탁되었고, 그 결과 중국의 역사에서 유교의 중요한 다른 하나의 흐름을 형성해왔던 현실주의적 입장은 이단 내지 비정통으로서 평가절하되었던 것이다. 진량은 그런 의미에서 중국 역사에서 공식적으로는 마지막으로 존재한 유교 현실주의의 표현이라고 말할 수 있다. 본서는 중국어서의 유교 사상사를 위에서 말한 이상주의와 현실주의의 큰 흐름으로 이분적으로 파악하면서, 맹자 – 한유 – 주희로 이어지는 '도학'적 이상주의에 입각한 정통의식과 그 정통의식에 입각한 이단 비판의 언설을 종합적으로 이해하고자 하는 필자의 의도를 담고 있다.

앞으로의 과제

필자의 의도와 관련하여 남는 수많은 아쉬움 중 가장 큰 것은 송대의 유교 사상의 역사에서 맹자적 가능성과 순자적 가능성이 어떤 식으로 표출되고 있었는가를 구체적으로 살피지 못한 점이다. 당 말에서 북송 중엽을 거쳐 주희의 남송에 이르는 약 3백 년 동안은 유교 사상의 다양한 가능성이 총체적으로 표출되고 있었던 시기였다. 그런 의미에서 그 시기는 유교의 역사에서 중요한 전환점으로서, 가히 르네상스라고 불러도 손색이 없는 시기였다. 그렇다면 이 시기에 있어 유교의 새로운 가능성을 탐색하는 하나의 상징적 지표로서 맹자와 순자는 어떤 식으로 이해되고 비판되고 재평가되었을까? 북송과 남송 시대의 유교 내부의 사상적 갈등을 맹자적 경향과 순자적 경향의 대립이라고 단순화시키는 것은 틀림없이 중대한 오류를 범할 가능성이 높다. 단적인 예로, 북송의 신법당과 구법당의 대립을 맹자와 순자의 대립이라는 도식으로 바라보는 것은 잘못이다. 그리고 남송의 주희와 육상산의 대립을 단순히 맹자와 순자의 대립으로 환원시키는 것은 완전한 착오이다. 그럼에도 불구하고, 맹자와 순자는 유교적 가치를 재확인하고자 하는 당시의 사상가들의 지향을 이끌어주는 중요한 준거들을 제공했던 유교 사상의 두 개의 '이념형'이었음을 부정할 수는 없다.

어떤 의미에서는 송대 사상가들은 거의 예외 없이 맹자와 순자의 두 이념형을 종합 절충하는 제3의 대안을 추구하면서 사상 활동을 영위했다고 말할 수 있을 것이다. 따라서 어떤 사상가의 탐구를 단순히 맹자적이라거나 또는 순자적이라고 꼬리표를 붙이는 것은 그들의 복합적 사상적 고민을 지나치게 단순화시키는 오류를 범할 위험성이 대단히 높다. 물론 학문적 평가로서는 그들의 사상적 경향을 판단하여, 순자적 편향을 보이는 경우 혹은 맹자적 편향을 보이는 경우를 지적해내는 것이 전혀 의미 없는 일은 아니다. 그러나 그 어떤 경우에도 전적으로 하나의 방향에 몰두하는 사상가는 극히 드물다는 사실을 인정하는 신중함이 요청된다. 따라서 맹자와 순자라는 두 이념형 중의 하나를 양자택일하여 어떤 사상가를 이해하는 데에 단순하게 적용하기보다는, 그 이념형이 구체적인 장에서 변용되고 왜곡되는 현상에 주목해야 할 것이다. 그리고 필자에게 남겨진 앞으로의 과제는 당 말에서 남송에 이르는 시기, 특히 북송에 있어서 맹자와 순자를 종합하고 절충하는 과정에서 발생한 변용의 양태, 또는 사상적 갈등의 양상을 검토하는 일이다.

끝으로

元代 이후 중국의 사상 세계는 주자학적 정통주의 일변도로 고착된다. 몽골족은 중국 통치를 위한 사상적, 이데올로기적 수단으로서 주자학을 선택한 것이다. 그 이후 주자학은 '도학'이라는 자존적 명칭으로 이데올로기화하여 중국의 정통 이념으로 자리를 잡았고, 동아시아 세계에 전파되어 유교적 정통 이념의 대명사로서 절대적 권위를 누리게 되었다. 그렇다면 여기서 우리가 마땅히 물어야 할 문제는 "왜 주자학(道學)이 통치 이데올로기로 선택되었는가?" 하는 것이다.

이 글은 이 문제에 답하는 것을 목적으로 쓰여진 것은 아니기 때문에 그 대답은 다른 글로 미룰 수밖에 없지만, 여기서는 다음과 같은 사실을 간단하게 지적하고 넘어가고자 한다. 우선 주자학이 이데올로기로 선택되는 데에는 그 철학적 지향에 내포된 필연성이 있었을 것이라고 추측할 수 있다. 사실 많은 논자들이 그 필연성을 지적하는 데에 수고를 아끼지 않았다. "주자학이 내<u>즈</u>으로 왕조 통치의 요청에 부합하는 이념을 배태하고 있었기 때문"이라는 것이다. 그렇다면 다른 대안은 없었을까? 필자는 이 문제에 대한 확정된 답안을 찾는 것은 쉽지 않다고 생각한다. 그리고 지금까지 제시된 답안은 거의가 결과를 설명하는 논리로서 제시된 것일 뿐이라고 판단한다.

그 커다란 현안 문제에 대해 필자의 답안을 직설적으로 제시하는 것은 불가능하다. 다만 필자는 주자학이 '승리'한 이유가, 어쩌면 주희 사상의 포용성에 있지 않을까 하는 '인상'을 가지고 있다. 현재 주희 연구의 중요한 자료로서 남겨진 엄청난 양에 달하는 문집과 어류의 기록은 주희 사상의 포용성을 보여주는 단적인 예이다. 이때 '포용성'이라는 말은 '모호성'이라는 말로 대치할 수 있다. 주희 사상은 대단히 '포용'적이며 동시에 대단히 '모호'하기 때문에 궁극적으로 역사의 승리자가 될 수 있었던 것은 아닐까. 그러한 모호성은 주희의 '약점'이자 '강점'이었다. 주희 사상은 그 포용성과 모호성으로 인해 엄청난 힘을 발휘했고, 또 엄청난 혼란을 초래했다. 한국과 중국의 유교 역사에서 발생한 중요한 몇 가지 사상적 논쟁은 바로 주희 사상의 포용성과 모호성에서 비롯된 것이었다. 하나의 사상 체계가 약 천 년에 걸쳐 국가의 체제를 뒷받침하는 이념으로 기능할 수 있었던 이유는, 바로 그러한 포용성과 모호성이라는 양면적 본질 때문이었다고 생각한다. 따라서 주자학이 동아시아의 체제 이념으로 정립된 이유를 주자학의 예언자적 성격 내지는 필연적 역사 방향의 선취라는 측면에서 찾는 주장에 단순히 동의할 수는 없다. 그러한 해석 방식 역시 결과를 당연시하고 그 결과를 합리화하기 위해 모든 것을 그 방향으로 몰아가는 소급적 합리주의의 역사 이해의 바탕 위에서 비로소 가능한 것이었다는 사실을 또한 지적하지 않을 수 없을 것이다. 과연 역사는 그렇게 합리적이고 필연적인 선택에 의해서만 전진하는가? 인간은 과연 필연적인 것을 합리적으로 선택하는 이성적 존재로만 역사의 무대에서 활약하는가?

우리는 인간의 역사적 선택이 전적으로 우연하고 불합리한 충동에 의해 이루어지는 것이라고는 믿지 않는다. 그렇다고 해서 역사가 어떤 하나의 결과를 필연적인 것으로 만들어가는 합리성을 가지고 전개되는 것은 아니라고 생각한다. 그것은 마치 과학의 진보가 과거의 부적절한 과학적 설명에 대한 합리적이고 필연적인 비판에 의해서만 이루어지는 것이 아니라, 예측할 수 없는 불합리하고 우연한 선택이 항상 개입할 여지가 있고 실제로 개입하고 있다고 보는 토마스 쿤Thomas Kuhn 이후의 과학사의 이해와도 무관하지는 않으리라고 생각한다.

오히려 역사는 우연과 필연, 합리와 비합리가 착종하는 혼돈의 장이라고 보는 것이 더 사실에 가까운 것이 아닐까. 역사적 사실을 전적으로 이성적 합리주의에 의해 설명해낼 수 있다고 믿는 '근대적' 발상 자체가 어떤 한계를 가진 것이 아닐까. 여기서 우리의 입장은 과거를 필연성의 연속 과정으로 보지 않겠다는 것이다. 그것은 역사가 난파선처럼 제멋대로 흘러가는 것이라는 의미는 아니다. 난파선의 움직임도 분명 어떤 힘에 의해 영향을 받는다. 그 힘은 조류일 수도 있고, 바람일 수도 있고, 기온일 수도 있고, 또는 엘니뇨처럼 지구 반대편에서 벌어지는 이상 작용의 영향일 수도 있다. 그 영향이 이처럼 복잡한 것이라면, 난파선의 움직임을 알기 위해 어떤 유일한 필연적 원리를 찾아보겠다는 시도 자체가 어리석은 것일 수 있다.

역사의 선택은 분명 난파선의 움직임과는 다른 면이 있다. 흔히 역사의 움직임을 '노도와 같다'라고 말할 때, 우리는 역사의 움직임은 논리적으로 설명할 수 없는 것이어서 그 앞에 인간의 인위적인 노력이 무력해지는 상황이 얼마든지 발생할 수 있다는 사실을 고백하는 것이다. 그렇지만 또 다른 한편으로 역사는 분명 인간의 선택에 의해 방향을 잡아가는 것이기도 하다는 것을 전적으로 부정할 수도 없다. 역사는 다양한 힘이 뒤얽히는 혼돈의 장이다. 그곳에서 인간은 역사의 뒤얽힘을 풀고 의도적인 선택을 하면서 역사를 창조하는 존재이다. 역사 연구의 가치는 바로 이러한 얽힘을 풀어내는 지혜를 얻는 데에 있다. 그 지혜를 얻기 위해 우리는 과거의 삶을 가능한 한 다양한 시각으로 살피고 과거가 우리에게 남긴 부정적인 그림자가 다시 우리의 미래에 드리워지는 먹구름이 되지 않게 만들어야 하는 의무를 가지고 있다. 눋송의 사상을 연구하는 것이 얼마나 큰 지혜를 가져다줄 것인지 우리는 알지 못한다. 그러나 거기에는 분명 우리가 다시는 되풀이하지 않아야 할 독단과 독선의 역사를 반성하는 작은 희망이 담겨 있음을 확신한다.

주석

제1장 주희 문화론의 시각 [본문 27~58쪽]

1) 북송과 남송을 연속선상에서 이해했던 사상사학의 문제점을 지적하고, 그 두 시대 사이에 가로놓인 단절의 측면에 주의를 기울이면서 남송 문화의 특징을 내면주의의 발전으로 파악하는 James Liu의 연구는 주목할 가치가 있다. James Liu는 지금까지의 역사학계에서 북송과 남송을 연속된 경제 단위로 이해하여 당송 변혁기의 단절을 과대평가했다는 사실을 지적한다. 필자는 당송 변혁기가 중국의 역사를 이분하는 중요한 전환기라는 사실을 부정할 수 없다는 입장을 가지고 있다. 하지만 근세(근대)로의 역사적 발전을 중시하는 입장에서, 북송 이후의 중국이 '근세early modern'의 역사 단계로 진입했고, 그것이 남송에서도 지속적으로 발전되었다고 보는 일본 京都學派의 송대 근세론에 대한 반론으로서 James Liu의 주장은 설득력이 있다고 생각한다. James Liu는 북송에 있어서 중국 문화의 '근세적' 특징을 부정하는 것이 아니라, 북송 시대에 형성된 근세적 특징이 남송 이후의 중국사에서 지속적으로 발전해갔다고 보는 입장에 회의를 표시하는 것이다. 그는 오히려 그 두 시대 사이에는 무시하지 못할 중요한 방향 전환이 일어났다고 판단하고 있는 것이다. 그러나 그러한 방향 전환을 인정한다 해도 사상사적으로 북송과 남송의 연속성을 손쉽게 부정할 수는 없을 것이다. 그런 의미에서 남송의 사상은 북송 사상의 종합이라고 보아야 한다는

(본문 29~30쪽)

견해를 완전히 틀린 것이라고는 말할 수 없다고 생각한다. 물론, 북송과 남송의 사상사적 차이를 재검토하는 일은 하나의 중요한 연구 과제라고 볼 수 있다. James Liu, *China Turning Inward*(Harvard University Press, 1986) 참조.

2) 당송 변혁기의 전환을 거쳐 북송 초에 분출하는 유교적 이념의 탐구를 추적한 연구 성과는 세계적으로 어느 정도 축적되어 있다. 그러나 지금까지 학계에서는 주자학적 연원을 탐색하는 것이 송대 사상사 연구의 주된 과제라고 여기고 있었기 때문에 송대의 사상, 특히 북송의 유학을 독자적으로 완결된 사상적 결과물로 이해하고 그것을 총체적으로 검토하는 작업은 그다지 많지 않다. 북송의 유학을 검토한 연구 성과로는 비교적 오래된 일본인의 연구와 중국인의 연구가 여전히 중요하지만, 그런 연구들은 현재의 시점에서는 지나치게 개괄적인 흠이 있다. 그런대로 우선 단행본만을 열거한다. 후모토 야스타카麓保孝, 『北宋における儒學の展開』(1967), 모로하시 데츠지諸橋徹次, 『儒學目的と宋儒慶曆至慶元百六十年間の活動』(1929), 히가시 카즈오東一夫, 『王安石と司馬光』(1980), 蕭公權, 『中國政治思想史』(재판, 1964) 등이 중요하다. 최근에는 중국 및 미국의 젊은 연구자들에 의해 북송 시대의 사상을 주자학을 만들어가는 과정으로 본다거나, 주자학적 결과의 관점에서 북송 사상을 소급적으로 보는 관점을 극복하여 그것 자체로 독자적인 사상 운동으로 파악하고자 하는 연구들이 나타나고 있다. 대만의 蔣義斌, 『宋代儒釋調和論及排佛論之演進—王安石之融通儒釋及程朱學派之排佛反王』(상무, 1988) 그리고 金中樞의 일련의 송대사 논문들이 있다. 영어로 된 성과로는 Charles Hartman, *Han Yu and the T'ang Search for Unity*(Princeton University Press, 1986)와 James Liu의 구양수 및 왕안석에 대한 연구, 최근 송대 사상사 연구에서 주목받는 Peter Bol, *This Culture of Ours: Intellectual Transitions in T'ang and Sung China*(Stanford University Press, 1994)가 중요한 성과로 꼽힐 수 있다.

3) 孟子를 중국 사상사의 정통으로 이해하는 경향은 특히 도학파의 사상적

(본문 30쪽)

흐름에서 두드러지게 나타난다. 북송의 시점에서는 '尊孟'(맹자 존숭)의 경향과 '非孟'(맹자 비판)의 경향이 뚜렷하게 대립적으로 존재했지만, 북송의 도학파(주돈이, 장재, 정이천 등)를 계승하는 주희의 집대성에 의해 孟子의 승리가 확고해지고(여기에는 朱熹보다 더 孟子에게 집착한 陸象山을 덧붙여 생각할 수 있다), 명나라의 陽明學者들에 의한 孟子의 推崇 등으로 인해 근세 중국 사상사에서 孟子는 부동의 권위를 확보할 수 있었다. 명나라 후기에 와서는 예를 들어 李卓吾 등에 의한 문제 제기가 없었던 것은 아니지만, 청나라 말기에 이르기까지 孟子는 사상의 정통으로서의 지위를 잃지 않는다. 이러한 전통에 대한 반발로 청나라 중엽부터 표면화되어 청나라 말기로 이어지는 일부 논자들에 의한 孟子 비판이 나타나며, 그 대안으로서 荀子의 사상을 재평가하는 사상적 움직임이 있었다. 근세 중국 사상에서 맹자와 순자의 문제는 재미있는 주제가 될 수 있을 것이다. 그리고 주의해야 할 사실은, 사상사적으로 도학과 孟子는 밀접하게 연결되지만 '도학=존맹'이라는 단순한 결론은 성립하지 않는다는 점이다.

4) 선배 학자들에 의해, 신유학을 둘러싼 명칭의 혼란을 정리하고자 하는 시도는 계속해서 있어왔으나, 그들의 논의는 도학의 형성 과정을 위주로 하여 '도학' 개념의 성립이 언제인가 하는 것을 따지는 데 초점이 맞추어져 있었다. 그 결과 송대의 사상사 전체를 대상으로 한 포괄적인 학파 분류의 논의는 아직 그다지 충분히 이루어져 있지 않다. 그 문제들에 대해서는 馮友蘭, 「略論道學的特點, 名稱和性質」, 『論宋明理學』(浙江人民出版社, 1983) 및 姜廣輝, 「道學, 理學, 心學定名緣起」, 『理學與中國文化』(上海人民出版社, 1994)를 참조할 수 있을 것이다. 그리고 최근 중국 학계에서는 각 사상가들의 출신 지역을 중심으로 무분별하리만큼 다양한 학파를 설정하고 분류하는 개설서들이 난무하고 있다. 사상의 다양성을 드러내고자 하는 의도는 이해할 수 있지만, 단순히 출신 지역을 기준으로 학파를 분류하려는 방법 그 자체는 『명유학안』이나 『송원학안』 이래의 전통적 방법을 답습하는 느낌을 주며, 각 학파의 사상적 특징을 실질적으로 부각시키고 있지 못하다는 생각이 든다. 그런 대륙의 학파 분류를 다시 무분별하게 수용하는 국내의 연구자들의 무반성적 태도가 사실 더욱 문제이다.

(본문 31~32쪽)

5) 풍우란이 1948년 미국에서 강연한 *A Short History of Chinese Philosophy* 에서 처음으로 'Neo-Confucianism'이라는 명칭이 나타난다. 그리고 중국에서도 '新儒學'이라는 명칭은 정이천에서 주희로 연속되는 사상사적 계보를 넘어서 폭넓게 송대 이후의 사상을 지칭하는 명칭으로 확대된다. 陳寅恪은「論韓愈」라는 논문에서 '新儒學'이라는 명칭을 사용하고 있으며, 한유를 송대 '신유학'의 선구적 인물로 평가한다. 陳寅恪,「論韓愈」,『金明館叢稿初編』(상해고적출판사, 1980), 228쪽 참조.

6) 풍우란,『新原道』(《中國現代學術經典》, 馮友蘭卷, 河北教育出版社, 1996(초판 1945년)), 789~805쪽 참조. 1930년대에서 1940년대에 걸쳐 정립된 풍우란의 '新理學'은 오늘날 서양 및 우리나라의 중국 사상 연구의 하나의 표준이 되어 있다. 그러나 1950~1960년대 중국에서는 소위 유물론적 관점에서 중국 사상의 역사를 재평가하고자 하는 크나큰 흐름이 존재했고, 풍우란의 중국 사상사 해석은 그들 유물론자들에 의해 커다란 비판을 받았다. 侯外廬 및 그의 협력자들이 편찬한『中國思想通史』는 유물론적 관점에서 쓰여진 문헌임에도 불구하고 현재에도 여전히 중요한 연구 성과물이다. 풍우란이든 후외려든 아니면 대만의 대가들의 저술이든, 그것을 읽을 때에는 저자들의 정치적, 문화적 입장에 대한 이해가 반드시 선행되어야 할 것이다. 풍우란과 후외려의 대립은 그러한 이데올로기적 성향을 여실히 드러내는 좋은 예가 아닐 수 없다. 이 문제는 본서의 제4장에서 다시 언급된다.

7) 필자는 남송의 朱熹와 陸象山의 사상을 理學과 心學으로 구분하여 개념화하는 것은 잘못된 것이라고 생각한다. 주희는 육상산과 구별되지 않을 정도로 心을 강조하고 心의 修養을 중시한다는 점에서 心學的 성향이 강하며, 육상산 역시 주희에 못지않게 理를 강조한다는 점에서 理學이라고 부를 수 있다. 그들은 둘 다 心學이면서 理學이다. 그들의 차이는 理와 心의 차이보다는 방법론과 사상적 의도의 차이로 한정적으로 해석되어야 한다. 육상산의 사상을 王陽明의 心學과 동일시하는 관점은 왕양명의 입장에서 소급적으로 해석한 결과이다. 본문에서도 지적하고 있는 것처럼, 육상산과

(본문 32~36쪽)

주희의 차이는 이학 내지 道學 內部의 견해 차이로 이해되어야 한다.

8) 실제로 오늘날 일반적으로 '신유학'이라고 하면, 풍우란이 말하는 '이학' 과 '심학'뿐만 아니라, 그 외의 다른 경향의 흐름을 포괄적으로 지칭하는 개념으로 사용된다. 본서에서 특별히 풍우란과 관련 없이 '신유학'이라고 말할 때에는 이러한 가장 포괄적인 의미에서 이 말을 사용한다.

9) 경학의 방법론을 크게 '한학'과 '송학'으로 나누는 문제에 대해서는, 경학사 관련 문헌들을 참조할 수 있다. 특히 民國期의 경학의 대가인 周予同, 「'漢學'與'宋學'」, 『周予同經學史論著選集』(상해인민출판사, 1983), 322~331쪽 참조. 주여동의 이 글은 짧지만 경학의 발전 과정을 '한학 – 송학 – 청학'의 세 단계로 구분하여 일목요연하게 정리하고 있다.

10) '理學'과 '心學' 등 개념의 교통정리는 송대 이후의 유교 사상사를 재검토하기 위해서 반드시 고려되어야 할 문제이다. 하지만 우리가 고려해야 할 더 중요한 문제는, 사회적 상황이나 문화적 연관 속에서 사상을 이해하는 것이다. 사상사 연구에 있어서 心이나 理 등의 철학적 개념을 중심으로 사상의 실태를 파악할 수 없다는 관점에서 사회적 상황이나 문화적 연관 속에서 송대 사상사 전체를 시각에 넣고, 그 상황의 구체적 산물이자 상황에 대한 의미 있는 응답으로서 사상의 실체를 재검토하려는 학문적 경향에 대해 관심을 가져야 할 것이다. 대표적인 것으로는 Hoyt Tillman, *Utilitarian Confucianism: Ch'en Liang's Challenge to Chu Hsi*(Harvard University Press, 1982); 徐共興, 『思想的轉型—理學發生過程研究』(上海人民出版社, 1996) 등이 있다. 앞에서 언급한 Peter Bol의 연구도 대표적인 성과에 속한다.

11) 최근 미국에서 출판된 선진시대의 제자백가 사상에 대한 수준 높은 입문서는 중국 사상가의 지향이 궁극적으로 '도'에 대한 사유였다는 점을 먼저 그 제목을 통해 웅변적으로 보여준다. A. C. Graham, *The Disputers of the Tao*(Open Court, 1990)〔나성 옮김, 『도의 논쟁자들』, 새물결,

(본문 38~42쪽)

2001] 참조.

12) 유교와 불교 내지 유교와 이단 종교의 관계라는 측면에서 볼 때, 북송 초기의 사상적 지형도는 세 가지 방향에서 정리해볼 수 있을 것이다. 첫 번째 방향은 말할 것도 없이 벽이단론 혹은 배불론이라고 평가되는 입장이다. 위에서 간략하게 논한 신유학의 성립은 배불론을 사상적 과제로 삼았던 흐름과 거의 동일한 외연과 내포를 가진다고 말해도 크게 틀리지 않는다. 두 번째 방향은 유자로서의 자기 동일성을 인정하고 그 동일성을 문화의 궁극적 방향이라고 확신하면서도, 이단 사상, 즉 불교와 도교의 사상 내용이 유교적 자기 동일성을 형성하고 발전시키는 데 장애가 되지 않고 오히려 유교적 문화를 풍부하게 만들 수 있는 힘과 질을 가진 것이라고 보는 입장이었다. 강한 배불론의 입장을 가진 신유교의 선구로 알려진 韓愈의 동시대인인 柳宗元, 劉禹錫, 그리고 북송 초기의 張方平, 蘇軾, 王安石 등이 이 두 번째 방향을 대표할 수 있는 사상가들이다. 세 번째 방향은 불교 승려로서 당 중기 이후의 중국 불교의 변화를 대표하며, 불교의 사회적 존재를 유교와의 관계 속에서 재정립하고자 노력했던 인물들이 취했던 입장이다. 이들은 승려 내지 불교도로서의 주체성을 보지하면서도, 불교의 존재 의의를 유교적 사회 질서 안에서 재발견해야 한다는 현실적 요청과 부닥치며, 중국화된 불교의 자기 모습을 확인하는 것을 자신의 사상적 과제로 삼았던 인물들이었다. 당대 중엽의 宗密 등을 비롯하여, 북송 초기의 智圓(976~1022), 중기의 契嵩(1007~1072)을 대표적으로 꼽을 수 있다.

13) "道學之名, 古無是也. 三代盛時, 天子以是道爲政敎, 大臣百官有司以是道爲職業, 黨庠術序. 師弟子以是道爲講習, 四方百姓日用是道而不知. 是故盈覆載之間, 無一民一物不被是道之澤, 以遂其性. 於斯時也, 道學之名, 何自而立哉."(『宋史』「道學傳」)

14) "文王周公旣沒, 孔子有德無位, 旣不能使是道之用漸被斯世, 退而與其徒定禮樂, 明憲章, 刪詩修春秋, 讚易象, 討論墳典, 期使五三聖人之道昭明於

(본문 42~43쪽)

無窮. 故曰, 夫子賢於堯舜遠矣."(같은 글)

15) 공자의 성인화 과정을 중국 사상의 역사를 통관하여 거시적으로 다루고 있는 연구서로서 아사노 유이치淺野裕一, 『孔子神話: 宗敎としての儒敎の形成』(岩波書店, 1997)을 꼽을 수 있다. 이 저서는 공자라는 고대의 한 사상가의 야심이 어떻게 역사적으로 성인화의 과정을 거쳐 중국의 국가 종교로 완성되어갔는가를 면밀한 사료 검증을 통해 제시하고 있다. 그의 관점에 전적으로 동의하는 것은 아니지만, 공자라는 인물에 덧입혀진 신화적 윤색을 역사적으로 해체하고 중국 문화 속에서의 유교의 자리를 재검토한 역작이라고 생각된다. 중국에서의 공자 비판은 五·四운동 시기부터 나타나 문화혁명 시기를 통해 계속되어왔으나, 그 비판들은 역사적 엄밀성에 근거하는 것이라기보다는 정서적인 비판이 주종을 이루었다고 생각된다. 그리고 최근의 중국에서 활발하게 제기된 공자 재평가 논의 역시 학문적 탐색보다는 현재 중국 사회가 당면한 문제를 해결하기 위한 현실적 요구가 더 강한 모티브를 제공하고 있다고 생각된다. 우리나라의 공자론은 학문적으로 뒷받침되지 못한 채, 지극히 감정적인 발언으로 시종하고 있다는 아쉬움을 남긴다. 아사노씨와 비슷한 문제의식을 가지고 제시된 초창기의 공자론 중에서 중요한 것으로는, 漢代 이후 공자가 신격화(성인화) 되는 과정을 언급하는 고힐강의 논문을 선구적인 연구로 꼽을 수 있을 것이다. 고힐강의 논의는 그가 주도한 고사변파의 전통문화를 구성하는 우상 파괴론, 특히 도통설의 우상에 관한 핵심적인 내용을 담고 있다. 顧頡剛, 「春秋時代的孔子和漢代的孔子」(1926년 廈門大學에서의 강연, 『고사변』 제2책에 수록) 참조. 『고사변』 제4책 序에서 고힐강은 자신이 주도한 고사변 운동이 지향하는 우상 파괴의 의도를 요약하고 있다. 그 글에서 그는 전통문화를 구성하는 '네 가지 우상'에 대해 논의한다. 고힐강은 필자가 본문에서 '도통사관'이라고 부른 역사 해석에 대한 비판을 가장 중요한 목표로 삼고 있었던 것이다.

16) "孔子沒, 曾子獨得其傳, 傳之子思, 以及孟子, 孟子沒而無傳."(『宋史』「道學傳」)

(본문 43~44쪽)

17) "孟子曰, 有堯舜至於湯, 五百有餘歲, 若禹皐陶則見而知之, 若湯則聞而知之. 有湯至於文王, 五百有餘歲, 若伊尹萊朱則見而知之, 若文王則聞而知之. 有文王至於孔子, 五百有餘歲, 若太公望算宜生則見而知之, 若孔子則聞而知之."(『孟子』「盡心下」)

18) 송대 유교사에 있어서 맹자의 지위에 대한 인식은 학파의 分岐 상황을 살피는 데 중요한 지표가 될 수 있다. 대체적으로 '도학'파의 사상가들은 거의 '尊孟論者'였음을 부인할 수 없다. 하지만 '尊孟=道學'이라는 정식은 쉽게 성립할 수 없다는 사실도 기억해야 한다. 예를 들어 王安石은 북송에 있어 대표적인 '존맹론자'였지만, 다른 사상적인 면에서는 도학파의 선구자들과 첨예하게 대립하고 있었다. 물론 주희는 정이천 등 북송 도학파의 입장을 계승하여 왕안석에 대해 대단히 비판적이었다. 반면 주희와 동시대의 陸象山은 주희 못지않게 맹자를 중시하는 '존맹론'을 주장했지만, 또 왕안석에 대해서는 대단히 긍정적인 평가를 내리고 있었다는 사실은 흥미롭다. 흔히 '심학'하면 내면적 도덕성의 탐구에만 몰두하는 백면서생을 연상하기 쉽지만 심학의 창도자로 알려진 육상산이 현실 개혁의 강력한 추진자인 정치가이자 사상가 왕안석을 높이 평가했던 사실은 그들의 사상에 대한 오늘의 편견을 교정하는 좋은 가늠쇠가 되리라고 믿는다. 그리고 심학의 완성자인 왕양명의 사상이 현실에서의 실천을 강조하는 것도 잊지 않아야 할 사실이다. 양명학 역시 '존맹론'에 근거를 두고 있다. 그리고 어떤 면에서는 북송의 도학파와 같은 성향을 가진 것으로 알려진 사마광 같은 인물은 맹자를 비판한다. 물론 그들과 거의 동시대의 인물인 李覯는 정치 개혁적 성향을 보여주는 현실주의 노선을 표방하는 것으로 알려져 있지만, 역설적이게도 대표적인 '맹자 비판'론을 제시했다. 그리고 주희의 논적이었던 陳亮이나 葉適 등은 하나같이 맹자의 정통적 지위를 부정하는 입장을 견지했다. 따라서 그들은 孟子에서 子思를 거쳐 전해졌다는 道의 계승 계보를 부정한다. 이처럼 '尊孟'과 '非孟'을 둘러싼 송대 사상계의 지도는 복잡했고, 그러한 복잡한 맹자 이해는 사상의 전개, 나아가 유자들의 현실 인식 및 대안 제시와 뒤얽혀 있었음을 충분히 예상할 수 있다. 따라서 단순히 '이기심성론'의 측면에서 송대 사상사

(본문 45~49쪽)

의 흐름을 계열화하여 이해하는 종래의 사상사 이해는 지평을 넓혀 사상이 수용되고 배척되는 흐름에 대해서도 관심을 가질 필요가 있다고 생각한다. 송대 사상계에서 중요한 하나의 이슈였던 '尊孟'과 '非孟'(혹은 疑孟)의 사상적 대립을 이해하기 위해서는 余允文, 『존맹변』과 邵博, 『邵氏聞見後錄』등의 일차 사료를 참고할 필요가 있다. 연구 성과로는 董洪利, 『孟子硏究』(江蘇古籍出版社, 1997), 下篇 제9장 「宋代的孟子硏究」를 참조할 수 있다.

19) 道學에 반대하는 陳亮의 역사관 및 道 이해는 본서의 제4장 「신유학 내부의 정체성 갈등」에서 자세하게 다룬다.

20) "兩漢而下, 儒者之論大道, 察焉而弗精, 語焉而弗詳, 異端邪說起而乘之, 幾至大壞."(『宋史』「道學傳」)

21) 揚雄, 『法言』권8 「五百」. "或問, 五百歲而聖人出, 有諸. 曰, 堯舜禹, 君臣也, 而幷. 文武周公, 父子也, 而處. 湯孔子, 數百歲有生. 因往以推來, 雖千一不可知也."(韓敬, 『法言注』, 중화서국, 1992, 171쪽 참조.)

22) "凡吾所謂道德云者, 合仁與義言之也, 天下之公言也. 老子之所謂道德云者, 去仁與義言之也, 一人之私言也."(韓愈, 『한창려집』권11 「原道」)

23) 한유 이전에 중국의 역사서, 문집, 사상적 저작에서는 道學이라는 명칭은 거의 전적으로 도교 또는 불교를 지칭하는 개념으로 사용되었다는 사실에 주목할 필요가 있다. 그 경우에도 그것은 하나의 독립적인 개념으로서가 아니라 究道學仙의 줄임말로 사용되는 경우가 많았다. 道學이라는 명칭이 유가적 아이덴티티를 주장하는 개념으로 사용되는 것은 한유의 글에서 처음으로 나타나며, 북송 시대에 와서는 정이천 계열의 사상가의 글들, 나아가 주희의 어록과 문집에서 집중적으로 나타난다. 송대의 정치·사상적 투쟁에서 정이천 계열의 사상을 비판했던 학자들은 道學을 거의 전적으로 정이천의 사상을 가리키는 것으로, 그리고 그 함의는 부정적인

(본문 50쪽)

것으로 사용한다. 남송을 지나 元·明代에는 주자학 계통을 道學이라고 지칭하는 것이 일반화되지만, 고루하고 위선적인 가짜 학자들이라는 의미를 담은 道學先生이라는 부정적인 개념이 중국의 후기 봉건 사회에서, 특히 소설 등에서 널리 사용되었다.

24) "斯吾所謂道也, 非向所謂老與佛之道也. 堯以是傳之舜, 舜以是傳之禹, 禹以是傳之湯, 湯以是傳之文武周公, 文武周公傳之孔子, 孔子傳之孟軻, 軻之死不得其傳焉."(같은 글)

25) 陳寅恪은 한유의 道統論이 한편으로 맹자의 주장에 근거를 두면서, 다른 한편으로 당대에 전개된 남종 선불교의 法統 전승의 논리를 모방한 것이라고 지적했다. 그리고 그 후의 여러 학자들은 이러한 진인각의 주장을 답습하고 있다. 그러나 黃云眉는 한유의 도통론의 원형은 맹자에서 나타나며, 그 후 양웅 등을 거쳐 유교 내부에 이미 그러한 도통의 전수 계보의 논리가 존재해왔다고 진인각의 관점을 비판한다. 陳寅恪, 「論韓愈」 및 黃云眉, 「讀陳寅恪先生 論韓愈」, 『문사철』 8호(1955) 참조. 黃氏의 글은 나중에 『한유유종원문학평론』(齊魯書社, 1980)에 재수록되었다.

26) "周道衰, 孔子歿. 火于秦, 黃老于漢, 佛于晉魏梁隋之間. 其言道德仁義者, 不入于楊, 則入于墨. 不入于老, 則入于佛."(韓愈, 같은 글)

27) 한유의 도통론에서 드러나는 유교적 가치의 퇴보론은 북송의 여러 유학자들을 거쳐 程氏 형제의 도통론에 의해 계승되고 마침내 주희의 도통론으로 집대성된다. 위에서 본 대로 元의 脫脫에 의해 편찬된 『송사』「도학전」의 '도통론'은 주희의 논리와 언어를 그대로 답습한 것으로서, 소위 도통사관의 완성이라는 의미를 가지고 국가 이데올로기로서 '주자학=도학'의 지위를 확고하게 만들어주었다. 그러나 「도학전」의 도통 계보에서 한유는 언급되지 않는다. 그의 중요성은 맹자와 관련되어 인정되고 있을 뿐이다. 한유가 빠진 이유는 주희의 한유 평가와 무관하지 않다. 주희는 한편으로 한유를 인정하면서도, 다른 한편으로 그의 사상의 한계를 지적했

(본문 51쪽)

기 때문이다.

28) 당나라 중엽에서 북송 초기에 걸쳐 대두된 소위 '孟子昇格運動'에 대해서는 徐洪興, 『思想的轉型―理學發生過程研究』, 92~110쪽에서 자세하게 다루어지고 있다. 북송 신유학의 이념적 근거를 제시한 '道統', '闢異端', '心性論' 및 '王霸' 등 몇 가지 중요한 관심사는 맹자에서 발원한다는 의미에서 당시에 "맹자승격운동"이라는 개념을 도입하고 그 문제를 진지하게 다룬 周予同의 업적은 선구적인 것으로 평가할 수 있다. 맹자의 재평가는 송대 이후의 도통론의 관심에 힘입어 '四書學'의 흥기라는 중국 경학사에 새로운 발전을 낳는 계기를 만들었다는 점에서도 주목할 가치가 있다. 『周予同經學史論著選集』, 287~291쪽에 실린 「群經槪論」(1933년) 참조. 경학사에 관해서는 皮錫瑞의 『경학역사』(주여동 교주본)가 금문가의 관점에서 중국 경학의 역사를 정리한 중요한 문헌이다. 중국 경학 일반에 관한 최근의 저술로는 陳克明, 『群經要義』(東方出版社, 1996)와 吳雁南 外主編, 『中國經學史』(福建人民出版社, 2001)를 참조할 수 있다.

29) 孫復은 晉州 平陽(지금의 山西省 臨汾) 사람으로 '泰山 先生'으로 알려져 있다. 그는 북송 초기의 유학 부흥 운동의 기수로서 경학의 새로운 방향을 열어준 인물로 평가되고 있다. 胡瑗, 石介와 더불어 宋初 三先生으로 불리는 그는 주로 『주역』과 『춘추』를 연구하여 『春秋尊王發微』 12권의 저술과 약간의 史論 및 불교, 도교에 대한 비판론을 남겨놓고 있다. 石介의 『徂徠集』권19 「泰山書院記」에 따르면, 손복의 저술은 『易說』 64권이 있다고 되어 있으나 현재에는 전하지 않는다. 경학적 주석을 제외한 그의 단편 문장들은 현재 중국의 四川人民出版社에서 간행한 《全宋文》에 실려 있다. 현재 50권까지 간행된 《전송문》에는 북송 시기에 쓰여진 모든 문장이 시기적으로 정리되어 있어서 앞으로 송대 사상과 학술의 연구에 있어서 중요한 자료로 이용될 것이다. 남송 부분을 담은 후편의 출판이 기대되고 있다. 胡瑗, 石介, 孫復에 관한 개괄적인 서술은 거의 모든 중국 사상사 내지 유학사 교과서에서 발견된다. 우리말로 소개된 대표적인 것으로 侯外廬 외, 『宋明理學史 1, 2』(北京人民出版社, 1984)[박완식 옮김

(본문 52~53쪽)

『송명이학사 1, 2』, 이론과 실천, 1995)를 참조할 수 있다.

30) "孔子旣沒, 千古之下, 攘邪怪之說, 夷奇險之行, 夾輔我聖人之道者多矣, 而孟子爲之首, 故其功鉅.〔……〕故揚子雲有言曰, '古者楊墨塞路, 孟子辭而闢之, 廓如也.' 韓退之有言曰, '孟子之功, 予以謂不在禹下.' 然子雲述孟子之功, 不若退之之言深且至也. 何哉. 降水橫流, 大禹不作, 則天下之民魚鱉矣. 楊墨暴行, 孟子不作, 則天下之民禽獸矣.〔……〕常謂, 諸儒之有大功於聖人之門者, 無先於孟子. 孟子力平二竪之禍, 而不得血食於後, 玆其闕也甚矣. 祭法曰, '能禦大菑則祀之, 能捍大患則祀之.' 孟子可謂能禦大菑, 能捍大患者也. 且鄒昔爲孟子之里, 今爲所治之屬邑, 吾當訪其墓而表之, 新其祠而祀之, 以旌其烈."(《全宋文》권401「兗州鄒縣建孟廟記」, 269~270쪽)

31) "吾之所謂道者, 堯·舜·禹·湯·文·武·周公·孔子之道也, 孟軻·荀卿·揚雄·王通·韓愈之道也. 吾學堯·舜·禹·湯·文·武·周公·孔子·孟軻·荀卿·揚雄·王通·韓愈之道三十年."(《全宋文》권401「信道堂記」, 268쪽)

32) 陳亮은 荀子는 물론 王通을 중시했기 때문에 朱熹로부터 공리주의라는 비판을 받았다. 그런 점에서 荀子 또는 王通이 거론되는 것은 주희의 도통론 입장과는 상당히 달라질 가능성이 있는 것이다. 그러나 孫復은 孟子의 존재를 높이 평가한다는 점에서는 陳亮의 입장과도 차이가 있다. 陳亮과 朱熹의 사상적 대립을 다룬 본서의 제4장을 참조.

33) "儒者之辱, 始於戰國, 楊朱墨翟亂之於前, 申不害韓非雜之於後. 漢魏以下, 則又甚焉. 佛老之道, 橫乎中國. 彼以死生禍福, 虛無報應爲事, 千萬其端, 惑我生民. 絶滅仁義, 以塞天下之耳, 屛棄禮樂, 以塗天下之目."(《全宋文》권401「儒辱」, 264~265쪽)

34) 석개는 선생 손복을 이어 북송 초기의 도통론을 대표하는 유학자로 유명

270

(본문 53쪽)

하다. 그는 정치적으로는 범중엄, 구양수 등과 같은 입장에 있었지만, 慶曆 新政(1043년)이 실행된 직후인 1045년에 마흔의 나이로 세상을 떠나고 만다. 따라서 정치적으로 큰 성공을 거두지는 못했지만, 교육자와 경학자로서는 당시에 비교적 명망이 있는 학자로 기억되었다. 그러나 실상 석개의 학문은 그다지 독창적인 내용을 가진 것은 아니었기 때문에 오늘날까지 전해지는 것은 없다. 다만 경서를 이해하는 그의 태도가 당시에 흥기한 신유학의 경학적 태도와 동일한 관점을 공유하며 漢唐의 註疏學을 비판하는 것이었다는 정도의 가치는 인정할 수 있을 것이다. 『송사』에서도 언급하고 있듯이 석개는 주로 易學 방면에 깊은 조예를 보였다. 그러나 현재 석개의 易學 전체를 살필 수 있는 단행본 저서는 남아 있지 않고 석개의 문집 『徂徠集』 안에 「變易」이라는 단편의 문장 한 편이 남아 있을 뿐이다. 당시의 문헌으로서 석개의 易學을 언급하는 것으로는 晁公武의 『群齋讀書志』의 「조래선생주역」條와 陳振孫의 『直齋書錄解題』의 석개 「주역해의」條가 있는 정도이다. 특히 진진손은 석개의 주역 이해가 그다지 독창적이지 않다[無大發明]라고 평가한다. 그의 易學 저작이 남아 전하지 않는 이유는 그 내용의 평이함 때문이라고 볼 수 있을 것이다. 易學 이외에 春秋學은 석개의 家學이었다. 春秋學에 관한 석개의 저작 역시 전해지지 않는다.

35) 仁宗 天聖 8년(1030년)에 진사 갑과에 합격한 석거는 景祐 원년(1034년) 南京府學의 학관으로 임명되었다. 이 시기에 석개는 불교와 도교를 배척하고, 현실 정치를 비판하는 「怪說」, 「中國論」 등 그의 대표작을 지었다. 慶曆 2년(1042년) 服喪 기간을 마친 石介는 御史中丞 杜衍의 추천에 의해 國子監 直講이 되었고, 孫復 역시 范仲淹 등의 추천에 의해 국자감 直講으로 임명되었다. 이때부터 북송의 太學은 본격적으로 궤도에 오르게 되었다고 한다. 석개의 전기 자료는 『송사』(권432)를 참조할 수 있다. 필자가 이용한 자료는 『中國歷代思想家傳記彙編』(上海: 復旦大學, 1993년)에 실린 것이다. 『송사』의 기록에 따르면, 석개가 국자감 直講으로 들어간 이후 그를 따르는 학자들이 증가했고, '태학은 이로 말미암아 더욱 번성했다[太學由此益盛]'(『中國歷代思想家傳記彙編』 下卷, 209쪽)라고

(본문 54~56쪽)

한다. 석개와 친교 관계를 맺었던 구양수는 「徂徠石先生墓誌銘」에서, '태학의 발전은 선생으로부터 시작되었다〔太學之興, 自先生始〕'라고 말하기도 한다.(《전송문》제18책 권755, 359쪽 참조)

36) "吾聖人之道, 大中至正, 萬世常行, 不可易之道也, 故無有虧焉."(《전송문》제15책 권632, 「宋城縣夫子廟記」, 357쪽)

37) "孔子之道, 治人之道也. 一日無之, 天下必亂. 〔……〕 孔子之道, 君臣也, 父子也, 夫婦也, 朋友也, 長幼也. 〔……〕 萬世可以常行, 一日不可廢者, 孔子之道也."(《전송문》제15책 권628 「辨私」, 301~302쪽)

38) 석개가 제시하는 賢人의 계보는 확정적이지 않다. '도통'의 계보에서 현인으로 열거되는 다섯 사람 중, '순자'와 '왕통'의 존재는 애매하다. 석개는 어떤 글에서는 순자를 포함하여 다섯 사람을 거론하고 있고(「尊韓」, 「救說」), 또 어떤 글에서는 순자를 제외한 네 사람(「泰山書院記」, 「上孫少傅書」), 또 다른 글에서는 왕통을 제외한 네 사람(「夫子廟記」)을 거명한다. 그러나 孟子와 韓愈의 위치는 확고하다. 그리고 王通에 대해서는 공리주의적이라는 주희의 비판이 있고, 왕통에 대한 주희의 비판은 진량에 대한 비판으로 그대로 이어진다. 그러나 주희의 論敵이었던 진량은 왕통을 자기 사상의 선구적 인물로 높이 평가한다. 필자는 '王通 - 孫復(石介) - 李覯 - 王安石 - 陳亮'으로 이어지는 당송 신유학의 또 하나의 계보를 구상해볼 수 있지 않을까 생각한다.

39) "韓愈死又且數百年, 大道之荒蕪甚矣, 六經之缺廢久矣. 異端乖離放誕, 肆行而無所畏, 邪說枝葉蔓引, 浸長而無所收."(《전송문》권622 「上孫少傅書」, 223쪽)

40) 석개는 「怪說 下」(《전송문》권626, 281쪽)에서 "나는 성인의 도를 배우는 자로서, 어떤 사람이 나타나 내 성인의 도를 공격한다면, 나는 그에게 반격을 가하여 역으로 공격하지 않을 수 없을 것이다〔吾學聖人之道, 有攻

(본문 56~58쪽)

我聖人之道者, 吾不可不反攻彼也]"라고 이단을 배척하는 자신의 문화적 사명감에 대해 강조한다.

41) 老子가 이적의 땅에서 온 사람이라는 石介의 주장은 기묘하다. 동진 시대의 도사 王浮가 지은 『老子化胡經』을 비롯하여 도교 측에서 창조된 노자 전설에 따르면, 노자는 원래 중국 사람으로서 周의 현인이지만, 나중에 서역[胡]으로 건너가 그곳에서 應身하여 부처를 가르쳤다고 한다. 그러나 석개는 그러한 화호설이 나타난 맥락을 무시하고 그 이론을 그대로 답습하여 노자를 이적의 범주에 넣고 있다. 노자 전설의 정리와 연구는 일본인 학자 쿠스야마 하루키 楠山春樹, 『老子傳說の硏究』(창문사, 1979)를 참조할 수 있다.

42) "夫佛老者, 夷狄之人也, 而佛老以夷狄之敎法亂中國之敎法. 以夷狄之衣服亂中國之衣服, 以夷狄之言語亂中國之言語."(《전송문》 제15책 권627 「명사주」, 288쪽)

43) "夫中國, 聖人之所常治也, 四民之所常居也, 衣冠之所常聚也. 〔……〕 夫中國, 道德之所治也, 禮樂之所施也, 五常之所被也."(《전송문》 제15책 권626 「怪說 上」, 278쪽) 그의 논점은 다시 「중국론」에서 자세하게 부연되고 있다.

44) "彼其滅君臣之道, 絶父子之親, 棄道德, 悖禮樂, 裂五常, 遷四民之常居, 毁中國之衣冠, 去祖宗而祀夷狄 〔……〕."(《전송문》 제15책 권626 「怪說 上」, 279쪽)

45) "千百餘載, 至宋中葉, 周敦頤出於舂陵, 乃得聖賢不傳之學, 作太極圖說, 通書, 推明陰陽五行之理, 命於天而性於人者, 瞭若指掌. 張載作西銘, 又亟言理一分殊之旨, 然後道之大原出於天者, 灼然而無疑焉. 仁宗明道初年, 程顥及弟頤寔, 及長受業周氏, 已乃擴大其所聞, 表章大學中庸二篇, 與語孟並行, 於是上自帝王心傳之奧, 下至初學入德之門, 融會貫通無復餘蘊."

(본문 59쪽)

(『宋史』「道學傳」)

46) 程伊川은 그의 형 程明道의 죽음을 추도하는 「明道先生行狀」에서 정명도가 맹자 이후의 도의 단절을 회복했다고 쓰고 있다.〔孟子沒而聖學不傳, 以興起斯文爲己任〕 그리고 그 글에서 정이천은 그러한 성인의 도를 계승하는 학문을 '道學'이라는 명칭으로 지칭한다. 그때 '도학'은 '聖學'의 다른 표현으로서, 고성왕의 가르침을 의미한다. (「행장」의 부록으로 붙인 「明道先生文人朋友敍述序」에서는 더 분명하게 "孟子之後, 傳聖人之道者, 一人而已"라고 쓴다.) '도통론'과의 연관하에 자각적으로 '도학' 개념을 처음 사용한 사람은 程伊川이었고, 주희의 도통론 및 도학은 정이천을 계승한 것이라고 말할 수 있다. 그리고 그 명칭은 다른 사상적 관점을 견지했던 비판자들에게는 경멸적 의미로 사용되고, 명청 시대에 와서는 도학선생이라는 야유적 뉘앙스를 담은 명칭으로 널리 사용되었다. 정이천의 행장은 『하남정씨문집』 권11 「伊川先生文」에 실려 있다.(『이정집』, 630~639쪽)

47) 1194년(주희 65세)에 쓴 「滄州精舍告先聖文」에서 주희는 공자부터의 '도통'의 계승을 논한 후에, 북송에서의 도의 전승자로서 周敦頤, 程顥, 程頤, 張載, 邵雍, 司馬光 그리고 李侗을 서원의 從祀로 삼는다. 서원의 종사를 삼는다는 것은 일종의 도통론의 계보를 확정하는 것을 의미하는 것이라고 볼 수 있지만, 소옹의 지위는 약간 불분명한 점이 없지는 않다. 왜냐하면 소옹의 학문을 雜駁한 것으로 비판하는 대목을 주희의 『朱子語類』에서 쉽게 발견할 수 있기 때문이다. "二程 선생은〔소옹의 도학이〕순수하고 雜하지 않다라고 평가하고 있지만, 지금 그의 글을 살펴볼 때 잡박하지 않다고는 결코 말할 수 없다."(『朱子語類』 권100, 2543쪽) 이런 연유로 해서 주희는 도학 입문서로서 『근사록』을 편찬할 때에 소옹의 글을 전혀 수록하지 않았던 것이라고 볼 수 있고, 그런 주희의 입장을 존중하여 「도학전」은 도통의 직접적 계보를 말하는 '서문' 속에서 소옹을 적극적으로 평가하지 않는다. 다만 「도학전」의 '본문'인 「도학 1」에서는 주돈이, 이정, 장재를 서술한 후에 소옹의 略傳을 붙이고 있다. 하지만 그는 어디

(본문 61~63쪽)

까지나 도학의 방계로서 위치 지어지고 있다. 그나마 그것은 주희의 관점을 따른 것이 아니라, 정이천이 그를 존중했기 때문이다.

48) "但是周先生天資高, 想見下面工夫也不大故費力. 而今學者須是從下學理會, 若下學而不上達, 也不成箇學問. 須是尋到頂頭, 却從上貫下來."(『朱子語類』권93, 2356쪽)

49) 주희 문집 속의 편지글에서 주돈이에 대한 언급은 너무 많아서 다 거론할 수 없을 정도이다. 주희의 주돈이 평가의 요점은 주돈이의 저술에 대한 주희의 서문에서 거의 드러난다. 그중에서 가장 중요한 것이 「周子太極通書後序」(『朱熹集』권75, 3942~3943쪽)와 「再定太極通書後書」(같은 책 권76, 3967~3970쪽)이다. 그리고 『朱子語類』권93에 수집된 주돈이에 관한 대화(2356~2358쪽)는 총론적인 것이고, 「太極圖」와 「通書」의 사상적 내용에 대한 대화는 『朱子語類』권94 전체를 차지한다.

50) "선생의 학문은 그 오묘한 깊이가 「태극도」하나에 다 갖추어져 있다. 「통서」의 내용은 모두 그 圖說의 핵심에서 발전되어 나온 것이다. 그리고 性命에 대한 程 선생 형제의 논의는 주돈이 선생의 논의에서 계발되지 않은 것이 없다〔蓋先生之學, 其妙具於太極一圖, 通書之言, 皆發此圖之蘊, 而程先生兄弟語及性命之際, 亦未嘗不因其說〕."(『朱熹集』권75 「周子太極通書後序」, 3942쪽)

51) 주희는 『중용』의 핵심 내용을 '天命率性', '擇善固執', '君子時中'의 세 항목으로 파악하고, 그 항목들이 각각 열여섯 글자의 心法과 대응하는 것이라고 풀이한다. 즉 중용의 '천명솔성'은 '道心'에, '택선고집'은 '精一'에, '군자시중'은 '執中'에 대응시켰던 것이다. 따라서 『중용』은 고성왕의 도의 본질을 고스란히 담고 있는 경전이 되어야 마땅하다고 본 것이다. 그러한 관점에서 주희는 《四書》를 《六經》에 뒤지지 않는 유교의 경전으로 이해하였다.

(본문 63~64쪽)

52) 이때의 '이단'은 당연히 불교를 포함하지 않는다. 유교적 맥락에서 '이단'이란 그 내용이 시대마다 조금씩 다름에 주의해야 한다. 주희 단계의 '이단'은 불교, 도교(도가)를 중심으로 하여, 유교 내부의 소위 비정통 사상(禪學的 유가 사상, 공리주의 유가 사상, 나아가 주희가 포괄적으로 '잡학'이라 부른 학문적 경향을 포함한다) 및 민중의 신앙을 포괄적으로 가리키는 비교적 함의가 넓은 느슨한 개념이었다. 반면 주희와 대립했던 陸象山은 '이단'이라는 용어를 더 폭넓게 사용하여, 성인[堯舜]의 가르침에서 어긋나는 사상 전부를 '이단'이라고 규정한다. 그때에는 주희의 사상도 육상산의 관점에서는 '이단'의 범주에 들어간다는 점은 흥미롭다.(『육상산 전집』 권34 「어록」, 제51조 참조)

53) 「黃州州學二程先生祠記」(『朱熹集』 권80, 4135~4136쪽) 등 二程의 도통 계승에 관한 글에서는 예외 없이 《사서오경》을 중심으로 하는 유교 경전의 전수가 언급된다. 특히 《四書》의 정신을 발휘하여 천명한 것을 주희는 二程의 최대의 업적으로 보고 있다. 「記大學後」, 「記中庸後」(같은 책 권81, 4175~4177쪽)에서도 예외는 아니다. 「書臨彰所刊四子後」에서도 물론 예외가 아니다. 여기서 四子는 《四書》의 저자들을 지칭한다.

54) 주희가 1173년에 쓴 「中庸集解序」에서는, 맹자 이후 『중용』의 정신이 계승되지 못했고 당나라 때 李翺가 「復性書」를 저술하여 『중용』의 정신을 이으려 했으나, 소위 '滅情'을 주장하는 그의 이론이 결국 불교적인 것으로 흘렀기 때문에 『중용』의 참정신을 발휘하지 못했다고 평가한다. 그리고 宋에 들어와 주렴계[周敦頤]가 비로소 그 정신을 이해했고, 이어서 二程 형제가 『중용』의 참된 의미를 밝혀 세상에 널리 알렸다고 말한다. 이 문장에서 주희는 주돈이를 『중용』의 해석과 관련하여 언급하고 있기 때문에, 《사서》와 관련하여 도통의 계보 속에서 주돈이를 언급하는 거의 유일한 예라고 말할 수 있을 것이다. 한편 이 문장에서는 정이천의 제자들도 대거 등장하여 주희 본인에 이르는 중요 전수의 배경에 대해 말한다. 주희는 다른 곳에서도 주돈이의 「태극도」와 「통서」의 사상을 『중용』과 관련시켜 이해하려고 노력한다. 『중용』 역시 주희가 자신의 심성이론의 형이

(본문 65~66쪽)

상학적 근거를 마련하기 위해 의거하는 중요 문헌이라는 점을 고려하면, 『중용』과 주돈이를 연결시키는 주희의 의도는 어렵지 않게 이해할 수 있다. 그렇긴 하지만 '사서학'의 계보로서 부각된 주희의 도통 전승론에서는 주돈이보다는 정이천이 더욱 핵심이라는 것은 부정할 수 없다.

55) 『朱熹集』 권81, 1187년에 씀. 여기서 李侗은 초기 주희 학문의 방향을 결정짓는데 영향을 준 스승이다. 주희는 「祭延平先生文」(『朱熹集』 권87, 1164년에 씀)에서, 二程 - 楊時 - 羅從彦 - 李侗의 학통을 설정하고, 李侗이 주희 자신에게 정이천의 학문을 전한 인물이라고 자리매김한다.

56) 『연평답문』(주희가 편집한 李侗의 語錄) 권1 참조.

57) 어류와 서간에서 주돈이를 언급하는 경우를 제외하고도, 명시적으로 주돈이와 관련된 문장은 20여 개에 달한다. 시기는 1160년대 말에서 1190년대 중반에 이른다. 결국 주희는 자신의 학문이 형성되는 30대 중후반부터 최만년까지 주돈이에 대해 관심을 가졌음을 알 수 있다.

58) "夫子姓周氏, 名敦頤, 字茂叔, 自少即以學行有聞於世, 而莫或知其師傳之所自. 獨以河南兩程夫子嘗受學焉, 而得孔孟不傳之正統, 則其淵源因可概見."(『朱熹集』 권81 「周子通書後記」, 4208~4209쪽)

59) 1169년의 「周子太極通書後序」 이후, 1183년의 「韶州州學濂溪先生祠記」(『朱熹集』 권79), 1187년의 「주자통서후기」(같은 책 권81), 1193년 「邵州州學濂溪先生祠記」(같은 책 권80)에 이르기까지 반복되는 주희의 입장이다. 여기서 우리는 주희가 한편으로는 정이천을 도통의 중심에 두면서도, 유교 형이상학의 근거를 제공해준 주돈이의 사상을 정씨의 학문과 연결시켜보려는 주희의 태도를 엿볼 수 있다. 1193년은 주희가 64세가 되던 해로서, 도통론의 완결편이라고 할 수 있는 「중용장구서」(1189)가 쓰여진 4년 후이다.

(본문 66쪽)

60) 정이천,『이정집』「명도선생행장」, 630~639쪽. 여기서 정이천은 정명도가 불교와 노장의 글에서 방황하다가 올바른 성인의 학문으로 되돌아오게 된 것은《육경》을 읽고 나서부터라고 말한다. 정씨 형제의 학문이 근본적으로《사서》와《육경》을 비롯한 경학이라는 것을 잘 말해주는 대목이라 할 수 있다.

61) 全祖望은 「周程學統論」(『길기정집』, 외편 38)에서 주희 당시 汪應辰이 주희에게 보낸 편지에서 周敦頤와 二程 사이의 학통 전수에 대해 의문을 표명했다는 사실을 언급한다. 이 의문을 둘러싼 汪應辰(端明)과의 논의에서, 주희는 「태극도」와 「통서」의 관계, 그리고 이정의 학문이 주돈이를 계승한 것이라는 점을 강조한다.(『朱子語類』 권93 「孔孟周程張子」, 2358쪽)

62) "程氏之書皆祖述其意."(『朱熹集』 권76, 3967쪽) 그러나 한편 王應麟도 지적하고 있는 것처럼 이정은 太極·無極을 말하지 않았으나, 오히려 주희는 주돈이가 「태극도」를 이정에게 직접 전수했고〔手授〕 이정은 그 도를 다른 누구에게도 보이지 않았을 뿐이라고 주장한다. 또 하나, 「태극도」의 유래에 대한 주희의 견해. 朱震이 『한상역전』의 「進周易表」에서 서술한 태극도와 관련한 易學의 계보에 대해 주희는 비판적인 입장을 취한다. 朱震은 五代 시기의 陳搏에서 種放을 거쳐 穆修로 이어지는 역학의 계보를 설정하고, 「태극도」가 "穆修 – 周敦頤 – 程顥, 程頤"로 이어졌다고 그것의 전수 계보를 만들었다. 그러나 주희는 朱震이 설정한 「태극도」의 전수 계보를 부정하고, 「태극도」는 주돈이 본인이 다른 누구에게 전수받은 것이 아니라 스스로 만든 것이라고 주장한다. 이런 주희의 주장은 물론 그의 '도통론'을 합리화하기 위해 반드시 필요한 것이라고 말하지 않을 수 없다. 맹자 이후 단절된 도의 전승이 주돈이에 의해 다시 이어지는 것이라면 당연히 유교적 최고 원리라 할 수 있는 '태극=理'의 전승이 도교적 내단론의 계보를 통해 이루어진 것이라는 주장은 결코 받아들일 수 없는 것이었기 때문이다. 주희는 도학의 우주론적 근거를 「태극도」에서 발견할 수 있다고 믿었다. 따라서 그는 주돈이가 「태극도」를 독창적으로 개발해 낸 것이라고 주장하고, 나아가 유교적 도의 전수가 주돈이를 통해 비로소

(본문 66~67쪽)

되살아날 수 있다는 도통론의 근거를 마련하고자 했던 것이다. 주돈이가 「태극도」를 만들었다는 주희의 주장은 객관적으로 볼 때 문제가 없는 것은 아니다. 그렇지만 그의 주돈이 연구는 결국 도통론 주장과 연결되는 관건 문제였기 때문에 그 유명한 육상산과의 '태극' 논쟁(1188년)에 있어서도 주희는 결코 자신의 주장을 양보하지 않았다. 그리고 주희의 입장은 그의 제자들의 도통론에 의해 계승되었고, 마침내 『송사』의 「도학전」으로 결실을 맺었던 것이다.

63) "仁宗明道初年, 程顥及弟頤寔生, 及長受業周氏, 已乃擴大其所聞, 表章大學中庸二篇, 與語孟幷行, 於是上自帝王心傳之奧, 下至初學入德之門, 融會慣通, 無復餘蘊."(『宋史』「道學傳」)

64) "迄宋南渡, 新安朱熹, 得程氏正傳, 其學加親切焉."(같은 글)

65) 黃幹, 『황면재집』「聖賢道統傳授總敍說」 및 陳淳, 『진북계집』「道學體統」 참조. 「도학전」은 이러한 주희의 후계자들의 관점을 수용하고 있다.

66) 주희의 학문론과 《四書》의 관계에 대해서는 본서의 제2장 「주희의 학문관과 문화 정체성」에서 자세히 다룬다. 본서는 주희의 도통적 문화론의 관점에서 그의 유교적 정통주의에 입각한 학문론, 창법론, 수양론, 이단 비판을 체계적으로 검토하려는 의도를 갖고 쓰여진 것이다.

67) 《사서》 중에서 특히 『大學』은 나중에 수양론이나 학문의 방법론의 차원을 넘어 帝王學의 교과서로서 그 의미가 확대 해석되었다. 주희의 제자 眞德秀의 『大學衍義』 및 明代의 丘濬이 확대한 『大學衍義補』 등은 대표적인 예에 속한다. 주자학이 정식으로 국가의 이데올로기로 정착함에 따라 주자학적 원리에 따르는 정치를 실현하기 위해, 그리그 帝王조차도 주자학적 원리의 아래에 있다는 것을 확인하기 위해 그런 유형의 저술들이 속속 등장했던 것이다. 다른 한편에서 보자면, 『대학』을 일반 사대부의 수양론적 문서가 아니라 제왕학의 교재로 보려고 하는 입장은, 그들이 의도했던

(본문 70~71쪽)

것은 아닐지 몰라도, 『예기』 속의 『대학』이 본래 제왕학의 교재로 이해되어야 한다는 주희 이전의 고전경학, 특히 정현의 해석을 되살리는 것이라고 볼 수도 있다. 주희는 『대학』을 제왕학에 한정하지 않고 일반 사서인을 포괄하는 보편적 수양 서적이라고 해석한다. 이 문제에 대해서는 다른 자세한 글이 필요할 것 같다.

제2장 주희의 학문관과 문화 정체성 [본문 69~112쪽]

1) 이 여덟 글자는 『書經』 「대우모」에 나오는 구절로서, 주희는 고성왕의 도통의 전수에 있어서 핵심적인 정신이 이 여덟 글자에 모두 담겨 있다고 보았다. 소위 도통의 '心傳'이라는 것이 그것이다. 따라서 이 글에서는 아직 분명한 도통의 계보에 대해 언급하지 않지만, 주희 도통론 및 문화적 정통의식이 이 상주문에서 명확한 방향을 잡고 있다는 것을 확인할 수 있다. 주희의 가장 완성된 도통론 주장은 그가 60세에 쓴 「중용장구서」에서 정리되어 있다. 따라서 유교 문화의 정통론에 입각한 주희의 문화 의식은 30세 중반부터 말년에 이르기까지 일관된 정신으로 주희의 사상 영위를 지탱하고 있었다고 보아도 틀리지 않는다. 이 문제에 관해 자세한 것은 본서의 제1장 「주희 문화론의 시각」 참조.

2) "臣聞大學之道, 自天子以至於庶人, 壹是皆以修身爲本. 而家之所以齊, 國之所以治, 天下之所以平, 莫不由是出焉. 然身不可以徒修也. 深探其本, 則在乎格物以致其知而已. 夫格物者, 窮理之謂也. 蓋有是物, 必有是理. 然理無形而難知, 物有迹而易睹, 故因是物以求之, 使是理了然必目之間而無毫髮之差, 則應乎事者自無毫髮之繆, 是以意誠心正而身修. 至於家之齊, 國之治, 天下之平, 亦擧而措之耳. 此所謂大學之道. 雖古之大聖人, 生而知之, 亦未有不學乎此者. 堯舜相授, 所謂 '惟精惟一, 允執厥中'者, 此也. 自是以來, 累聖相傳以有天下. 至於孔子, 不得其位, 而筆之於書, 以示後世之爲天下國家者, 其文人弟子又相與傳述而推明之, 其亦可謂詳矣. 而自秦漢以來, 此學絶

(본문 71~74쪽)

講, 儒者以詞章記誦爲功, 而事業日淪於卑近. 亦有意其不止於此, 則又不過轉而求之老子釋氏之門, 內外異觀, 本末殊歸, 道術隱晦, 悠悠千載, 雖明君良臣, 間或一值, 而卒無以復於三代之盛, 由不知此故也."(『朱熹集』권26 「癸未垂拱奏札 1」)

3) "正心在務學, 治國在用人, 朝廷之禍在朋黨."(『宋史』권379 「陳公輔列傳」)

4) "今日之禍, 實由公卿大夫無氣節忠義, 不能維持天下國家, 平時旣無忠言直道, 緩急詎肯伏節死義, 豈非王安石學術壞之邪. 議者尙謂安石政事雖不善學術尙可取. 臣謂安石學術之不善, 尤甚於政事, 政事害人才, 學術害人心三經字說詆誣聖人, 破碎大道, 非一端也. 春秋正名分, 正褒貶, 俾亂臣賊子懼, 安石使學者不治春秋, 史漢載成敗安危, 存亡理亂, 爲聖君賢相, 忠臣義士之龜鑑, 安石使學者不讀史漢. 王莽之簒, 楊雄不能死, 又仕之, 更爲劇秦美新之文. 安石乃曰, '雄之仕, 合於孔子無可無不可之義. 五季之亂, 馮道事四姓八君, 安石乃曰, '道在五代時最善避難以存身.' 使公卿大夫皆事安石之言, 宜其無氣節忠義也."(같은 글)

5) 근대 이전의 중국에서 정치와 교육 나아가 종교는 삼위일체의 관계에 있었다고 말할 수 있다. 물론 고전 중국어에는 오늘날 우리가 사용하는 '교육', '정치', '종교'라는 개념은 존재하지 않았다. 그렇다고 전혀 그러한 관념을 표현하는 단어가 존재하지 않았던 것은 아니지만, 딱히 정확한 대응어를 발견하기는 쉽지 않다. 그러한 대응어를 선택하는 행위 자체가 중요한 의미의 해석과 관련되어 있기 때문이다. 필자는 잠정적으로 '敎'라는 단어를 현대적 의미의 '정치·고육·종교'를 포괄하는 개념으로 이해한다는 점을 밝힌다.

6) 이러한 주희의 문화 인식이 소위 '도통론'으로서 주희 사상의 성립을 뒷받침하는 근본 지향점을 이룬다. 주희뿐만 아니라, 북송에서 남송에 이르는 신유교, 특히 도학적 文化意識은 이러한 주희의 도통 이해와 관련이 있다. 특히 주희는 정이천 형제의 도통론 이해를 직접 계승하면서 소위 도학적 정

(본문 74~75쪽)

통론의 계보를 완성했으며, 원대에 편찬된 『송사』의 「도학전」은 주희에 의해 정리되고 완성된 도통론의 계보를 소위 '도학'이라는 명칭으로 정리하여 국가의 정통 이데올로기의 근거로 삼는다. 제2장에서는 앞의 제1장에서 살핀 주희 도통론과 문화론의 이해 위에서, 주희의 구체적인 학문 방법론과 도학적 인간의 형성에 관한 수양론을 살펴볼 것이다.

7) 북송 시대 왕안석의 정치 개혁의 사회적 의미에 관해서는 James Liu의 저서가 짧지만 명료한 지식을 제공하고 있다. 그리고 왕안석의 신법당과 그에 반대하는 구법당의 정치적, 사상적 갈등에 관해서는 侯外廬 편, 『宋明理學史』에서 요점을 제시해준다. 왕안석의 개혁 정치를 대단히 긍정적으로 평가하는 대표적인 연구로는 鄧廣銘, 『왕안석』(인민출판사, 1979, 수정본)이 중요하다. 그 외에도 趙益, 『王覇義利: 北宋王安石改革批判』(남경대학출판부, 2000) 및 沈松勤, 『北宋文人與黨爭』(인민출판사, 1998) 등 전문적인 연구가 있다. 구법당의 정치사상 노선을 계승하는 주희의 왕안석에 대한 평가는 『朱子語類』의 여러 곳에 나타난다.

8) 주희의 학문적 완숙은 40세 전후라고 보는 것이 일반적인 사상사의 통설이다. 40세를 전후하여 주희의 심성설이 호남학과의 교류를 통해 완숙되었다고 보기 때문이다. 그러한 주자학의 사상적 정립의 표지가 다름 아닌 '中和舊說/中和新說' 및 '仁說'의 문제로 정리되는 것도 일반적이다. 필자도 그러한 사상사의 논리에 반대하는 것은 아니다. 하지만 신유학의 완성자로서의 주희 사상은 그의 心性說의 세부에 있어서의 발전이라는 면만으로 그 전체의 지향을 파악하기에 무리가 있다고 생각한다. 본문에서 말한 것처럼 새로운 유학의 '新'유학으로서의 면모는 그들의 문화적 정통의식과 떼놓을 수 없다. 그리고 그러한 정통적 문화 의식으로서의 도통론의 확립, 나아가 그러한 도통론에 입각한 사회의식과 이단 비판 그리고 학문론이 정립된 시점은 중화설이 확립되는 시기보다 훨씬 앞선다는 사실에 주목하여야 할 것이다. 그리고 그러한 입각점 위에서 사상의 세부적 발전과 변화는 말년까지 계속되고 있기 때문에, 주희 사상의 본격적인 방향 정립은 도통의식이 확립되는 시기(30세 초반)라고 판단하는 것이다. 주희의 중화설의 정립 과정 및 호남학과의 교류 등

(본문 75~76쪽)

시기의 세부적 고증 및 그 사상의 내용에 관해서는 陳來, 『朱熹哲學硏究』(北京: 社會科學出版社, 1986)에서 자세히 분석되고 있다. 그리고 시기적으로 훨씬 이른 것이지만, 友枝龍太郞, 『朱熹の思想形成』(創文社, 1969)이 중요한 연구 성과에 속한다. 그 외에도 劉述先, 張立文, 錢穆 등의 저서에서 중화구설, 신설의 형성 문제에 관한 한 더 이상 새로운 연구가 불가능할 정도로 충분히 다루어지고 있다.

9) "子路非謂不學而可以爲政, 但謂爲學不必讀書耳. 上古未有文字之時, 學者固無書可讀, 而中人以上, 固有不待讀書而自得者. 但自聖賢有作, 則道之載於經者, 詳矣. 雖孔子之聖, 不能離是以爲學也. 捨是不究, 而欲以政學, 旣失之矣, 況又責之中材之人乎. 然子路使子羔爲宰, 本意未必及此, 但因夫子之言而託此以者解耳. 故夫子以爲佞而惡之."(『朱熹集』 권43 「답진중명」)

10) "示喩學問之道, 不專在書冊, 而在持身接物之間. 理固如此, 然便全舍去書冊, 不復以講學問辨爲事. 則恐所以持身接物之際, 未必皆能職其本源而中於幾會. 此子路人民社稷何必讀書之論, 所以見惡於聖人也. 試以治民理事之餘力, 盍取聖賢之言而讀之, 而思之, 當者覺有進步處, 然後知此言之不佞也."(같은 책 권54 「답유중칙」)

11) 경서가 성인의 도를 싣고 있는 서책이라는 생각, 따라서 유교적 질서의 표준은 경서를 통해 제시되고 있다는 논리는 정이천 형제의 '경서론'에서 정립되었다. 이정의 '經以載道論'은 『이정집』의 도처에서 나타난다. 그리고 경서가 도를 싣는 그릇이라는 생각은 북송 시대의 文化政策, 특히 유교를 국가 이념으로 채택하여 관료를 科擧로 선발하는 제도를 도입한 사회 상황과도 관련이 있을 것이다. 그리고 이 시대에 와서 《四書》가 경서도 인정되기 시작했다는 사실은 신유학의 성립에 있어서 도통의식과 깊은 연관성이 있다는 점은 제1장에서 자세히 살펴보았다. 주희의 학문 공부론에 있어서 《四書》의 중요성에 대해서는 다시 자세히 언급하겠다.

12) "雖孔子之聖, 不能離是以爲學也."(『朱熹集』 권43 「답진중명」)

(본문 76~77쪽)

13) "讀書乃學者第二事."(『朱子語類』권10「讀書法上」, 161쪽)

14) "讀書已是第二義."(같은 글)

15) "學問, 就自家身己上切要處理會方是, 那讀書底已是第二義."(같은 글)

16) "論事多而論理少." '사물의 원리를 무시한 현실적 문제에 대한 대응'을 비판하는 주희의 입장은 그의 도학적 義理論의 전제가 된다. 그리고 이러한 그의 논리는 그의 현실 이해의 기본 관점일 뿐만 아니라, 왕안석의 공리주의에 대한 비판 나아가 동시대의 공리주의, 즉 事功派라고 불리는 陳亮 등의 입장에 대한 비판의 기본 관점이기도 하다. 주희와 진량의 논변에 관한 자세한 연구로는 Hoyt Tillman의 저서를 참고할 수 있다. 그리고 동 저자의 최근의 연구에서도 주희와 진량의 대립적 관점이 보다 요약적으로 정리되고 있다. 최근 이승환은 주희와 진량의 논변 중에서 왕패 문제에 관한 논문에서 주희와 진량의 사상적 대립을 동기주의(주희)와 결과주의(진량)의 대립이라고 파악한다. 그러나 주희의 입장이 동기주의이고 진량이 결과주의라고 단순화시키는 것은 반드시 적절한 것은 아니라고 생각된다. 주희가 동기주의라고 해석될 수 있는 성격이 있고, 진량 역시 결과주의라고 해석될 수 있는 면이 분명히 있지만, 그들의 사상적 입장을 그렇게 단순화해서 부를 수는 없을 것이다. 해석의 당부를 떠나 서양의 사상적, 개념적 맥락과 전혀 다른 맥락에서 전개된 사상을 그 내면적 동기를 묻지 않고 서양의 몇 가지 술어로 '환원하는' 방식에 의해 중국의 전통 사상이 더욱 잘 이해될 수 있는가? 과연 그 실익은 무엇인가? '중국' 사상을 '한국' 사람에게 설명하기 위해 '서양' 철학의 개념을 사용하는 것이 과연 '중국' 문화를 '한국' 사람들에게 더 잘 이해시키는 방법일까? 한국인의 사유가 이미 너무 서양화되었다는 판단에서 나온 친절함일 수도 있겠지만, 서양 철학의 개념들은 서양 사람들의 사고를 위해 개발된 도구들인데, 그 도구들과 무관하거나 적어도 그 개념들에 익숙하지 않은 한국 사람에게 서양의 개념을 사용하여 동양의 사상을 설명하는 데에는 신중함이 요구된다. 이승환, 『유가사상의 사회철학적 재조명』(고려대학교출

판부, 1998) 참조.

17) "今日之病, 只此一病最大."(『朱熹集』권25「答鄭自明書」)

18) 그러나 아이러니컬하게도 이 표현은 『莊子』「천하편」에 처음으로 나타난다. 소위 유가의 대립자로 이해되는 도가의 관점은 비사회적, 심지어는 반사회적인 것으로 알려져 있지만, 그들의 입장은 당대의 현실에 대한 강한 비판 의식의 표현이었지, 궁극적인 반문명주의, 반문화주의를 지향했던 것은 아닐 것이다. 내면적 도덕성의 확립을 전제로 한 사회적 교화의 실천이라는 목표는 중국 지식인의 보편 지향이었다고 생각된다. 물론 도가가 말하는 내면적 도덕성, 그리고 교화라는 것의 의미 내용이 유가의 관점과 다른 뉘앙스를 띠고 있는 것은 분명하다.

19) "熹嘗聞之師友, 大學一篇, 乃入德之門戶, 學者當先講習, 知得爲學次第規模, 乃可讀語·孟·中庸. 先見義理根原體用之大略, 然後徐考諸經以極其趣, 庶幾有得. 蓋諸經條制不同, 功夫浩博, 若不先讀大學·論·孟·中庸, 令胸中開明, 自有主宰, 未易可遽求也. 爲學之初, 尤當深以貪多躐等, 好高尙異爲戒耳. 然此猶是知見邊事. 若但エ耳出口以資談說, 則亦何所用之. 旣已知得, 便當謹守力行, 乃爲學問之實耳. 伊洛文字亦多, 恐難遍覽, 只前此所稟近思錄乃其要領, 只此一書, 尙恐理會未徹, 不在多看也. 大學中庸向所納呈, 謬說近多改正 旦夕別寫拜呈. 近又編小學一書, 備載古人事親事長灑掃應對之法, 亦有補於學者. 幷俟錄呈. 乞賜裁訂, 以授承學也."(『朱熹集』권28「與陳丞相別紙」)

20) "古者小學敎人以灑掃應對進退之節, 愛親敬長隆師親友之道, 皆所以爲修身齊家治國平天下之本. 而必使其講而習之於幼稚之時, 欲其習與知長, 化與心成, 而無扞格不勝之患也. 今其全書雖不可見, 而雜出於傳記者亦多. 讀者往往直以古今異宜而莫之行, 殊不知其無古今之異者, 固未始不可行也. 今頗蒐輯, 以爲此書, 受之童蒙, 資其講習, 庶幾有補於風化之萬一云爾."(같은 책 권76「題小學」)

(본문 84~86쪽)

21) "蓋古人由小學而進於大學, 其於灑掃應對進退之間, 持守堅定, 涵養純熟, 固已久矣. 是以大學之序, 特因小學已成之功, 而以格物致知爲始."(같은 책 권42「答胡廣仲」)

22) 소위 『朱子家禮』는 전통적으로는 주희가 편찬한 것이라고 하지만, 주희 자신이 직접 편찬한 것이 아니라고 생각하는 학자들도 있다. 여기서 『家禮』의 편찬자가 주희인지 아닌지는 그다지 중요하지 않다. 그리고 『朱子語類』 권107 「禮」 부분에 나오는 주희의 토막 발언은 주희를 『小學』의 편찬자로 볼 수 있게 해주는 근거가 되지 않을까 추측 해보지만 그 증거는 아직 미약하다. 주희의 가례 및 편찬자 문제에 대한 연구로는 Patricia Ebery, *Confucianism and Family Rituals in Imperial China*(Princeton University Press, 1991), Ch. 5 참조. 朱熹의 禮思想 나아가 『家禮』의 구조 및 南宋 복건 지방의 주자학 보급과 민중화라는 문제에 대한 연구 성과로는 코지마 츠요시小島毅, 『中國近世における禮の言說』(東京大學出版部, 1996)을 참조할 수 있다. 이 책에서 저자는 철학적 개념과 사상 연구에 편중되어온 주자학 연구의 한계를 돌파하는 하나의 방법으로서 주자학의 禮의 언설을 출발점으로 하여, 이데올로기로서의 주자학적 유교가 민중 사회에 침투해 들어가는 모습을 분석하고 있다.

23) "朝昏一俯仰, 歲月如慣川."(『朱熹集』 권1 「誦經」)

24) 주희가 쓴 방대한 양의 '學記', '書院記'는 주로 『朱熹集』 권77에서 권80에 거의 실려있다. 그 글들에서 주희는 주로 공부의 방법론, 공부의 순서, 학생으로서의 의무 등에 대해 논하고 있다. 그의 이 방면의 논설을 따로 체계적으로 분석하는 일도 의미 있는 작업이 될 것이라고 믿는다.

25) 경학의 역사 및 사서학의 역사에 관한 일반적인 서술로는, 청말의 금문파 경학자인 皮錫瑞의 『經學歷史』(중화서국, 1959)를 참고할 수 있다. 그 책은 周予同이 상세한 주를 달아서 출판했고 그 주석본의 우리말 번역이 잘 되어 있다. 皮錫瑞, 이홍진 옮김, 『中國經學史』(동화출판공사, 1984). 피

(본문 87~89쪽)

석서는 청말 금문경학의 계통에 속하는 중요한 경학자였다. 그의 학문에 관한 독립적 연구로는 吳仰湘, 『通經致用一代師: 皮錫瑞生平和思想硏究』(岳麓書社, 2002)가 최근에 중국에서 출판되었다. 그리고 최근에 중국에서 출판된 경학사 관계의 책으로는 陳克明, 『群經要義』와 吳雁南 外, 『中國經學史』가 참고 가치가 있다. 또 일본인의 저술로 오래된 것으로는 혼다 나리유키本田成之, 『中國經學史』(상해 서점출판사, 2001)가 있고, 카지 노부유키加地伸行, 『四書五經』(동양문고)은 간략하지만 매우 정리가 잘 된 안내서 역할을 한다. 주희의 사서학에 대한 단행본 연구로는 『송명이학』의 주편자 중의 한 사람으로서 송명 유학의 전둔가인 邱漢生의 『朱子集注硏究』라는 작은 책자가 있다. 그리고 주희의 경학 전반에 관한 개략적 소개로는 피석서의 주해본을 만든 周予同, 「朱熹之經學」(『주희』 제4장, 『周予同經學史論著選集』, 上海人民出版社, 1983)이 있다.

26) 『四庫全書總目提要』 卷35 「經部 四書類 1」(中華書局本), 292쪽.

27) "特其論說之詳, 自二程始. 定著四書之名則自朱子始耳. 原本首大學, 次論語, 次孟子, 次中庸. 書肆刊本以大學中庸篇帙無多, 幷爲一冊, 遂移中庸於論語前. 明代科擧命題又以作者先後, 移中庸於孟子前. 然非宏旨所關不必定復其舊也." (『四庫全書總目提要』 권35 「經部 四書類 1」, 293쪽)

28) "大學者, 大人之學也. 古之爲敎者, 有小子之學有大人之學. 小子之學, 灑掃應對進退之節, 詩書禮樂射御書數之文是也. 大人之學, 窮理·修身·齊家·治國·平天下之道是也. 此篇所記, 蓋大人之學, 故次大學名之." (『朱熹集』 권15 「經筵講義」)

29) 주자학의 정통주의 의식, 즉 도통론은 문헌적 근거로서 《사서》를 대단히 중요하게 생각한다. 그런 의미에서는 도학의 근본 경전은 《사서》라고 말해도 틀리지 않는다. 도통론의 본령은 《사서》와 그 저자들이 성인의 도를 구체적으로 전해 주었다는 신념에 근거하고 있다. 이 문제에 관해서는 본서의 제1장 「주희 문화론의 시각」에서 자세하게 다루었다. 그러나 도학에

(본문 90~92쪽)

대항하는 진량이나 엽적 등 남송 시대의 反道學的 사상가들은 주희 학파에서 주장하는 도학의 계보론, 즉 도통론이 문헌의 역사적 사실을 곡해하고 있으며, 특히 그들이 중시해 마지않는『대학』과『중용』,『맹자』로 이어지는 계보가 공자의 참정신을 계승한 정통이 될 수 없다는 논리로 도학의 도통론에 반대하고 있다. 이 문제에 대해서는 본서의 제4장「신유학 내부의 정체성 갈등」에서 다루고 있다. 필자의 글 이외에 참고가 될 수 있는 글로는 侯外廬 주편,『中國思想通史』(제4권 下冊 제15장 및 제16장)가 진량과 엽적에 대한 논의가 비교적 충실하다. 영어로는 Hoyt Tillman, *Utilitarian Confucianism: Chen Liang's Challenge to Chu Hsi*와 *Confucian Discourse and Chu Hsi's Ascendancy*(University of Hawaii Press, 1992)의 제6, 7장을 참조할 수 있다.

30) 朱熹,『四書集註』「讀大學法」.

31) "某要人先讀大學, 以定其規模. 次讀論語, 以立其根本. 次讀孟子, 以觀其發越. 次讀中庸, 以求古人之微妙處, 大學一篇有等級次第, 總作一處, 易曉, 宜先看. 論語却實, 但言語散見, 初看亦難. 孟子有感激興發人心之處. 中庸亦難讀, 看三書後, 方宜讀之."(『朱子語類』권14「대학 1, 강령」, 249쪽)

32) "學之之博, 未若知之之要. 知之之要, 未若行之之實."(같은 책 권13, 222쪽) 지식의 실천을 강조하는 주희의 주장은 나중에 양명학의 '지행합일'이나, 소위 실학의 실천주의와 비교해도 전혀 손색이 없다.

33) "學問須以大學爲先, 次論語, 次中庸. 中庸工夫密, 規模大."(『朱子語類』권14, 249쪽.) 이런 유의 발언은 도처에서 보인다. 특히『朱子語類』에는『대학』을 비롯한《사서》의 성격, 학문적 의미, 독서 방법, 의미 이해에 관한 수많은 문답이 실려 있다.『어류』에서 사서에 관한 대화의 양이 많다는 것은 그 문서의 중요성을 말해주는 것이면서, 동시에 당시 주희와 대화를 나눈 학인, 제자들이 주희 내지 주자학적 도학의 계통에서 특히 강조하는

(본문 92~94쪽)

《四書》의 의의를 충분히 납득하고 있지 못했기 때문이라고 역으로 읽을 수 있을 것이다. 《四書》, 특히 『大學』을 학문의 출발점으로 강조하는 학문적 입장은 당시로서는 주자학적 사상 체계의 전유물 내지 특징으로 여겨졌을 것이다.

34) 「大學章句序」

35) 《四書》에 관한 주희의 저술은 『朱子語類』의 문답을 제외하고도 『四書集註』, 『四書或問』 등 대단한 양에 이른다는 점에서도 주희의 경학 연구의 중심은 '사서학'이라고 불러도 결코 과언이 아니다. 그리고 그의 철학은 《四書》에 관한 주석의 형식을 띤 것뿐만 아니라, 《四書》에서 제기된 문제점을 둘러싸고 그것을 해명하는 과정을 통해 자신의 사상적 입장을 정리하고 있다는 점도 함께 고려되어야 한다. 그 예로, 주희 철학 사상의 3대 지주라고 말할 수 있는 '이기 문제', '심성 문제', '격물 문제' 중에서 '심성 문제'와 '격물 문제'는 직접적으로 《四書》에 근원을 두고 있는 문제라는 사실을 지적할 수 있다.

36) "論語孟子都是大學中底菜."(『朱子語類』 권19)

37) 『朱子語類』 권19 「論語 1, 語孟綱領」.

38) 위와 같음.

39) 위와 같음.

40) 『朱熹集』 권31 「答張敬夫」.

41) "學者觀書多走作者, 亦恐是根本上功夫未齊整"(只是以紛擾雜亂心去看, 不曾以湛然凝定心去看. 不若先涵養本原, 且將已熟底義理玩味, 待其浹洽, 然後去看書, 便自知.)(『朱子語類』 권11, 178쪽)

(본문 96~98쪽)

42) 그러나 육상산이 반드시 독서를 반대한다거나 무시하고 있다고 말하는 것도 옳지는 않다. 육상산은 주희식의 독서 제일주의를 비판할 뿐이며, 또 주희가 학문의 단계적 성장을 강조하여 독서의 순서를 엄격히 정립하려는 것과 달리 자유로운 독서를 중요하게 생각한다. 실상, 독서 문제에 관해서 주희와 육상산의 차이는 생각보다 그리 크지 않다고 생각된다. 그리고 주희와 육상산의 차이를 理學과 心學의 차이라고 강조하는 일반적 이해도 자세히 따져보면 지나치게 과장되었다는 생각도 든다. 그 두 사람의 차이는 격물 방법론의 차이 정도로 축소할 수 있을 뿐, 생각보다 크지 않다. 더구나 주희와 육상산의 만남과 토론 이후에 그 두 사람의 사상적 차이는 점차 축소되었고, 특히 理 자체의 이해 방식에 관해서는 두 사람의 거리는 처음부터 그다지 멀지 않았다고 생각된다. 주희와 육상산의 차이에 관한 전통적인 이해 방식은 그 두 사람의 차이를 과장할 경우에, 그 결과 주희와 육상산의 차이점과 특징을 부각시키기 위한 전략으로서는 충분히 의미가 있지만, 주희와 대비되는 육상산의 특징이 나중에 왕양명이 주장한 대로 양명학과 주자학의 차이를 염두에 두는 대비로서는 사상사적 맥락의 관점에서 적절하지 않다고 생각된다. 왕양명은 주자를 비판하기 위해 육상산과 주희의 근소한 뉘앙스의 차이를 과장했다는 생각이 든다. 좀 더 진지한 객관적 연구가 요망되는 영역이다.

43) "蓋不博則孤陋而無徵, 欲其博則又有此等雜駁之患."(『朱熹集』 권31 「답장경부」)

44) 『朱熹集』 권60 「답주명손」.

45) 『朱子語類』 권8~권11은 독서와 학문의 방법 문제에 대한 토론을 정리한 귀중한 자료이다. 같은 『朱子語類』 권104에도 학문 방법에 대한 주희와 제자들의 토론이 잘 정리되어 있다. 그리고 『朱熹集』이나 『四書集註』 등에서 나타나는 학문 방법론에 관한 주희의 언설이 모두 중요한 자료로 이용될 수 있다. 특히 『朱子語類』 권10~권11의 「讀書法」은 핵심 자료이다. 「독서지요」는 이 모든 자료를 총합적으로 개괄하는 내용을 담고 있다.

(본문 98~103쪽)

46) "曰, 然則其用力也乃何. 曰, 循序而漸進, 熟讀則精思, 可也."(『朱熹集』권74 「讀書之要」)

47) "字求其訓, 句索其旨, 未得乎前則不敢求其後, 未通乎此則不敢志乎彼. 如是循序而漸進焉, 則意定理明, 而無躁易凌躐之患矣. 是不惟讀書之法, 是乃措心之要, 尤始學者之不可不知也."(위와 같음)

48) "下學人事便是上達天理."(『四書集註』참조)

49) "若夫讀書, 則其不好之者固怠忽間斷而無所成矣, 其好之者又不免乎貪多而務廣, 往往未啓其端而遽已欲探其終, 未究乎此而忽已志在乎彼, 是以雖復終日勤勞, 不得休息而意緒匆匆, 常若有所奔趨迫逐, 而無從容涵泳之樂, 是又安能深信自得, 常久不厭, 以異於彼之怠忽間斷而無所成者哉. 孔子所謂欲速則不達, 孟子所謂進銳者退速, 正謂此也. 誠能鑒此而有以反之, 則心潛於一, 久而不移, 而所讀之書文意接連, 血脈通貫 自然漸浸浹洽, 心與理會, 而善之爲勸者深, 惡之爲戒者切矣. 此循序致精所以爲讀書之法也."(『朱熹集』권14「行宮便殿奏箚 2」, 547~548쪽)

50) "大抵觀書先須熟讀, 使其言皆若出於吾之口, 繼以精思, 使其意皆若出於吾之心, 然後可以有得爾. 至於文義有疑, 衆說紛錯, 則亦虛心靜慮, 勿遽取舍於其間, 先使一說爲一說, 而隨其意之所之, 以驗其通塞."(같은 책 권74 「讀書之要」)

51) "夫子說 '學而不思則罔, 思而不學則殆', 學便是讀. 讀了又思, 思了又讀, 自然有意. 若讀而不思, 又不知其意味. 思而不讀, 縱使曉得, 終是危危不安. 一似倩得人來守屋相似, 不是自家人, 終不屬自家使喚. 若讀得熟, 而又思得精, 自然心與理一, 永遠不忘."(『朱子語類』권10「讀書法 上」, 170쪽)

52) 같은 책, 167쪽.

(본문 103~108쪽)

53) 같은 책, 166쪽.

54) "學問之道無他, 求其放心而已矣."(『孟子』「公孫丑上」)

55) "致精之本, 則在於心."(『朱熹集』권14「奏箚 2」)

56) "大抵讀書先且虛心考其文詞指意所歸, 然後可以要其義理之所在. 近見學者多是先立其見, 不問經文向背之勢, 而橫以義理加之. 其說雖不悖理, 然非經文本意也. 如此則但據已見自爲一書亦可, 何必讀古聖賢之書哉."(『朱喜集』권64「답혹인 4」, 3387쪽)

57) "所以讀書, 正恐吾之所見未必是而求正於彼耳. 惟其闕文斷簡, 名器物色, 有不可考者, 則無可奈何. 其他在義理中可推而得者, 切須字字句句反復消詳, 不可草草說過也."(위와 같음)

58) 주희는 인간의 본성이 선한가 악한가 하는 문제를 논하면서, 맹자의 입장과 순자의 입장을 종합하는 이론을 구상했다. 그의 종합은 '氣質之性'이라는 인간의 현실성을 검토하는 데에서 잘 드러난다. 주희 인성론의 종합적 성격에 대한 논의는 이미 여러 문헌에 의해 충분히 제시되어 있다. 최근에 맹자의 성선설에 대한 연구로 주목할 만한 것은 楊澤波, 『孟子性善論硏究』(북경: 사회과학출판사, 1995) 참조. 그리고 주희의 '기질지성'에 대한 수많은 연구 중에서 陳來, 『朱熹哲學硏究』, 특히 131~150쪽을 참조. 본서의 제3장「이단 종교 비판과 유교 정체성」에서는 도교 사상과의 교차점이라는 관점에서 주희의 생각을 살피고 있다.

59) 『朱喜集』권50「答程正思」.

60) "程子又恐只管靜去, 須與事物不相交涉, 却說箇敬云, 敬則自虛靜. 須是如此做工夫."(『朱子語類』권94, 2385쪽)

(본문 108~110쪽)

61) "問, 周先生說靜, 與程先生說敬, 義則同, 而其意似有異."(같은 책, 2386쪽)

62) "曰, 程子是怕人理會不得他靜字意, 便似坐禪入定. 周子之說是無欲故靜, 其意大抵以靜爲主, 如禮先而樂後."(위와 같음.)

63) "濂溪言主靜, 靜字只好作敬字看, 故又言無欲故靜."(같은 책, 2385쪽)

64) 송명 이학의 전체 역사에서 靜과 敬은 미묘한 갈등과 결합을 동시에 보여주고 있다. 성리학의 전개 과정에서 보여지는 主敬과 主靜의 대립적 논리에 대해서는 간단하기는 하지만, 姜廣輝, 「主靜與主敬」, 『理學與中國文化』(上海人民出版社, 1994), 324~347쪽에서 이 문제에 대한 조감을 제시해주고 있다. 錢穆은 『朱子新學案』의 서론인 「朱子學提綱」 16~17절, 98~109쪽에서 敬과 靜의 문제를 요약하고 있다. 또 『朱子新學案』의 26~27장은 敬과 靜에 관한 주희의 방대한 언설을 정리하고 있어서 주희의 입장을 일목요연하게 살피는 데 도움이 된다.

65) 『二程集』 권24 「二程遺書」.

66) 학문과 수양을 수단과 목표 내지는 일체적 연속 관계로 이해하는 것은 유교 사유 체계의 기본 입장으로서, 그 유명한 『荀子』 「勸學篇」에서의 학문과 수양에 대한 아름다운 문장을 떠올릴 수 있다. 도교적 사상을 대표하는 저작들이 거의 예외 없이 '道'에 관한 언설을 冒頭에 놓는 것(『老子』, 『淮南子』, 『文子』, 『포박자』 등 참조)과 대조적으로 유교적 사유를 대표하는 저술은 그 '學'의 논의로 첫머리를 장식하는 문체상의 특징에 주의하는 것도 재미있다.

67) 『朱子語類』 권12.

68) "程朱開聖門之庭, 只主敬窮理, 便教學者有入處."(황종희, 『明儒學案』 「崇

(본문 110~113쪽)

仁學案」)

69) "聖門要旨, 只在修己以敬. 敬也者, 良知之精明, 不雜以塵俗也."(같은 책「江右王門學案」)

70) "學者無窮工夫, 心之一者乃大總括. 心有無窮工夫, 敬之一者乃大總括."(같은 책「東林學案」)

71) "讀書固不可廢, 然亦須以主敬立志爲先, 方可就此田地上推尋義理, 見諸行事. 若平居泛然, 略無存養之功, 又無實踐之志, 而但欲曉解文義, 說得分明, 則雖盡通諸經, 不錯一字, 亦何所益?"(『朱熹集』 권50 「답정중례」, 2445쪽)

72) 주희의 科擧 비판론과 당시 학문의 상황에 대한 비판을 비교적 자세히 다룬 글로는 Gardner, "Transmitting the Way", *Harvard Journal of Asiatic Studies*, 49-1(1989) 참조.

제3장 이단 종교 비판과 유교 정체성〔본문 113~155쪽〕

1) 송대 신유학의 성립에 대해서는 이미 수많은 연구 성과가 있다. 그러나 과거의 연구 관심은 명나라 이후 정통 사상의 지위에 오른 주자학이 성숙해 가는 전 단계적 사상 전개라는 측면에 너무 치중한 나머지, 주희 사상을 결과로 보고 북송의 다양한 사상 경향을 주희 사상을 만들기 위한 전제로만 소급적으로 이해하는 주자학 중심주의가 지배적이었다. 그러한 관점의 한계로 인하여 북송 초기와 중기에 발생한 전반적인 사상 운동이었던 신유학의 성립에 관련된 종합적인 연구는 그다지 많지 않다. 북송 시대에 있어 신유학의 성립 과정에 주목하는 성과로는 미국 하버드대학의 Peter Bol, *This Culture of Ours: Cultural Transition from T'ang to Song*(Harvard University Press, 1992)은 매우 유용하다. 그 밖에 일본 학자들에 의한 개

(본문 113~114쪽)

설적인 연구서가 있으며, 현대 신유가의 주창자 중 한 사람인 牟宗三,『心體與性體』(臺北 正中出版社, 1969)는 고전적인 연구서로 꼽히지만, 역시 주자학 중심주의를 벗어나지 못한다. 최근 대륙에서 나온 徐洪興의『思想的轉型—理學發生過程硏究』는 北宋期의 理學 형성 과정에 중점을 두는 연구로서 참고할 가치가 있다.

2) 송대에 있어 도교의 재조직과 발전 양상에 특별히 초점을 맞추는 연구 성과는 유럽, 특히 미주의 도교 연구자들에 의해 속속 등장하고 있다. 그리고 일본의 아카츠키 칸에이秋月觀暎에 의한 淨明道 교파의 연구, 쿠보 노리타다窪德忠에 의한 全眞敎 교파의 연구 등은 비교적 초기의 연구에 속하고, 최근의 연구 동향은 도장 문헌을 중심으로 하는 도교 문헌의 연구를 포괄하면서 지방지, 그리고 현지 조사의 경험을 종합하는 포괄적 관점을 활용하고자 하는 특징을 보이고 있다. 대만의 金中樞의 북송말 도교의 발전 추이에 관한 연구, 대륙의 사천 대학을 중심으로 하는 도교 연구자 그룹의 집체 작품인 卿希泰 主編,『中國道敎史』전4권(四川人民出版社, 1990~1994)은 미국의 Judith M. Boltz, *A Survey of Taoist Literature: Tenth to Seventeenth Centuries*(Berkely, 1987)와 함께 앞으로의 중국 근세 도교 연구에 출발점이 될 것이다.

3) 역사적으로 주자학은 유교의 얼굴을 한 도교·불교라는 비판을 받아왔다. 특히 명말의 氣 철학자 羅欽順, 王廷相의 주자학 비판은 대표적이고, 淸代에 朱子學을 공격하는 논자들도 주자학의 실질이 도교 내지 불교라고 비판하고 있다. 그러나 한 사람의 사상가를 이해함에 있어, 그의 사상이 어떠한 영향을 흡수했는가 하는 외향적 접근법은 그 사상의 형성 과정을 이해하기 위한 기초적 단계일 수는 있어도 사상의 내용과 의도를 이해하는 데에는 직접적으로 큰 의의를 가지지 못하는 경우가 많다는 사실을 잊어서는 안 될 것이다. 한 사상가의 사상을 이해하고자 할 때 중요한 것은 그가 어떤 사상의 영향을 받았는가가 아니라, 그가 어떠한 의도를 가지고 과거의 사상과 대면했는가 하는 '내면적 지향 및 사상의 의도'를 이해하는 일이다. 물론 주회라는 거대한 사상 체계를 지닌 사상가의 사상적 지향 전반을 구

(본문 114~116쪽)

제 삼은 경우에, 방법적 절차의 하나로서 그 사상의 형성을 촉진했던 '외부적 영향'의 구체적 모습을 검토해보는 일은 결코 무의미한 노력은 아닐 것이다. 사상가로서의 주희의 역사적 임무는 중국 문화의 정신을 회복하는 것이었으며, 그것이야말로 그의 사상에 내재한 '내면적 지향' 또는 그의 사상의 '내면적 의도'였다. 그러한 그의 사상적 의도는 무엇보다도 '道統論'을 통해 분명한 형태를 띠고 나타난다. 주희는 한유에서 시작되어 정이천으로 이어지는 '도통'의 관점을 정리하여 그것을 자기의 사상적 지향의 중심에 위치시킨다. 이 문제에 대한 자세한 분석은 본서의 제1장 참조.

4) 주희의 도통론이 한유에서 시작되는 '신'유학적 사유를 계승한 것은 사실이지만, 주희는 도통의 계보를 논하면서 한유를 그 계보에서 제외시켰다. 그 이유는 한유의 사상적 결함 때문이다. 주희의 도통론은 직접적으로는 정이천에서 나온 것이었으며, 정이천 역시 한유를 도통의 계보에서 배제했다. 자세한 것은 본서의 제1장 「주희 문화론의 시각」 참조. 한유의 도통론 자체에 대해서는 스에오카 미노루末岡實, 「唐代 '道統論' 小考―韓愈お中心として」, 『북해도대학문학부기요』 36-1(1988)을 참조할 수 있다.

5) "經所以載道也. 器所以適用也. 學經而不知道, 治器而不適用, 奚益哉." (『二程集』 권6 「二程遺書」)

6) "經者載道之器, 須明其用." (위와 같음)

7) 張立文 主編, 『道』(人民大學, 1989), 167~169쪽 참조.

8) 『二程集』 「河南程氏遺書」, 5~6쪽.

9) 제1장에서 살펴보았던 것처럼, 주희는 정이천의 도통론과 도론, 즉 성인의 '도'가 유교 경전에 표현되어 있다고 보는 관점을 계승하며, 이단을 비판하기 위한 전략으로 그러한 관점을 이용했다. 주희의 주장에 따르면, 맹자 이후에 단절된 중국 문화의 정신은 천 수백 년의 암흑 속에 파묻혀버리고 말

(본문 117쪽)

았다. 중국 문명의 암흑을 틈타 불교와 도교라는 이단 사상이 중국 지식인의 정신을 파괴하고, 중국 민중의 어리석음을 조장했고, 그 결과 성인의 가르침은 그 형체가 희미해지고 말았다. 그러나 북송의 정이천, 정명도 두 선생이 나타나면서 잊혀진 성인의 가르침을 회복했다. 그 이후로 유교의 진리(道)는 다시 서상에 드러나고 참된 중국 정신의 발전이 가능해졌다. 이것이 주희 도통론의 요점이다. 주희의 도통론은 그의 믄집 여러 곳에서 표현되고 있다. 그리고 「中庸章句序」 및 「癸未垂拱奏札 1」(『朱熹集』 권26)에 그의 도통론이 비교적 잘 정리되어 있다. 후자의 주찰, 즉 상주문의 도통론은 전자의 서문에 비해서는 도의 계승이라는 측면이 약하지만, 주희의 학문론, 공부론과 관련하여 도통론적 사고의 중요성을 일깨워주는 중요한 글이라고 보여진다. 주희의 도통론과 그의 사상적 계승 관계에 대해서는 본서의 제1장 「주희 문화론의 시각」 참조. 그리고 도통론에 입각한 그의 학문관에 대해서는 제2장 「주희의 학문관과 문화 정체성」 참조.

10) 주희는 도교라는 명칭과 도가 또는 노장이라는 명칭을 큰 구별 없이 사용한다. 그리고 서양의 중국학에서 흔히 사용되는 '종교적 도교religious taoism=도교', '철학적 도교philosophical taoism=도가'라는 구분은 적어도 중국인들의 용법상 무의미한 구별이라고 보아야 한다. 근대 이전에는 敎를 종교, 家(또는 學)를 철학이라고 구분하는 사고는 존재하지 않았다. 敎를 붙이면 종교이고 學 내지 家를 붙이면 철학이라는 선입견은 서양적 근대를 수입한 이후 형성된 이분법에 근거한다. 더구나 철학적 사상 학파로서 道家와 종교적 미신으로서 道敎를 단절된 것으로 판단하여, 도가라는 명칭과 도교라는 명칭의 분리를 과도하게 강조하는 것은 옳지 않다. 서양의 중국학이 사상 내용의 해명에 몰두하던 때에 널리 유행했던 분리론적 입장은 최근의 도장 문헌의 직접적 연구의 발전에 의해 상당 부분 극복되었다고 볼 수 있다. 그러나 오히려 한국의 학계는 여전히 그 두 개념을 분리하려는 과거의 관성에서 벗어나지 못하고 있는 느낌이 든다. 최근 서양의 도교학의 수준을 단적으로 보여주는 연구서로는, 출판된 지 이미 15년이 지난 오래된 작품이지만, Kristofer Schipper, *Le Corps Taoist*(Fayard, 1982)가 대표적이다. 특히 도교의 명칭과 관련해서는

(본문 117~118쪽)

Nathan Sivin, "On the Word 'Taoist' as a Source of Perplexity", *History of Religions* 17(1978) 참조. 도교와 도가의 용어 문제에 대한 일본의 도교 학계의 입장을 이해하기 위해서는 사카이 타다오酒井忠夫 編, 『道教 1, 道教とは何か』(平河出版社, 1983), 제1장 참조. 주희의 老佛 비판과 관련된 핵심 자료는 『朱子語類』 권125~126이다. 특히 '권125'는 도교에 관한 專論이며, '권126'의 전반부에서도 '佛老'가 병칭되면서 거론되고 있다.

11) 주희의 생활환경과 도교의 관계에 대한 조감을 얻기 위해서는 미우라 쿠니오三浦國雄, 『朱子』(講談社, 1979), 특히 부록의 '연표' 참조. 그리고 최근 중국에서 출판된 束景南, 『朱子大全』(福建教育出版社, 1992)은 주희의 전기 내지 평전으로서 방대한 자료를 담고 있다. 특히 제3장은 그의 이단 사상과의 교류를 다루고 있다.

12) 『朱熹集』 권9 「武夷精舍雜詠」 참조.

13) "老子之術, 謙沖儉嗇, 全不肯役精神."(『朱子語類』 권125, 2986쪽)

14) "老子之術, 須自家占得十分隱便, 方肯做; 才有一毫於己不便, 便不肯做."(위와 같음)

15) "老子之學, 大抵以虛靜無爲, 沖退自守爲事. 故其爲說, 常以懦弱謙下爲表, 以空虛不毀萬物爲實."(위와 같음)

16) "今觀老子書, 自有許多說話, 人如何不愛."(같은 책, 2987쪽)

17) 老子의 靜 위주의 修養論에 대한 주희의 비판은 대단히 미묘하면서도 중요한 문제였다. 주희는 도가적 수양론이 소극적 방향에 치중함으로써 적극적인 인간의 의지와 선한 행동의 가능성을 전적으로 배제하고 있다는 반성에서, 靜과 動을 포괄하는 敬 관념을 내세워 수양론의 새로운 방향을

(본문 119~120쪽)

제시하고자 했다. 이것이 바로 주희 수양론에 있어 핵심 문제인 '主敬'의 논리이다. 자세한 내용은「태극도설」(『朱子語類』권94)에 관한 논변에서 집중적으로 다루어진다. 필자는 본서의 제2장「주희의 학문관과 문화 정체성」에서 이 문제를 자세히 다루었다. 그리고 도가적 수양론과 유교적 수양론의 근본 방향이 다르다는 것을 지적하면서 유교 수양론의 철학적 기초를 확립하고자 했던 熊十力의『明心篇』은 소위 신유가의 수양론을 웅변적으로 보여주는 중요한 저작이다. 이 글은 중화서국에서 나온『웅십력 전집』2권에 실려 있다.

18) "曰: 老子是出人理之外, 不好聲, 不好色, 又不做官, 然害倫理. 鄕原猶在人倫中, 只是箇無見識底好人."(『朱子語類』권125, 2988쪽)

19) 주희가 여기서 노자를 인륜 질서 바깥에 위치하고 있다고 평한 것은 불교와의 관계에서 볼 때 약간 문제가 있다. 그러나 여기서의 발언은 도교와 유교를 대비시키는 한에서 그렇다는 것으로 이해해야 할 것이다. 나중에 보게 되겠지만, 불교에 비해 도교는 훨씬 중국적 인륜성과 사회성의 기준에 더 가깝다고 평가한다.

20) "問: 先儒論老子, 多爲之超脫, 云老子乃矯時之說. 以某觀之, 不是矯時, 只是不見實理, 故不知禮樂刑政之所出, 而欲去之."(같은 책, 2990쪽)

21) "故失道而後德, 失德而後仁, 失仁而後義, 失義而後禮, 夫禮者, 忠信之薄, 而亂之首."(『노자』, 38장)

22) 陳淳,『北溪性理字義』, 15 참조. 진순은 주희의 高足으로서 주자학의 개념 사전『北溪性理字義』(간단히 줄여『북계자의』혹은『성리자의』라고도 부른다)의 편찬자이다. 진순과『북계성리자의』에 대해서는 한국어 번역논(김영민 옮김, 예문서원, 1993)이 있고, 그 해설로 실린 陳榮捷의 서론을 참조할 수 있다.『북계자의』의 원문 표점본은 중화서국본을 참조하였다. 영어 번역본에는 진영첩의 해설이 실려 있고 김영민의 한글 번역본에 번역

(본문 121~122쪽)

되어 있다. Wing-tsit Chan, *Neo-confucian Terms Explained*(Columbia University Press, 1986) 참조.

23) 『朱子語類』 권125, 2991쪽. 주희는 장자의 자질은 일단 높이 평가한다.("莊周這箇大秀才") 그러나 그의 황당한 사상은 楊朱 사상과 함께 無君無父의 사상으로서 孟子의 배척을 받았다는 사실을 지적한다.("列莊本楊朱之學." "故孟子以爲無君, 此類是也.")

24) "儒教自開闢以來, 二帝三王述天理, 順人心, 治世教民, 厚典庸禮之道. 後世聖賢遂著書立言, 以示後世, 及世之衰亂, 方外之士厭一世之紛拏, 畏一身之禍害, 耽空寂以求全身於亂世而已. 及老子倡其端, 而列禦寇莊周楊朱之道和之. 孟子嘗闢之以爲無父無君, 比之禽獸. 然其言易入, 其教易行. 當漢之初, 時君世主皆信其說, 而民亦化之. 雖以蕭何曹參汲黯太史談輩亦皆主之, 以爲眞足以先於六經, 治世者不可以莫之尙也. 及後漢以來, 米賊張陵, 海島寇謙之徒, 遂爲盜賊. 曹操以兵取陽平, 陵之孫魯卽納降疑, 可見其虛繆不足稽矣."(같은 책, 2993쪽)

25) 도교의 출현을 언제로 볼 것인가, 이것 자체가 커다란 학문적 논쟁거리의 하나이다. 대체적인 경향으로 본다면, 유럽의 중국학에서는 정식으로 도교 교단이나 명칭이 출현하기 이전부터 '도교적' 신념과 실천이 존재하는 것을 이미 도교라는 종교의 표지로 본다.(Kristofer Schipper, Isabelle Robinet 등) 중국이나 일본의 학계에서는 후한 시대의 천사도와 오두미도의 출현을 정식 도교의 출현이라고 보는 경향이 강하지만(大淵忍爾, 窪德忠, 卿希泰 등) 최근에 와서는 다른 종교와 구별되는 것으로서 도교 명칭을 자각적으로 사용하기 시작한 위진 남북조의 도교 운동에서 도교의 진정한 출발을 인정할 수 있다는 입장(小林正美)이 제기되고 있다. 도교 개념이 너무 느슨하게 사용됨으로서 불교, 유교 등 다른 종교 전통과의 관계가 모호해지기 때문에 엄격하게 도교의 주체적 定位가 수립되는 것을 도교의 시작으로 보아야 한다는 입장이라 할 수 있다. 거꾸로, 엄격한 주체적 자기 정립이라는 것을 종교 성립의 지표로 보고자 하는 입장 자체

(본문 122~123쪽)

를 중국 종교를 연구하는 데 있어 적합하지 않은 관점이라고 보는 입장에서는 고대 중국에서의 '도교적' 신념과 실천의 존재에서 도교의 출발을 보는 관점을 제기하기도 한다.(蕭登福) 필자는 개인적으로 도교의 존재를 교단적 조직과 엄격한 교리 체계의 정비에서 찾는 관점은 종교를 이론적이고 교리적인 전통에 한정해서 보려고 하는 비중국적 종교 이해의 영향을 벗어나지 못한 태도라고 보는 데 동의한다. 나아가, 고대 도가는 세련된 신비주의적 철학이지만, 도교는 타락한 민중적 미신이라고 보는 통속적 도교 이해는 마땅히 극복되어야 한다. 보통 우리는 道家와 道敎를 분리시키면서 道家는 순수한 철학, 道敎는 종교적 실천이라고 보는 지적 관행을 가지고 있다. 그러나 도가와 도교의 구분은 성립할 수 없다.

26) 天師道를 米賊이라고 평가하는 입장은 유교적 역사관의 전형적인 偏見이라고 볼 수도 있다. 중국의 정통 역사서는 도교에 대해 대단한 편견을 가지고 있었고 주희의 도교 이해 역시 동일한 편견을 공유하는 면이 있다. 天師道를 五斗米道라고 부르는 이유는 그들의 종교 행위, 특히 그들의 종교 의례 및 그들이 처한 사회적·경제적 상황과 깊은 관련이 있을 것이라는 추측을 해본다. 외부자는 그 내용을 자세히 이해하지 못했기 때문에, 단지 신자들이 쌀을 바친다는 면만을 보고, 그들이 민중의 수탈자라는 성급한 판단을 내리는 역사적 편견을 낳게 되었을 것이다.

27) "老氏初只是淸淨無爲. 淸淨無爲, 却帶得長生不死. 後來却只說得長生不死一項. 如今恰成箇巫祝, 專只理會厭禳祈禱. 這自經兩節變了."(같은 책, 3005쪽)

28) 현재의 많은 도교 연구자들도 도교를 크게 神仙道敎와 符籙道敎라는 두 범주로 나누어 설명하려는 경향이 있다. 그러나 그 분류는 단순화를 위해서는 일단 수긍할 수도 있지만, 과연 도교의 역사에서 그 두 경향이 실제로 따로따로 존재한 적이 있는지는 의문이다. 어쨌든 도교의 성립에 있어 巫祝文化와의 결합이 중요한 계기가 되었다는 점은 결코 부정할 수 없는 사실이다. 道와 巫의 상호 흡수와 배척이라는 양상이 도교사 전체를 이해

(본문 123~124쪽)

하는 중요한 포인트가 된다는 점을 지적해두고 싶다. 이 문제를 좀 더 깊이 이해하기 위해서는 Schipper, 같은 책, 그리고 葛兆光, 『道教與中國文化』(상해인민출판사, 1987)를 참고해야 할 것이다. 그리고 특히 남송에 있어 도교 및 민중 신앙의 실태를 본격적으로 연구한 Valery Hansen, *Changing Gods in Medieval China, 1127~1276*(Princeton University Press, 1990)은 중국 강남 지역의 지방지와 문집, 특히 『夷堅志』등의 필기 소설류를 폭넓게 이용하여 당시 민중의 종교 문화를 탐구한 대단히 성공적인 연구이다. 아울러 복건 지방의 민중 신앙과 도교의 연관에 대해 연구한 Kenneth Dean, *Taoism and Popular Cults in Southeast China*(Princeton University Press, 1993)도 참조할 수 있다.

29) 송대의 뇌법의 형성과 발전의 양상을 이해하는 것은 곧 송대의 신도교 교단의 형성과 발전을 이해하는 것과 연결된다. 당시의 중요한 신도교 교단의 하나인 淨明道 교단에 대한 연구로는 아키츠키 칸에이秋月觀暎의 연구가 포괄적이며, 葛兆光의 연구 역시 도움이 된다. 뇌법 전체를 간략히 개괄하는 논문으로는 마츠모토 코이치松本浩一, 「宋代の雷法」, 『사회문화사』 17호(1979)가 있다. 현재의 道藏 문헌 안에는 송대에 실행된 뇌법의 의례 이론과 방법을 전해주는 다양한 道派의 雷法儀禮를 집대성한 귀중한 문헌이 여럿 있다. 그중에서도 가장 중요한 문헌 집성은 263권으로 구성된 金允中 編, 『道法會元』이라는 제목을 가진 문헌이다. 이것은 송대 도교의 다양한 성격을 이해하기 위해서 반드시 살펴보아야 할 기본 문헌이다. 필자는 오랫동안 宋代의 지역적 도교 道派의 형성과 그들의 종교 의례에 관심을 가져왔다. 이 문제는 차후의 연구 과제로 남겨둔다.

30) "如佛經本自遠方外國來, 故語音差異, 有許多差異字. 人都理會不得, 他便撰許多符呪, 千般萬樣, 教人理會不得, 極是陋."(『朱子語類』 권125, 2991쪽)

31) "今極卑陋是道士, 許多說話全亂道."(위와 같음)

(본문 124~127쪽)

32) 도교적 호흡법과 내단 수련에 대한 주희의 관심은 이미 잘 알려져 있다. 그 문제에 관한 미우라 쿠니오三浦國雄,「朱子と呼吸」은 최근에 유교 및 주자학과 도교 관련 논문을 함께 묶은 문집에 수록되어 있다.(『朱子と氣と身體』, 平凡社, 1997) 수양의 궁극적 목표에 대한 입장은 전혀 다르지만, 주희는 『주역참동계』를 주석하는 등 도교의 수련 방법 그 자체를 도교의 종교적 실천과 분리시켜 호감을 보이고 있다. 중국에서는 五代末 이후 도교 內丹修鍊法이 도교의 의례 및 신앙과 분리되어 일반 사대부의 수양 방법의 하나로 각광을 받았다는 사실을 고려하면, 내단 수련법에 대해 주희가 관심을 가졌던 것은 오히려 자연스러운 현상이다.

33) "古亦有釋氏, 盛時尙只是崇設像教, 其害至小. 今日之風, 便先言性命道德, 先驅了知者 才愈高明, 則陷溺愈深."(『二程集』「河南程氏遺書」권2上)

34) "今異教之害, 道家之說則更沒可闢, 唯釋氏之說衍蔓迷溺至深. 今日是釋氏盛而道家蕭索. 方其盛時, 天下之士往往自從其學, 自難與其力爭. 惟當自明吾理, 吾理目立則彼不必與爭."(위와 같음)

35) "如道家之說, 其害終小, 唯佛學, 今則人人談之, 彌漫滔天, 其害無涯."(위와 같음)

36) "佛氏之空, 與老氏之無何以異." "老莊禪佛之害."(『朱子語類』권126, 3012쪽)

37) "老氏依舊有, 如所謂無欲觀其妙, 有欲觀其徼, 是也. 若釋氏則以天地爲幻妄, 以四大爲假合, 則是全無也."(위와 같음)

38) "禪學最害道. 莊老於義理絶滅猶未盡. 佛則人倫已壞. 至禪, 則又從頭將許多義理埽滅無餘 以此言之, 禪最爲害之深者."(같은 책 3014쪽)

(본문 127~129쪽)

39) "莊老絶滅義理, 未盡至. 佛則人倫滅盡, 至禪則義理滅盡. 佛初入中國, 只說修行, 未有許多禪底說話."(같은 책, 3012쪽)

40) "佛老之學, 不待深辯而明. 只是廢三綱五常, 這一事而是極大罪明. 其他經不消說."(같은 책, 3014쪽)

41) 불교가 과연 윤리적 존재로서의 인간을 완전히 부정하느냐 하는 것은 여전히 따져야 할 문제이다. 어쨌든 주희도 비판하는 것처럼 불교의 근본 교리라고 할 수 있는 공의 이론은 현실 존재의 궁극적 실재성을 부정하고 현 존재를 假相이라고 보는 점에서, 유교의 實有論과 부딪칠 수밖에 없는 성격이 있음을 부정할 수는 없다. 불교가 중국에 정착하는 과정에서 유교의 윤리적 측면과 충돌을 회피하기 위해, 綱常倫理를 가르치는 많은 僞經이 불교 측에서 저술된 사실을 본다면, 불교를 반대하는 유교 측의 주장이 어느 정도는 설득력이 있다고도 볼 수 있다. 그러한 사정은 도교에서도 마찬가지로서, 도교는 한편으로는 양생을 통한 초현실적 신선을 가르치면서, 한편으로는 그 신선이 되기 위한 전제로서 윤리적 행위의 우선성을 강조하는 묘한 논리를 주장한다. 대표적인 연구로 불교 방면으로는 K. Chen, *Buddhist Transformation in Chinese Society*(Princeton University Press, 1969)를 참조할 수 있고, 도교 영역에서는 사카이 타다오酒井忠夫, 『中國善書の硏究』(國書刊行會, 1960)가 빼놓을 수 없는 중요한 연구 성과이다.

42) "釋言空, 儒言實. 釋言無, 儒言有."(『朱子語類』 권126, 3015쪽)

43) 여영시의 이 문장은 신유교의 근본 정신을 가장 적절하게 표현하고 있는 것으로, 신유교 이해의 하나의 표준이라고 볼 수 있을 것이다. 余英時, 『士與中國文化』(上海人民出版社, 1987) 493쪽.

44) "道是統名, 理是細目."(『朱子語類』 권3, 99쪽)

(본문 129~134쪽)

45) "欲說道中條理具, 又將理字別其名."(『朱熹集』「주희외집」권1 '訓蒙絶句', 5731쪽)

46) 陳淳, 『性理字義』16「理」.

47) "道訓路, 大槪說人所共由之路. 理各有條理界瓣."(『朱子語類』권3, 99쪽)

48) "道字宏大, 理字精密."(위와 같음)

49) 주희의 중국 문화 정통론, 즉 도통론은 그의 '道=理' 이해 그리고 理와 氣 사이의 관계 문제, 나아가 심성론에 있어서 도교, 불교 비판과 직결되고 있다.

50) 陳淳, 같은 책 15「道」.

51) 위와 같음.

52) 위와 같음.

53) "道有行乎天地之間, 無所不在, 無物不有, 無一處缺入."(위와 같음)

54) "太極只是天地萬物之理. 在天地言, 則天地中有太極: 在萬物言, 則萬物中各有太極. 未有天地之先, 畢竟是先有此理. 動而生陽, 亦只是理, 靜而生陰, 亦只是理."(『朱子語類』권1, 1쪽)

55) "太極只是一箇理字."(같은 책, 2쪽)

56) "天得之以爲天, 地得之以爲地, 而凡生于天地之間者, 又各得之以爲性."(『朱熹集』「讀大紀」)

(본문 134~138쪽)

57) "未有天地之先, 畢竟也只是理. 有此理, 便有此天地; 若無此理, 便亦無天地, 無人無物, 都無該載了. 有理, 便有氣流行, 發育萬物."(『朱子語類』권1, 1쪽)

58) "且如萬一山河大地都陷了, 畢竟理却只在這裏."(위와 같음)

59) "天得一以淸, 地得一以寧, 神得一以靈, 谷得一以盈, 萬物得一以生, 侯王得一以爲天下正."(『老子』39장) 여기서 一은 道를 가리킨다.

60) "道生一, 一生二, 二生三, 三生萬物. 萬物負陰而抱陽, 冲氣而爲和."(『老子』42장)

61) "天不得不高, 地不得不廣, 萬物不得不昌, 此其道與."(『장자』「知北遊」)

62) "夫道, 自本自根, 未有天地, 自古以固存, 神鬼神帝, 生天生地, 在太極之先而不爲高, 在六極之下而不爲深, 先天地生而不爲久, 長於上古而不爲老."(같은 책「大宗師」)

63) "天地之先, 元氣而已矣. 元氣之上無物, 故元氣爲道之本."(王廷相,『雅述』上)

64) 위와 같음.

65) "若理, 則只是個淨潔空闊底世界, 無形迹, 他却不會造作. 氣則能醞釀凝聚生物也. 但有此氣, 則理便在其中."(『朱子語類』권1, 3쪽)

66) "只此氣凝聚處, 理便在其中. 且如天地間人物草木禽獸, 其生也莫不有種, 定不會無種子白地生出一箇物事, 這箇都是氣."(위와 같음)

67) "萬物皆種也."(『莊子』「寓言」)

(본문 139~141쪽)

68) 같은 책 「知樂」.

69) 『老子』 제42장.

70) "人之生氣之聚也. 聚則爲生, 散則爲死."(『莊子』「知北遊」)

71) "故萬物一也, 是其所美者爲神奇, 其所惡者爲臭腐. 臭腐復化爲神奇, 神奇復化爲臭腐. 故曰, 通天下一氣耳."(위와 같음)

72) "天下未有無理之氣, 亦未有無氣之理."(『朱子語類』 권1, 2쪽)

73) "理未嘗離乎氣."(같은 책, 3쪽)

74) "如陰陽五行錯綜不失條緖, 便是理. 若氣不結聚時, 理亦無所附著."(위와 같음)

75) 『朱子語類』 권6, 100쪽.

76) 주희는 理와 氣를 '있다' 내지는 '없다'라는 표현을 써서 설명하기 때문에 그 둘을 '실체적'으로 존재하는 무엇이라고 볼 수 있는 소지가 있다. 그러나 理와 氣는 결코 어떤 구체적인 사물로서 존재하는 것이 아니다. 중국적 '理氣論'은 존재하는 모든 것을 설명하는 개념적 체계일 뿐이다. 우리는 그것을 '기호' 체계라고 이해한다. 여기서 '기호'란 그 개념을 사용하는 사람들 내부에서 약속에 의해 의미를 가지는 어떤 것이라는 의미이다. 그러한 기호는 그 기호를 공유하는 사람들 사이에서만 의미 전달력을 가진다. 이기론은 이미 현대 한국인들의 언어 기호 속에서 거의 의미를 가지지 못한다. 다시 말해서 일상적 의미 전달력을 가지고 있지 못하다. 따라서 이와 기를 의미 있는 기호로 보여주기 위해서는 그 개념이 기능하던 맥락을 이해하고 다시 그것을 현대적인 개념으로 번역할 필요가 있다. 한편 氣와 理는 어느 정도는 일상어에서 스며들어 있다. 따라서 완

(본문 142~144쪽)

전히 외국어인 것처럼 번역하는 것도 어색하다. 전통 철학, 사상의 현대화를 위해 해결해야 할 딜레마이다. 일단 理와 氣를 실체가 아니라, 다른 무엇을 말하기 위해 유가 지식인들이 즐겨 사용하던 기호라고 보는 관점에서 출발해야 할 것이다.

77) 『莊子』「知北遊」.

78) 같은 책 「則陽」.

79) 같은 책 「漁夫」.

80) "理與氣本無先後之可言. 但推上去時, 却如理在先, 氣在後相似."(『朱子語類』 권1, 3쪽)

81) "都是陰陽, 無物不是陰陽."(같은 책 권65, 1604쪽)

82) 일본 경도대학의 야마다 케이지 山田慶兒는 자연학자(과학자)로서의 주희가 철저하게 氣 중심적 사상을 가지고 있었다는 사실을 밝힌 후에, '자연학에서 인간학으로' 전환하는 주희의 논리 속에서 氣 중심주의가 후퇴하고 존재의 질서를 근거 짓는 理의 중요성이 부각된다고 보고 있다. 보다 엄밀하게 말한다면 주희에 있어 理 중심적 사유와 氣 중심적 사유의 관계는 시간적 발전에 따라 어느 하나의 입장에서 다른 하나의 입장으로 변천해가는 것이 아니라, 주희 사상의 처음에서 끝까지 병립하는 긴장 관계를 이루고 있다고 보아야 한다. 山田慶兒, 『주자의 자연학』(岩波書店, 1979)[김석근 옮김, 통나무, 1990] 참조.

83) 유교가 우주 생성론에 대해 전혀 관심이 없었다고 말할 수는 없다. 『주역』 「계사전」의 관심이 우주론적 관심이라는 것은 당연하다. 그러나 「계사전」의 사상과 논리가 대단히 道敎(道家)적 이라는 사실은 널리 지적되고 있는 바이기도 하다. 陳鼓應, 『老莊新論』(上海古籍出版社, 1992), 특

(본문 144~146쪽)

히 제3부 참조.

84) 氣는 물질인가 아니면 정신인가, 물질도 아니고 정신도 아니면 무엇인가? 氣의 성질을 둘러싼 오래된 그러나 아직 충분히 해결되지 않은 이 문제는 쉽게 그 해답을 찾을 수 있는 것은 아니다. 그러나 분명한 것은 氣를 물질이냐 아니면 정신이냐 하는 관점에서 접근하는 태도 자체가 그다지 설득력이 없다는 사실이다. 그리고 최근 서양 학계에서는 氣를 '번역 불가능'한 것이라고 말하기도 하지만, 그것은 서양의 철학적 전통 안에서는 氣를 설명해줄 수 있는 적당한 개념을 찾을 수 없다는 뜻이다. 또 氣는 물질적이며 동시에 정신적이라고 보는 견해도 있다. 도교에서 말하는 氣는 정확하게 말하면 元氣를 가리킨다. 그렇다면 원기는 무엇인가? 한 도교 문헌은 氣를 道라고 말한다. 다시 말해 모든 존재가 존재하기 이전부터 존재하고 끝난 이후에도 존재하는 것, 즉 존재의 궁극적 뿌리가 元氣라는 것이다. 그리고 그것은 근본적으로 定義 내릴 수 없는 어떤 것이다. 중국 사상사 전체에서 도와 기의 관계는 대단히 어려운 문제였다. 본서에서 氣를 물질적인 어떤 상태와 연결시켜 보는 것은 그것이 반드시 어떤 실체라고 말하는 것은 아니다. 주희는 氣를 근본적으로 운동성을 가진 무엇으로 보고 그것이 물질의 구성에 필수 불가결한 어떤 것이라고 보고 있다.

85) 그러나 주희의 氣는 도교의 元氣가 아니라, 陰陽의 氣이다. 도교의 '원기론'의 입장에서는 그 氣에 앞서는 또 다른 원리를 상정하는 것은 모순이다. 도교의 '원기론'에 대한 가장 원론적인 입장은 『운급칠첨』 권56 「원기론」을 참조할 수 있다. 「원기론」의 저자는 알려져 있지 않다.

86) 주희의 인간론이 근본적으로 맹자적 경향을 띠는 것은 부정할 수 없지단, 그렇다고 해서 그가 맹자적 성선론을 온전히 수용하였다고는 말할 수 없다. 주희의 인간론은 맹자적 낙관주의를 전제로 삼으면서 성악설에 근거하여 적극적 인격 수양론을 제시하는 순자의 경향을 도외시하지 않고 자신의 인간론, 수양론 속에 종합하고 있다. 따라서 주희의 인간론은 성선설을 위주로 하는 성선설과 성악설의 통일, 성선설의 전제를 가지고서 성

(본문 146~148쪽)

악설을 수용하고 극복하려는 이론이라고 볼 수 있다.

87) 『朱子語類』 권4에는 맹자에서 시작된 人性의 토론에 대한 주희의 개괄과 종합의 입장이 잘 정리되어 있다. 그리고 그 자료는 주자 사상의 핵심 문제의 하나인 心性論을 이야기할 때, 그 자료를 넘지 않는 수준에서, 빈번히 이용되어왔다.

88) 맹자의 성선의 주장은 『孟子』 「告子 上」에서 고자와 맹자의 논변을 통해 밝혀진다. 주희의 이해를 중심으로 살피는 이 자리에서는 맹자 성선설의 참된 의미가 무엇인가는 일단 문제 삼지 않고 주희의 이해를 중심으로 살펴볼 것이다.

89) "性則理也. 當然之理, 無有不善者. 故孟子之言性, 指性之本而言. 然必有所依而立, 故氣質之稟不能無淺深厚薄之別. 孔子曰, 性相近也, 兼氣質而言."(『朱子語類』 권4, 67~68쪽)

90) "荀子只見得不好底."(같은 책, 70쪽)

91) "論性不論氣, 不備. 論氣不論性, 不明. 二之則不是."(같은 책, 66쪽, 70쪽) 이 인용문은 두 번 나온다. 한 번은 '程子'(66쪽)의 말로, 또 한 번은 '明道'(70쪽)의 말로 인용되고 있다. 따라서 그 말이 정명도 개인의 독특한 입장인지, 정이천과 공유하는 입장인지 분명하게 알 수는 없다. 정씨 형제가 공유하던 입장이라고 보는 것이 무난할 것 같다.

92) "天地間只是一箇道理. 性便是理. 人之所以有善有不善, 只緣氣質之稟各有淸濁."(같은 책, 68쪽)

93) "人所稟之氣, 雖皆是天地之正氣, 但袞來滾去, 便有昏明厚薄之異. 蓋氣是有形之物. 才是有形之物, 便自有美有惡也."(위와 같음)

(본문 150~152쪽)

94) "道夫問, 氣質之性, 始於何人. 曰, 此起於張程. 某以爲極有功於聖門, 有補於後學."(같은 책, 70쪽)

95) '氣質之性' 개념이 누구에게서 처음 나오는가? 이 문제를 토론하는 것은 본문의 주제에서 벗어난다. 어쨌든 장재와 동시대 인물이며, 내단학의 경전인 『悟眞篇』을 쓴 張伯端도 그의 다른 저서로 알려진 『청화비문』(道藏, 240)이라는 내단 문헌에서 '氣質之性'이라는 개념을 사용한다. 그 저작을 과연 장백단 본인이 썼는가 하는 의문은 있지만, 그의 저작이 아니라고 단정할 수 있는 증거도 없다. 어쨌든 인간의 육체, 기질, 욕망이 인간의 본연이 지닌 순수성을 파괴하는 주범이라는 인식은 도교의 양생론에서는 전혀 새로운 관념이 아니다. 우리에게 중요한 문제는, 누가 먼저 그 개념을 사용하고 누구에게 영향을 주었느냐 하는 것이 아니다. 본 장의 서두에서 밝힌 것처럼, 누가 먼저이든 그 개념을 어떤 의도로 이용하면서, 어떤 내면적 지향을 가지고 있었느냐 하는 사실이 중요하다. 필자는 수양 내지 양생의 문제와 관련하여, 도교와 주희 신유학에서는 氣質이라는 문제를 어떻게 처리하며, 그들의 궁극적 지향의 차이점이 어디에 있느냐에 대해 관심을 가지고 있다.

96) "氣雖是理之所生, 然氣生出, 則理管他不得. 如這理寫於氣了, 日用間運用都有這箇氣, 只是氣强理弱."(『朱子語類』권4, 71쪽)

97) '성명쌍수'가 정확히 어느 시점에서 시작되었는지를 알 수는 없다. 당대의 유명한 양성가, 소위 重玄派 도사들은 내단에 대해 자세한 이론을 전개했지만, 성명쌍수를 직접 논급하지는 않는 것 같다. 따라서 북송 이후의 내단학에 와서 '성명쌍수'의 논리가 개발되고, 全眞派 도교의 내단학에서는 성명의 쌍수가 수양의 원리로 확립된다고 보는 것이 크게 틀리지는 않을 것이다. 그리고 주목해야 할 점은 도교 내단학 이론에서는 전통적으로 心性의 수양보다는 氣의 수양, 몸의 수양이 더욱 강조되고 있었다는 사실이다. 그러나 선불교의 논리를 충분히 흡수한 북송 이후의 내단학, 특히 전진파에 와서는 오히려 심성을 중요시하는, 그러면서도 '쌍수'

(본문 152~154쪽)

를 강조하는 입장이 우위에 서게 된다. 이 문제에 대해서는 앞에서 언급한 葛兆光의 저서가 도움이 될 수 있고, 또 任繼愈 주편, 『中國道敎史』(상해인민출판사, 1990) 안에서 「내단학」 부분을 집필한 陳兵의 글이 가장 명확한 논술인 것 같다. 물론 '성명쌍수'의 논리에 대해서는 분명하지 않은 점이 너무 많다. 앞으로의 연구 과제이다. 그리고 張廣保, 『唐宋內丹道敎』(上海文化出版社, 2001)는 내단학의 전성기였던 당송 시대 내단 이론의 발전 과정을 살필 수 있는 최근의 중요한 성과이다.

98) 『朱子語類』 권4, 69쪽.

99) 같은 책 권5, 92쪽.

100) "天理只是仁義禮知之總名."(같은 책 권13, 225쪽)

101) 變化氣質을 수양론의 목표라고 보는 입장은 역시 주희의 독창이 아니라, 장재의 주장으로서 유명하다. "學者須先變化氣質"(張載, 『經學理窟』 「義理」) 참조.

102) 『朱子語類』 권125, 3002쪽 참조.

103) 같은 책, 3002쪽.

104) 隋唐 시대 도교의 道生, 道性 사상에 대한 자세한 연구는 卿希泰 주편, 『中國道敎史』 제2권, 250쪽 이하 참조. 그리고 일본의 불교학자 鎌田茂雄, 「道性思想について」, 『東洋文化硏究所紀要』(1960)를 참조할 수 있다.

105) 王玄覽, 『玄珠錄』 卷上 第三.

106) 같은 책, 第四.

(본문 161~162쪽)

제4장 신유학 내부의 정체성 갈등〔본문 157~197쪽〕

1) "陳同父一生被史懷了."(『朱子語類』 권 123, 2965쪽)

2) 진량의 사상 전반을 체계적으로 정리한 연구는 『中國思想通史』 이후에 거의 나타나지 않았다. 그 이유는 분명치 않지단 주자학 중심주의 및 맑스주의에 대한 반감이 동시에 작용했기 때문이라고 생각된다. 예외가 있다면, 蕭公權, 『中國政治思想史』 정도이다. 그 책은 정치사상에 주목했기 때문에 철학적 혹은 형이상학적 문제에 비중을 두지 않았고, 진량과 엽적 등 사회사상 내지 정치사상에 비중을 두는 인물을 자연스럽게 다룰 수 있었다고 생각된다. 1970년대에는 일본인 연구자들이 주자학과 관련하여 몇 편의 논문을 발표한 적이 있다. 『주자학대계』 제1권(東京 明德出版社) 참조. 그리고 1982년 미국의 Hoyt Tillman은 하버드대학에 제출한 학위 논문을 수정하여 세계에서 처음으로 진량에 관한 체계적인 단행본을 출판했다. 본서는 문제의 관심은 다르지만, Tillman의 연구에 빚지고 있다. Hoyt Tillman, *Utilitarian Confucianism: Ch'en Liang's Challenge to Chu Hsi* 참조. 최근에는 과거 중국 학계의 유물론적 편향에 의해 너무 지나치게 좌파적으로 해석되어온 진량의 이미지를 벗고, 비교적 객관적으로 그의 사상을 사상사의 맥락에서 이해하려는 시도들이 나타나고 있다. 그중에서 대표적인 것은 남경대학에서 출판된《중국사상가평전총서》의 한 권으로 나온 劉宏章·董平, 『陳亮評傳』(南京大學出版社, 1996)을 꼽을 수 있다. 그리고 중국 대륙의 저명한 송사 연구자 鄧廣銘은 일련의 진량 관련 논문을 발표한 바 있다.

3) 우리가 이용하는 진량의 글은 『진량집』에 실려 있다. 『진량집』(增訂本)은 북경대학의 송대사 연구자인 鄧廣銘이 정리한 중화서국 點校本(1987년)을 사용한다.

4) 주희가 올린 이 상주문에 대해서는 본서의 제2장 「주희의 학문관과 문화정체성」에서 인용하고, 주희의 학문적 관심, 특히 도통론과 관련하여 다루

(본문 163~169쪽)

고 있다.

5) "臣竊惟; 中國, 天地之正氣也, 天命之所鐘也, 人心之所會也, 衣冠禮樂之所萃也, 百代帝王之所以相承也. 豈天地之外夷狄邪氣之所可奸哉. 不幸而能奸之, 至於挈中國衣冠禮樂而寓之偏方, 雖天命人心猶有所繫, 然豈以是爲可久安而無事也. 使其君臣上下苟一朝之安而息心於一隅, 凡其志慮之所經營, 一切置中國於度外, 如元氣偏注一肢, 其他肢體往往萎枯而不自覺矣, 則其所謂一肢者, 又何恃而能久存哉. 天地之正氣, 鬱遏於腥而久不得騁, 必將有所發泄, 而天命人心固非偏方之所可久繫也."(『陳亮集』권1, 1쪽)

6) "孝文遂定都洛陽, 以修中國之衣冠禮樂."(같은 책「上孝宗皇帝書」第1書)

7) "而江左衣冠禮樂之舊, 非復天命人心之所繫矣."(같은 글)

8) "是以一天下者, 卒在西北而不在東南, 天人之際, 豈不甚可畏哉."(같은 글)

9) "臣聞治國有大體, 謀敵有大略. 立大體而後紀綱正, 定大略而後機變行, 此不易之道也."(같은 책 권2「中興五論」, 21쪽)

10) "夫攻守之道, 必有奇變, 形之而敵必從, 衝之而敵莫救, 禁之而敵不敢動, 乖之而敵不知所如往. 故我常專而敵常分, 敵有窮而我常無窮也. 夫奇變之道, 雖本乎人謀, 而常因乎地形."(같은 책「中興論」, 23쪽)

11) "本朝以儒道治天下, 以格律守天下, 而天下之人知經義之爲常程, 科擧之爲正路, 法不得自議其私, 人不得自用其智, 而二百年之太平由此而出也. 至於艱難變故之際, 書生之智, 知議論之當正而不知事功之爲何物, 知節義之當守而不知形勢之爲何用, 宛轉於文法之中, 而無一人能自拔者."(같은 책「戊申(1118년)再上孝宗皇帝書」, 20쪽)

12) "今世之儒士自以爲得正心誠意之學者, 皆風痺不知痛癢之人也. 擧一世安

(본문 172~177쪽)

于君父之讐, 而方低頭拱手以談性命, 不知何者謂之性命乎."(같은 책 「上孝宗皇帝書」第一書, 9쪽)

13) "臣不佞, 自少有驅馳四方之志, 常欲求天下豪杰之士而與之論今日之大計. 蓋嘗數至行都, 而人物如林, 其論皆不足以起人意, 臣是以知陛下大有爲之志孤矣. 辛卯壬辰之間, 始退而窮天地造化之初, 考古今沿革之變, 以推極皇帝王伯之道, 而得漢魏晉唐長短之由. 天人之際, 昭昭然可察而知也."(같은 책 「상효종황제서」제1서, 9쪽)

14) "夫道, 非出於形氣之表, 而常行於事物之間者也. 人三以一身而據崇高之勢, 其於聲色貨利, 必用吾力焉, 而不敢安也. 其於一日萬機, 必盡吾心焉, 而不敢忽也. 惟理之徇, 惟是之從, 以求盡天下賢者之心, 遂一世人物之生, 其功非不大, 而不假於外求, 天下固無道外之事也. 不恃吾天資之高, 而勉彊於其所當行而已. 漢武帝好大喜功, 而董仲舒言之曰, '勉彊行道大有功'. 可謂責難於君者矣."(『진량집』권9「勉彊行道大有功」, 100~101쪽)

15) 본서의 제3장「이단 종교 비판과 유교 정체성」참조.

16) "世之學者, 玩心於無形之表, 以爲卓然而有見, 事物雖衆, 此其得之淺者, 不過如枯木死灰而止耳; 得之深者, 縱橫妙用. 肆而不約, 安知所謂文理密察之道? 泛乎中流, 無所底止, 猶自謂其有得, 豈不可哀也哉! 故格物致知之學, 聖人所以惓惓於天下後世, 言之而無隱也."(『진량집』권27「與應仲實」, 319쪽)

17) "儒釋之道, 判然兩塗, 此是而彼非, 此非而彼是. 而溺於佛者, 直曰, '其道有吾儒所未及者', 否亦曰, '其精微處脗合無間', 而高明之士猶曰, '儒釋深處, 所差秒忽爾'. 此擧世所以溺焉而不自知. 〔……〕雖世之所謂高明之士, 往往溺於其中而不能以自出. 其爲人心之害, 何止於戰國之楊墨也."(위와 같음)

(본문 178~183쪽)

18) "夫道之在天下, 何物非道, 天塗萬轍, 因事作則."(위와 같음)

19) "洪荒之初, 聖賢繼作, 道統日以修明, 雖時有治亂, 而道無一日不在天下也. 而戰國秦漢以來, 千五百年之間, 此道安在? 而無一人能識其用, 聖賢亦不作, 天下乃賴人之智力以維持, 而道遂爲不傳之妙物, 儒者又何從而得之, 以尊其身而獨立於天下?"(같은 책 권36「錢叔因墓碣銘」, 484쪽)

20) "孔孟以天下之賢聖而適當春秋戰國之亂, 卒不得行其道以拯民於塗炭者, 無其位也. 易曰, 天地之大德曰生, 聖人之大寶曰位. 又曰, 垂象著明莫大乎日月, 崇高莫大於富貴. 苟誠其人而欲得其位者, 其心有可察也. 使漢唐之義不足以接三代之統緒, 而爲三四百年之基業可以智力而扶持者, 皆後世儒者之論也. 世儒之論不破, 則聖人之道無時而明, 天下之亂無時而息矣. 悲夫!"(같은 책 권3「問答 上」, 34쪽)

21) 진량의 사상적 계보는 대단히 복잡하다. 넓은 의미의 理學家로서 그는 송대 사상의 전체적 흐름에서 볼 때, 역시 북송의 程伊川 계열의 사상을 배운 것이라고 볼 수 있다. 정이천 계통의 북송 이학이 남송의 절강 지역에서 전수되어 袁溉 - 薛季宣 - 陳傅良 - 陳亮, 葉適으로 이어지는 계보를 설정할 수 있기 때문이다.(『中國思想通史』의 입장) 그러나 그의 사상 연원을 넓은 의미의 이학의 계보 속에 위치 짓는 것은 너무 단순하다. 필자는 그의 사상은 오히려 북송의 현실 비판의 경향을 대표하는 李覯 등의 현실론과 연결시켜볼 수 있다고 생각한다. 진량은 한편으로 왕안석의 정책적 실패를 비판하고는 있지만, 그의 개혁 정신 그 자체를 부정하지는 않는다. 그리고 북송 이전의 王通의 현실주의 사유가 진량의 사상적 뿌리라고 볼 수 있지 않을까? 주희는 陳亮을 비난하는 것과 마찬가지 맥락에서 王通의 사상을 공리주의라고 격렬하게 비난했다.

22) 특히 당송 변혁기의 중요성을 과대평가한 나머지 남송을 북송의 단순한 연장으로 이해하여 독자적 의의를 무시하는 것은 곤란하다는 관점에 대해서는 본서의 제1장의 주석 1을 참조.

(본문 184~185쪽)

23) "但以文字觀之, 東萊博學多識則有之矣, 守約恐未也. 先生然之."(『朱子語類』 권122, 2949쪽)

24) "伯恭教人看文字也粗."(위와 같음.)

25) "伯恭要無不包羅, 只是撲過, 都不精."(같은 책, 권122, 2950쪽)

26) "東萊聰明, 看文理却不子細."(위와 같음)

27) "伯恭失之多, 子靜失之寡."(같은 책, 2949쪽)

28) "陸氏會說, 其精神亦能感發人."(같은 책 권124, 2975쪽)

29) "陸子靜分明是禪."(같은 책 권123, 2966쪽)

30) "伯恭於史分外子細, 於經却不甚理會."(같은 책 권122, 2951쪽)

31) 주희의 학문론 내지 독서 수양론의 요체는 이해의 단계적 성장을 중요시하는 것이라고 말할 수 있다. 그의 단계적 발전의 관점은 필연적으로 독서 과정의 단계론으로 전개되고 있다. 그래서 유교 경전의 절대적 가치를 인정하면서도, 《五經》의 직접적인 연구 이전에 반드시 《四書》라는 선행 단계를 거칠 것을 요청한다. 《四書》에서 《五經》, 그리고 역사 및 제도의 연구로 이어지는 과정론이 그의 학문의 전체 틀이라고 말할 수 있다. 그리고 그러한 단계론을 주장하는 그의 입장은 당시의 육상산의 학문론과 크게 다르다. 육상산이라고 지식 획득의 중요성을 부정하는 것은 아니지만, 그의 주안점은 아무래도 지식의 확장이라는 측면보다는 그가 '본심'이라고 부르는 내면적 주체, 본래적 도덕성의 발견이라는 면에 더 기울어질 수밖에 없었다. 그렇게 보자면 주희도 지식 공부의 전제로서 주체의 확립과 본래적 도덕성의 발견(性 혹은 그것을 포괄하는 心)을 중요시한다는 점에서는 육상산과 크게 다르지 않다.(다만 주자가 性이라고 할 곳에

(본문 186~188쪽)

서 육상산은 本心이라고 말한다. 따라서 육상산의 本心은 주희의 心보다는 性에 상당히 접근한다.) 당시 그 두 사람의 사상 논쟁은 객관적으로 그들의 학문적 지향이나 방법론 이해를 벗어난 감정 대립이 개입되었을 여지를 생각한다면, 그 두 사람의 門戶的(학파적) 편견을 그대로 받아들여 사상사를 이해해서는 곤란하다. 육상산도 독서 자체를 부정하지 않으나, 주희와 같은 단계론을 고수하지 않고, 약간은 즉흥적인 독서 내지는 독자의 실존적 관심에 따른 자유로운 독서를 권장하는 입장이었다. 그의 태도는 "《六經》은 내 마음의 주석에 불과하다"는 그의 경서관에서도 잘 나타난다. 주희의 독서론과 공부 단계론에 대해서는 본서의 제2장 「주희의 학문관과 문화 정체성」 참조.

32) "伯恭子約宗太史公之學, 以爲非漢儒所及, 某嘗痛與之辨, 子由古史言馬遷, '淺陋而不學, 疏略而輕信'. 此二句最中馬遷之實, 伯恭極惡之."(『朱子語類』 권122, 2951쪽)

33) "然子由此言雖好, 又自有病處, 如云帝王之道以無爲宗之類."(위와 같음)

34) 주희는 『朱熹集』의 「잡학변」에서 주로 소동파 형제를 중심으로 하는 소위 蜀學의 문제점을 본격적으로 지적한다.

35) "六經是三代以上之書, 曾經聖人手, 全是天理."(『朱子語類』 권11, 190쪽)

36) "讀書乃學者第二事; 讀書已是第二義."(같은 책 권10, 161쪽)

37) "觀聖賢之意."(같은 책, 162쪽)

38) "因聖賢之意, 以觀自然之理."(위와 같음)

39) "今人讀書未多, 義理未至融會處, 若便去看史書, 攷古今治亂, 理會制度典章. 譬如作陂塘以漑田, 須是陂塘中水已滿, 然後決之, 則可以流注滋殖田

(본문 189~191쪽)

中禾稼. 若是陂塘中水方有一勺之多, 遽決之以漑田, 則非徒無益於田, 而一勺之水亦復無有矣. 讀書旣多, 義理已融會, 胸中尺度一一已分明, 而不看史書, 攷治亂, 理會制度典章, 則是有陂塘之水已滿, 而不決以漑田. 若是讀書未多, 義理未有融會處, 而汲汲焉以看史爲先務, 是猶決陂塘一勺之水以漑田也, 其枯也可立而待也." (같은 책 권11, 195쪽)

40) "讀書須是以經爲本, 以後讀史." (같은 책 권122, 2950쪽)

41) 경서를 고대의 典章制度를 기록한 역사서라고 보는 입장은 소위 청대의 '절동학파'의 章學誠에서 비롯된 것이라고 말해진다. "경서는 결국 모두 역사서〔六經皆史〕"라는 주장을 분명한 하나의 모토로 제시하여 역사학의 중요성을 강조한 인물은 장학성이 틀림없겠지만, 그의 사상적 연원은 송대의 절동에서 사상 활동을 영위했던 진량으로 거슬러 올라간다고 말할 수 있을 것이다. 중국 사상의 역사에서 지역적 전통의 중요성을 새삼 느끼게 한다. 장학성의 '육경개사론'에 관해서는 수많은 연구가 있으나, 사상사 연구의 입장에서는 余英時, 『戴震與章學誠』이 가장 중요한 연구서 중의 하나이다. 그리고 절강대학의 倉修良의 저서도 최근 중국의 절동학파의 연구서로서는 빼놓을 수 없다. 倉修良, 『章學誠和文史通義』(中華書局, 1984). 그리고 內藤湖南 이래 일본 경도대학의 역사학은 줄곧 장학성의 역사 사상에 관심을 가져왔으며, 최근에 야마구치 히사카즈山口久和는 일본 학계의 장학성 연구를 종합하는 의미를 가진 연구서를 출간했다. (山口久和, 『章學誠の知識論―考證學批判を中心として』(創文社, 1998). 또 하나 재미있는 것은, 주희와 절동 학술의 갈등이 도학(원리, 의리)과 역사(현실, 공리)의 대립이었다면, 청대에 와서 절동 학술의 계승자인 장학성이 대진을 비판하는 경우는 역으로 역사(현실)학의 입장에서 의리(원리)학의 일면성을 비판하는 역사와 의리의 대립이었다는 사실이다.

42) "浙間學者推尊史記, 以爲先黃老, 後六經, 此自是太史談之學." (『朱子語類』 권122, 2956쪽)

(본문 191~199쪽)

43) "先生說, 看史只如看人相打, 相打有甚好看處? 陳同父一生被史壞了. 直卿言, 東萊教學者看史, 亦被史壞."(같은 책 권123, 2965쪽)

44) "陸氏之學雖是偏, 尚是要去做箇人. 若永嘉永康之說, 大不成學問, 不知何故如此."(같은 책 권122, 2957쪽)

45) "陳同父縱橫之才, 伯恭不直治之, 多爲諷說反被他玩."(같은 책 권123, 2965쪽)

46) "說同父, 因謂, 呂伯恭烏得爲無罪. 憑地橫論, 却不與他剖說打教破, 却和他都自被包裹在裏. 今來伯恭門人却亦有爲同父之說者, 二家打成一片, 可怪. 君擧只道某不合與說, 只是他見不破. 天下事不是是, 便是非, 直截兩邊去, 如何憑地含糊鶻突."(위와 같음)

47) 『朱子語類』권105.

48) "同父在利欲膠漆盆中."(같은 책 권123, 2966쪽)

49) 같은 책, 2967쪽 참조.

50) 『朱熹集』別集 권3,「답유자증」.

51) "陳同父學已行到江西, 浙人信向已多. 家家談王伯, 不說蘇何張良, 只說王猛. 不說孔孟, 只說文中子, 可畏, 可畏."(『朱子語類』권123, 2966쪽)

제5장 남송의 국가예제와 祀典〔본문 199~214쪽〕

1) "禮不下庶人."(『예기』「곡례」)

(본문 201~204쪽)

2) 중국 역사에서 國家禮制의 역사적 연혁에 관한 통사적인 연구로는 최근에 출판된 楊志剛, 『中國禮儀制度研究』(華東師範大學出版社, 2001)가 대단히 포괄적이고 상세하다. 특히 송대 이후의 예제의 성격 변화에 대해서는 그 책의 177~209쪽 참조. 楊志剛은 송대 이후에 禮가 서인의 생활의절로서 확대된 현상을, 고전적인 禮 이념이었던 '禮不下庶人'과 대조적으로 '禮下庶人'이라는 개념으로 정리한다. 필자가 본서의 초고를 쓰던 때에는 楊志剛의 책이 출판되지 않았기 때문에(2001년 5월에 출판함), 그 내용을 충분하게 반영하지 못했지만, 송대 이후의 예제의 성격에 대해서는 대체로 같은 의견을 공유하고 있다고 말할 수 있다.

3) 『오례신의』는 庶人의 제사를 규정하고 있지 않다는 점에서 불완전한 예제였다. 사마광의 『書儀』 역시 제사를 「상례」에 부속시키는 정도로 언급할 뿐 독립적으로 다루지 않는다. 그러나 그 이유는 다르다. 『오례신의』의 경우 서인이 3대 이상의 조상에게도 제사를 지낼 수 있는가 하는 문제를 놓고 황제가 반대를 했기 때문에 사서인의 제사 문제가 통재로 빠지게 되었다고 한다. 이 문제에 대해서는 Patricia Ebery Ebery, "Education Through Ritual: Efforts to Formulate Family Rituals During the Sung Period", *Neo-Confucian Education: The Formative Stage*, eds. de Bary and Chaffee(California University Press, 1989) 참조.

4) 북송 신유학의 선구적 인물로 알려진 石介는 자기 조상에게 제사를 지내는 범위의 문제를 놓고, 고전 예서에 기록된 규정과 당시의 현실 사이의 괴리를 메우기 위해 고민했다는 기록을 남기고 있다. 그리고 구양수 등이 편찬한 예서는 고전적 예의 규정과 현실의 괴리를 극복하기 위한 다양한 가능성에 대한 신유교 지식인들의 고민을 잘 보여주고 있다. 석개의 경우는 당시 사서인을 위한 새로운 예 규정이 정리될 필요가 있었음을 보여주는 중요한 사례라고 볼 수 있겠다.

5) 『안씨가훈』은 위진 시대 사대부 가문에서의 자제 교육용 생활 규범을 제시한 것으로 유명하다. 그리고 사대부 귀족의 생활의절에 관한 매뉴얼이 전

(본문 204~207쪽)

혀 없었던 것은 아니지만, 송대 이후의 유교적 이념의 보급을 뒷받침하는 「가례」류의 문헌이 일반적으로 보급되었던 것은 아니다. 『신당서』 「예문지」에서는 楊炯이 지은 『가례』 10권을 언급하고 있지만, 현재에는 망실되어 그 내용을 알 수 없다.

6) 송대의 대표적인 가훈류 문헌으로 사서인의 생활 규범에 대한 매뉴얼로 널리 알려진 것은 袁采가 정리한 『儀範』이나 司馬光이 정리한 『家範』 등이 있다. 『의범』에 대한 포괄적인 연구로는 Patricia Ebery, *Family and Property in Sung China: Yuan Ts'ai's Precepts for Social Life*(Princeton University Press, 1984)가 있다.

7) 『張載集』 「어록 하」, 326~327쪽.

8) 『二程集』 「二程遺書』 권2 상, 22쪽.

9) 같은 책 권25, 327쪽.

10) 필자는 『가례』의 저자가 과연 주희 본인인가 아닌가 하는 문제에 관해서는 깊이 관여하지 않는다. 그리고 『가례』를 주희가 직접 쓰지 않았다고 할지라도 주자학적 이념이 깊이 반영된 문헌인 것만은 분명하기 때문에 본론의 관심에서 볼 때, 작자 문제를 토론하는 것은 크게 의미가 없을 것이라고 판단한다. 『가례』의 저자 문제에 관해서는 이미 많은 논문이 있다. 특히 최근 미국의 Ebery는 고대의 禮 문헌이 편찬된 경위에서 시작하여 주자에 의해 주자학적 이념에 의한 예서가 편찬되는 경과를 자세하게 밝히고, 그 '가례'가 청대에 이르기까지 중국의 사회생활 속으로 침투해 들어가는 과정을 포괄적으로 논하고 있다. 이러한 총체적인 연구는 일본이나 중국인의 선행 연구를 수용하면서, 사회사적 관심에서 그들 연구를 뛰어넘는 모범을 보여준다. Patricia Ebery, *Confucianism and Family Ritual in Imperial China*(Princeton University Press, 1991) 참조. 그리고 가례의 성립과 구조에 관한 연구로는 코지마 츠요시小島毅, 「家禮の構造」, 『中

(본문 207쪽)

國近世における禮の言說』(동경대학출판회, 1996) 및 정경희, 「주자 예학의 형성과 가례」, 『한국사론』 39(서울대학교 국사학과, 1998) 등이 있다.

11) 사마광과 동시대의 '도학'의 중심 인물인 정이천도 士庶人의 禮에 관한 저술을 의도했으나, 현가에는 체계적인 저술은 남아 있지 않다. 그의 문집, 『이정집』 권10에 실려 있는 禮에 관한 문장은 체계를 갖지 못하고 '혼례', '장설' 그리고 '제례'에 관한 단편적인 의견이 제시되어 있을 뿐이다.(『이정집』, 620~629쪽 참조) 사마광, 장재, 정이천 등 북송 도학자의 예에 관한 이론을 정리한 연구로는 야마네 미츠요시山根三芳, 『宋代禮說研究』(溪水社, 1996)가 포괄적이다. 정경희는 주석 1)에서 언급한 논문에서 주자 예학의 배경으로서 이들 북송 도학자들의 이론을 간략하게 언급한다.

12) 주희의 제자 楊復은 주희의 『가례』에 대한 주석에서, 『가례』의 다양한 연원에 대해 말해준다. 그의 설명에 따르면, 관례는 사마광과 정이천의 것을, 혼례에 관해서는 사마광과 고강의 것을, 장례의 의절에 관해서는 사마광의 『서의』가 너무나 소략하다고 여겼기 때문에 그대의 예서인 『의례』를, 제사에 관해서는 사마광과 정이천의 것을 취했다고 말한다.

13) 古禮를 현실에 맞게 절충하여야 한다는 생각은 『朱子語類』 권84의 여기저기서 표현된다. 다음 발언은 대표적인 것이다. "古禮繁縟後人於禮日益疏略. 然居今而欲行古禮, 亦恐情文不相稱. 不若只就今人所行禮中刪修, 令有節文, 制數, 等威足矣."(2177쪽), "古禮於今實難行, 嘗謂後世有大聖人者作, 與他整理一番, 令人甦醒, 必不一一盡如古人之繁, 但放古人之大意."(2178쪽)

14) 禮에 관한 송대 사대부들의 관심이 周禮的인 것에서 儀禮的인 것으로 전환하는 양상, 그리고 士禮書의 발전 양상에 대해서는 앞에서 인용한 정경희의 논문 참조. 그 당시 士人들의 禮를 중시한 입장에서 『周禮』의 '五禮(국가의례)' 체계에서 『義禮』의 '四禮(가정의례)' 체계로의 관심 전환이

(본문 208~209쪽)

일어나 '四禮'가 '五禮'를 대신한 것처럼 이해하는 것에 대해서는, 오히려 『周禮』의 '五禮(왕례)' 체제는 국가의례로 발전하고, 사인의 생활의례에 관해서는 『儀禮』의 '四禮'가 기준이 되었을 것이라고 유연하게 이해할 필요가 있다고 생각한다. 당시의 국가의례(『오례신의』)는 사서인의 생활의 절에 관심을 가지면서도 체제상 그것에 대해서는 충분한 관심을 가질 수 없었기 때문에, 사서인의 생활의절을 마련하기 위해 신유학자들이 특별한 생활의례 저술을 만들 필요를 느꼈고, 그 결과 필연적으로 『儀禮』를 근거로 삼는 '사례'에 대해 관심을 기울였다고 이해하는 것이 정확할 것이다. 즉 '사례(『가례』 등 사서인의 생활의례)'는 '오례(당시의 국가의례)'를 대체한 것이 아니라 '오례'를 보완하는 의미를 가졌다고 보아야 할 것이다.

15) "須是且將散失諸禮錯綜參攷, 令節文度數一一著實, 方可推明其義. 若錯綜得實, 其義亦不待說而自明矣."(『朱子語類』 권84, 2178쪽)

16) 『송사』 「예지」는 북송 초기의 『개보례』가 "당나라의 『개원례』에 바탕을 두고, 적절히 빼고 덧붙인 것〔本唐 '開元禮'而損益之〕"이라고 쓰고 있다. 또 『태상인혁례』에 대해, "그것은 『개보통례』에 근거하여 약간의 변화를 꾀한 것이고, 『태상신례』와 대동소이하다〔主開寶通禮而記其變, 及太常新禮以類相從〕"라고 쓰고 있다. 주희 역시 『개보례』가 『개원례』에 근본을 두고 그것을 약간 보완했다고 평가하고 있다.(『朱子語類』 권84, 2182쪽) 위에서 언급한 楊志剛의 저서는 송 초기의 국가예제 개혁의 역사에 대해 자세하게 서술하고 있다.

17) 제사의 대상을 天神 · 地祇 · 人鬼의 셋으로 나누어 보는 관점은 『주례』 및 『예기』 등 고대 중국의 예서가 공통으로 인정하는 바였다. 그러한 구분은 주희 시대에도 보편적으로 받아들여지는 것이었다. 『朱子語類』의 편찬자도 당연히 그런 인식을 공유하고 있었다. 그리고 유교적 제사의 대상이 되는 신격을 어떻게 확정하는가는 국가의 권력적 자의성에 의하여 정해지는 것은 아니었다. 『예기』의 「祭法」은 하나의 神格이 유교적으로 정당

(본문 209쪽)

한 제사가 될 수 있는가 하는 문제에 대한 고전적이며 경전적인 기준을 제시하고 있다. 올바른 祭祀〔正祀〕와 올바르지 아니한 祭祀〔淫祀〕의 논의는 결국 그러한 기준에 합당한가 하는 '내적인 자격'과 형식적으로 국가의 공인을 얻었는가, 즉 祀典에 실려 있는가(賜額을 받았는가를 포함) 하는 '외적인 자격' 두 가지 관점에서 전개되고 있다. 위의 두 가지 기준을 충족시키는 神格에 대한 제사는 정당한 것이며, 따라서 禮에 적합하다.

주희가 비판하는 '음사', 즉 부당한 민중의 종교 제사는 위의 두 가지 기준에서 벗어나는 것이며, 따라서 禮에 적합하지 않은 것을 의미한다. 그때 기준이 되는 禮는 현실적 지배 질서인 '國家祀典'을 의미한다. 주자학적 세계 해석의 원리로서 이기론에 입각한 귀신의 해석은 제사가 실질적으로 禮에 적합한가 여부를 '결과론적'으로 설명하는 논리에 불과하다. 禮에 적합한 제사는 '정당한' 理를 가진 귀신〔氣〕에 대한 올바른 행위〔禮〕로서 법적으로 인정되어야 한다고 주희는 주장한다. 그리고 이치〔理=禮〕가 결여된 귀신〔厲鬼〕 및 신령〔妖怪 및 神明〕의 발현에 대해 두려움을 가지거나 복을 비는 제사는 정당한 禮에 따른 제사가 아니라는 것이다. 결국 주희에게 있어서도, 귀신에게 제사를 드리는 것의 조법성 여부는 귀신의 본질이 무엇인가(필자는 일단 귀신의 범주를 천지신명, 신령, 조상신의 셋으로 나눈다)에 달린 문제가 아니라, 현실의 정치권력의 禮 제정력에 의해 좌우되는 것이라고 보여진다. 그의 태도를 굳이 설명하자면, 현실적 禮秩序를 존중하는 실증주의적 禮 사상이라고 말할 수 있을 것이다.

주희의 理 중심주의는 한편으로 자연법 사상적인 성격을 가지고 있고, 도 본문에서 본 것처럼 그의 예론이 理의 사상에 근거를 가지고 있다는 점에서, 그의 예론 역시 자연법적 성격을 가지고 있을 것이라고 예상할 수 있지만, 실제로 그의 예론을 따지고 들어가보면 자연법적 원리론이 후퇴하고, 상당한 정도의 실증법주의적 경향을 발견할 수 있다는 점은 일견 의아하게 여겨질 수도 있다. 그러나 그러한 사실은 우리가 중국의 어떤 이념이나 사상을 서양의 준거를 통해 단순화시키는 것이 얼마나 위험한가를 보여주는 사례라고 볼 수 있을 것이다. 작업의 편의를 위해, 그리고 이해의 단순화를 위해 서양의 여러 가지 대립적 준거들을 이용하는 것은 과정으로서 의미를 가지는 경우도 있겠지만, 단순화하는 것 그 자체가 연구

(본문 209~210쪽)

의 목적이 아니라면, 그러한 준거를 적용할 때에는 항상 그 한계에 대한 인식이 뒤따라야 할 것이다.

18) 중국의 당송대에 있어 국가가 인정하는 사묘에 대해 사액 및 봉호가 내려지는 과정은 이미 기존의 연구에서 충분히 검토되어 있다. 뿐만 아니라 중국의 송대를 중심으로 하여 음사와 그 음사를 대하는 국가의 종교 정책에 관한 연구도 축적되어 있다. 앞에서 언급한 Valery Hansen, "The Granting of Titles", in *Changing Gods in Medieval China, 1127~1276*(Princeton University Press, 1990), ch. 2 참조. 일본에서는 마츠모토 코이치松本浩一, 「宋代の賜額·賜號について—主として『宋會要集稿』にみえる史料から」, 노구치 데츠로野口鐵郎 편, 『中國史における中央政治地方社會』(1986); 코지마 츠요시小島毅, 「正祀と淫祀-福建地方誌の記述と論理」, 『東洋文化研究所紀要』 114책(1991); 가나이 노리유키金井德行, 「南宋の祠廟と賜額について」, 『宋代の知識人』(송대사연구회, 1993); 스에 타카시須江隆, 「唐宋期における祠廟の賜額·封號の下賜について」, 『中國-社會文化』 9호(1994) 등 수많은 연구가 축적되어 있다. 특히, 코지마小島毅 교수는 공식적으로 인정된 제사를 '음사'와 대비시켜 '正祀'라고 개념화한다. 그러나 그 자신도 밝히고 있는 것처럼, 正祀는 실제로 사용되었던 개념이 아니다. 필자가 판단하기에 淫祀라는 개념 자체가 엄격한 법적 규제력에 의해 제한당하는 것이 아니었고, 실제로 민중 사회에서의 淫祀를 국가가 완벽하게 통제하는 것은 불가능했을 뿐만 아니라, 국가조차도 그러한 淫祀를 필요에 의해 국가제사 속에 포함시키는 일이 빈번했기 때문에, 고정적으로 확립된 공인 제사라는 뉘앙스를 가지는 '正祀'라는 개념은 淫祀의 대비 개념으로 적합하지 않은 것 같다. 공식 제사로 인정된 사묘에 대한 제사도 그 사묘의 신령이 효험[靈]이 없는 것으로 판단되면 언제든지 철회될 수 있었다는 사실을 고려한다 해도, 역시 正祀라는 명칭은 지나치게 고정적으로 제사 대상을 이해한다는 느낌을 준다.

19) 『정화오례신의』의 구조 및 내용에 관한 간단한 분석은 小島毅의 논문을 참조할 수 있다. Patricia Ebery도 앞에서 거론한 자신의 책에서 자주 『오

(본문 210쪽)

례신의』를 언급한다. 본서의 분석은 小島毅 논의를 참조했다. 小島毅, 『中國近世における禮の言說』 제4장 「眞德秀の祈り」, 특히 76〜77쪽 참조.

20) 『정화오례신의』의 길례=국가사전의 제사 대상.
「천신: 권25〜권79」
권25〜29 祀昊天上帝儀, 권30〜34 宗祀上帝儀, 권35〜38 祈穀祀上, 권39〜42 雩祀上帝儀, 권43〜46 祀感生帝儀, 권47〜50 祀五方帝儀, 권51〜54 祀高禖儀, 권55〜58 朝日儀, 권59〜62 夕月儀, 권63〜66 臘東方西方百神儀, 권67 臘南方北方百神儀, 권68 祀帝鼐儀, 권69 祀八鼎儀, 권70 祀九宮貴神儀, 권71 祀熒惑儀, 권72 祀太乙宮儀, 권73 祀陽德觀儀, 권74 應天府祀大火儀, 권75〜76 祀風師雨師雷神儀, 권77 祀會應廟儀, 권78 祀司中司命司民司祿儀, 권79 祀靈星壽星儀.
「지신: 권80〜권96」
권80〜84 祭皇地祇儀, 권85〜88 祭神州地祇儀, 권89〜92 祭太社太稷儀, 권93 州縣祭社稷儀, 권94 慶戎軍祭后土儀, 권95〜96 祭五方岳鎭海瀆儀.
「인신, 기타: 권97〜135」
권97〜101 합享太廟儀, 권102〜105 時享太廟儀, 권106 享別廟儀, 권107〜108 前期朝享太廟儀, 권109 朔祭太廟儀, 권110 朔祭別廟儀, 권111 薦新太廟儀, 권112 薦新別廟儀, 권113 前期朝獻景靈宮儀, 권114 朝獻景靈宮儀, 권115 坊州朝獻聖祖儀, 권116 春秋二仲薦獻諸陵儀, 권117 進獻諸陵上宮儀, 권118 進獻諸陵下宮儀, 권119 薦新諸陵儀, 권120 視學酌獻文宣王儀, 권121 釋奠文宣王儀, 권122 釋奠武成王儀, 권123 辟廱釋菜儀, 권124〜125 釋奠文宣王儀, 권126 州縣釋奠文宣王義, 권127 耕籍儀, 권128 享先農儀, 권129 親蠶儀, 권130 享先蠶儀, 권131 享歷代帝王儀, 권132 七祀儀, 권133 享司寒儀, 권134 祭馬祖先牧馬社馬步儀, 권135 時享家廟儀.

21) 조선의 '사전'에 관한 체계적인 서술은 김해영, 『조선 초기 사전에 관한 연구』(정신문화연구원 박사 논문, 1993) 참조. 특히 조선 초기의 '사전' 성립 과정에서 天帝에 대한 '圓丘' 제도의 폐지에 대해서는 90〜98쪽을 참조.

주석 327

(본문 212~215쪽)

22) 『朱熹集』 권69 「民臣禮議」.

23) "本朝修開寶禮, 多本開元, 而頗加詳備. 及政和間修五禮, 一時姦邪以私智損益, 疏略牴牾, 更沒理會, 又不如開寶禮"(『朱子語類』 권84, 2182쪽)

24) 이러한 관점의 비판은 『朱子語類』 권84, 2183쪽의 문답에서도 나타난다. "問五禮新儀. 曰. 古人於禮, 直如今人相揖相似, 終日周回於其間, 自然使人有感他處. 後世安得如此."

25) "橫渠所制禮, 多不本諸儀禮, 有自杜撰處. 如溫公, 却是本諸儀禮, 最爲適古今之宜."(위와 같음)

26) "二程與橫渠多是古禮, 溫公則大槪本儀禮, 而參以今之可行者. 要之, 溫公較穩, 其中與古不甚遠, 是七八分好. 若伊川禮, 則祭祀可用. 婚禮, 惟溫公者好. 大抵古禮不可全用, 如古服古器, 今皆難用."(위와 같음)

27) 주희의 『의례경전통해』의 성립과 내용을 분석한 연구로는 야마가미 순페이山上春平, 「朱子の家禮と儀禮經傳通解」, 『동방학보』 54(경도대학 인문과학연구소, 1982)와 박미라, 「『의례경전통해』의 체제에 나타난 주자의 예학 사상」, 『종교와 문화』 제3호(서울대 종교문제연구소, 1997) 참조.

제6장 유교 문화의 민중종교 [본문 215~246쪽]

1) 유교를 초현실 세계에 무관심했던 사상 체계로 부각시키고자 하는 일반적인 이해는 근대적 관점에서 근대적 요구에 적합한 사상 체계로서 유교를 재평가하고자 하는 근대적 이데올로기의 요청과 불가분의 관계가 있다. 그러한 관점을 강조하는 학자들(거의 모든 유학 및 동양철학 연구자들)은 공자 나아가 유교의 관심이 오로지 현세적 인륜의 영역에 머무르는 것이라고 해석하면서, 유교적 앎[知]의 대상을 현세적 일상의 영역에 한정시킨다.

(본문 216쪽)

그 결과 유교는 전근대의 잔재를 가진 종교가 아니라(종교는 근대가 극복해야 할 전근대적 사유의 산물이기 때문에), 근대 사회에서도 여전히 유효한 윤리적 사상 체계라고 주장하는 숨은 의도를 가지고 있다. 이러한 유교 이해는 종교를 철학이나 윤리에 비해 저급한 것, 따라서 전근대적인 것으로 자리를 매기는 근대적 담론에 의한 '종교 대 철학'의 가치적 이원화를 배경으로 삼고 있는 것이라고 볼 수 있다. 그들은 이러한 가치의 이분화에 근거하여, 유교는 종교가 아니라 윤리학 내지 도덕철학이라고 이해한 것이다.

최근에 중국 청화대학의 葛兆光은 중국의 종교사 내지 사상사가 지나치게 '이성화' 혹은 '합리화'된 안목을 가지고 중국의 사상 문화를 연구하고 있지 않은가에 대한 반성을 촉구하는 소론을 발표했다. 그는 『中國史硏究』에 발표된 그 글에서 중국의 사상 종교 문화에 대한 이성주의적 '편견'이 지배하는 중국 학계의 문제점을 지적한다. 그 결과 최근 활발하게 발굴되고 있는 고대 중국의 고고학 사료들을 제대로 해석할 수 없게된 사실을 지적한다. 하나의 고정된 시각으로는 중국 문화를 다각적으로 살피지 못하기 때문에, 중국 종교 연구의 사각 지대가 생겨날 수밖에 없음을 반성한다. 이러한 그의 비판은 우리 학계에서의 유교 인식의 한계를 지적하는 간접적 비판으로 읽을 수 있을 것이다. 중국의 종교 문화를 연구하기 위해서는 폭 넓은 시각의 다양화와 자료의 다양화가 필요하다는 사실을 지적하는 최근의 학문적 반성은 구미 학계에서 자주 등장하는 이슈이다. 그 결과 문헌 연구에만 매달리지 않고, 현지 조사와 문헌 및 역사 연구를 결합시키려는 연구가 속속 나타난다.(葛兆光,「文獻, 理論及硏究者」,『중국사연구』 1995-2 참조) 구미의 연구 성과로서 본 연구와 관련이 있는 것만을 들면, Patricia Ebery, *Confucianism and Family Ritual in Imperial China*(Princeton University Press, 1991)와 Kenneth Dean, *Taoist Ritual and Popular cults of Southeast China*(Princeton University Press, 1993) 등을 거론할 수 있다.

2) "季路問事鬼神. 子曰, 未能事人, 焉能事鬼. 敢問死. 曰, 未知生, 焉知死." (『論語』「先進」)

(본문 216~218쪽)

3) "子不語怪, 力, 亂, 神."(같은 책「述而」)

4) "樊遲問知. 子曰, 務民之義, 敬鬼神而遠之, 可謂知矣."(같은 책「雍也」)

5) "問事鬼神, 蓋求所以奉祭祀之意. 而死者人之所必有, 不可不知, 皆切問也. 然非誠敬足以事人, 則必不能事神; 非原始而知所以生, 則必不能反終而知所以死. 蓋幽明始終, 初無二理, 但學之有序, 不可躐等, 故夫子告之如此."(『四書集注』)

6) 신유학의 귀신론 그리고 주희의 귀신론을 분석한 논문은 적지 않게 발표되었다. 그러나 그 논문들의 관심은 거의 모두 신유학자들, 특히 주희가 '귀신'에 대해 '무엇'을 말하고 생각했는가 하는 관심에서 귀신론을 정리하고 있다. 사실 더욱 중요한 문제인 그들의 '귀신'론이 어떤 사회적 맥락에서 나왔는지, 그리고 그들은 '귀신'을 논함으로써 어떤 기대를 가지고 있었는지를 살피는 글은 거의 없는 듯하다. 필자는 앞의 여러 장에서 누차 강조하는 것처럼, 예 회복을 지향하는 정치가적, 목민관적 관심과 관련하여 귀신 담론을 이해해야 한다고 생각한다. 주희의 귀신론에 담긴 내용만을 살피는 것으로는 그러한 주희의 의도를 충분하게 파악할 수 없을 것이다. 지금까지 나온 중요한 귀신론 논문으로는, 토모에다 류타로友枝龍太郎,『朱子の思想形成』과 미우라 쿠니오三浦國雄,「鬼神論」,『朱子と氣と身體』가 가장 대표적이다. 미우라의 논문은 과거에 따로 발표된 두 편의 논문을 하나로 정리한 것이다. 그 이외에 일본 학자의 논문이 몇 편 있지만, 내용적으로는 미우라의 범위를 벗어나지 못하고 있다. 중국의 논문으로는 대표적인 것이 錢穆,『靈魂與心』(대북 연경출판사)에 실린 일련의 논문이다. 필자는 위의 논설들이 주자학적 귀신론의 내용을 조술하는 데 중점을 두고 있으며, 주희의 귀신론이 가지고 있는 사회적 문화적 의도를 밝히지 못하고 있다고 생각한다.

7) 이 문제에 대한 자세한 내용은 본서의 제2장「주희의 학문관과 문화 정체성」참조. 주희의 『대학장구』를 영어로 번역하고 주희의 『대학』이해를 살핀 선행 연구로는 Daniel Gardner, *Chu hsi and the Ta-hsue*: *Neo-*

(본문 218〜219쪽)

Confucian Reflection on the Confucian Canon(Harvard University Press, 1986)을 참조.

8) "程子曰, 晝夜者, 死生之道也. 知生之道, 則知死之道；盡事人之道, 則盡事鬼之道. 死生人鬼, 一而二, 二而一者也."(『四書集注』)

9) "怪異, 勇力, 悖亂之事, 非理之正, 固聖人所不語. 鬼神, 造化之迹, 雖非不正, 然非窮理之至, 有未易明者, 故亦不輕以語人也."(『四書集注』)

10) '淫祀'란 禮의 원리에 따르면 祭祀를 지내야 할 의무가 없는 데에도 불구하고 지내는 祭祀를 의미한다. 영어로는 그것을 'excessive cults' 혹은 'licentious cults'라고 옮기는 것이 일반적이다. 淫이란 성적인 방종의 의미보다는 적절함에서 벗어나는 '과도함'이라는 의미로 사용된다. 종교적 祭祀의 영역에서 淫祀는 禮의 원리에 따른 제사의 규정을 초과한다는 의미이다. '淫祀' 개념은 고대 중국의 禮書에 이미 나타나고 있고 주석가들은 일반적으로 "국가가 규정하는 제사의 체계, 즉 '사전'에 규정되지 않은 신에게 드리는 제사" 및 "제사의 권한을 넘어서 드리는 제사"라고 이해하고 있다. 그 개념은 유교의 전유물이 아니라, 도교에서 자기들이 모시는 신격의 범위를 넘어서는 신격에 대한 제사를 비판할 때에도 '淫祀'라는 개념을 사용한다. 일반적으로 '淫祀'란 국가의 사전 체계에 포함되지 않는 雜神들에 대한 민중의 제사를 가리키는 것으로 사용된다. 송대의 경우에도 淫祀는 국가의 사전 체계가 수용하지 않는 여러 신격에 대한 민중의 제사를 의미하는 것으로 보아야 할 것이다. 예외로서 사전에 기재되지 않았으나 국가가 공인한 제사, 즉 국가의 공인에 해당하는 '賜額'을 얻은 祠廟의 제사는 '淫祀'라고 볼 수 없다. 그러나 여기서 주의해야 할 사항은 국가의 賜額을 얻은 민중 祠廟에서의 제사라 할지라도 '개인'의 자격으로는 그러한 祠廟의 神明에게 제사를 지내지 못하는 것이 원칙이었다. 士庶人이 '개인'의 자격으로 제사를 지낼 수 있는 대상은 자기의 조상신과 집안의 竈神에 대한 제사에 한정되어 있었다. 祀典의 신과 국가의 賜額이 내려진 祠廟의 제사는 국가 기관, 즉 천자 내지 천자의 권한을 위임받은 지방관의 권한이었을

(본문 221~222쪽)

뿐이다. 도교와 민중종교의 관계에 대해서는 Rolf Stein, "Religious Taoism and Popular Religion from the Second to Sevens Centuries", *Facets of Taoism*, eds. Holms Welch and Anna Seidel(1979)가 고전적인 연구이다. 유교의 '淫祀' 문제에 대해서는 小島毅의 최근의 논문(이 장의 주석 13 참조)을 참조.

11) 祀典이란 국가가 제사 지내는 것을 허용한 여러 공인된 신격의 명칭, 격식, 봉호, 사묘 및 제사의 방법 등을 규정한 국가의 '典禮文書'를 가리킨다. 국가의 종교 의례를 규정한 기본 법전이라고 이해하면 좋을 것이다.

12) 일본의 도교 연구자들은 도교의 전개 과정을 개괄하면서, 도교를 '교단 도교'와 '민중 도교'로 나누어 서술하려는 입장을 취하고 있다. 그러한 양분법에 대해 반대 입장을 취하는 학자(예를 들면 쿠보 노리타다)도 없지 않지만, 필자는 그 두 양태의 도교를 상호 배척적인 개념으로 보지 않고, 그 두 양태의 도교가 상호 연관적이라는 점을 부정하지 않는다면, 그러한 구분이 '작업 가설적'으로 성립하지 못할 이유는 없다고 생각한다. 그리고 그때의 민중 도교는 특히 송대 이후 근세 중국의 도교의 여러 양상을 지칭하는 개념이라는 것을 주의해야 한다. 일본의 도교 연구를 개설하면서, 도교를 '민중 도교'와 '교단 도교'로 분류할 수 있다고 보는 입장은 사카이 타다오酒井忠夫 편, 『道教の總合的研究』(국서간행회)의 마지막 논문「道教とは何か」에 잘 정리되어 있다. 이 논문은 다시 같은 저자가 편집한 『道教1: 道教とは何に』(平河出版社, 1983)에 수록되어 있다.

13) 송대의 민중적 종교 신앙과 도교적 신앙 및 실천의 관련 양상을 해명하기 위해 송대의 필기 소설, 지괴 소설류를 폭넓게 이용한 연구 성과로는 Valery Hansen, 같은 책을 꼽을 수 있다. 이 연구는 南宋 시대의 민중종교의 실태를 이해하는 데에 대단히 유익한 정보들을 제공해준다. 그 외에도 송나라의 민중종교의 실태를 이해하기 위해서는 복건성과 절강성의 많은 地方志들이 자료가 될 수 있을 것이고, 『癸辛雜識』 등 필기 사료들도 이용될 수 있다. 최근 서양의 중국학계에서는 이러한 자료들을 이용하여

(본문 223~225쪽)

송대 민중종교의 실태를 해명하려는 학문적 노력이 경주되고 있다. 대표적인 성과로는 위의 Hansen의 작업 외에도 Hymes를 비롯하여 Stephen Feuchang, Stanley Davis, Lowell Skar 등 젊은 연구자들의 성과가 적지 않게 발표되고 있다. 일본의 코지마 츠요시小島毅가 발표한 일련의 논고들 역시 중요하다. 小島毅, 「正祀と淫祀-福建の地方誌における記述と論理」, 『東洋文化研究所紀要』114책(1991) 및 같은 저자의 일련의 논문을 모은 『中國近世における禮の言說』(동경대출판회, 1996)을 참조.

14) 『중용장구』「귀신장」에 대한 주석과 더불어, 그 내용에 대한 제자들과의 문답을 수록한 『朱子語類』 권63의 여러 대화, 『朱子語類』 권3 「귀신」 부분은 귀신에 대한 주희의 입장을 이해하는 데 중요한 자료이다.

15) "鬼神只是氣. 屈伸往來者 氣也."(『朱子語類』 권3, 34쪽)

16) "程子曰, 鬼神, 天地之功用, 而造化之迹也. 張子曰, 鬼神者, 二氣之良能也. 愚謂以二氣言, 則鬼者陰之靈也, 神者陽之靈也. 以一氣言, 則至而伸者爲神, 反而歸者爲鬼, 其實一物而已."(『중용장구』 16장 「귀신장」의 주석)

17) 중국 사상에서 사용되는 '기'의 의미를 역사적으로 그리고 포괄적으로 이해하기 위한 책으로는 小杆澤精一, 山井勇 등이 편찬한 『氣の思想』(동경대출판회, 1978)이 있다. 이 책에 실린 논문들의 수준은 일정하지 않기 때문에 주의해서 보아야 할 것이다. 주희의 理氣論 사상을 특히 자연학적인 입장에서 이해할 때는 理의 측면보다는 氣의 측면이 두드러지게 보인다는 점을 지적한 山田慶兒, 『주자의 자연학』(岩波書店, 1979)이 주희의 氣 개념을 이해하는 데 매우 중요한 연구서이다. 최근에 한신대의 나성은 '기'를 '실체적'으로 이해하는 방식을 비판하고, 기는 실체적으로 밝힐 수는 없지만, 그것의 존재 자체를 부정할 수 없다는 의미에서 그것을 '기능적 실재'로 이해하여야 한다는 입장을 제안한다.(나성, 「송대 신유학에 있어서 언어와 궁극적 실재」, 『철학사상』 3, 1993 참조)

필자는 중국의 氣 개념과 그 개념에 의해 세계를 설명하는 汎氣論的 체계

(본문 227~228쪽)

를, 세계를 설명하는 포괄적 설명 체계, 즉 '모든 것을 설명하는 이론', 다시 말해 '하나의 신화'로서 이해하면 어떨까 하는 생각을 한다. 주희의 귀신론의 맥락에서 보자면, 귀신이 '氣'로 설명된다는 것은 주자학적 세계 해석의 체계 속에 귀신을 포함시킬 수 있다는 것이고, 그것은 주자학의 '신화'라고 볼 수 있다는 것이다. '신화적 설명'이란 그 신념 체계를 공유하는 사람들에게는 의미 있는 설명 체계로서 수용될 수 있지만, 그렇지 않은 외부인에게는 설명으로서의 힘과 설득력을 가지지 못하는 설명을 의미한다. 예를 들어 "예수님은 하나님의 아들"이라는 진술은 그러한 신화적 설명의 전형적인 예가 될 수 있을 것이다.

18) "論來只是陰陽屈伸之氣, 只謂陽亦可也. 然必謂之鬼神者, 以其良能功用而言也. 今又須從良能功用上求見鬼神之德, 始得."(『朱子語類』권63, 1545쪽)

19) 주희는 여러 곳에서 良能 功用을 屈伸 往來의 의미라고 풀이한다. 굴신 왕래란 기의 운동성을 강조하는 표현이다. 귀신은 기로 설명되는 존재이기는 하지만, 어떤 형상을 가지고 인간의 감각적, 오성적 인식의 대상이 되는 것이 아니라는 점을 강조하기 위해 주희는 '靈'이라는 표현을 사용하여 정이와 장재의 정의를 보완하고 있다. "귀신이란 눈으로 볼 수 없고, 귀로 들을 수 없기 때문에, 그것[귀신]의 덕[활동성]을 인식하기 위해서는 반드시 그것의 양능과 공용의 측면에서 찾아들어 가야 한다[鬼神視之而不見, 聽之而不聞, 人須是於那良能與功用上取取其德]"(『朱子語類』권63, 1549쪽)라는 주희의 말을 참고로 들 수 있다.
한편 靈 은 주희 등 사상가들이 사용한 추상적인 철학 용어로서의 의미와는 전혀 다른 맥락에서 중국의 종교사를 이해하는 데에 매우 중요한 개념이다. 특히 본론의 과제인 민중적 신앙의 문맥에서는 그 '靈'이라는 표현은 대단히 중요한 용어다. 서양의 종교는 어떤 정통적 교리에 귀의하는 것을 조건으로 신자의 신앙적 아이덴티티를 고정적으로 한정짓고, 그 교리의 한계를 벗어나는 신앙적 실천을 이단이라고 규정하지만, 중국의 경우에는 종교 조직과 신자의 신앙 및 신행 사이에 그러한 고정적이고 계약적인 '귀의' 관계가 존

(본문 228쪽)

재하지 않는다. 어떤 면에서 중국의 종교의 실상은 복수적으로 존재하는 종교적 힘의 공급자(승려, 도사, 무, 혹은 떠돌이 종교 전문가 등)와 무수히 존재하는 그 힘의 향유자 사이의 일시적 계약 관계로서 존재한다고 말할 수 있을 것이다. 오늘날 우리나라에서 볼 수 있는 무당과 그 고객인 단골 사이에 이루어지는 일시적 계약 관계 내지는 단순히 점쟁이와 그 점쟁이를 찾아가는 손님 사이에 성립되는 일시적 계약 관계를 생각해보면 좋을 것이다. 그때 종교적 힘을 이용하는 고객은 종교 의례의 제공자에게 계약의 범위 안에서만 의무(비용의 제공)를 질 뿐 다른 아무런 의무를 지지 않는다. 그리고 고객이 종교 전문가를 선택하는 기준은 그 전문가의 종교 의례, 즉 종교적 힘이 자기가 해결하고자 하는 문제를 해결하는 데 도움이 되는지의 여부이다. 일반적으로 명망을 얻은 종교 전문가를 이용할 때에는 비용이 많이 요구될 것이고, 그렇지 않은 전문가는 비용 면에서 저렴할 것으로 예상된다. 이때 어떤 종교의 전문가가 고객들의 문제를 해결해주는 능력이 높아지는 것에 비례하여 그 전문가는 영험한 힘을 가진 것으로 인정받는다. 혹은 고객이 찾아가서 기도하는 신이 자기의 문제를 해결해주는 빈도가 높을수록 그 신은 영험한 신으로 인정받는다. 중국 종교의 맥락에서 靈이란 이처럼 '고객이 요구하는 종교적 문제 해결의 능력이 뛰어나다'는 것을 의미한다. 즉 종교적으로 신뢰할 수 있다는 의미이다. 민중 고객의 입장에서는 의례 전문가의 종교적 아이덴티티는 사실 그리 중요한 요소는 아니다. 그 전문가가 어떤 종에 속하는지, 아니면 어떤 교단에 속하는지는 그들의 선택 기준으로서는 거의 문제가 되지 않는다. 문제가 되는 것은 오직 그들이 영험한가[靈] 아닌가[不靈] 하는 기준일 뿐이다. 고객의 입장에서는 도대체 도교라든지, 불교라든지, 巫라든지 요즈음 우리가 의미 있는 것이라고 여기는 종교의 경계선 혹은 교파의 구분이 거의 유용성이 없는 구분에 불과한 것이라고 보는 것이 옳다. 오늘날 우리가 무당이나 점쟁이를 찾아갈 때, 그(그녀)가 불교적인지 도교적인지 등등의 아이덴티티, 아니면 그(그녀)가 모시는 신의 정체나 계보에 대해 전혀 무관심한 것과 같은 이치일 것이다. 그런 의미에서 민중적 입장에서 중국 종교의 실태는 학자들이 흔히 말하는 것처럼 '三敎合一'이 아니라 오히려 '三敎不分'이라고 보는 것이 더 적절할 것이다. 우리가 중국의 '민중종교'라고 부르는 것은 바로 그런

(본문 228쪽)

'三敎不分'의 실상을 지칭하는 것이라고 이해하면 좋을 것이다.
그러나 고객의 관점과는 달리 종교적 힘의 제공자인 의례 전문가는 그 당시 자기의 종교적 실천이 근거를 삼는 전통에 강하게 밀착되어 있는 것이 일반적이다. 따라서 종교 전문가의 입장에서는 대개 분명한 종교적 아이덴티티(승려 혹은 도사)를 과시하는 것이 일반적이었다. 도교나 불교의 경우 전문가가 되기 위해서는 오랜 기간의 훈련이 필요하고, 나름대로 엄격한 오디네이션 랭크ordination rank를 가져야 하며, 또 스스로 도사라거나 승려를 자처하는 사이비 도사나 승려들의 경우에도 나름대로 의거하는 神將의 계보가 있었기 때문에 그 경계를 함부로 무너뜨리는 의례 제공을 하지는 않았던 것이다. 그 이유는 고객의 신뢰와도 무관하지 않았을 것이다. 아마도 우리 무당들이 자기들의 神系를 분명히 가지는 것을 연상하면 좋을 것이다. 물론 그러한 전통의 아이덴티티가 약한 전문가(巫, 떠돌이 종교 전문가)도 있었겠지만, 그런 전문가라도 영험성을 인정받으면 성공할 수 있는 가능성은 얼마든지 있었다. 실제로 송대에는 그런 전통의 기반이 약한 전문가들이 많이 활약했고, 그런 전문가들은 대개 도교나 불교의 어떤 파벌에서 떨어져 나온 사이비 도사나 사이비 승려의 신분을 가지거나 혹은 단순히 개별적으로 활동하는 무적인 존재로 활약했다. 그런 종교 전문가들이 활동할 수 있었던 이유는 민중의 경제적 성장으로 말미암아, 개별적으로 혹은 여럿이 비용을 추렴하여 종교 의례 전문가를 고용(초청)할 수 있는 경제적 능력이 마련되었다는 사실과 관계가 있다. 정통적이고 명망 있는 종교의 전문가(정통 교단의 유명한 도사나 승려)를 이용할 경우 많은 비용이 소요되지만, 그런 떠돌이 전문가의 경우에는 대폭적인 비용의 절감을 기대할 수 있기 때문이기도 했을 것이다. 그들이 요구하는 비용이 얼마였는지를 알려주는 자료는 없지만, 오늘날 우리나라에서 정식 굿판을 벌이기 위해 상당한 비용이 소요되는 것을 보면, 과거에도 만만치 않은 비용이 들었을 것을 충분히 짐작할 수 있고, 실제 그런 종교적 실천에 비판적인 인사들은 그 비용의 과다함을 비판한다. 현재 대만의 경우에도 정식으로 도사를 청해 종교 의식을 벌일 경우 우리 돈으로 수천만 원에서 수억 원의 비용이 드는 것은 보통이다. Schipper, 같은 책 및 John Lagerway, *Taoist Ritual in Chinese Society and History*

(본문 228쪽)

(Macmillan, 1987)를 참조. 그리고 Hansen의 같은 책도 대단히 중요한 정보를 제공한다.

20) "視之而弗見, 聽之而弗聞, 體物而不可遺.'(『중용장구』16장 「귀신장」의 제2절)

21) 주희의 귀신론의 '원론'을 한마디로 말하면, "귀신은 기에 불과하다. 굴신왕래하는 것이 기이다'(『朱子語類』권3, 34쪽)라는 것은 주자학의 상식이다. 그러나 누차 강조한 것처럼, 그렇기 때문에 주희의 귀신론이 귀신을 기로 환원하려는 의도를 가진 것이라고 보아서는 곤란하다. 오히려 주희의 氣論的 鬼神論은 귀신을 기로 해소시키려고 하는 논리가 아니라, 귀신과 인간, 더 나아가서는 신적인 존재와 인간의 교섭을 인정하고 그 관계를 해명하기 위한 논리적 장치로 작용할 수도 있음을 잊어서는 안 된다. 위의 언설에 이어 주희는 인간과 신적인 존재의 교감 가능성을 기의 원리에서 찾아야 한다고 말한다. "천지간에 기가 아닌 것은 없다. 인간의 기와 천지의 기는 끊임없이 항상 서로 접촉하고 있지만, 인간이 그것을 눈으로 확인할 수 없을 뿐이다. 인간의 마음이 발동할 때에 그 마음은 반드시 기에 영향을 주고, 그 기는 굴신왕래〔운동〕하는 것이기 때문에 〔인간과 천지의 신은〕서로 感通할 수 있게 된다. 예를 들어 卜筮의 경우를 보자. 점을 칠 때에 너의 마음에 떠오르는 일들이 기로써 움직여 거기에 대해 하늘의 기가 대답〔應〕을 하는 것이다〔天地間無非氣. 人之氣與天地之氣相常接, 無間斷, 人自不見. 人心才動, 必達於氣, 便與這屈伸往來者相感通. 如卜筮之類, 皆是心自有此物, 只說你心上事, 才動必應也.〕"(위와 같음) 국가제사는 물론 개인의 제사가 신적인 존재와의 교감 내지 교통을 불러일으키는 의식이고, 점복이나 여타 종교 의례가 신적인 존재와의 교류를 가능하게 한다는 주희의 제사론은 이처럼 '氣의 感應'에 근거를 둔 이론이었다.

22) "鬼神便只是此氣否." "又是這氣裏面神靈相似."(『朱子語類』권3, 34쪽)

(본문 228~230쪽)

23) 같은 책, 33쪽.

24) 종교학에서는 그런 현상을 히에로파니hierophany 내지 에피파니 epiphany라고 불러, 인간의 삶과 성스러운 실재의 만남을 설명하고자 한다. 그러나 종교학의 성스러움 내지 성스러움의 출현(히에로파니)을 하나의 '실체'적 현상으로 설명할 것인가 아니면 성스러움을 체험하는 인간의 실존적 경험을 서술하는 '범주'로 볼 것인가에 대해서는 의견의 차이가 있다. 엘리아데 이후의 종교학에서는 성스러움을 실체적 존재로 이해하는 관점을 부정하고, 그것을 인간의 종교적 경험을 서술하는 범주로 보는 것이 일반적이다.

25) "귀신에 관한 것은 과거의 성현들이 이미 충분히 분명하게 말했다. 따라서 예서를 충분하게 읽어본다면 곧 알게 될 것이다. 이정은 처음부터 귀신이 없다고 말하지는 않았다. 그들은 다만, 오늘날 세속에서 말하는 그런 방식의 귀신은 없다고 말했을 따름이다. 옛날 성인이 제사의 제도를 규정한 이유는 바로 그들이 천지의 理를 그렇게 이해했기 때문이다.〔如鬼神之事, 聖賢說得甚分明, 只將禮熟讀便見. 二程初不說無鬼神, 但無而今世俗所謂鬼神耳. 古來聖人所制祭祀, 皆是他見得天地之理如此.〕"(같은 책, 34쪽) 여기서 주희는 귀신의 존재가 없다고 말하지 않고, 세속에서 숭상하는 그런 귀신이란 없다라고 말한다. 그의 의도는 존재론적으로 그런 귀신이 없다고 하는 주장이라기보다는, 예의 관점에서 볼 때 세속의 귀신〔厲鬼, 妖怪, 精靈……〕 숭배가 유교의 정통적 禮秩序에서 벗어나 있기 때문에 그런 종교 행태를 부정하는 것이라고 이해해야 할 것이다. 앞으로 우리가 살펴보겠지만, 주희는 초월적 신령의 존재를 부정하지 않고, 그 신령의 영험성을 부정하지도 않는다. 그가 부정하는 것은 국가의 禮秩序를 벗어난 신령의 힘이 민중의 삶에 영향을 미치는 현실이다. 그의 민중종교 비판은 귀신의 신앙 자체에 대한 비판이 아니라, 예에 어긋난 신앙에 대한 비판이었다.

26) "因論薛士龍家見鬼, 曰, 世之信鬼神者, 皆謂實有在天地間. 其不信者, 斷然以爲無鬼. 然却又有眞箇見者. 鄭景望遂以薛氏所見爲實理, 不知此特虹

(본문 230~232쪽)

霓之類耳. 必大因問, 虹霓只是氣, 還有形質. 曰, 旣能啜水, 亦必有腸肚. 只纔散, 便無了. 如雷部神物, 亦此類." (같은 책, 36쪽)

27) "因說鬼怪, 曰, '木之精蘷魍魎'. 蘷只一脚, 魍魎, 古有此語, 若果有, 必有此物." (위와 같음)

28) "世俗所謂物怪神姦之說, 則如何斷. 曰, 世俗大抵十分有八分是胡說, 二分亦有此理. 多有是非命死者, 或溺死, 或殺死, 或暴病卒死, 是他氣未盡, 故憑依如此. 又有是乍死後氣未消盡, 是他當初稟得氣盛, 故如此, 然終久亦消了. 皆精與氣合, 便生人物, 遊魂爲變, 便無了." (같은 책 권63, 1551쪽)

29) 주희는 물론이고 그의 문인, 제자들 역시 기의 흩어짐이 곧 죽음이라는 고전적 죽음관을 수용하고 있었다. 앞의 인용문에서 "대개 精과 氣가 합쳐졌을 때 사람과 사물은 생명을 얻으며, 혼이 몸을 떠나 노닐 때에는 곧 그것이 사라진다〔皆精與氣合, 便生人物, 遊魂爲變, 更無了〕"라고 말하는 것이 그것이다. 이러한 기론적 죽음 인식은 반드시 유학이나 주자학에 한정된 것이 아니라 중국 종교 및 사상의 상식이었다.

30) "他是不伏死, 如自刑自害者, 皆是未伏死, 又更聚得這精神." (같은 책 권3, 43쪽)

31) 죽은 자의 氣〔魂魄〕가 흩어지지 않은 경우 귀신이 된다는 논리는 사실 중국의 종교 및 사상 전통에서는 당연한 주장이다. 이러한 주희의 귀신 이해는 경전에 나타나는 고전적인 이해를 답습한 것이었다. 주희는 『좌전』에 나타나는 伯有의 고사를 자신의 귀신 이해의 근거로서 자주 인용한다. 『좌전』에 나오는 기원전 543년의 기사는 고대 중국인의 귀신 이해를 보여주는 중요한 자료이다. 이 기사에서 등장하는 伯有는 억울하게 나라에서 축출되고 마침내 그의 정적에 의해 피살당한 鄭國의 귀족이었다. 백유가 피살당한 뒤 鄭나라에서는 기괴한 소문이 나돌았다. 죽은 백유의 귀신〔鬼〕이 나타나 자신을 살해한 자들에게 복수한다는 것이었다. 이 일로 정

(본문 232~233쪽)

나라 전체가 긴장 상태에 빠져들었다. 당시 정나라의 정국을 다스리던 子産은 이 문제를 해결하기 위해, 公孫洩과 伯有의 아들 良止를 大夫의 자리에 앉혀 백유의 귀신을 위로했다. 그러자 백유의 귀신이 나타나는 소란은 사라지게 되었다고 한다. 나중에 자대숙은 자산에게 그 이유를 물었다. 자산은 대답했다. "귀신〔鬼〕도 위로를 받으면 더 이상 해를 끼치지 않는다"라고. 나중에 자산이 진나라에 갔을 때에 趙景子는 백유의 귀신이 출현한 사건에 대해 물었다. "백유 같은 귀족이라도 귀신이 될 수 있는 것입니까?" 이 질문에 대한 정자산의 대답은 중국 전통에서의 귀신 및 영혼에 관한 가장 경전적인 권위를 가지는 설명으로 중국 사상의 역사에서 반복적으로 등장한다. "물론입니다. 사람이 태어날 때 가장 먼저 생성되는 것이 魄입니다. 먼저 백이 생성되고, 그중에서 양에 속하는 부분이 魂입니다. 〔지위가 높은 사람의 경우에는〕 사용할 수 있는 좋은 물건이 많고 또 먹을 수 있는 음식물이 풍부하기 때문에, 그의 魂魄이 강해질 수 있습니다. 따라서 그의 정기가 맑아져서 신명〔신〕과 같은 상태가 될 수도 있는 것입니다. 신분이 낮은 일반인의 경우에라도 '强死', 즉 억울한 죽음이나 불우한 죽음을 당했을 때에는 그들의 혼백은 다른 사람들의 몸에 依憑하여 재난을 내리는 淫厲가 될 수도 있습니다. 더구나 良霄〔伯有〕는 우리의 선군 穆公의 자손으로서…… 삼대에 걸쳐 정치에 종사한 인물입니다. 그런 백유가 억울한 죽음〔强死〕을 당한 것이므로 귀신이 되어 복수를 하는 것은 당연한 일이 아니겠습니까?" 여기서 이야기되고 있는 것은 사후의 영혼으로서의 귀신〔鬼〕의 문제와 살아 있는 사람의 영혼, 즉 魂魄의 문제이다. 죽어서 기가 흩어지지 않은 경우에 귀신이 되어 이 세상에 출현할 수 있다는 주희의 이해는 『좌전』의 자산의 것을 그대로 수용하고 있음을 알 수 있다.

32) "久之亦不會不散; 然終久亦散了"(『朱子語類』 권3, 44쪽)

33) "死而氣散, 泯然無迹者, 是其常, 道理恁地."(같은 책, 44쪽)

34) "伯有爲厲之事, 自是一理, 謂非生死之常理. 人死則氣散, 理之常也. 它却用物宏, 散精多, 族大而强死, 故其氣未散耳."(위와 같음)

(본문 234~239쪽)

35) 주희는 여기서 정이천의 생각을 그대로 수용하고 있다. 『朱子語類』권3의 19번째 문답(38쪽) 및 같은 권3의 41, 42, 43, 44번째 문답(44쪽) 등에서 常理와 '自是一理' 및 '別有(是)一理'를 대비시킨다.

36) "如家語云, 山之怪曰夔魍魎, 水之怪曰龍罔象, 土之怪羵羊. 皆是氣之雜揉乖戾所生, 亦非理之所無也, 專以爲無則不可. 如冬寒夏熱, 此理之正也. 有時忽然夏寒冬熱, 豈可謂無此理. 但旣非理之常, 便謂之怪. 孔子所以不語, 學者亦未須理會也."(같은 책, 37쪽)

37) "若是王道修明, 則此等不正之氣都鑠了."(같은 책, 55쪽)

38) "行正當事人, 自不作怪, 棄常則妖興."(위와 같음)

39) 『禮記』「祭統」.

40) 같은 책 「祭法」.

41) 같은 책 「곡례」.

42) 고대 중국의 제사 대상 신령의 분류와 그에 대응하는 국가제사 분류의 방식에 대해서는 금장태·이용주,「고대유교의 예론과 국가제사」,『동아문화』제38집(서울대학교 인문대학, 2000) 참조.

43) 이러한 대원칙에서 예외는 부뚜막신(竈神)에 대한 개인의 제사 정도라고 말할 수 있다. 중국의 역대 왕조에서 개인이 조신에게 제사를 지내는 것은 조상신에 대한 제사와 함께 적법한 것이었다. 竈神은 가정의 주재신이라 할 수 있다. 따라서 개인이 竈神에게 제사를 지낸다 해도 자기에게 할당된 영역의 신에게 제사를 지내는 것이라고 볼 수 있으므로 제사의 등급성의 원리와 모순되지 않는다. 따라서 조신에 대한 제사는 음사의 영역에 속하는 것이 아니었다. 전통적으로는 동지(음력 12월22일)를 전후하여

(본문 239~245쪽)

조왕신에게 제사를 지내는 것이 일반인의 민속이었다. 주희 역시 '조신'에 대한 제사를 인정하고 있다. "조신에게는 제사를 지내야 합니까?〔竈可祭否〕"라는 물음에 대해, 주희는 "사람의 음식과 관련되는 사항이므로, 역시 제사를 지낼 수 있다〔人家飮食所繫, 亦可祭〕"(『朱子語類』권90, 2292쪽)라고 대답한다. 중국 전통의 민간 신앙에서 조신에 대한 제사에 대해서는 앞에서 언급한 Rolf Stein의 논문을 참조할 수 있다.

44) 죽음과 혼백의 분리 그리고 기의 소진 등에 대한 주희의 설명 논리는 전혀 새로운 것이 아니다. 주희는 『회남자』(高誘의 注), 『예기』, 『좌전』 등 고전 중국의 죽음의 이론을 자연스럽게 인용한다. 고대 중국에서의 죽음에 관한 이론 및 혼백에 관한 신앙 등에 대해서는 Yu Ying-shi의 "'Oh, Soul Come Back!' A Study in the Changing Conceptions of the Soul and Afterlife in Pre-Buddhist China"(HJAS, 47.2, 1987) 참조.

45) 『朱子語類』권3, 37, 47쪽.

46) "聖賢道在萬世, 功在萬世. 今行聖賢之道, 傳聖賢之心, 便是負荷這物事, 此氣便與他相通."(같은 책, 46쪽)

47) "如天子祭天地, 諸侯祭山川, 大夫祭五祀. 雖不是我祖宗, 然天子者天下之主, 諸侯者山川之主, 大夫者五祀之主. 我主得他, 便是他氣又總統在我身上, 如此便有箇相關處."(같은 책, 47쪽)

48) "人做州郡, 須去淫祀. 若繫勅額者, 則未可輕去."(같은 책, 53쪽)

49) "鬼神事自是第二著. 那箇無形影, 是難理會底, 未消去理會, 且就日用緊切處做工夫. 子曰, 未能事人, 焉能事鬼. 未知生, 焉知死. 此說盡了."(같은 책, 33쪽)

50) "風俗尙鬼, 如新安等處, 朝夕如在鬼窟."(같은 책, 53쪽)

참고 문헌

1. 일차 자료

《전송문》, 사천인민출판사, 1988~1994.
李心傳, 『建炎以來繫年要錄』, 《총서집성》.
契嵩, 『鐔津文集』(《전송문》, 사천인민출판사).
朱謙之, 『老子校釋』, 북경: 중화서국(신편제자집성본).
歐陽修, 『歐陽修全集』(《전송문》, 사천인민출판사).
柳開, 『河東先生集』(《전송문》, 사천인민출판사).
柳宗元, 『柳宗元集』, 북경: 중화서국.
馬端臨, 『文獻通考』, 북경: 중화서국.
文彦博, 『潞公文集』(《전송문》, 사천인민출판사).
范仲淹, 『范文正公集』(《전송문》, 사천인민출판사).
范仲淹, 『司馬氏書儀』, 《총서집성》.
范仲淹, 『司馬文正公傳家集』(《전송문》, 사천인민출판사).
石介, 『徂徠石先生文集』, 북경: 중화서국(《전송문》, 사천인민출판사).
葉適, 『葉適集』, 북경: 중화서국.
邵伯溫, 『邵氏聞見錄』, 《당송 사료 필기 총간》, 북경: 중호서국.
蘇洵, 『嘉祐集』(《전송문》, 사천인민출판사)
蘇軾, 『校證經進東坡文集事略』, 郎曄 편, 북경: 고적출판사.
蘇軾, 『蘇軾文集』, 孔凡禮 편, 북경: 중화서국(《전송문》, 사천인민출판사).

邵雍, 『皇極經世書』, 《四部備要》.
李燾 편, 『續自治通鑑長編』, 북경: 중화서국, 1979~86.
孫復, 『孫明復小集』(《전송문》, 사천인민출판사)
脫脫 편, 『宋史』, 북경: 중화서국.
宋史藝文志廣編, 대북: 세계서국.
黃宗羲, 全祖望 편, 『宋元學案』, 북경: 중화서국.
王梓材, 馮雲濠 편, 『宋元學案補遺』, 대북: 세계서국.
顔之推, 王利器 주, 『顔氏家訓集解』, 북경: 중화서국(신편제자집성).
嚴家均, 『全上古三代秦漢三國六朝文』, 북경: 중화서국.
楊時, 『楊龜山先生全集』, 대북: 학생서국.
劉禹錫, 『劉禹錫集』, 상해: 인민출판사.
陸德明, 『經典釋文』, 북경: 중화서국.
陸游, 『陸放翁全集』, 북경: 중국서점.
王安石, 『周官新義』, 《사고전서》.
王安石, 『臨川先生文集』, 북경: 중화서국.
王安石, 『王文公文集』, 상해: 인민출판사(《전송문》, 사천인민출판사).
王廷相, 『王廷相集』, 북경: 중화서국.
元好文, 『中州集』, 《四部叢刊》(《전원문》, 강소인민출판사).
袁采, 『袁氏世範』, 《지부족재총서》.
李翶, 『李文公集』, 《四部叢刊》.
李覯, 『李覯集』, 북경: 중화서국(《전송문》, 사천인민출판사).
李元綱, 『聖門事業圖』, 《총서집성》.
郭慶藩, 『莊子集釋』, 북경: 중화서국(신편제자집성).
張載, 『張載集』, 북경:중화서국(《전송문》, 사천인민출판사).
程顥·程頤, 『二程集』, 북경: 중화서국(《전송문》, 사천인민출판사).
晁公武, 『郡齋讀書志』, 대북: 상무인서관.
周敦頤, 『周濂溪先生全集』, 《총서집성》(《전송문》, 사천인민출판사).
周密, 『癸辛雜識』, 북경: 중화서국.
朱熹, 『朱子語類』, 黎靖德 編, 북경: 중화서국.
朱熹, 『朱熹集』, 성도: 사천교육출판사.
朱熹, 『晦庵先生朱文公文集』, 《四部備要》.
朱熹, 『伊洛淵源錄』, 대북: 文海출판사.

朱熹, 『四書集註』, 북경: 중호서국(신편제자집성).
中庸, 『學庸章句引得』, 중화딘국 공맹학회.
眞德秀, 『西山先生眞公文集』, 《國學基本叢書》.
陳亮, 『陳亮集』, 북경: 중화서국.
蔡上翔, 『王荊公年譜考略』, 상해: 인민출판사.
韓琦, 『安陽集』(《전송문》, 사천인민출판사).
韓愈, 『韓昌黎集』, 矢熹 편, 홍콩: 상무인서관.
胡宏, 『胡宏集』, 북경: 중화서국.
洪邁, 『容齋隨筆』, 상해: 고적출판사.
洪邁, 『夷堅志』, 북경: 중화서국.
黃幹, 『勉齋先生集』, 《正誼堂全書》.

2. 동양어 이차 문헌

葛兆光, 『道敎與中國文化』, 상해: 인민출판사, 1987.
葛兆光, 『葛兆光自選集』, 桂林: 上廣西師範大學出版社, 1997.
姜廣輝, 『理學與中國文化』, 상해: 인민출판사, 1994.
岡田武彦, 『宋明哲學序說』, 동경: 文學社, 1977.
孔今宏, 『朱熹哲學與道家道敎』, 保定: 河北大學出版社, 2001.
鎌田茂雄, 「道性思想の形成過程」, 東洋文化硏究所紀要, 1966.
卿希泰 主編, 『中國道敎史』 제1~4 권, 성도: 사천대학출판사, 1988~1995.
季平, 『司馬光新論』, 重慶: 西南師範大學出版社, 1987.
邱漢生, 『朱子集注箋論』, 북경: 인민출판사, 1980.
吉岡義豊, 「三教指歸の成立について」, 『印度學佛教學研究』 8, 1권, 1960.
吉田公平, 『陸象山と王陽明』, 동경: 研文出版, 1990.
佐野公治, 『四書學史の研究』, 동경: 創文社, 1988.
金中樞, 「宋代經學當代化初探」 1부, 『成功大學歷史學報』 10, 1984; 2부, 『新亞學報』 15, 1986; 3부, 『成功大學歷史學報』 11, 1985; 4부, 『珠海學報』 14, 1985.
金中樞, 「宋代學術發展之轉關-胡瑗」, 『成功大學歷史學報』 13, 1987.
金中樞, 「宋代古文運動之發展研究」, 『宋史研究集』 10권, 대북: 중화총서,

1978.
楠本正繼, 『宋明時代儒學思想の硏究』, 千葉: 廣池學院, 1962.
나성, 「송대 신유학에 있어서 언어와 궁극적 실재」, 『철학사상』 3, 1993.
唐君毅, 『中國哲學原論 I』, 홍콩: 人生, 1966.
唐君毅, 『中國哲學原論 原道篇 III 中國哲學中之道之建立及其發展』, 홍콩: 신아연구소, 1974.
唐君毅, 『中國哲學原論 原敎篇-宋明理學思想之發展』, 홍콩: 신아연구소, 1977.
大島 晃, 「宋學における道統論について」, 『東大中哲文學會報』 6, 1981.
東一夫, 『王安石新法の硏究』, 동경: 風問書店, 1970.
東一夫, 『王安石と司馬光』, 동경: 沖積舍, 1980.
董洪利, 『孟子硏究』, 남경: 江蘇古籍出版社, 1997.
羅根澤, 『晩唐五代文學批評史』, 북경: 상무인서관, 1945.
羅根澤, 『中國文學批評史』, 북경: 중화서국, 1961.
鄧廣銘, 『왕안석』, 북경: 인민출판사, 1979, 수정본.
劉宏章·董平, 『陳亮評傳』, 남경: 남경대학출판사, 1996.
麓保孝, 『北宋に於ける儒學の展開』, 동경: 서적문물유통회, 1967.
末岡 實, 「唐代 '道統論' 小考 - 韓愈を中心として-」, 『북해도대학문학부기요』 36-1, 1988.
梅原郁, 『宋代官僚制度硏究』, 경도: 동붕사, 1985.
麥仲貴, 『宋元理學著書生卒表』, 홍콩: 신아서원, 1968.
牟宗三, 『心體與性體』, 대북: 正中, 1969.
牟宗三, 『中國哲學的特質』, 상해: 인민출판사, 1997.
박해당, 「기화사상연구」, 서울대학교 철학과 박사학위논문, 1996.
北京大學, 『中國哲學史』, 북경: 중화서국, 1980.
寺地遵, 「歐陽修における天人相關說への懷疑」, 『廣島大學文學部紀要』 28, 1권, 1968.
寺地遵, 「李覯の禮思想とその歷史的意義-北宋時代中期の自營地主層の思想」, 『사학연구』 118, 1973.
寺地遵, 「天人相關說より見た司馬光と王安石」, 『史學雜誌』 76, 10권, 1967.
山根三芳, 「司馬光婚禮考」, 『東洋學論集:池田末利博士古稀記念』, 池田末利博士古稀記念會, 1980.

山根三芳, 「司馬光禮說考」, 『森三樹三郎博士頌壽記念東洋學論集』, 森三樹三郎博士頌壽記念記念事業會, 1979.(『東洋學術研究』19, 2권, 1980)
山本命, 『宋時代儒學倫理學的硏究』, 동경: 理想社, 1973.
山田慶兒, 『朱子의 自然學』, 동경: 岩波書店, 1979.〔김석근 옮김, 서울: 통나무, 1991〕
三浦國雄, 『朱子』, 동경: 講談社, 1979.
三浦國雄, 『朱熹と氣と身體』, 동경: 平凡社, 1997.
徐洪興, 『思想的轉型-理學發生過程硏究』, 상해: 인민출판사, 1996.
石峻 主編, 『中國哲學史資料選輯』2권 1부, 북경: 중화서극, 1983.
蕭公權, 『中國政治思想史』, 대북: 중화문화, 1964.
小島毅, 「城隍廟制度の確立」, 『사상』, 792 號, 1990.
小島毅, 「正祀と淫祀 : 福建地方志における記述と論理」, 『東洋文化硏究所紀要』, 114책, 1991.
小島毅, 『中國近世における禮の言說』, 동경: 동경대학출판회, 1996.
束景南, 『朱熹年譜長編』, 상해: 華東師範大學出版社, 2001.
束景南, 『朱子大傳』, 泉州: 福建敎育出版社, 1992.
松本浩一, 「宋代の雷法」, 『사회문화사학』17, 1979.
楊澤波, 『孟子性善論硏究』, 북경: 사회과학출판사, 1995.
余英時, 『士與中國文化』, 상해: 인민출판사, 1987.
余英時, 『戴震與章學誠』, 홍콩: 용문서국, 197.
潘立勇, 『朱熹理學美學』, 북경: 東方出版社, 1999.
安藤智信, 「王安石と佛敎-種山穩棲期お中心として」, 東方宗敎 28, 1966.
王德毅, 「司馬光與資治通鑑」, 『宋史硏究論集』2권, 대북: 1972.
王曾瑜, 「王安石變法簡論」, 『中國社會科學 1980』, 3권.
姚吉光, 「唐代文士之學術思想」, 『歷史與文化』2호, 3호, 1947.
姚明達, 『程伊川年譜』, 상해: 상무인서관, 1937.
饒宗頤, 『中國史學上之正統論』, 홍콩: 龍門, 1977.
友枝龍太郎, 『朱熹の思想形成』, 동경: 春秋社, 1969.
熊十力, 「明心篇」, 『웅십력전집』권2, 북경: 중화서국, 1995.
劉乃昌, 『蘇軾文學論集』, 제남: 제로서사, 1982.
劉伯驥, 『宋代政敎史』, 대북: 중화서국, 1971.
劉子健, 『毆陽修的治學與從政』, 홍콩: 신아연구소, 1963.

任繼愈 主編,『中國道教史』, 상해: 인민출판사, 1990.
田中克己,『蘇東坡』, 동경: 硏文出版, 1983.
諸橋轍次,『儒學目的と宋儒經歷至慶元百六十年間の活動』, 동경: 대수관서점, 1929.
諸橋轍次, 安岡正篤 편,「朱子の先驅」,『朱子學大系』, 동경: 명덕출판사, 1972.
林科棠,『宋儒與佛學』, 대북: 상무인서관, 1966.
林益勝,『胡瑗的義理易學』, 대북: 상무인서관, 1974.
張健,『歐陽修之詩文及文學批評論』, 대북: 상무인서관, 1973.
張廣保,『唐宋內丹』, 상해: 上海文化出版社, 2001.
張立文,『朱熹思想硏究』, 북경: 社會科學出版社, 1982.
張立文 主編,『道』, 북경: 인민대학출판사, 1989.
蔣義斌,『宋代儒釋調和論及排佛論之演進-王安石之融通儒釋及程朱學派之排佛反王』, 대북: 상무인서관, 1988.
錢冬父,『唐宋古文運動』, 상해: 상해고적출판사, 1979.
錢穆,『國史大綱』, 대북: 국립편수관, 1975.
錢穆,『宋明理學槪述』, 대북: 중화문화, 1953.
錢穆,「雜論唐代古文運動」,『신아학보』3집, 1권, 1957.
錢穆,『朱子新學案』, 대북: 三民書局, 1971.
傳璇琮,『唐代科學與文學』, 서안: 섬서인민출판사, 1986.
趙盆,『王覇義利: 北宋王安石改革批判』, 남경: 남경대학출판사, 2000.
周予同,『周予同經學史論著選集』, 상해: 인민출판사, 1993.
酒井忠夫,『中國善書の硏究』, 동경: 國書刊行會, 1960.
陳光崇,「司馬光與歐陽修」,『史學集刊』, 1985, 1권: 11-18.
陳克明,『群經要義』, 북경: 동방출판사, 1996.
陳來,『朱熹哲學硏究』, 북경: 사회과학출판사, 1986.
陳來,『주자서신편년고증』, 상해: 인민출판사, 1989.
陳來,『유교와 고대종교』, 북경: 삼련서점, 1998.
陳植鍔,『宋代文化史』, 북경: 사회과학출판사, 1986.
陳植鍔,「略論宋初古文運動的兩種傾向」,『宋史硏究論文集』, 鄧廣銘, 酈家駒, 호남: 호남인민출판사, 1984.
陳榮捷,「道學」, 韋政通 편,『中國哲學辭典大全』, 대북, 1983.

陳榮捷,『朱子學新探』, 대북: 학생서국, 1988.
陳榮捷,『朱子論集』, 대북: 학생서국, 1982.
陳幼石,『韓柳歐蘇古文論』, 상해: 상해문의출판사, 1983.
陳寅恪,「論韓愈」,『金明館叢稿初編』, 상해: 고적출판사, 1980.
陳鐘凡,『兩宋思想述評』, 상해: 인민출판사, 1995.(1933)
陳智超,「袁氏世範所見南宋民庶地主」,『宋遼金史論叢』1권, 북경: 중화서국, 1985.
竺沙雅章,『蘇東坡』, 동경: 新人物往來社, 1967.
湯勤福,『朱熹的史學思想』, 齊南: 齊魯書社, 2000.
湯承業,『范仲淹硏究』, 대북: 국립편수관, 1977.
皮錫瑞,『經學歷史』, 북경: 중화서국, 1959.
馮友蘭,『論宋明理學』, 항주: 절강인민출판사, 1983.
馮友蘭,『中國哲學史』, 북경: 중화서국, 1934.
倉修良,『章學誠和文史通義』, 북경: 중화서국, 1984.
何澤恒,『歐陽修之經史學』, 대북: 국립대만대학, 1980.
戶崎哲彦,「柳宗元の明道文學-陸淳の春秋學との關係」,『中國文學報』36, 1985.
黃公偉,『宋明淸理學體系論史』, 대북: 幼獅文化事業公司, 1970.
黃方,『北宋文學批評資料彙編』, 대북: 청문출판사, 1978.
荒木敏一,『宋代科擧制度硏究』, 경도: 동양사연구회, 1969.
荒木敏一,「宋太祖科擧政策一考察, 東洋史硏究 24, 1966.
黃云眉,「讀陳寅恪先生'論韓愈'」,『문사철』8호, 1955.
侯外廬 外,『宋明理學史 1, 2』, 北京人民出版社, 1984.〔박완식 옮김, 이론과 실천, 1995〕
侯外廬 主編,『中國思想通史』, 북경: 인민출판사, 1959.

3. 서양어 이차 문헌

Barrett, Timothy Hugh, "Buddhism, Taoism and Confucian-ism in the Thought of Li Ao", Ph. D. dissertation, Yale University, 1978.
Barrett, Timothy Hugh, "Taoism Under the T'ang", Draft chapter for *The*

Cambridge History of China, General editors Denis Twitchett and John K. Fairbank, Vol. 3, *Sui and T'ang China*, 589~906, Part II, edited by Denis Twitchett, Cambridge: Cambridge University Press, forthcoming.

Bol, Peter K., "The Sung Context: From Ou-yang Hsiu to Chu Hsi", In *Sung Dynasty Uses of the I Ching*, by Kidder Smith, Jr., Peter K. Bol, Joseph A. Adler, and Don J. Wyatt, Princeton: Princeton University Press, 1990.

Bol, Peter K., "Ch'eng Yi as Literatus", In *The Power of Culture: Studies in Chinese Cultural History*, edited by Willard J. Peterson and Andrew Plaks, Hongkong: Chinese University of California Press, 1989.

Bol, Peter K., "Chu Hsi's Redefinition of Literati Learning", In *Neo-Confucian Education: The Formative Stage*, edited by John Chaffee and Wm. Theodore de Bary, Berkeley: University of California Press, 1994.

Bol, Peter K., "The Examination System and the Shih", *Asia Major*, 3rd series, 3, no. 2, 1990.

Bol, Peter K., "Government, Society, and State: On the Political Visions of Ssu-ma Kuang (1019~1086) and Wang An-shih(1021~1086)", In *Ordering the World: Approaches to State and Society in Sung Dynasty China*, edited by Robert Hymes and Conrad Schirokauer, Berkeley: University of California Press, 1993.

Bol, Peter K., "Seeking Common Ground: Han Lietrati Under Jurchen Rule", *Harvard Journal of Asiatic Studies 47*, no. 2, 1987.

Bol, Peter K., "Su Shih and Culture", In *Sung Dynasty Uses of the I Ching*, by Kidder Smith, Jr., Peter K. Bol, Joseph A. Adler, and Don J. Wyatt, Princeton: Princeton University Press, 1990.

Bol, Peter K., *This Culture Of Ours: Intellectual Transitions in T'ang and Sung China*, Stanford: Stanford University Press, 1992.

Bol, Peter K., *This Culture of Ours: Cultural Transition from T'ang to Song*, Cambridge: Harvard University Press, 1992.

Boltz, Judith M., *A Survey of Taoist Literature: Tenth to Seventeenth*

Centuries, Berkeley: University of California Press, 1987.
Bush, Susan, *The Chinese Literati on Painting*: Su Shih(1037~1101) to Tung Ch'i-chang(1555~1636), Cambridge: Harvard University Press, 1971.
Bush, Susan, and Hsiao-yen Shih, *Early Chinese Texts on Painting*, Cambridge: Harvard University Press, 1985.
Cahill, Suzanne E., "Taoism at the Sung Court: The Heavenly Text Affair of 1008", *Bulletin of Sung and Yuan Studies 16*, 1980.
Chaffee, John W., "Chu Hsi and the Revival of the White Deer Grotto Academy, 1179~1181 A.D.", *T'oung Pao 71*, 1985.
Chaffee, John W., *The Thorny Gates of Learning in Sung China: A Social History of Examinations*. Cambridge: Cambridge University Press, 1985.
Chan, Hok-lam, *Legitimation in Imperial China: Discussions Under the Jurchen-Chin Dynasty*(1115~1234), Seattle: University of Washington Press, 1984.
Chan, Wing-tsit, "Chu Hsi and the Academies", In *Neo-Confucian Education: The Formative Stage*, edited by John Chaffee and Wm. Theodore de Bary, Berkeley: Universtiy of California Press, 1989.
Chan, Wing-tsit, "Chu Hsi's Completion of Neo-Confucianism", *Etudes Song 2*, no. 1, 1973.
Chan, Wing-tsit, "The Evolution of the Neo-Confucian Concept of Li as Principle", *Tsing-hua shueh-pao*, new series, 4, no. 2, 1964.
Chan, Wing-tsit, "The Principle of Heaven vs. Human Desires", In *Chu Hsi: New Studies*, Honolulu: University of Hawaii Press 1989.
Chang, Carson, *The Development of Neo-Confucian Thought*, New York: Bookman Associates, 1957.
Chen, Jo-shui, "The Dawn of Neo-Confucianism: Liu Tsung-yuan and the Intellectual Changes in T'ang China, 773~819", Ph. D. dissertation, New Haven: Yale University, 1987.
Ch'en Ch'un, *Neo-Confucian Terms Explained (The Pei-hsi Tzu-i) by Ch'en Ch'un, 1159~1223*, translated by Wing-tsit Chan, New York:

Columbia University Press, 1986.

Chen, Kenneth, *Chinese Transformation of Buddhism*, Princeton: Princeton University Press, 1968.

Chow Tse-tsung, "Ancient Chinese Views on Literature, the Tao, and Their Relationship", *Chinese Literature: Esays, Articles, Reviews I*, 1979.

Chu Hsi, *Learning to Be a Sage: Selections from the Conversations of Master Chu, Arranged Topically*, translated, with a commentary, by Daniel K. Gardner, Berkeley: University of California Press, 1990.

Chu Hsi and L Tsu-ch'ein, *Reflections on Things at Hand*, translated by Wing-tsit Chan, New York: Columbia University Press, 1967.

Davis, Richard L., *Court and Family in Sung China, 960~1279: Bureaucratic Success and Kinship Fortunes for the Shih of Mingchou*, Durham, N. C.: Duke University Press, 1986.

de Bary, Wm. Theodore, *The Liberal Tradition in China*, New York: Columbia Universtiy Press, 1983.

Dean, Kenneth, *Taoism and Popular Cults in Southeast China,* Princeton: Princeton University Press, 1993.

Gardner, Daniel K., "Transmitting the Way: Chu Hsi and his Program of Learning", *Harvard Journal of Asiatic Studies 49*, no. 1, 1989.

Hansen, Valery, *Changing Gods in Medieval China, 1127~1276*, Princeton: Princeton University Press, 1993.

Hartman, Charles, Han Yu and *The T'ang search for unity*. Princeton: Princeton University Press, 1986.

Hatch, George C., Jr., "Su Hsun", In *Sung Biographies*, edited by Herbert Franke, Wiesbaden: Franz Steiner Verlag, 1976.

Hatch, George C., Jr., "Su Shih", In *Sung Biographies*, edited by Herbert Franke, Wiesbaden: Franz Steiner Verlag, 1976.

Hatch, George C., Jr., "Su-shih I-chuan", In *A Sung Bibliography*, edited by Y. Hervouet, Hong Kong: Chinese University Press, 1978.

Hatch, George C., Jr., "The Thought of Su Hsün(1009~1066): An Essay on the Social Meaning of Intellectual Pluralism in Northern Sung", Ph. D. dissertation, University of Washington, 1978.

Hightower, James Robert, "Han Yü as a Humorist", *Harvard Journal of Asiatic Studies* 44, no 1, 1984.

Hightower, James Robert, "The Wen hs an and Genre Theory", *Harvard Journal of Asiatic Studies 20*, 1957.

Hsieh, Shan-yuan, *The Life and Thopught of Li Kou(1009~1069)*, San Francisco: Chinese Materials Center, 1979.

Hymes, Robert P., "Lu Chiu-yian, Academies, and the Problem of the Local Community", In *Neo-Confucian Education: The Formative Stage* edited by John Chaffee and Wm. Theodore ce Bary, Berkeley University of California Press, 1989.

Kasoff, Ira Ethan, *The Thought of Chang Tsai(1020~1077)*, Cambridge Cambridge University Press, 1984.

Kelleher, M. Theresa, "Chu Hsi and Public Instruction", In *Neo-Confucian Education: The Formative Stage*, edited by John Chaffee and Wm Theodore de Bary, Berkeley: University of California Press, 1989.

Lagerway, John, *Taoist Ritual in Chinese Society and History*, Macmillan 1987.

Liu, James T. C., "An Early Sung Reformer: Fan Chung-yen", In *Chinese Thought and Institutions*, edited by John K. Fairbank, Chicago Chicago University Press, 1957.

Liu, James T. C., *China Turning Inward*, Cambridge: Harvard University Press, 1986.

Liu, James T. C., "How Did a Neo-Confucian School Become the State Orthodoxy?", *Philosophy East and West 23*, 1973.

Liu, James T. C., *Ou-yang Hsiu: An Eleventh Century Neo-Confucianist*, Stanford: Stanford University Press, 1967.

Liu, James T. C., *Reform in Sung China: Wang An-shih(1021~1086) and His New Policies*, Cambridge: Harvard University Press, 1959.

Liu, James J. Y., *Chinese Teories of Literature*, Chicago: University of Chicago Press, 1975.

Liu, Shu-hsien, "The Problem of Orthodoxy in Chu Hsi's Philosophy", in Wing-tsit Chan, ed., *Chu Hsi and Neo-Confucianism*, Honolulu:

University of Hawaii Press, 1986.

Lo, Winston W., "Wang An-shih and the Confucian Ideal of Inner Sageliness", *Philosophy East and West 26*, no. 1, 1976.

Loon, Piet van der, *Taoist Books in the Libraries of the Sung Period*, London: Ithaca Press, 1984.

Lynn, Richard John, "Chu Hsi as Literary Theorist and Critic", In *Chu Hsi and Neo-Confucianism*, edited by Wing-tsit Chan, Honolulu: University of Hawaii Press, 1986.

March, Andrew, "Self and Landscape in Su Shih", *Journal of the American Oriental Society 86*, 1966.

McMullen, David L., "Han Yü: An Alternative Picture", *Harvard Journal of Asiatic Studies 49*, no. 2, 1989.

Peterson, Willard J., "Another Look at Li", *Bulletin of Sung and Yuan Studies 18*, 1986.

Peterson, Willard J., "Squares and Circles: Mapping the History of Chinese Thought", *Journal of the History of Ideas 49*, no. 1, 1988.

Pollard, David, "Ch'i in Chinese Literary Theory", In *Chinese Approaches to Literature from Confucius to Liang Ch'i-ch'ao*, edited by Adele Rickett, Princeton: Princeton University Press, 1978.

Pulleyblank, Edwin G., "Chinese Historical Criticism: Liu Chih-chi and Ssu-ma Kuang", In *Historians of China and Japan*, edited by W. G. Beasley and E. G. Pulleyblank, London: Oxford University Press, 1961.

Pulleyblank, Edwin G., "Neo-Confucianism and Neo-Legalism in T'ang Intellectual Life, 755~805", In *The Confucian Persuasion*, edited by Arthur F. Wright, Stanford: Stanford University Press, 1960.

Robinet, Isabelle, *Taoism, une histoire*, Paris: Cerf, 1991.

Robinet, Isabelle, *Meditation Taoiste*, Paris: Dervy Livres, 1979.

Schafer, Edward H., "Wu Yün's 'Cantos on Pacing the Void'", *Harvard Journal of Asiatic Studies 41*, no. 2, 1981.

Schipper, Kristofer, *Le Corps Taoist*, Paris: Fayard, 1982.

Schwartz, Benjamin I., "Some Polarities in Confucian Thought", In

Confucianism in Action, edited by David S. Nivison and Arthur F. Wright, Stanford: Stanford University Press, 1959

Schwartz, Benjamin I., *The World of Thought in Ancient China*, Cambridge: Harvard University Press, Belknap Press, 1985 [나성 옮김, 『중국 고대사상의 세계』, 살림, 1996]

Sivin, Nathan, "On the Word 'Taoist' as a Source of Perplexity", in *History of Religions 17*, 1978.

Smith, Kidder, Jr., "Ch'eng I and the Pattern of Heaven and Earth", In *Sung Dynasty Uses of the I Ching*, by idem, Peter K. Bol, Joseph A. Adler, and Don J. Wyatt, Princeton: Princeton University Press, 1990.

Smith, Kidder, Jr., and Don J. Wyatt, "Shao Yung and Number", In *Sung Dynasty Uses of the I Ching*, by Peter K. Bol, Joseph A. Adler, and Don J. Wyatt, Princeton: Princeton University Press, 1990.

Tillman, Hoyt, "Southern Sung Confucianism", Draft chapter for *The Cambridge History of China*, General editors Denis Twitchett and John K. Fairbank. Vol. 4, *Sung China* edited by Denis Twitchett. Cambridge: Cambridge University Press, Forthcoming.

Tillman, Hoyt, *Utilitarian Confucianism: Ch'en Liang's Challenge to Chu Hsi*, Cambridge: Harvard University, Council on East Asian Studies, 1982.

Tillman, Hoyt, *Confucian Discourse and Chu Hsi's Ascendancy*, Hawaii: University of Hawaii Press, 1992.

Tu Wei-ming, "Neo-Confucian Ontology: A Preliminary Questioning", Reprinted in *Confucian Thought: Selfhood as Creative Transformation*, Albany: State University of New York Press, 1985.

Übelhör, Monika, "The Community Compact (Hsiang-yüeh) of the Sung and Its Educational Significance", In *Neo-Confucian Education: The Formative Stage*, edited by John Chaffee and Wm. Theodore de Bary, Berkeley: University of California Press, 1989.

Unemara, Kaoru, "Civil and Military Officials in the Sung: The *Chi-lu-kuan* System", *Acta Asiatica 50*, 1986.

Van Zoeren, Steven, "Poetry and Personality: The Hermeneutics of the

Odes", Ph. D. dissertation, Harvard University, 1987.

von Glahn, Richard, "Community and Welfare: Chu Hsi's Community Granary in Theory and Practice", In *Ordering the World: Approaches to State and Society in Sung Dynasty China*, edited by Robert Hymes and Conrad Schirokauer, Berkeley: University of California Press, 1994.

Walton, Linda, "The Institutional Context of Neo-Confucianism: Scholars, Schools, and Shu-yüan in Sung-Yüan China", In *Neo-Confucian Education: The Formative Stage*, edited by John Chaffee and Wm. Theodore de Bary, Berkeley: University of California Press, 1989.

Wechsler, Howard J., *Offerings of Jade and Silk: Ritual and Symbol in the Legitimation of the T'ang Dynasty*, New Haven: Yale University Press, 1985.

Weinstein, Stanley, *Buddhism Under the T'ang*, Cambridge: Cambridge University Press, 1987.

Weinstein, Stanley, "Imperial Patronage in the Formation of T'ang Buddhism", In *Perspectives on the T'ang*, edited by Arthur F. Wright and Denis Twitchett, New Haven: Yale University Press, 1973.

Wood, Alan Thomas, "Politics and Morality in Northern Sung China: Early Neo-Confucian Views on Obedience to Authority", Ph.D. dissertation, University of Washington, 1981.

Yü Ying-shih, "Some Preliminary Observations on the Rise of Ch'ing confucian Intellectualism", *Tsing-hua Journal of Chinese Studies 11*, no. 1/2, 1975.

Yü Ying-shih, "'O, Soul Come Back!' A Study in the Changing Conceptions of the Soul and Afterlife in Pre-Buddhist China", *Havard Journal of Asiatic Studies*, 47-2, 1987.

Zücher, Erik, "Buddhism and Education in T'ang Times", *Neo-Confucian Education: The Formative Stage*, edited by John Chaffee and Wm. Theodore de Bary, Berkeley: University of California Press, 1989.

부록: 본문 한자 읽기

17　注疏學(주소학)
20　陳亮(진량)
21　程頤(정이)
23　祀典(사전)
24　淫祀(음사)
30　闢異端論(벽이단론)
33　章學誠(장학성)
33　戴震(대진)
40　葉適(엽적 혹은 섭적)
42　墳典(분전)
50　夷狄之法(이적지법)
51　墨翟(묵적)
52　鄒(추)
52　兗州(연주)
58　程顥(정호)
60　夔孫(기손)
72　王莽(왕망)
77　迂闊(우활)
82　躐等(엽등)
86　李翱(이고)

96　由博返約(유박반약)
96　駁雜(박잡)
98　循序漸進(순서점진)
98　頓悟(돈오)
99　措心之要(조심지요)
98　奏箚(주차)
100　怠忽間斷(태홀간단)
100　涵泳(함영)
102　居敬(거경)
102　持志(지지)
103　讀誦(독송)
103　誦數(송삭)
107　明辨(명변)
107　篤行(독행)
110　事上磨練(사상마련)
111　高攀龍(고반룡)
117　眞詁(진고)
120　時弊(시폐)
121　列禦寇(열어구)
121　蕭何(소하)

한자 읽기　357

121 汲黯(급암)
121 寇謙之(구겸지)
123 巫祝(무축)
123 厭禳祈禱(염양기도)
124 符呪(부주)
135 庖丁解牛(포정해우)
137 掛搭(괘탑)
139 機微(기미)
148 稟受(품수)
150 墮在形氣(타재형기)
203 范仲淹(범중엄)
209 賜額(사액)
209 封號(봉호)
209 祠廟(사묘)
209 供述(공술)
210 賜號(사호)
210 地祇(지기)
211 厲鬼(여귀)
211 社稷(사직)
212 先蠶(선잠)
219 悖亂(패란)
230 逐鬼(축귀)
230 虹霓之類(홍예지류)
231 昊天(호천)
231 憑依(빙의)
231 魂魄(혼백)
234 網魎(망량)
234 羵羊(분양)

찾아보기

⟨ㄱ⟩
가례家禮　84, 207, 214, 239, 245, 285, 286, 321~323, 327
개보통례　208, 323
거경居敬　102, 107, 110, 111, 153
격물格物　70, 73, 84, 133, 280, 289
격물치지格物致知　73, 176, 177, 285
경敬　107~111, 292, 293
경서經書　15, 17, 37, 38, 42, 75~78, 80, 81, 86, 93, , 94, 105, 114, 115, 161, 171, 173, 185~190, 193~195, 249~251, 271, 283, 318
경세經世　78, 86, 171, 172
경세론經世論　171
경세치용　169
고전유교　15, 19, 27, 28, 38, 48, 49, 79, 115, 145, 203, 218, 223, 252
古文運動　29, 48
공리功利　160, 169, 195, 197, 319
공리공론　167, 183

공리적 현실주의　161
공부론工夫論　16, 87, 88, 92. 101, 103, 106, 109~111, 152, 244,283, 296
공부의 순서　82, 83, 286
공자孔子　14, 27, 41~46, 50~52, 54, 55, 63, 70, 72, 73, 75, 76, 89, 90, 92, 93, 95, 99, 100, 102, 104, 119, 146, 171, 179, 181, 182, 195, 196, 200, 212, 216, 217, 219, 220, 234, 244 265, 274, 287, 328
교화敎化　41, 84~86, 153, 285
求諸於己　104
국가제사〔祀典〕　24, 199, 209~212, 214, 221, 222, 238, 242, 324, 326, 331, 337, 341
국가예제國家禮制　199~201, 204, 206, 208, 213, 320, 324
궁리窮理　70, 88, 100, 110, 111, 133, 153, 205, 219, 220
귀신鬼神〔厲鬼〕　24, 57, 135, 209, 215~221, 223~236, 238~240, 242~246,

324, 329, 330, 332~334, 336~340
근사록近思錄 82, 184, 193, 274
氣 128, 131, 134, 136~144, 147, 151, 152~154, 158, 175, 219, 224, 225, 226~236, 239~242, 245, 295, 307~310, 324, 333, 338, 339
기론氣論 136. 139. 141, 336, 338
기변奇變 166, 167
기질氣質 146~155, 310
기질의 성〔氣質之性〕 149, 150, 292, 310
氣稟 150, 151
길례吉禮 209, 210, 326

〈ㄴ〉
내단학內丹學 151, 154, 310, 311
내성內聖 84, 170, 189
內聖外王 81

〈ㄷ〉
다종교 상황 53
大唐開元禮〔개원례〕 200, 201, 204, 206, 208, 213, 323, 324
大道 45, 54, 56, 72
大明集禮 202
대학大學 58, 66~70, 73, 81, 82~93
大學之道 69
道觀 117
도교道敎 12~14, 17~20, 24, 25, 34, 38, 48, 49, 50, 53, 54, 56, 57, 63, 74, 79, 113, 114, 116, 117, 121, 128, 130, 131~135, 137~139, 144, 151~155, 175~177, 194, 218, 222, 230, 232, 245, 250, 264, 267, 269, 271, 273, 275, 278, 292~297, 299~302, 304, 308~312, 330~332, 335
도덕 47, 48, 50, 57, 60, 74, 97, 120, 122, 125, 139, 140, 145, 146, 150~153, 155, 161~163, 165~169, 173, 174, 178, 179, 182, 187, 188, 189, 191, 194, 195, 197, 205, 235, 236
도사道士 34, 117, 123, 124, 154, 232, 273, 311, 334~336
道生 154, 312
道性 154, 312
道術 71
도심道心 152, 275
道人 34
道之正統 43
도통道統 10, 11, 20, 35, 44~47, 50, 55, 57~59, 62~67, 122, 216, 222, 236, 268, 269272, 274, 276, 277, 280, 281, 295, 296
도통론道統論 10, 11, 13, 14, 20, 21, 30, 31, 35, 37, 38, 40~55, 57, 59, 62~64, 66, 73, 89, 114~116, 122, 124, 162, 170, 179, 182, 236, 268, 269, 270, 274, 277, 278, 280, 281, 282, 287, 295~297, 304, 313
도통사관道統史觀 21, 40, 42, 64, 67, 122, 179, 265, 268
도학道學 15, 21, 23, 34, 35, 37~39, 41, 43, 59, 125, 168, 196, 222, 254, 266~268
도학의 자각 35, 36
도학 입문서 193, 274

도학자 69, 167, 169
독서론 81, 83, 92, 98, 107, 317
독서법 186, 290

〈ㄹ〉
理 158, 187, 205, 219, 224, 232~236, 263, 304, 307, 308, 324, 325, 337

〈ㅁ〉
마음공부 58, 66, 67, 97~99, 102, 106, 107, 111, 112
맹자孟子 27, 30 38, 43~47, 50~55, 57~59, 63, 64, 66, 73, 81, 82, 86~93, 98, 100, 104~106, 121, 145~150, 179, 181, 182, 195, 196, 252~254, 260, 261, 266, 268, 269, 270, 272, 274, 276, 278, 287, 292, 296, 299, 309
孟子昇格運動 51, 269
命 151, 152
墨子 50
墨翟 51~53, 177
문묘文廟 211, 212
文宣王 212, 327
문화론文化論 9, 12, 43, 116, 120, 122, 279, 281
문화적 정체성 11, 14, 17, 2., 27, 30, 116, 162
문화적 정통성文化的 正統性 29, 30, 35

〈ㅂ〉
반주자학反朱子學 158, 159, 189
법가法家 53, 158, 167
法相宗 138
본성[性] 41, 89, 126, 134, 140, 144~150, 152, 153, 169, 170, 292, 317
北宋五子 59
불교佛敎 12~14, 18, 19, 24, 25, 32~34, 38, 47~57, 63, 71, 73, 74, 79, 113, 116, 117, 122, 124~132, 138, 175~178, 194, 218, 222, 225, 245, 250, 264, 267~269, 271, 275~277, 295, 296, 299, 300, 303, 304, 311, 335
비정상[變理] 233, 234, 236

〈ㅅ〉
사대부 22, 27, 28, 48, 84, 124, 164, 195, 200, 205, 206, 213, 221, 279, 302, 321, 323
사마광司馬光 86, 103, 174, 205, 207, 213, 214, 260, 266, 274, 321~323
사묘祠廟 209, 210, 242, 245, 325, 326, 331
사서四書 30, 60, 63, 64, 67, 78, 82, 83, 86~88, 92, 93, 96, 193, 218, 275, 276, 277, 279, 283, 287, 288, 289, 317
四書學 54, 269, 60, 65, 67, 80, 86, 276, 286, 287,
祀典 24, 199, 209, 210, 211, 214, 221, 222, 238, 242, 324, 331
社稷 211, 327

社稷神 211
三敎 53, 335
삼대三代 41, 42, 63, 71, 179, 181, 182, 186, 340
상달上達 61, 99, 131, 133
書儀 205, 321
先命後性 151
선불교禪佛敎 31, 98, 125~127, 222, 268, 311
先王之道 85
禪學 39, 127, 195, 275
성리학性理學 79, 86, 130, 132, 170, 184, 293
성명性命 62, 64, 125, 169~171, 275, 311
성명쌍수性命雙修 151, 152, 311
성명학性命學 62
성선性善 145, 147, 150, 309
성선설性善說 105, 147~149, 292, 309
성악性惡 147
성악설性惡說 105, 147~149, 292, 309
聖人心法 63
소급적 역사주의 40
송학宋學 32, 263
修己治人 78, 89, 94
수신修身 69, 70, 83, 88, 214
수양론修養論 14~16, 29, 60, 98, 99, 107, 110, 119, 140, 144, 145, 152~154, 170, 171, 218, 247, 279, 281, 298, 309, 312, 317,
순자荀子 43, 52, 55, 103, 106, 145~147, 150, 252~254, 261, 270, 272, 292, 293, 309

시대 인식 36, 45
신령神靈 23, 208, 228, 229, 233, 234, 239, 241~246, 325, 326, 338, 341
신명神明 208, 211, 221, 237, 325, 331, 339
신유교新儒敎 10, 13, 28, 30, 79, 128, 129, 204, 205, 217, 220, 264, 281, 304, 321
신유학新儒學 10, 12, 13, 17, 18, 20, 21, 25, 29~34, 38, 39, 45, 47, 48, 51, 53, 57, 79, 114, 116, 124~126, 128~130, 139, 144, 262
신이학新理學 31, 32, 262
심법心法 63, 275
심성心性 31, 79, 109, 125, 126, 289, 311
심성론心性論 29, 30, 32, 80, 125, 169, 178, 245, 250, 269, 304, 309
心性學 79, 125
심학心學 31~34, 38, 39, 77, 111, 112, 183, 185, 197, 261~263, 266, 289

〈ㅇ〉
안씨가훈 321
양생養生 155, 304, 311
양웅揚雄 46, 51~53, 55, 72, 268, 267, 270
양주揚朱 50, 52, 53
여조겸呂祖謙 170, 179, 183, 184, 185, 190~197
역사 이해 14, 40, 45, 165, 171, 174, 179, 183

엽(섭)적葉適　40, 45, 266, 130, 190, 191, 195, 287, 288, 312, 316
영험성[靈]　230, 243, 335, 338
예禮　23, 24, 56, 88, 153, 155, 164, 199~201, 203~209, 212~214, 220~222, 229, 230, 235~238, 243, 245, 246, 250, 251, 286, 320, 321, 322~330, 338
예규범禮規範　200, 201
예기禮記　52, 86, 204, 212, 237~239, 241, 279, 320, 324, 341
예서禮書　22, 84, 204~208, 321~324, 331, 337
예제禮制　22, 200~208, 235, 242, 320, 321
예치禮治　24, 200, 203, 237, 238, 242
오경五經　30, 68, 78, 86, 93, 237, 317
(정화)오례신의政和五禮新儀　201, 202, 208~213, 221, 321, 323, 326
오사五祀　241, 342
왕도王道　160, 172, 196, 197, 236, 340
왕안석王安石　34, 72~74, 115, 116, 203, 212, 213, 260, 264, 266, 272, 281, 282, 284, 316
王廷相　136, 139, 295, 306
王充　46
외왕外王　84, 170, 171, 189
원기론元氣論　139, 309
爲己　104
爲人　104
유종원柳宗元　48, 53, 264, 268
유교적 앎[知]　24, 216, 217, 221, 328
유교적 정통의식　20, 21, 40, 48, 49

육경六經　55, 93, 105, 121, 186, 187, 193, 275, 317, 277, 319
육상산陸象山　33, 34, 38~40, 77, 95, 195, 112, 160, 178, 184, 185, 191, 195, 196~197, 252, 253, 262, 266, 276, 278, 289, 290, 317
음사淫祀　24, 25, 54, 209, 219, 222, 237, 239, 242, 243, 245, 324~326, 330~332, 341, 342
의리義理　17, 81, 83, 94, 127, 160, 161, 185, 187, 194, 195, 197, 208, 312, 318, 319
의리론義理論　114, 115, 162, 169, 182, 183, 190, 195, 283
의리론적 해석　114, 115, 190
意誠　70
이기론理氣論　60, 64, 94, 140, 213, 216, 223, 224, 229, 230, 233, 234, 236, 239, 243, 245, 307, 324
이단異端　11~14, 38, 45, 55, 63, 250, 18~20, 22, 25, 38, 39, 50, 56, 63, 80, 88, 116, 117, 125, 126, 130, 131, 176, 177, 180, 193, 194, 222, 246, 247, 250, 253, 264, 272, 275, 276, 279, 282, 296, 298, 334
이단 비판론　14, 50, 51, 53, 54, 222
李翱　86, 276
理學　30~34, 37~39, 53, 59, 112, 129, 136, 160, 261~263, 269, 270, 282, 287, 290, 293, 294, 316
인간학　15, 62, 80, 140, 143~146, 151, 170, 308

人鬼　211, 238~242, 324, 330
人道　41, 178
人事　99, 131, 214, 236, 285, 287
人神　205
人心　62, 121, 152, 163, 181, 288, 300, 313~315, 337
人欲　106, 152
仁義　48, 49, 153, 268, 270, 312

〈ㅈ〉
張南軒　60
장백단張伯端　152, 310, 311
장자莊子　117, 119~121, 131, 134~136, 138, 139, 142,144, 285, 299, 306, 307
장재張載　57, 59, 65, 139, 150, 153, 204, 205, 207, 213, 214, 227, 261, 273, 274, 310, 312, 323, 334
節義　168, 314
精密　101, 305
精思　98, 102, 290, 291
정상〔常理〕　236
정이천程伊川　31, 33~36, 38, 39, 44, 59, 60, 64~67, 82, 86, 87, 92, 108~111, 114~116, 125, 126, 147, 148, 150, 160, 170, 177, 204, 207, 213, 218, 261, 262, 266, 267, 272, 274, 276, 277, 281, 283, 295, 296, 310, 316, 322, 323, 340
程朱道學　177
程朱理學　35
程朱學　35, 260
정통성正統性　13, 21, 29, 35, 40, 44, 67,

161, 195, 219
齊家　214, 285, 287
제사의 등급성　210, 211, 238, 239, 341
제자백가諸子百家　36, 63, 263
조상신祖上神　211, 214, 237, 239, 240, 325, 331, 341
尊德性　111, 112
종법제도宗法制度　239, 245
주경主敬　107, 108, 110, 111, 293, 294, 298
주돈이周敦頤　57~62, 64~68, 108, 109, 139, 153, 273, 274~278
주여동周予同　263, 269, 286, 287
주자학 중심주의　159, 160, 294, 312
主靜　108, 109, 293
주정설主靜說　108
중생衆生　154
중용中庸　31, 54, 58, 62, 63, 66, 67, 81, 82, 86~88, 90, 91, 93, 107, 121, 223, 224, 228, 231, 232, 273, 275, 276, 279, 285, 287, 288
중화주의　162
地祇　210, 211, 238, 239, 324
支離　95, 96
地神　211
持志　102
진량陳亮　20, 35, 39, 40, 45, 52, 63, 66, 67, 81, 82, 86~88, 90, 91, 93, 107, 121, 160~185, 189~195, 197, 223, 224, 228, 231, 232, 251~253, 266, 267, 270, 272, 275, 276, 284, 287, 288, 312~316, 319
진순陳淳　119, 120, 129~132, 134, 193,

230, 279, 299, 304, 305
주역참동계周易參同契 124, 153, 302

⟨ㅊ⟩
天道 178
천리天理 15, 99, 106, 115, 116, 121, 128, 150, 152, 153, 155, 186, 214, 291, 300, 312, 318
천명天命 162~165, 182, 275, 313, 314
천신天神 210, 211, 326, 324
천자天子 69, 181, 182, 237, 241, 331, 342
천제天帝〔상제上帝〕 210, 327
체용體用 81, 83, 115, 285
춘추春秋 41, 72, 264, 265, 269, 271, 281, 316, 327
致精 95, 101, 291, 292
致知 70, 107, 111, 285, 315

⟨ㅌ⟩
태극太極 64, 131, 133, 134, 135, 275, 277~279, 305, 306
태극설 60
태극도설太極圖說 57, 153, 154, 273, 298
태상신례太常新禮 208, 324
태상인혁례太常因革禮 208, 324
통서通書 57, 62, 65, 66, 273, 275, 276, 278
통전通典 200

⟨ㅍ⟩
패도覇道 160, 172, 196, 197
品官 201
풍도馮道 73, 281
풍우란馮友蘭 30, 31, 33, 34, 39, 159, 160, 261~263

⟨ㅎ⟩
하학下學 61, 99, 133, 275, 291
하학상달下學上達
학문學問 13, 15~17, 19, 24, 28, 31, 32, 34, 35, 39, 40, 45, 57, 58, 60, 61, 65~78, 80~104, 106~112, 114, 115, 132, 140, 143, 152, 157, 159~162, 165, 167, 169~172, 176, 177, 183~188, 190~197, 221, 228, 240, 244, 247~250, 254, 263, 265, 271, 274~279, 282, 283~285, 287~290, 292~294, 292, 299, 300, 313, 317, 313, 329, 330, 333
한유韓愈 35, 44, 47~55, 57, 59, 64, 86, 114, 116, 253, 262, 264, 267, 268, 270, 272, 296
한학漢學 32, 263
涵泳 100, 101, 104, 107, 291
향원鄕原 119, 299
虛心 102, 105~107, 291, 292
虛靜 108, 292, 298
血食 52, 270
形氣 115, 150, 151, 174, 315
昊天上帝 210, 327
魂魄〔氣〕 231, 339, 340, 342

찾아보기 365

화이론華夷論 30, 56, 162, 164
훈고학訓詁學 17, 37, 109, 114